Das Buch

In dem vorliegenden Band werden die wichtigsten Streichinstrumente und ihre Bögen grundlegend und umfassend behandelt. Der Leser wird in die akustischen Vorgänge bei der Klangerzeugung, die Verfahren für deren Messung und deren Registrierung eingeführt. Er verfolgt die Entstehung und den morphologischen Werdegang der einzelnen Typen, die Stützung der Forschungen durch frühe Bildzeugnisse und die sich durch alle Jahrhunderte ziehenden Bemühungen um Änderungen und Verbesserungen an den Instrumenten, die sich allerdings kaum je haben durchsetzen können. Bei der Betrachtung der Spieltechnik wird deutlich, wie stark morphologische und spieltechnische Entwicklung sich gegenseitig bedingt und befruchtet haben. Es ist naheliegend, daß auch die Geschichte der Musik für Streichinstrumente in engstem Zusammenhang damit zu verstehen ist. Reizvolle Ergänzungen erhalten diese Darstellungen durch die Erkenntnisse aus dem Bereich des Streichinstrumenten-Baus und durch Information zu den wichtigen Instrumenten-Bauern.

Die Reihe

Die ›edition MGG‹ ist eine Folge von Taschenbüchern, in denen Beiträge aus der universalen Musikenzyklopädie ›Die Musik in Geschichte und Gegenwart‹ (MGG) nach thematischen Schwerpunkten zusammengestellt sind. Die von Friedrich Blume bei Bärenreiter herausgegebene MGG gilt als Jahrhundertleistung der Musikwissenschaft – ein Werk von bleibendem dokumentarischen und wissenschaftlichen Wert. Jedem Band der ›edition MGG‹ sind ein Vorwort, weiterführende Literaturhinweise und, sofern sinnvoll, eine Diskographie beigegeben.

edition MGG

Musikinstrumente
in Einzeldarstellungen
Band 1:
Streichinstrumente

Mit einer Einleitung von
Erich Stockmann
und weiterführender Literatur von
Marianne Bröcker

Deutscher
Taschenbuch
Verlag

Bärenreiter
Verlag

Als Taschenbuch zusammengestellt aus: Die Musik in Geschichte und Gegenwart. Allgemeine Enzyklopädie der Musik. Unter Mitarbeit zahlreicher Musikforscher des In- und Auslandes herausgegeben von Friedrich Blume. 14 Bände: Kassel 1949–1968. Band 15 und 16 (Supplement): Kassel 1969–1979. Band 17 (Register) in Vorbereitung (Bärenreiter)

Juni 1981
Gemeinschaftliche Ausgabe:
Deutscher Taschenbuch Verlag GmbH & Co. KG,
München, und
Bärenreiter-Verlag Karl Vötterle GmbH & Co. KG,
Kassel · Basel · London
© 1981 Bärenreiter-Verlag, Kassel
Umschlaggestaltung: Celestino Piatti
Satz, Druck und Binden: C. H. Beck'sche Buchdruckerei,
Nördlingen
Abbildungen und Noten: Bärenreiter, Kassel
Printed in Germany · ISBN 3-423-04377-6 (dtv)
                    ISBN 3-7618-4377-1 (Bärenreiter)

Inhalt

Streichinstrumente gehören zum Instrumentarium vieler Musikkulturen in der Welt. Sie begegnen in den verschiedensten Formen und verfügen über unterschiedliche musikalische Möglichkeiten entsprechend ihren Aufgaben in der jeweiligen Musikpraxis. Die Enzyklopädie ›Die Musik in Geschichte und Gegenwart‹ (MGG) informiert über diese faszinierende Vielfalt in zahlreichen Artikeln unter wechselnden Aspekten. Aus der Fülle der Beiträge wurde für das vorliegende Taschenbuch eine Auswahl getroffen. Sie umfaßt Einzeldarstellungen über die wichtigsten Vertreter der Streichinstrumente in der europäischen Musikgeschichte der letzten vier Jahrhunderte, d. h. der sogenannten »Viola da braccio-Familie«, die man auch als Violin-Familie bezeichnen kann. Für eine solche Konzentration lassen sich gute Gründe anführen. Die Violin-Familie – bestehend aus der Violine, dem Diskant- oder Sopraninstrument, der Viola, dem Mutterinstrument der da braccio-Familie als Alt-, dem Violoncello als Tenor- und Baß-Instrument und dem im streng organologischen Sinne nicht zur Familie gehörigen, von der Musikpraxis aber längst als unentbehrlich adoptierten Kontrabaß – besitzt eine einzigartige Stellung innerhalb des europäischen Musikinstrumentariums. Nahezu jede Musikaufführung beweist ihre fundamentale Bedeutung für das Musikschaffen in Europa. Keine andere Instrumentengruppe kommt so häufig zum Einsatz wie sie, sei es nun im Rahmen der großen Besetzungen (Sinfonie, Oper, Oratorium etc.), wo sie sich mit ihren zahlreichen Vertretern bereits durch die Sitzordnung augenfällig als Kern des Orchesters zu erkennen gibt, sei es in den vielgestaltigen Gattungen der Kammermusik, als deren Inkarnation die eigens für die Violin-Familie komponierten Quartette und Quintette lange Zeit galten. Als ideale Ausdrucksmittel für Melodie und Harmonie, den wichtigsten Parametern und Gestaltungskriterien der Musik seit der Klassik, erwarben die Violininstrumente die Qualität von Sinnbildern für die bis an die Schwelle der Gegenwart gültige Musikauffassung. Verbunden mit den besten Werken der europäischen Komponisten, für deren Interpretation sie ja geschaffen wurden, haben sie inzwischen auch in der ganzen Welt Verbreitung gefunden. Bemerkenswert ist schließlich die historische Kontinuität der Violin-Familie, die sie für eine zusammenfassende Darstellung besonders geeignet macht. Zwar begegnet Familienbildung in der Geschichte der europäischen Musikinstrumente mehrfach. Im 16. und 17. Jahrhundert erscheint sie sogar als Norm und herrschendes Prinzip bei fast allen Instrumentenarten. Doch konnte sich nur die Violin-Familie mit ihren sämtlichen Vertretern über das 19. Jahrhundert hinaus in der musikalischen Praxis behaupten. Dabei blieben die bereits im 16. Jahrhundert ausgebildeten Grundmodelle der einzelnen Familienmitglieder in ihrer organologischen Substanz und äußeren Formung nahezu unverändert, obwohl eine Reihe von Strukturelementen mit weitreichenden Folgen für Klang und musikalische Möglichkeiten umgestaltet wurde.

Die hier vereinigten Beiträge sind der allgemeinen Zielsetzung der MGG – wie jeder Art von Enzyklopädie – verpflichtet, nämlich aufgrund des aktuellen Forschungsstandes das jeweilige Gesamtwissen in konzentrierter Form zu vermitteln. Eine internationale Autorenschaft von Musikologen – durch Studien über die Streichinstrumente als sachkundig ausgewiesen und anerkannt – unternahm es mit Erfolg, dieser anspruchsvollen Forderung gerecht zu werden. Eine Fülle von Literatur höchst heterogener Art und unterschiedlicher Qualität, die sich mit der Violin-Familie in Vergangenheit und Gegenwart aus den verschiedensten Motivationen beschäftigte, stand zur Verfügung und wurde in einem mühsamen und zeitaufwendigen Arbeitsvorgang kritisch gesichtet. Hierzu gehören in erster Linie die aussagekräftigen Schriften der praxisorientierten Musiktheoretiker, die bereits seit dem 16. Jahrhundert vor allem in Deutschland, Italien, Frankreich und England den Entwicklungsprozeß der Violine und ihrer Familienmitglieder kommentierend begleiten, im wesentlichen die Instrumententypen beschreibend und Stimmungsprobleme und Fragen der Spielpraxis erörternd. Literarisch aktiv wurden auch Liebhaber, Musiker, Geigenbauer, Sammler und Händler, die die auf dem Kunstmarkt als Handelsobjekte begehrten Instrumente beschreibend erfaßten und über Leben und Arbeitsweise ihrer Hersteller berichteten. Wenn auch ein Teil ihrer Angaben einer genaueren Prüfung nicht standhielt, so besitzen ihre Publikationen als Vorläufer der im engeren Sinne wissenschaftlichen Untersuchungen doch bedeutenden Quellenwert. Leider hat die insbesondere um die Violine und ihre Geheimnisse üppig wuchernde Legenden- und Mythenbildung in vielen phantasiereichen Publikationen ihren Niederschlag gefunden. Doch durften auch sie nicht unbeachtet bleiben und mußten auf ihren oft nur geringen Wahrheitsgehalt überprüft werden. Die Erforschung der Streichinstrumente mit streng wissenschaftlichen Methoden und Aufgabenstellungen, die nicht von kommerziellen Interessen bestimmt wurden, setzt dagegen erst zu Beginn unseres Jahrhunderts in stärkerem Maße ein, als die allgemeine Musikologie und mit ihr vor allem die Musikinstrumentenkunde sich als wissenschaftliche Disziplinen auf ausgebauten Grundlagen standfester zu konstituieren vermochten. Die hier zusammengefaßten Einzeldarstellungen zeugen von dem inzwischen gewonnenen Erkenntniszuwachs, machen aber auch kritisch auf noch bestehende Wissenslücken aufmerksam, die durch künftige Forschungen geschlossen werden müssen.

Die Beiträge

Die Beitragsfolge wird eröffnet mit einer von mehreren Autoren verfaßten Darstellung über die ›Violine‹, das Hauptinstrument der Familie. Sie gliedert sich in zwei Abschnitte, die der ›Akustik‹ des Instruments und seiner ›Geschichte‹ gewidmet sind. Zunächst beschreibt der Berliner Akustiker Fritz Winckel, der in diesem Zusammenhang u. a. durch die Herausgabe von ihm erweiterter Auflagen
des verbreiteten Buchs von Otto Möckel über ›Die Kunst des Geigenbaus‹ (Hamburg ^{3}1967) bekannt wurde, wie sich – unter physikalischen Gesichtspunkten – der Vorgang der Tonerzeugung bei der Violine, grundsätzlich aber auch bei jedem anderen Streichinstrument
abspielt und welche Funktionen die daran beteiligten Instrumenten-
teile übernehmen, d. h. konkret und verkürzt: wie die mit Kollopho-
nium eingeriebenen Bogenhaare die Saite beim Anstrich zu »Sägezahnschwingungen« anregen, diese dann über den Steg auf das Corpus und die in ihm eingeschlossene Luft übertragen werden und wie
schließlich der gesamte Hohlkörper die Schwingungen durch seine
besonderen Eigenschaften prägt, verstärkt und nach außen abstrahlt,
so daß wir sie als Ergebnis der mehrgliedrigen Kette physikalischer
Ereignisse als spezifischen Violinklang wahrnehmen können. Der auf
den ersten Blick leicht überschaubare und schnell erzählte Ablauf des
Geschehens beinhaltet allerdings höchst diffizile Vorgänge, die letztlich nur durch die Naturwissenschaften und mit Hilfe ihrer kompli-
zierten und weitgehend objektiven Meßapparaturen erforscht werden
können. Physiker und Chemiker bemühten sich denn auch in jüngster
Vergangenheit, die so oft apostrophierten »Geheimnisse« des Geigenklanges durch den Einsatz verfeinerter, vor allem elektro-akusti-
scher Meßmethoden und sinn- und trickreich ausgedachter Experimente zu ergründen. Die Untersuchung derjenigen Faktoren, die auf
die Klangqualität Einfluß haben könnten – hierzu zählen in erster
Linie Wandstärke und Wölbung von Decke und Boden des Corpus,
Holzbeschaffenheit, Form, Lack, f-Löcher – erbrachte insgesamt
aber noch keine restlos befriedigenden Ergebnisse. Wie wir nüchtern-
sachlich informiert werden, kamen die Naturwissenschaftler in einigen Fällen sogar zu gänzlich widersprüchlichen Resultaten, deren
Gültigkeit infolgedessen in Frage zu stellen ist. Dagegen gelang es,
z. B. den Faktor »Lack« und seine Bedeutung für die Klangqualität
einer Violine bereits mit hinlänglicher Sicherheit aufzuklären. Man
fand heraus, daß sein Einfluß geringer veranschlagt werden muß und
er durchaus nicht jenes wunderwirkende Mittel darstellt, das man
ursprünglich oft in ihm gesehen hatte und in phantasiereichen Publikationen mit vielen Worten auch zu begründen versuchte. Durch exakte Messungen konnte inzwischen auch bewiesen werden, was die
Geigenbauer bereits früher auf empirischem Wege entdeckt hatten,
daß die Wandstärke der Decke für die Klangfarbe besonders wichtig

ist. Feststeht heute ferner, daß der Einfluß der Deckenwölbung von den Herstellern in der Vergangenheit z. T. überschätzt wurde. Die verheißungsvollen Anfangserfolge der naturwissenschaftlichen Untersuchungen dürfen aber nicht darüber hinwegtäuschen, wie Fritz Winckel kritisch anmerkt, daß es noch eine Vielzahl unbeantworteter Fragen gibt. Zu ihnen gehört die speziell für die Violinfamilie charakteristische Erscheinung, daß kontinuierlich gespielte Instrumente mit zunehmendem Alter Klangverbesserungen aufweisen. Eine überzeugende physikalische Erklärung dafür gibt es bisher nicht. Auch hatten die Versuche, objektiv nachweisbare Kriterien und Normwerte für einen optimalen Violinklang dingfest zu machen und auf diese Weise feste Grundlagen für die Begutachtung von Instrumenten zu gewinnen, vorerst nur geringen Erfolg. So erwies sich z. B. die von H. Meinel aufgrund statistisch ausgewerteter Klanganalysen von Violinen aufgestellte normierte Schallintensitätskurve (in Abhängigkeit von der Frequenz) als ein zu grobes Kennzeichen für die Qualität des Geigenklanges.

Zusammenfassend läßt sich feststellen, daß wir heute zwar in der Lage sind, das Gesamtsystem »Violine« einschließlich des Spielers im Modell abzubilden und auf diese Weise zu verstehen, daß wir aber seine akustische Funktionsweise nicht bis in die Details erforscht haben. Eine von vielen Schwierigkeiten bei der Untersuchung besteht wohl darin, daß die beteiligten Elemente in ihren Eigenschaften stark variieren und von Faktoren geprägt werden, die außerhalb des Systems liegen und kaum erfaßbar sind. Man denke z. B. nur an die verschiedenen Holzarten, ihre Wachstumsbedingungen etc. Das Zusammenwirken mehrerer solcher Elemente potenziert dann die Korrelationen in kaum mehr vorstellbarem Ausmaß. Die aufgrund exakter wissenschaftlicher Erkenntnisse am Fließband hergestellte »Stradivari«, die auch wirklich die Qualität eines Originalinstruments besitzt, wird daher wohl eine Illusion bleiben.

Die Geschichte der Violine von den Anfängen bis zur Gegenwart umreißt im zweiten Abschnitt der Innsbrucker Musikologe Walter Senn, Mozart-Forscher und vor allem ausgezeichneter Kenner der deutschen und österreichischen Geigenbauzentren im Alpengebiet. In seiner auf Wesentliches konzentrierten Darstellung wird deutlich, wie wenig gesichertes Wissen über die Frühgeschichte des Diskant-Instruments der Viola da braccio-Familie bisher gewonnen werden konnte. Jedoch verdichteten sich die Vermutungen zu der heute allgemein anerkannten Hypothese, daß sich die Violine in der ersten Hälfte des 16. Jahrhunderts aus bereits existierenden Streichinstrumenten wie Fidel, Rebec, Viola und Lira da braccio herausbildete. Die Suche nach einem genialen »Erfinder«, der die Violine in einem einmaligen Schöpfungsakt hervorzauberte, die in der Vergangenheit die Forschung z. T. beherrschte und nicht selten von lokalpatriotischen Interessen motiviert war, hat man inzwischen endgültig aufgegeben und als falsche Fragestellung erkannt. In der Tat dürfte die heute dominierende Vorstellung, daß sich die Entstehung in einem Prozeß vollzog, der sich über einen längeren Zeitraum erstreckte und an dem viele Instrumentenbauer in mehreren Ländern beteiligt waren, der historischen Wahrheit näherkommen. Demzufolge entstand das Wunder»Violine« durch eine wahrlich einzigartige Synthese verschiedener Konstruktionselemente wie z. B. seitenständige Wirbel, Schnecke als Abschluß des Wirbelkastens, deutlich abgesetzte Ober-, Mittel- und Unterbügel, Wölbung und Überlappen von Decke und Boden des Corpus, Viersaitigkeit, die sich bereits bei älteren Streichinstrumententypen im 15. Jahrhundert nachweisen lassen. Die jüngsten Forschungen versuchten nun, die kleinen und kleinsten Entwicklungsschritte zeitlich, regional bzw. lokal genauer zu bestimmen oder zumindest einzugrenzen und möglichst auch die besonderen Anteile einzelner Instrumentenmacher an diesem Prozeß zu ermitteln. Doch sind den intensiven Bemühungen, Licht in das Dunkel der Entstehungsgeschichte zu bringen, durch die Quellenlage eindeutig Grenzen gesetzt. Namentlich fehlt es für die Frühzeit der Violine an einer ausreichenden Zahl von Instrumenten, die in ihrem originalen Zustand bis zur Gegenwart bewahrt wurden und daher als Primärquellen über den jeweils erreichten Entwicklungsstand verläßlich Auskunft geben könnten. Mit äußerster Akribie und wachem kritischen Sinn mußten daher die relativ zahlreich überlieferten musiktheoretischen und ikonographischen Quellen befragt werden. Ihrer Bedeutung gemäß – und daher zu Recht in die Darstellung von Walter Senn eingebettet – berichtet Emanuel Winternitz über seine Untersuchungen der italienischen Bildzeugnisse der Violine im 16. Jahrhundert. Der langjährige Kurator der Instrumentensammlung des Metropolitan Museum of Art in New York, der sich durch seine ideenreichen und methodisch anregenden Studien auf dem Gebiet der Musikinstrumenten-Ikonographie große Verdienste erwarb, macht vor allem auf Gaudenzio Ferrari (1484–1549) aufmerksam, der Violinen in Zeichnungen, Fresken und Staffeleibildern in der Lombardei und in Piemont abgebildet hat. Seine Darstellungen – ebenso wie die seines Schülers Bernardino Lanini – dokumentieren eindrucksvoll die immense Variabilität der Corpusform und aller übrigen Konstruktionsdetails, die für die Geschichte der Violine in der ersten Hälfte des 16. Jahrhunderts charakteristisch ist. Der Gärungsprozeß beruhigte sich erst gegen Ende des Jahrhunderts. In der Folgezeit setzte dann allmählich eine immer stärkere Normierung in der äußeren Formgebung des Resonanzkörpers und der gesamten konstruktiven Gestaltung des Instruments ein, die zu dem uns vertrauten, in den wesentlichen Zügen festgelegten Standard-Typus führte. Seit dem 18. Jahrhundert erfolgten in Anpassung und Wechselwirkung zu Forderungen und Bedürfnissen der Musizierpraxis nur noch wenige, wenn auch bedeutsame morphologische Veränderungen: Verlängerung von Hals und insbesondere Griffbrett und deren größere Neigung zum Corpus, Erhöhung des Stegs, Verstärkung von Baßbalken und Stimmstock. Sie verbesserten die Qualität und das Volumen des Klanges sowie die Ansprache, erweiterten die Spielmöglichkeiten der Violine und machten sie insgesamt zu einem klangstarken und ausdrucksfähigen Instrument, das dem neuen Klangideal entsprach und seine führende Stellung auch in den mit immer mehr Blasinstrumenten besetzten Orchesterformationen behaupten konnte.

Die Ausführungen über die konstruktive Entwicklung der Violine werden sinnvoll ergänzt durch einen Artikel ›Violinmusik‹. Der amerikanische Autor Boris Schwarz, der bei Carl Flesch, Jacques Thibaud u. a. das Violinspiel erlernte und sein in Berlin begonnenes musikwissenschaftliches Studium in New York mit einer Dissertation über ›French Instrumental Music between the Revolutions, 1789–1830‹ zum Abschluß brachte, berichtet ausführlich über Formen und Gattungen, in denen sich die Violinmusik seit dem Beginn des 17. Jahrhunderts entfaltete, d. h. über die Sonate für Violine und Generalbaß (von etwa 1620), seit ca. 1720 auch mit ausgearbeiteter Klavierstimme, das Konzert für Solo-Violine und Orchester (seit etwa 1700), über Werke für unbegleitete Violine (um 1680 beginnend) und schließlich über freie und kleinere Formen, die seit dem späten 18. Jahrhundert als Variationen, Fantasien, Charakterstücke etc. sich wachsender Beliebtheit erfreuten. Ausgerüstet mit dem Erfahrungswissen des Praktikers und entsprechend sicherem Urteilsvermögen stellt Schwarz zunächst die wichtigsten Komponisten des 17. und 18. Jahrhunderts vor und charakterisiert ihre Werke und ihr Wirken, das in der Regel das eines Violinvirtuosen einschloß. Für das in dieser Frühzeit fruchtbarste Entwicklungszentrum Italien mit seiner großen Ausstrahlungskraft auch auf andere Länder wurden z. B. Biagio Marini, Carlo Farina, Dario Castello, Maurizio Cazzati, Giovanni Battista und Tomaso Antonio Vitali, Arcangelo Corelli, Francesco Geminiani, Antonio Vivaldi, Pietro Locatelli, Giuseppe Tartini, Pietro Nardini und Giovanni Battista Viotti bedeutsam. In Deutschland förderten und differenzierten die Violinmusik durch ihre Kompositionen und ihr Instrumentenspiel Philipp Friedrich Böddecker, Johann Heinrich Schmelzer, Heinrich Ignaz Franz Biber, Johann Jakob Walther, Johann Georg Pisendel, J. S. Bach, Johann Gottlieb Graun, Franz Benda u. a., in England z. B. John Playford, Davis Mell und Thomas Baltzar, in Frankreich u. a. François Couperin, François Duval, Jean-Pierre Guignon, Jean-Baptiste Senallié, Jean-Marie Leclair, Louis-Gabriel Guillemain, Pierre Gaviniès, Pierre Rode, Rodolphe Kreutzer und Pierre Baillot. Seit der Zeit der Wiener Klassik lassen sich – vereinfacht gesagt – zwei Hauptrichtungen in der Violinmusik erkennen, die sich aber stets gegenseitig bereicherten und durchdrangen. Die eine wird vertreten vor allem von Geigerkomponisten wie Niccolò Paganini, Charles-Auguste de Bériot, Henri Vieuxtemps, Henrik

Wieniawski u. a., die in ihrem Wirken die virtuosen Elemente des Instrumentenspiels betonen und die besonderen Möglichkeiten der Violine voll ausnutzen. Die zweite Richtung repräsentieren etwa W. A. Mozart, L. van Beethoven, F. Mendelssohn, J. Brahms, A. Dvořák, A. Berg u. a., denen es nicht so sehr um die Ausnutzung und Darstellung violinspezifischer Spieleigenschaften ging, sondern in erster Linie um eine inhaltsreiche Musik, zu deren Gestaltung und Realisierung auch die Violine mit der ihr eigenen Klangfarbe und der ihr möglichen melodischen Beweglichkeit beitragen konnte.

Der Komplex »Violine« wird abgeschlossen durch einen Beitrag über das ›Violinspiel‹. Der amerikanische Autor David D. Boyden konnte hier – ein Glücksfall für die MGG – die Ergebnisse seiner jahrelangen Studien, die 1965 in einem seitenstarken Buch ihren Niederschlag gefunden hatten, in komprimierter Form vortragen. Detailliert beschreibt er zunächst das sich zunehmend differenzierende Violinspiel von den Anfängen bis zum Aufkommen des Tourte-Bogens um 1780 unter folgenden Gesichtspunkten: Haltung des Instruments, Stimmung, Bogenhaltung, Bogenstrich, das Non-Legato, Bogenführung, die Regel vom Abstrich, Stricharten, Pizzikato, mehrgriffiges Spiel, der »Bach-Bogen«, Grifftechnik einschließlich Ausdehnen und Zusammenziehen, Lagenspiel und Lagenwechsel, Flageolett, Kombinationstöne, Klang, Dämpfer, Vibrato. Unter den gleichen Aspekten werden anschließend die sich aufgrund der Verwendung des modernen Bogens verändernden Spielpraktiken analysiert und die damit verbundenen, beträchtlich erweiterten musikalischen Gestaltungsmöglichkeiten aufgezeigt, die in Wechselbeziehung zur Musizierpraxis des 19. Jahrhunderts entstanden. In die Darstellung einbezogen ist das Wirken berühmter Geiger, die das spielpraktische Repertoire durch Novationen bereicherten, Schulen bildeten und ihre Erfahrungen in Lehrwerken niederlegten.

Die »Viola«, das Altinstrument der Viola da braccio-Familie nimmt im heutigen Musikleben unbestritten einen festen Platz ein. Dies war nicht immer so. Die Entwicklung begann bereits im ausgehenden 15. Jahrhundert in Italien und führte im 16. Jahrhundert zu einer Konzentration der äußerst vielgestaltigen mittelalterlichen Violenformen auf drei Typen, die familienmäßig ausgebaut wurden: Lira da braccio, Viola da braccio, Viola da gamba. Alfred Berner, dem langjährigen Direktor der Berliner Instrumentensammlung, gelingt es in seinem auf umfassender Sachkenntnis basierenden Beitrag, den Blick des Lesers auf Wesentliches zu lenken und ihn sicher durch die oft verwirrende und verwickelte Geschichte vor allem der da braccio- (Arm) und da gamba- (Knie, wörtlich: Bein) Instrumente zu führen. Beide Typen, denen die Gliederung des Corpus in Ober-, Mittel- und Unterbügel, die Wölbung der Decke und die obere Saitenbefestigung an Flankenwirbeln in einem Wirbelkasten gemeinsam ist, erlaubten – als neue Gestaltungsmöglichkeiten – das bewegliche Spiel auf Einzelsaiten und erfüllten damit Anforderungen, die man in der folgenden Zeit an instrumentales Musizieren stellte. Das bordunierende Spiel auf der Lira da braccio wurde dagegen zunehmend als veraltet empfunden und verurteilte das Instrument zum Aussterben. Während die mit untergriffiger Bogenführung gespielten Gamben, die zumeist mit sechs Saiten in Quartenstimmung und sieben Bünden auf dem Hals ausgerüstet waren, in Italien bereits im 17. Jahrhundert in den Hintergrund traten, behaupteten sie in Deutschland, Frankreich und England zunächst noch ihre führende Position. Im 18. Jahrhundert setzten sich dann vor allem unter italienischem Einfluß die bundfreien, mit vier Saiten in Quintstimmung bespannten und mit obergriffiger Bogenführung gespielten Viola da braccio-Instrumente durch, wobei sich für das Altinstrument die Kurzbezeichnungen »Viola«, seltener »Alto«, im deutschen Sprachgebrauch auch »Bratsche« einbürgerten. Vom Gambenchor überlebte nur der Baß. Das zunehmende Interesse am Spiel auf historischen Instrumententypen verhalf jedoch der Viola da gamba sowie auch der mit Aliquotsaiten versehenen Viola d'amore und der Viola di bardone (Baryton), die beide im 18. Jahrhundert für kurze Zeit die Instrumentalmusik bereicherten, zu einem festen, wenn auch begrenzten Platz im Musikleben der Gegenwart.

Das »Violoncello« entwickelte sich bereits um die Mitte des 16. Jahrhunderts in Italien, als man sich um die Ausweitung der Viola da braccio-Familie durch ein Instrument in der Baßlage bemühte. Doch erst zu Anfang des 18. Jahrhunderts entstand aus diesem »Basso di Viola da braccio« unter maßgeblicher Beteiligung von A. Amati und A. Stradivari das kleinere Modell des Cello in der noch heute gebrauchten Form. Die für die gleiche Zeit belegte Viola da spalla (Schultergeige) oder auch die von J. S. Bach geforderte Viola pomposa deuten an, daß man lange zwischen Arm- und Kniehaltung für ein Instrument dieser Tonlage schwankte und mit mehreren Lösungsversuchen experimentierte. Den äußerst gestrafften Ausführungen über die Instrumentenentwicklung, ebenfalls von Alfred Berner verfaßt, folgen nach bewährtem Muster zwei sich ergänzende Artikel über ›Violoncellomusik‹ und ›Violoncellospiel‹ von Kurt Stephenson, dem MGG eine Reihe weiterer instruktiver Beiträge über berühmte Cellisten verdankt. Mit musikalisch anspruchsvollen Partien und solistischen Aufgaben wurde das Instrument von den Komponisten in größerem Umfang erst betreut, so erfahren wir, als sich die Spieltechnik im Laufe des 18. Jahrhunderts soweit verbessert hatte, daß insbesondere die linke Hand in voller Beweglichkeit die gesamte Saitenlänge auch bei Doppel- und Mehrgriffen beherrschen und ausnutzen konnte und auch ein störungsfreier Daumenaufsatz gelang. Die Kammermusikwerke der Wiener Klassiker und später die Solokonzerte z. B. von R. Schumann, J. Brahms und A. Dvořák bilden Höhepunkte der Violoncellomusik, zu der natürlich auch eine Fülle von komponierenden Cellisten geschaffener Virtuosenmusik gehört. Während die

Grundlagen für die heutige Spielpraxis bereits zu Anfang des 19. Jahrhunderts in Lehrwerken von Jean Louis Duport, Justus Johann Friedrich Dotzauer, Bernhard Romberg u. a. fixiert wurden, hat das Violoncellospiel gerade in unserem Jahrhundert durch hervorragende Künstler wie z. B. den Spanier Pablo Casals an Ausdrucksmöglichkeiten noch beträchtlich gewonnen und dem Instrument und seinen Spielern größere Beachtung verschafft.

Das größte Streichinstrument unseres Orchesters, der »Kontrabaß«, unterscheidet sich von den übrigen Mitgliedern der Violin-Familie zumeist durch seine Form und immer durch die Saitenstimmung. Sie weisen auf seine Herkunft von der Viola da gamba hin. Zum Hals spitz zulaufende Oberbügel und ein flacher, abgedachter Boden sind die augenfälligsten äußeren Merkmale, die das Spiel auf dem riesigen Instrument ebenso erleichtern wie die bis heute beibehaltene Quartenstimmung der Gamben. Gerade für ein Baßinstrument erweist sich diese gegenüber der Quintenstimmung der Viola da braccio-Familie als günstiger, wie Hans-Heinz Dräger, der der Musikinstrumentenforschung vor allem mit seiner Studie über das ›Prinzip einer Systematik der Musikinstrumente‹ (Kassel 1948) neue Wege wies, in seinem Beitrag überzeugend darlegen kann. Dräger macht ferner darauf aufmerksam, daß die Stimmweise offensichtlich durch die Größe der Mutter-Instrumente bedingt ist – dem Alt bei den da braccio- und dem Baß bei den da gamba-Instrumenten – und »als mit dem Typ entstandenes und für ihn bezeichnendes Merkmal auf die übrigen Glieder der jeweiligen Familie übertragen« wurde, was z. B. für die kleinen da gamba-Instrumente nicht vorteilhaft war und zu ihrem Aussterben beitrug. Als charakteristisch für den im 16. Jahrhundert erstmals nachweisbaren Kontrabaß darf auch eine beträchtliche Variabilität in Größe und Besaitung angesehen werden, die bei anderen Streichinstrumenten in einem solchen Ausmaß nicht festzustellen ist. Die große Mensur, vor allem aber die besondere Stellung zwischen den beiden wichtigsten Streichinstrumentenfamilien der europäischen Musikgeschichte bieten sich als Erklärung für dieses Phänomen an.

Der Beitrag über den ›Bogen‹ der Streichinstrumente von Hans-Heinz Dräger, basierend auf dessen Dissertation (Die Entwicklung des Streichbogens, Kassel 1937), berücksichtigt in vorbildlicher Weise systematische, ethnische und historische Aspekte. Der Streichbogen wird als Abschluß der Entwicklungsreihe Schlagstab – Reibstab verstanden. Die in Außereuropa bis heute in außerordentlicher Vielfalt auftretenden Bogenformen, die sich auf drei Grundtypen (gleichmäßig gekrümmte, an der Spitze gekrümmte, an beiden Enden gekrümmte) zurückführen lassen, erfahren erst in Europa, im 16. Jahrhundert, eine relativ weitgehende Normierung mit der Schaffung des Violenbogens. Seine heutige veränderte Gestalt und verbesserte Ausrüstung verdankt der Streichbogen im wesentlichen dem Erfindergeist und handwerklichen Können der im 18. Jahrhundert in Paris wirkenden Familie Tourte. So ersetzte bereits der Stammvater die »crémaillère« genannte, noch recht grobe Spannvorrichtung für den Bogenbezug durch die bis heute gebräuchliche Spannschraube. Sein experimentierfreudiger Sohn François Tourte (um 1747–1835), den man später als »Stradivari des Bogens« feierte, fand heraus, daß Pernambukholz das geeignete Material für die Stange ist. Er gab ihr als entscheidende Neuerung eine konkave Krümmung, die wiederum in einem festen Verhältnis zu ihrer Stärke stand. Auch formte er den Bezug aus Pferdehaaren zu einem gleichmäßig breiten Band, indem er die Haare am Frosch in einen Ring klemmte. Dieser moderne Bogen ermöglichte ein dynamisches Ausgestalten des Einzeltones und eine leichte Ausführung aller dem Schlag angenäherten Stricharten wie z. b. staccato und spiccato, wie es mit dem alten konvex gekrümmten Bogen nicht erreicht werden konnte, und eröffnete so dem Streichinstrumentenspiel insgesamt neue Dimensionen.

Der abschließende Artikel ›Streichinstrumentenbau‹ von Walter Senn ergänzt die vorausgegangenen Beiträge. Er könnte nach Anlage und Inhalt auch als Einführung in die Gesamtthematik »Streichinstrumente« dienen, wie sie hier auszugsweise behandelt wurden, und den Band eröffnen. In keinem anderen Artikel findet sich z. B. eine so generelle, kritische Einschätzung der allgemeinen Forschungssituation und der Literatur zu dieser Instrumentengruppe, wie sie der Autor in seinem Beitrag als Einleitung bietet. Auch in den folgenden Ausführungen ›Zur Frühgeschichte der europäischen Streichinstrumente‹ und ›Viola da gamba und Viola da braccio, die Gamben- und Violinenfamilien‹ wird eine zusammenfassende Übersicht gegeben und anschaulich dargestellt, wie sich aus dem mittelalterlichen Instrumentarium an Saiteninstrumenten im 16. Jahrhundert die beiden für die Zukunft wichtigsten Streichinstrumenten-Familien herauskristallisierten und schließlich die Violin-Instrumente ihre einzigartige Stellung im europäischen Musikleben errangen. Wie es die Thematik des Artikels verlangt, findet dabei vor allem die ergologische Entwicklung mit allen konstruktiven Detailveränderungen Beachtung. Die technologische Seite des Prozesses wird anschließend in einem besonderen Abschnitt ›Material und Bearbeitung‹ behandelt. Hier erfährt man, welche Holzsorten die Geigenbauer bevorzugen und wo sie gefunden werden, wie man sie aufbereitet und zu Einzelteilen formt, aus denen dann schließlich das Klangwerkzeug kunstvoll zusammengesetzt wird. Informiert wird ferner über den Lack und seine Zusammensetzung aus verschiedenen Harzen und Farbstoffen, die in Öl, Alkohol oder Benzin gelöst werden, und über die Saitenherstellung, die zunächst in Italien, später vor allem in Frankreich und Deutschland als selbständiges Handwerk betrieben wurde. Ein historischer Überblick über die Lauten- und Geigenmacher von den ältesten Nachrichten im 13. Jahrhundert bis zur Gegenwart macht mit den bedeutendsten Herstellern von Saiteninstrumenten und ihren lokalen und regionalen Wirkungsbereichen bekannt. Besonderes Interesse beansprucht natürlich die »klassische« Epoche des Geigenbaus vom Ende des 16. bis zum ausgehenden 18. Jahrhundert. In den wichtigsten, eigene Schultraditionen ausbildenden Zentren Brescia, Cremona und Tirol, die etwa durch Giovanni Paolo Maggini, Antonio Stradivari und Jakob Stainer personifiziert werden, entstanden Grundtypen, die zu Vorbildern für den Streichinstrumentenbau auch in anderen Städten und Ländern wurden und ihn bis heute maßgeblich beeinflußten. Die Namen von zahlreichen Geigenbauern werden in diesem Zusammenhang angeführt, deren Leben, Werke und Wirken bisher oft nur unzulänglich untersucht wurden. Für die Instrumentenforscher liegt hier noch ein weites Betätigungsfeld. Ebenfalls konnte bisher nicht hinreichend geklärt werden, wie es im 19. Jahrhundert zu dem allgemeinen Niedergang der Geigenbaukunst kam, der in einigen Städten ohne Vorankündigung plötzlich einsetzte. Ein gewichtiger Grund für den Verfall ist sicher in der bereits im 18. Jahrhundert beginnenden arbeitsteiligen und mechanisierten Massenproduktion von Streichinstrumenten vor allem in Markneukirchen, Klingenthal, Schönbach und Mirecourt, später auch in Mittenwald zu sehen, mit der die enorm gewachsenen Bedürfnisse der Musikpraxis in der ganzen Welt gedeckt wurden. Die Bevorzugung alter Instrumente wiederum, die etwa zur gleichen Zeit wie die Massenfabrikation in Erscheinung trat, stand offensichtlich in Zusammenhang mit der minderwertigen Qualität der neuen Instrumente. Sie führte zu einem oft kritiklosen Namenkultus, ließ auch leistungsfähige Geigenbauer sich beim Neubau auf die Nachahmung klassischer Modelle beschränken und bewirkte eine allgemeine Stagnation in der Entwicklung. Heute ist diese mißliche Situation weitgehend überwunden. Das kunsthandwerkliche Können der Geigenbaumeister und ihre in Einzelfertigung hergestellten, qualitativ hochwertigen Streichinstrumente finden wieder Beachtung und Anerkennung, wenn auch der Nimbus eines Amati oder Stradivari – zumal im Bewußtsein der Allgemeinheit – weiterbesteht.

Das Ensemble der vorliegenden Einzeldarstellungen ist gut aufeinander abgestimmt. Wiederholungen oder Überlappungen sind äußerst selten. Auch zeigen sich die überwiegend in der Mitte der 1960er Jahre verfaßten Beiträge noch immer auf der Höhe des Forschungsstandes und bewähren sich als zuverlässige und reichhaltige Informationsquelle für die Streichinstrumente der europäischen Musikkultur.

Berlin, im März 1981   Erich Stockmann

Walter Senn, Fritz Winckel und Emanuel Winternitz
Violine

I. Akustik. – 1. Funktion des Violinspiels. – 2. Methode der elektrischen Messung. – 3. Ergebnisse. – 4. Kriterium des optimalen Violinklangs. – 5. Das Spielverhalten der Violine. – 6. Registrierung von Violinklängen. – II. Geschichte der Violine. – 1. Allgemeines. – 2. Zur Frage der Etymologie. Älteste Nachweise des Wortes. – 3. Die angeblichen Erfinder der Violine. Abstammung und Frühgeschichte. – 4. Italienische Bildzeugnisse der Violine im 16. Jahrhundert. – 5. Die Violine seit der Festlegung der Form. – 6. Rekonstruktionsversuche. – 7. Sonderformen
I. 1–6: Fritz Winckel, II. 1–3, 5, 6: Walter Senn, II. 4: Emanuel Winternitz

I. Akustik

1. Funktion des Violinspiels

Durch den Bogenanstrich wird die Saite zu »Sägezahnschwingungen« (auch Kippschwingungen genannt) angeregt: Die Saite wird von dem mit Kolophonium eingeriebenen Bogenhaar durch Haftreibung mitgenommen bis zu einer maximalen Auslenkung, wo die Rückstellkraft der Saite größer wird als die Reibungskraft, folglich die Saite in die Ruhelage zurückschnellt und sogar noch darüber hinausschwingt, bis der Vorgang von neuem beginnt und sich weiter periodisch wiederholt. Die so angefachten Schwingungen werden über den Steg auf das Corpus übertragen, indem der ganze Holzkörper einschließlich der eingeschlossenen Luft zum Schwingen angeregt wird. Der Körper dient demnach als akustischer Strahler, wobei die f-Löcher im besonderen die Resonanzfrequenz des eingeschlossenen Luftvolumens abstrahlen. Die Form der f-Löcher ist vom akustischen Standpunkt unwesentlich. Früher hat es auch C-Löcher gegeben. Das Corpus wirkt andererseits wie ein akustischer Filter, in dem gewisse Obertöne der Ursprungsschwingungen gedämpft, andere dagegen verstärkt werden, letztlich mit der Absicht, daß alle Töne mit ungefähr der gleichen Stärke und ähnlicher Klangfarbe abgestrahlt werden. Das Ergebnis ist der spezifische Violinklang. Dieser Vorgang der Klangbildung ist ein Grundprinzip, sinngemäß auf alle Instrumente einschließlich der elektronischen und auch auf die menschliche Stimme angenähert anwendbar.

2. Methode der elektrischen Messung

Das Corpus wird elektromechanisch von einem variablen Frequenzgenerator her erregt und die daraus resultierenden Schwingungen über den wirksamen Frequenzbereich von 194 (g) bis etwa

8000 Hertz (c^6) durch elektrische Tonabnehmer direkt auf dem Corpus oder als abgestrahlter Luftschall durch Mikrophone gemessen. Es sind bisher zur Schwingungsanregung Systeme nach dem elektromagnetischen, elektrodynamischen, elektrostatischen (Bekleben der Decke mit einer Metallfolie) und piezoelektrischen Prinzip verwendet worden. Daraus ergibt sich die Abhängigkeit der abgestrahlten Tonintensität bzw. des Schalldrucks von der Frequenz mit einer großen Unregelmäßigkeit oder in anderer Darstellung die Klangzusammensetzung aus Obertönen für jede intonierte Tonhöhe als akustisches Spektrum, auch automatisch aufgezeichnet als Sonagramm (siehe Abbildung 5). Maßgeblich ist der Bereich bis 2000, eventuell noch bis 5000 Hz, weil für die noch höheren Töne der Violinkörper an der Klangabstrahlung so gut wie gar nicht beteiligt ist. Es überwiegt dann die direkte Saitenabstrahlung.

3. Ergebnisse

Von den Faktoren, die auf die Klangqualität Einfluß haben können, Wandstärke von Decke und Boden, Wölbung, Lack, Holzbeschaffenheit, Form, f-Löcher u. a., ist am meisten bestimmend die Wandstärke. Ist diese zu groß, so ist der Ton hell, hart, schalmeienhaft näselnd, ist sie zu gering, so wird die Klangfarbe als hohl und dumpf beurteilt. Besonders wichtig ist die Wandstärke der Decke; dies wird erkennbar, wenn man den Boden der Violine versuchsweise aus Blei fertigt, was den Klang wenig verändert. Bei 18 Stradivaris aus den Jahren 1672–1736 hat Friedrich A. Saunders Deckenstärken von 1,98–3,17 mm festgestellt. Günstig ist, im Sinne der Unterdrückung des Wolfstons, der besonders beim Violoncello vorkommt, wenn die Wandstärke der Decke nach den Rändern zu geringer wird.

Bisher weiß man noch wenig über den Einfluß der Holzstruktur auf den Klang. Die gemessenen Werte der inneren Reibung bzw. des Elastizitätsmoduls unterscheiden sich nur geringfügig, wenn man üblicherweise Ahorn (für den Boden) verschiedener Provenienz und verschiedenen Alters und entsprechend Fichte (für die Decke) vergleichen will. Dasselbe gilt vom »Laue-Diagramm«, das Aufschluß gibt über die Kristallgitter-Struktur des Materials. Eine endgültige physikalische Erklärung für die Klangverbesserung mit der Alterszunahme von ständig gespielten Violinen kann bis heute (1966) noch nicht gegeben werden. Die Schallausbreitung erfolgt vorwiegend in Faserrichtung, also in Längsrichtung der Violine. Dies wird noch stärker dadurch erzwungen, daß von den Stegfüßen als dem Anregungszentrum der Decke die f-Löcher eine Unterbrechung für die Querausbreitung des Schalls, also quer zur Faserrichtung, bedeuten. Der Einfluß des Lacks ist, nach den Frequenzkurven zu urteilen, nicht so erheblich, wie man gemeinhin annimmt. Er bewirkt eine leichte Gesamtdämpfung der Frequenzkurve, was zu einem besseren Ansprechen der Violine führen kann. Der Einfluß der Wölbung ist ebenfalls sehr gering. Eine nicht gewölbte Violine klingt infolge ihrer geringeren Steifigkeit weicher im Sinne von matter. Die Wölbung gibt eine bessere Abstrahlung der hohen Frequenzen, ist jedoch in den tiefen Frequenzen etwas benachteiligt. Die Stimme bewirkt, daß die tiefen Frequenzen besser abgestrahlt, die hohen Frequenzen dagegen gedämpft werden. Ohne Stimme spürt man eine Verwandtschaft zum Gitarrenton. Bei der elektrischen Schwingungsabtastung des Corpus zeigt sich, daß die Decke nicht über die ganze Oberfläche hinweg in der gleichen Phase schwingt, sondern manche Gebiete in der Gegenphase (Gegenschwingung), woraus sich Unterschiede in der Klangabstrahlung ergeben.

4. Kriterium des optimalen Violinklangs

Die Erfahrungen aus statistischen Klanganalysen von Violinen haben Hermann Meinel zum Versuch der Aufstellung einer normierten Frequenzkurve, allerdings als ein nur sehr globales Kennzeichen für den optimalen Violinklang, geführt (siehe Abbildung 1). Die Mittelwertbildung über begrenzte Frequenzabschnitte zeigt, wie die Schall-Intensität in den ersten vier Gebieten etwa bis 1000 Hz (in der Klangfarbe der Vokalfarbe »a« nahekommend) anwächst, dann bis etwa 2000 Hz absinkt, was günstig ist, weil in diesen Bereichen der näselnde Charakter zustande kommt, der nicht zu stark werden soll, und dann wieder ein geringerer Anstieg bis etwa 3000 Hz stattfindet, als ein positives Kriterium für die Tragfähigkeit der Violine. In höheren Frequenzbereichen soll die Kurve stark gedämpft abklingen, weil eine zu große Anzahl von Obertönen den Klang zu scharf und hell machen würde. Diese Kurve bietet eine neue Grundlage für die Begutachtung von Violinen. Da es für Klangfarben keine normierten Bezeichnungen gibt, beschreibt man sie vergleichend durch die Klangfarben der Sprachlaute und gibt im Diagramm deren Formantbereiche an (siehe Abbildung 2). Man bekommt dann eher ein Gefühl dafür, ob der gewünschte a-Anteil überwiegt, ob die Violine hell (e-i-Anteil) oder dunkel (u-o-Anteil) klingt oder zu starken Näselanteil (ns) oder zu viel s-artigen Geräuschanteil hat. Zur Deutung der Frequenzkurven muß noch gesagt werden, daß eine ausgesprochene Resonanzspitze in der Gegend von *cis'* (270 Hz) von der Eigenfrequenz des im Corpus eingeschlossenen Luftvolumens herrührt, wie bereits Félix Savart feststellte. Dieser »Luftton« kann auch in zwei oder mehr Resonanzstellen aufgespalten sein, was von der Violinform herzurühren scheint (Saunders-Gruppe). Ein weiteres bevorzugtes Frequenzgebiet rührt von den Eigenschwingungen des Holzkörpers (»Körperton«) her; diesen Ton hört man, wenn man die Violine anklopft. Eine besondere Bedeutung hat ferner das Gebiet um 3000 Hz, das sich von 2700 bis 3200 Hz erstrecken kann, weil es das Merkmal der Tragfähigkeit des

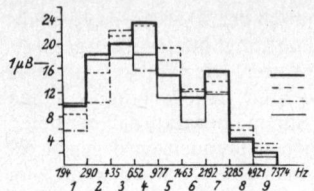

1: Vereinfachte Frequenzkurven von
Geigen (mittlere Schalldrucke):
―――― sechs sehr gute alte Geigen,
― ― ― sechs gute neue Geigen,
―·―·― mittelmäßige neue Geigen,
―――― Stradivari 1715.

Violinklangs ist. Andererseits soll das Gebiet von 1600 bis 2000 Hz
nicht zu stark ausgeprägt sein, weil dann das Näseln im Klang zu stark
würde. Bei hochwertigen Instrumenten stellt man fest, daß die beiden
wesentlichen Resonanzspitzen des Körpertons und des Lufttons etwa
um eine Quint auseinanderliegen. Ein weiteres Gütekriterium wird
von der Saunders-Gruppe darin gesehen, daß die Resonanzspitzen
der Frequenzkurve des herausgetrennten und zu Schwingungen erregten Bodens etwa in der Mitte zwischen den Frequenzen der Resonanzspitzen der herausgetrennten, ebenso erregten Decke liegen
sollen. Erweitert sich dieses Frequenzintervall, so haben die Instrumente eine schlechte Ansprache. Diese Schwierigkeit ergibt sich besonders bei Bratschen und Violoncelli wegen der größeren Abmessungen. Bei der Erregung der Eigentöne des Violinkörpers entstehen
Subharmonische, die dem Bildungsgesetz $\frac{1}{n} \cdot f$ folgen mit n = 1, 2, 3
... ganzzahlig und f als Frequenz, also 1, ½, ⅓, ¼ .... Diese Untertö-

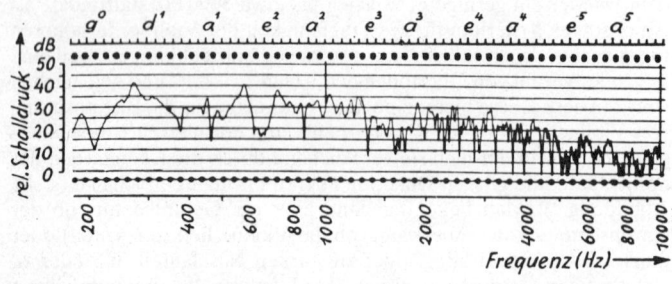

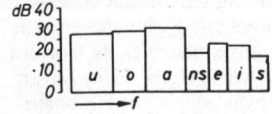

2: Resonanzkurve und Formantcharakteristik
einer unter akustischer Kontrolle gebauten
Geige. Vokalformanten u, o, a, e, i, Konso-
nant s und Näselformant ns.

ne, die von der Forschergruppe Saunders gefunden wurden (bis zu 40
in einer Reihe), haben einen erheblichen Einfluß auf die Qualität des
Geigentons, da sie die tiefen Töne verstärken. Dies ist günstig, weil
die tiefen Grundtöne mit ihren großen Wellenlängen (g = 174 cm)
von den relativ kleinen Körpern nicht als Ganzes abgestrahlt werden

können. Bisher war man der Auffassung, daß Subharmonische in Musikinstrumentenklängen nicht vorkommen. Hier muß eine Revision einsetzen.

Das Kriterium der Frequenzkurve, das aus konstant angestrichenen Tönen abgeleitet wird (stationäre Klänge), ist jedoch nicht ausreichend zur Beurteilung der Violine, denn ein wesentlicher Beitrag zum Klangcharakter rührt von der Art des Einschwingens her, das im Mittel 50 Schwingungsperioden dauert, bis es in den stationären Zustand übergeht. Die Frequenzkurve interessiert insofern, als sie den Verlauf des Ein- und Ausschwingens maßgeblich beeinflußt. In der praktischen Musikausübung sind Klänge im allgemeinen von einer ziemlich kurzen Dauer, meist nicht mehr als $\frac{1}{10}$ sec, so daß das Tongebilde nach oder bereits bei dem Einschwingen wieder abklingt oder beim gehaltenen Ton die Konstanz durch das Vibrato wieder zerstört wird. Es handelt sich daher um unablässig erfolgende Ausgleichsvorgänge, weshalb die stationären Spektren Wesentliches am Klang nicht berücksichtigen. Die einzelnen Teiltöne eines Geigenklangs schwingen sehr unterschiedlich ein. Aus dem Verlauf aufgezeichneter Kurven kann man entnehmen, wie die Violine »anspricht«; z. B. bedeutet »leichte Ansprache«, daß sich die Teiltöne beim Anstrich sehr schnell zur vollen Amplitude entwickeln. Stradivari-Geigen und viele andere alte Instrumente haben im allgemeinen eine kürzere Einschwingzeit als solche aus unserer Zeit (Werner Lottermoser, Ausgleichverhalten von Geigen und Beziehung zur Resonanzkurve, in: Acustica 8, 1958, 91 ff.). Das Spiel auf einem schwer ansprechenden Instrument erfordert jedoch keine größere Kraft als auf einem leicht ansprechenden. Das letztere liefert ein breiteres Spektrum als das erstere (Ernst Rohloff, Der Klangcharakter altitalienischer Meistergeigen, in: Physik 110, 1938, S. 58, u. a.). Weiter ist zu bemerken, daß mit wachsender Anstrichstärke das Bogengeräusch zunimmt, nach Messungen von 30 auf 35 und 40 dB, wenn der Geigen-Grundton von 63 auf 80 bzw. 85 dB ansteigt (Rohloff). Ein s-haftes Geräusch im Geigenklang ist ein Zeichen für gut ansprechende Instrumente. Die Dauer der Ausgleichvorgänge ist auch von der Bogengeschwindigkeit abhängig; der Einschwingvorgang dauert mit abnehmendem Bogendruck länger. Das Spektrum ist reicher während des Einschwingvorgangs als während des stationären Teils des Klangs. Der Geigenton klingt also voller, wenn er sich dauernd verändert, was der Spieler auch durch das Vibrato erreicht. Dies ist eine Frequenzmodulation, die bei siebenmaligem Wechsel pro Sekunde das Optimum dergestalt erreicht, daß man eine Amplitudenmodulation zu hören meint. Die erforderliche Anstrichstärke ist über die Tonskala übrigens recht ungleich, wie Abbildung 3 zeigt. Es ist diejenige Kraft an der Ordinate aufgetragen, die notwendig ist, damit die Grundschwingung des jeweiligen Klangs angeregt wird. Im allgemeinen sprechen nämlich die Obertöne zuerst an. Das Ohr ist gegen Amplitudenschwankungen relativ unempfind-

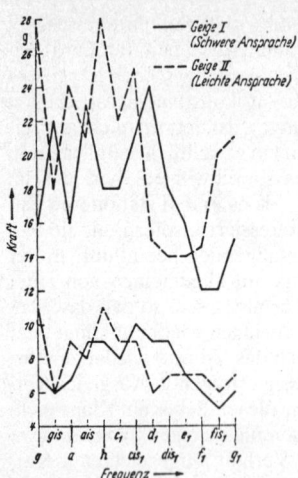

3: Kraft, mit der ein Streichband gegen die Saite gepreßt werden muß, damit der Grundschwingungstyp erregt wird. g-Saite. Obere Kurven: Streichbandgeschwindigkeit 100 cm/sec, Streichstelle 4 cm vor dem Steg. Untere Kurven: Streichbandgeschwindigkeit 30 cm/sec, Streichstelle 5 cm vor dem Steg.

lich (vgl. Abschnitt 5). Von dem äußerst komplexen Schwingungsverhalten des gekoppelten Systems Violine sind hier nur die wesentlichen Gesichtspunkte skizziert worden. Die wichtigsten Einflüsse auf die Frequenzkurve hat Emil Leipp übersichtlich zusammengestellt (siehe Abbildung 4). Eine moderne Art der Untersuchung des Schwingungsverhaltens besteht darin, das mechanische Schwingungssystem in ein analoges System eines elektrischen Netzwerks zu transformieren, in dem man die Einflußgrößen präziser berechnen kann. Den mechanischen Größen Masse, Elastizität und Reibung entsprechen dann die elektrischen Größen Induktivität, Kapazität und Ohmscher Widerstand. Auf dieser Modellbasis könnte man ein synthetisch-elektrisches Streichinstrument bauen. Ist der dann elektrisch erzeugte Klang nahezu identisch mit dem wahren Instrumentenklang, so kann man daraus schließen, daß die Vorstellung des Schwingungs-

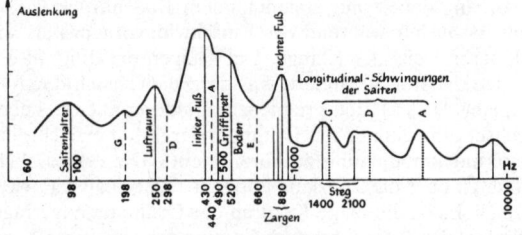

4: Frequenzkurve mit der Ursprungsbezeichnung der verschiedenen Eigenfrequenzen.

24

verhaltens richtig war. Davon ist man jedoch heute noch weit entfernt, wenn auch einige rohe Versuche am Synthesizer von Harry F. Olson gelungen sind. Bei der Transformation der Muskelkraft des Spielers über die Anstreichkraft des Bogens gelangen in die Kopplung auf das Corpus nur 5–10 Prozent der Ursprungsenergie. Schließlich wird nur 1–2 Prozent als Schallenergie wirksam (Carleen M. Hutchins, The Physics of Violin, in: Scientific America 207, 1962, 79 ff.).

5. Das Spielverhalten der Violine

Die großen Intensitätsunterschiede in der Frequenzkurve selbst der besten Meistergeigen, wie sie objektiv gemessen vorstehend beschrieben worden sind, findet man auch subjektiv in der Spielweise des Instruments über den ganzen Tonhöhenbereich. Um möglichst dem Hörempfinden des Spielers zu entsprechen, wurden die Schalldruckwerte der Töne nicht nur in die Dezibelskala der Lautstärke, sondern weiter noch in die subjektive Lautheitskala in »sone« umgerechnet. Es wurde dem Spieler, dem Konzertmeister eines Orchesters von Weltklasse, gesagt, er solle auf seiner Geige Salteso 1739 so gut wie möglich mit empfindungsmäßig gleicher Lautstärke in einem schallgedämpften Raum mehrmals die Tonskala über alle vier Saiten spielen. Es ist erstaunlich, wie erheblich die Lautheitsschwankungen sind, die vom Spieler nicht bemerkt werden. Ähnliche Schwankungen wurden auch beim Spielen auf anderen Instrumenten registriert (siehe Abbildung 5). Damit ist ein praktischer Beweis dafür gegeben, wie unempfindlich das Ohr gegen Intensitätsschwankungen ist, jedenfalls in weit höherem Maße gegenüber den Laboruntersuchungen mit Sinustönen im Kopfhörer. Die Töne der leeren Saiten sind im Spiel durchaus nicht die lautesten, da man bestrebt ist, durch Bogendruck die Töne gegeneinander auszugleichen und sogar überzukompensieren. Ein ähnliches Verhalten konnte auch bei anderen Spielern festgestellt werden.

6. Registrierung von Violinklängen

Mit Hilfe elektronischer Meßgeräte gelingt es, die Struktur von Klängen und Geräuschen bis zu einer viel feineren Auflösung für das Auge sichtbar zu machen als das Ohr zu hören vermag. Eine schon seit Jahrzehnten bekannte Methode der Schallregistrierung ist die Oszillographie, die den Schwingungsverlauf naturgetreu abbildet. Oszillogramme sind jedoch nicht eindeutig, da die Änderung der Phasenlage einzelner Oberschwingungen das Aussehen der Kurven verändert, ohne daß die Klangfarbe im stationären Zustand sich ändert. Immerhin ist die Oszillographie wichtig zur Beurteilung des Einschwingverhaltens von Klängen, was zur Geigenbeurteilung wesentlich beiträgt.

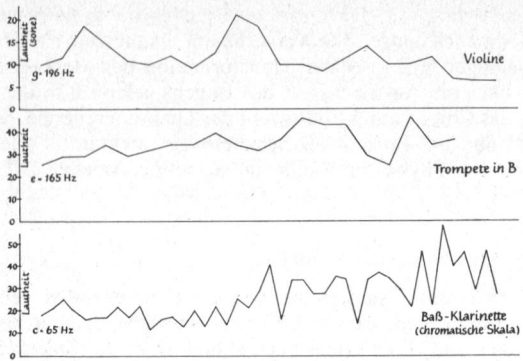

5: Intonation von Tonskalen, von erfahrenen Musikern nach gleichmäßig subjektiver Lautstärke gespielt. Violine und Trompete in diatonischer Skala, Klarinette in chromatischer Skala.

Das schwankende Verhalten in der Klangbildung wird besser abgebildet, wenn man die fortlaufenden Perioden des Klangs untereinander aufzeichnet, was mit Hilfe besonderer elektrischer Schaltungen gelingt (siehe Abbildung 6). Man erkennt dann Schwingungsveränderungen von Periode zu Periode auf einen Blick in Konturenbildungen über die Bildfläche, was die Tendenz von Klangmodulationen recht

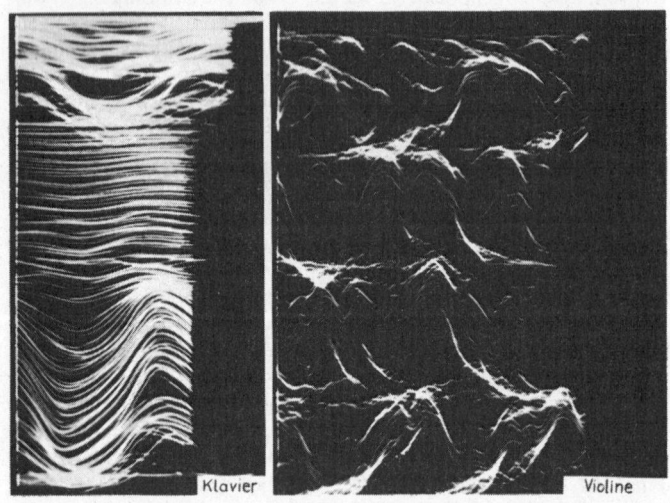

6: Vergleich der Feinmodulation des Klangs bei Klavier (2 Töne) und Geige (4 Töne), dargestellt in einem fortlaufenden Zeilen-Oszillogramm (von unten nach oben), in einzelnen Perioden übereinandergeschichtet.

deutlich zum Ausdruck bringt. Im Vergleich zu einer Folge von vier Geigenklängen ist ein Klavierklang gezeigt, der weniger stark moduliert erscheint und daher eher starr klingt im Verhältnis zum Geigenklang. In der Visible Speech-Darstellung, die man mit dem amerikanischen Sonagraphen erhält, ist entlang der Vertikalen der Frequenzmaßstab aufgetragen, so daß ein Klangverlauf mit Hilfe elektrischer Filter von etwa Terzbreite aufgetrennt in seinen Obertönen erscheint (siehe Abbildung 7). Dabei werden Frequenzschwankungen sowie die Übergänge von Ton zu Ton, die theoretisch nur sehr schwierig beherrschbar sind, sichtbar, insbesondere das Vibrato, das den Klang überhaupt erst belebt. Betrachtet man den senkrechten Querschnitt an irgendeiner Stelle des Sonagramms, so entspricht dies dem Spektrum des Momentanwerts des untersuchten Klangs. Im Sonagramm erkennt man die Intensität der Teiltöne nur an der verschiedenen Schwärzung, jedoch können durch eine weitere Registriervorrichtung im Sonagraphen die Spektren an jeder Stelle des Zeitablaufs gesondert aufgezeichnet werden. Man bekommt mit dieser Methode interessante Einblicke in die Spieleigenschaften von Instrumenten, wodurch sich die Violinforschung neu belegt hat.

Zusammenfassend ist festzustellen, daß die akustische Funktion der Violine in bezug auf die individuelle Klangfarbe physikalisch immer noch nicht vollständig erklärt werden kann. Es ist auch nicht entschieden, ob ausschließlich die klassische Form der Violine mit gewissen Abwandlungen zur selben hohen Klangqualität führen kann. Auch der Einfluß der verschiedenen Holzarten und deren Alterung wie auch des Lacks und seiner Alterung sind nicht vollends geklärt. Die neuesten Arbeiten verschiedener Autoren sind in allen diesen Punkten weiterhin widersprüchlich und unsicher. Steg und Stimmstock machen die Schwingungsübertragung äußerst komplex. Trotzdem kann behauptet werden, daß heute Geigen gebaut werden können, die denen der alten Geigenbauer aus dem 17./18. Jahrhundert ebenbürtig, ja in bezug auf die höheren Forderungen der heutigen Konzertpraxis, die Tragfähigkeit und das reichere Timbre, sogar überlegen sind. Das ängstliche Festhalten an der Tradition ist ein Mißverständnis, wenn man bedenkt, daß, von der Fidel angefangen, die Mensur zunehmend vergrößert, der Lagenbereich erweitert, der Aufsetzdruck in Verbindung mit der Erhöhung der Stimmung verstärkt und der Bogen verlängert und schließlich die Darmsaite durch die Metallsaite ersetzt wurde. Dies alles hat zwangsweise zu einer allmählich sich ändernden Geigenhaltung des Spielers geführt, die arbeitsphysiologisch als recht unzweckmäßig bezeichnet werden muß (Fritz Winckel). Es ist an der Zeit, daß die Geigenbauer von empirischen Arbeiten zu einer wissenschaftlichen Methodik übergehen, weil eine hochentwickelte elektronische Meßtechnik mehr Aufschlüsse liefert als das Abklopfen der zugerichteten Holzplatten und das Zusammenpassen nach Fingerspitzengefühl.

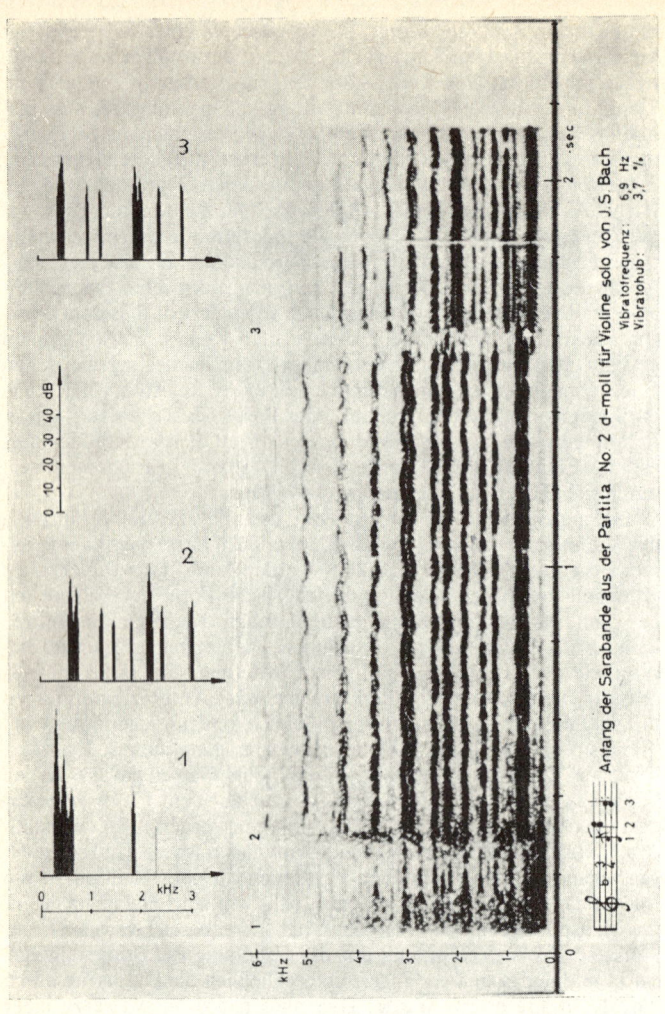

7: Visible Speech-Darstellung des Frequenzverlaufs beim Anfang der Sarabande aus der Partita Nr. 2 d für Solovioline von J. S. Bach. Die vertikale Achse ist der Frequenzmaßstab. 1, 2, 3 sind Momentanwert-Klangspektren (siehe Notenbild).

II. Geschichte der Violine

1. Allgemeines

Die Violine (englisch, dänisch, schwedisch, spanisch »violin« [schwedisch auch »fiol«], französisch »violon«, italienisch »violino«, niederländisch »viool«, portugiesisch »rabeca«) ist das Diskant-Instrument der da braccio-Familie. Da sie über einen größeren Klangraum als die anderen Orchesterinstrumente verfügt und eine überaus reiche Ausdrucksfähigkeit besitzt, ist sie im Laufe der Geschichte zu einer beherrschenden Stellung aufgerückt. Der Entfernung von der Bogenhand entsprechend werden die Saiten wie die der übrigen Streichinstrumente von der Höhe nach der Tiefe gezählt: e'' a' d' g; der Stimmumfang reicht von g bis a''''. Die alte Bezeichnung »Quinte« für die 1. Saite (französisch »chanterelle«, italienisch »cantino«) ist nicht von einem fünfsaitigen Viola-Typus übernommen (Allgemeine musikalische Zeitung 34, 1832, S. 358), sondern eine Reminiszenz an den Namen der obersten Saite der Laute. Für die Notierung dient jetzt ausschließlich der Violinschlüssel, während bis um die Mitte des 18. Jahrhunderts der G-Schlüssel auf der untersten Linie des Notensystems (der »französische Violinschlüssel«, der nicht erst um 1630 in Frankreich aufgekommen ist, sondern schon früher in Italien, z. B. 1615 von Giovanni Gabrieli, gebraucht wurde), bei längeren Partien in tieferer Lage der C-Schlüssel auf der mittleren Linie und bei Unisonoführungen der Streicher mitunter der oktavierende Baßschlüssel verwendet wurde. Leopold Mozart (Versuch einer gründlichen Violinschule, Augsburg 1756, S. 1) rügte es als Mißbrauch, »wenn man die Violin platterdings die Geige nennet«. Geige behielt aber bis in die Gegenwart die doppelte Bedeutung, Violine und Streichinstrument im allgemeinen. Mit Violine wird nur das Sopraninstrument, nicht aber der Typus bezeichnet; die Anwendung des Wortes synonym mit Geige auch für Streichinstrumente im weiteren Sinn ist unzutreffend und vermehrt die auf dem Gebiete der Instrumentenkunde bestehenden Unklarheiten in der Terminologie. »Violin-Familie« erscheint insoweit gerechtfertigt, als die Violine zum Hauptinstrument emporstieg, das diesen Typus verkörpert.

Im Instrumentarium nimmt die Violine eine Sonderstellung insofern ein, als ihr Modell, von individuell aufgeprägten Zügen abgesehen, seit über 400 Jahren unverändert geblieben ist und in der Musizierpraxis im allgemeinen alte Instrumente neuen vorgezogen werden. Weg und Zeit ihrer Entstehung verlieren sich im Dunkel der Geschichte.

2. Zur Frage der Etymologie. Älteste Nachweise des Wortes

Noch in der Literatur des 18. Jahrhunderts ist »Violine« nur vereinzelt belegt; der ursprüngliche Name lautete »Violin«, mitunter auch

»das Violin« (nach der Übersetzung des latinisierten »violinum«); er begegnet erstmals an der Wende zum 17. Jahrhundert, u. a. bei Valentin Haußmann, ›Neue Intrade‹, Nürnberg 1604, und verschwindet um 1820 aus der Schriftsprache. Violine stammt wohl eher vom italienischen »violino« als vom französischen »violon«. Das Instrument dürfte somit aus Italien nach Deutschland gelangt sein. Das Wort »violino« wird einerseits seit Michael Praetorius (Syntagma musicum, Band 3, Wolfenbüttel 1619, S. 123), nicht aber von frühitalienischen Autoren, als Verkleinerungsform von »viola« angesehen; auch das Suffix des französischen »violon« habe nach Walther von Wartburg (Französisches Etymologisches Wörterbuch, Band 14, Basel 1961, S. 370) diminutiven Sinn. Andererseits vertrat Alexander Hajdecki (Die italienische Lira da braccio, Mostar 1892, S. 19 f.) eine sprachlich ebenso zu rechtfertigende Deutung des Wortes als »Viola-ähnlich« (u. a. auch bei Hans Joachim Moser, Musiklexikon, Berlin 1931); der Hinweis, die »kleine Viola« sei »violetta« genannt worden, ist in diesem Zusammenhang unzutreffend, da dieser Name im 16. Jahrhundert für einen Instrumententypus in Diskant-, Alt- und Baß-Lage geprägt wurde. Entstand, wie meist angenommen wird, »violino« als Diminutivum von »viola«, so könnte die Etymologie die Genesis des Instruments klären: nach dem mehr oder weniger ausgebildeten Modell der Viola da braccio wäre eine Kleinform konstruiert worden. Diese scheinbar naheliegende Deutung findet ikonographisch keine Stütze; ältere Bildzeugnisse sowohl von Viola da braccio als von Violine sind bisher unbekannt. Das Wort »viola« erscheint erstmals um 1200 in provenzalischer und seit 1261 in italienischer Literatur, bezieht sich aber auf Instrumente unterschiedlichen Aussehens, die gestrichen oder gezupft wurden. Die Transformation eines Modells und ebenso die Ableitung eines Wortes setzen die Standardisierung eines Viola-Typus und eine feste Namengebung voraus, die bis ins ausgehende Mittelalter nicht bestanden haben. Die Wortbildung »violino« fällt in eine Zeit, als es eine Violine im modernen Sinn noch nicht gegeben hat. In einer lateinischen Urkunde wird 1462 ein Magister Franciscus florentinus »Guitarrista seu Violinista« genannt; aus der folgenden Wendung, »cum dicta viola seu quitarra«, geht hervor, daß Violine, Viola und Gitarre synonym für Streich- und Zupfinstrumente gebraucht wurden. Bis über das 16. Jahrhundert hinaus war die Terminologie der Streicher schwankend und ging mitunter ineinander über. Eigene Namen wurden nur für den Typus, nicht aber für die Stimmlagen gebraucht; noch Johann Christoph Adelung (Grammatisch-kritisches Wörterbuch der Hochdeutschen Mundart mit beständiger Vergleichung der übrigen Mundarten, Wien 1808) weiß zu berichten: »Ehedem wurde jedes Instrument [der Violin-Familie], es mochte zu einer Stimme gehören, zu welcher es wollte, Viole genannt; allein mit der Zeit hat jede ihren eigenen Nahmen bekommen, besonders ist die Discant-Viole jetzt unter dem Nahmen der Violine am bekanntesten.« Auch in Inventaren sind die Instrumente meist zusammengefaßt als »coppia«, verdeutscht »Kopei«, von Gamben oder Bratschen, d. h. Gruppen gleichartiger Instrumente in verschiedener Größe für das Ensemblespiel, angeführt. Giovanni Maria Lanfranco (Scintille di musica, Brescia 1533, S. 137, 142) schreibt von »violone« bzw. »violono da tasti & da Arco«, d. h. Gamben, und von »violette da arco senza tasti« bzw. »violette da braccio«, d. h. dreisaitigen, in Quinten gestimmten Geigen. Sylvestro di Ganassi dal Fontego (Lettione seconda, Venedig 1543) faßt unter »violoni« alle Streichinstrumente zusammen, versteht aber darunter im besonderen die Gamben, die er auch »viole d'arco tastade« nennt und von den »viole da brazzo senza tasti«, d. h. ohne Bünde, trennt, die in ihren drei Stimmlagen Lanfrancos »violette« und Martin Agricolas (Musica instrumentalis deudsch, Wittenberg [4]1545) »pol[n]ischen« Geigen entsprechen. Inventare der Accademia filarmonica in Verona (Giuseppe Turrini, in: Atti e Memorie della Accademia di Agricultura, Scienze e Lettere di Verona 118, Verona 1941, S. 26, 31, 34, 187) verzeichnen Gamben 1543 als »violoni«, 1544 als »viole« (ebenso 1562 u. ö.); erst 1585 erscheint hier neben Viola da gamba eine zweite Gruppe, Viola da braccio, in der ebenso »lira« wie »violino« aufgezählt sind. Gamben werden auch in weiteren Quellen des 16. Jahrhunderts »violone«, »violono« (spanisch »violon«) oder »viola da arco« (spanisch »vihuela da arco« bzw. »de piernas«) genannt. Um die Mitte des 16. Jahrhunderts sind »violino« (Girolamo Biscaro, in: Gazzetta Musicale di Milano 47, 1892, Nr. 2, S. 30), 1538 mit der Bedeutung Violinspieler, neben »violina« belegt. »Violina« bezeichnete ursprünglich einen selbständigen Instrumententypus. Der Titelholzschnitt zu Giulio Grotto, ›La Violina Con la sua risposta et altre Canzoni ...‹ (Brescia, Neudruck Ferrara o. J. [um 1550]), zeigt ein anscheinend fünfsaitiges Instrument mit unterständigen Wirbeln (Abbildung bei Edward Heron-Allen, De fidiculis Bibliographia, Neudruck London 1961, S. 288). Die ›Descrizione‹ der Florentiner Intermedien von 1589 unterscheiden neben anderen Streichinstrumenten zwischen »violino« und »violina«. Das Wort »violina«, das nach Johann Georg Ahle, ›Unstruthinne oder musikalische Gartenlust‹ (Mühlhausen 1687, S. 48), auch für Violinen gebraucht werden könne, muß größere Verbreitung gefunden haben; z. B. erscheint es bei Andreas Hammerschmidt, ›Erster [bzw. Ander] Theil Weltlicher Oden oder Liebes-Gesänge‹ (Freiberg 1642 bzw. 1643), und J. G. Ahle, ›Göttliche Friedensverheissung‹ (Mühlhausen 1679); als Orgelregister und als rumänische Bezeichnung für Violine blieb es bis in die Gegenwart lebendig.

Philibert Jambe de Fer (Epitome musical, Lyon 1556, S. 61–63) berichtet anscheinend erstmals von viersaitigen »violons« in drei Stimmlagen: Dessus (g d' a' e''), Taille-haute contre (c g d' a') und Basse (B_1 F c g), die nach Jambe de Fer in Italien »violon da braccio«

oder »violone« genannt wurden. Andreas Moser (Geschichte des Violinspiels, Berlin 1923, S. 31) nahm eine irrtümliche Schreibung an, die »violino« lauten sollte; das gleiche Wort gebrauchte jedoch u. a. Vincenzo Galilei (Dialogo della Musica, Florenz 1581, S. 147), der die Ansicht vertrat, »che fusse prima in uso la Viola [d. h. Gamba] che il Violone«.

Den Namen italienischer Geigenbauer wurde beigefügt, z. B. »Magister a violinis« (Pelegrino di Zanetto, 1559, 1563), »che fa violini« (Giovan Battista di Brescia, 1562), »maestro de violini« (Gasparo Bertolotti, genannt da Salò, 1568 u. ö.). »Violino« bedeutet hier aber weder Violine, wie vielfach irrtümlich angenommen, noch den Violintypus Jambe de Fers, sondern, nach den Werken des Gasparo da Salò zu schließen, Streichinstrumente im allgemeinen. Lodovico Zacconi (Prattica di musica, Venedig 1592, S. 218) behandelt Gamben, Viole da braccio in Diskant-, Tenor- und Baß-Lage und Violinen; Violino wendet er aber zugleich für Diskant- und Alt-Instrumente an, wie in dieser Zeit üblich. Z. B. unterscheidet auch G. Gabrieli nicht zwischen Violine und Viola; u. a. ist der Violino in den ›Sacrae Symphoniae‹ (Venedig 1597; Sonata pian e forte) im Alt-Schlüssel notiert und unter g geführt. Adriano Banchieri (Conclusioni, Bologna 1609) nennt drei Instrumente »violini da braccio« mit der Besaitung g d' a' e'' (= Violine), d (?) g d' a' (= Bratsche) und G d a e' (= Tenor-Viola). Verschiedene Namen gab Claudio Monteverdi dem (oder den) Sopran-Instrument(en) der Streicher in den Erläuterungen zur Partitur des ›Orfeo‹ (1607): »violino«, »violino ordinario« (die Annahme von Curt Sachs, Handbuch der Musikinstrumentenkunde, Leipzig ²1930, S. 195, es handle sich um eine Viola, widerlegte Nicholas Bessaraboff, Ancient European Musical Instruments, Boston 1941, S. 300, 433) oder »viola da braccio« (diese Bezeichnung wird auch für Alt- und Tenor-Viola sowie für Violoncello verwendet), ferner »violini piccoli alla francese«, die weder Violinen im modernen Sinn (C. Sachs, The History of Musical Instruments, New York 1940, S. 358) noch Quartgeigen (A. Moser, in: Zeitschrift für Musikwissenschaft 1, 1919, 377f.), sondern nach David Boyden (in: Annales Musicologiques 6, 1958–1963, S. 387ff.) dreisaitige Pochetten gewesen sind. Pedro Cerone (El Melopeo y Maestro, Neapel 1613, S. 259, 1039, 1063) identifizierte Violones, Violini, Rabeles und Rebequines. Die Form »violono« für Violine verwendete u. a. noch Tarquinio Merula (Il primo libro delle Canzoni, Venedig 1615, Vorrede). Die Vielfalt der Terminologie spiegelt sich auch bei M. Praetorius (Syntagma musicum, Band 2, Wolfenbüttel 1619, S. 26, 48) wider, der es für unnötig hielt, über die Violine »etwas mehr anzudeuten und zu schreiben«, da »dieselbige jedermänniglichen bekandt«; er bezeichnete sie als: »Discant Viol. Violino«, »Violin de Bracio«, »Fidicula«, »Vivola, Viola de bracio: Item, Violino da brazzo«, »Discantgeig, welche Violino oder Violetta picciola, auch Rebecchino genennet wird«. Abgesehen vom niederländischen »viool«, d. h. Violine, bringt die Folgezeit eine allmähliche Festlegung des Namens Violine für das Sopran-Instrument. Nur mehr vereinzelt haben Violine und Viola gleiche Bedeutung; z. B. schreibt Giovanni Maria Trabaci (Il secondo libro de Ricercate, Neapel 1615): »Viole ad Arco ò Violini«; von C. Monteverdi, ›Il combattimento di Tancredi e Clorinda‹ (Uraufführung 1624, gedruckt in Madrigali ... libro ottavo, Venedig 1638, Vorrede), und von Carlo (I) Farina, ›Ander Theil newer Paduanen, Gagliarden ...‹ (Dresden 1627, Titel), werden Violen gefordert, während die Stimmhefte mit Violinen überschrieben sind. Farina nannte sich 1626 »sonatore di Violino«, 1627 dagegen »Violist«. In einer Hamburger Ratsverordnung von 1636 heißt es: »Der Violist mit den Violin«, und Johann Sebastian Bach verlangte vom Leipziger Rat »zwei Violisten zur ersten Violine«. Die Erinnerung an die ursprüngliche Bedeutung von »violino«, d. h. Viola, findet sich noch in späterem Sprachgebrauch; z. B. schrieb Jakob Stainer 1668 »Violin di braccio« und verstand darunter Viola; »Alto Violino« verzeichnete John Hoyle (A complete Dictionary of Music, London 1791, S. 4) und erläuterte das Instrument als »a small Tenor Violin«.

Die Tatsache, daß im 16. Jahrhundert eine mehrgliedrige Gattung Violino genannt wurde, spricht einerseits gegen die bisherige Annahme, die Alt-Lage sei der Ausgangspunkt für die Entwicklung der Violin-Familie gewesen; andererseits bedürfen auch die Ansichten über die Etymologie einer Revision. Das bereits im 15. Jahrhundert gebrauchte Wort »violino« wurde, ebenso wie »viola«, auf einen neuentwickelten Instrumententypus übertragen; ein neuer Sinn konnte dem Wort nur dann impliziert werden, wenn dafür ebenso sprachliche wie organologische Voraussetzungen bestanden: das Suffix »ino« konnte als Diminutivum empfunden und entweder auf die gegenüber den Viole da gamba kleineren Dimensionen oder den geringeren Stimmumfang der Instrumente oder, in analoger Bedeutung wie italienisch »Tenorino«, auf einen weniger kräftigen, dafür aber anmutigen Klang bezogen werden. Auch die Auffassung »Viola-ähnlich« kommt für das Wort in Frage. Der ursprüngliche etymologische Bezug bleibt mit dieser späteren Wortübertragung aber ungeklärt. Weiter in die Frühzeit des Geigenbaues ragt das französische Wort »violon« hinein. In der Literatur ist es bis um 1500 (»Vyollon«; Wartburg, Band 14, S. 368) in lothringischen Urkunden bis 1490 zurückzuverfolgen (»joueur de violon«; Albert Jacquot, La Musique en Lorraine, Paris 1882, S. 23). Als nomen agentis erscheint es seit dem 14. Jahrhundert, zunächst für den Spielmann (»Roi des violons«; Grove's Dictionary of Music and Musicians, Band 7, [5]1954, S. 208), dann für Geiger (»Violons du roi«, 16. Jahrhundert) und schließlich bis zur Gegenwart für Violinspieler; »violoniste« und »violiniste« weist Wartburg (S. 368) daneben erst seit 1828 bzw. 1829 nach. In

Italien sind Belege dieser Bedeutung seit dem 16. Jahrhundert überliefert; z. B. wurde der Vater des Gasparo da Salò 1542 als »violino«
bezeichnet, der in der Contrada Violinorum wohnte. Nach dem ältesten Nachweis von »violon« könnte das Wort vom Ausübenden auf
das Instrument übergegangen sein; doch muß es unentschieden bleiben, ob es, wie »trompette«, »trombone«, »hautbois«, »flûte« (mit
Genusänderung) u.a., bereits ursprünglich Spieler und Instrument
zugleich bedeutete.

3. Die angeblichen Erfinder der Violine. Abstammung und Frühgeschichte

Wurde noch zu Beginn des 19. Jahrhunderts die Erfindung der Violine Apollo und die des Bogens Sappho zugeschrieben (Pietro Gianelli,
Dizionario della Musica, Band 3, Venedig [2]1820, S. 150), so betrat
man dann realeren Boden; doch führte das Fehlen von Frühformen,
die für die spätere Musizierpraxis ungeeignet waren und daher der
Vernichtung anheimfielen, zur Ansicht, es müsse ein hervorragender
Geigenbauer gewesen sein, der in geradezu visionärer Schau die für
die Zukunft der Musik höchst bedeutsame Violine ersonnen habe.
Als angebliche Erfinder wurden u.a. angesehen: der urkundlich nicht
nachgewiesene Giovanni Kerlino in Padua, Testator il Vecchio in
Mailand, Kaspar Tieffenbrucker in Lyon, Pellegrino da Montechiari
in Brescia, den der Physiker Niccolo Fontana mit akustischen Geset-
zen bekannt gemacht habe, um den Schallkörper volltönender zu
machen, Antonius Bononiensis, schließlich auch Gasparo da Salò.
Meist von Lokalpatriotismus getragene Prioritätsstreitigkeiten reichen bis gegen die Mitte des 20. Jahrhunderts (Giuseppe Strocchi,
Liuteria – Storia ed Arte. Lugo [3]1937; Oreste Foffa, Pellegrino da
Montichiari Inventare del Violino, Brescia 1937; u.a.).
    Die Violine ist keine Neuschöpfung und nicht die Erfindung eines
einzelnen Meisters; sie verbindet in einer einzigartigen Synthese vor-
gebildete Elemente, die z.T. bis in die Frühzeit des Lauten- und
Geigenbaues zurückreichen, mit akustischen Erfahrungen, die sie einem neuen Ausdruckswillen dienstbar macht. Die stilistischen Unterschiede bei den einzelnen Schulen (siehe Artikel ›Streichinstrumentenbau‹), auch das Festhalten an Traditionen in der Bauweise, lassen
vermuten, daß die Idealform der Violine unabhängig von verschiedenen Geigenbauern erreicht wurde.
    Auf die Konkordanz der Corpusformen von Violine und Lira da
braccio machte A. Hajdecki aufmerksam, legte aber seinen Darle-
gungen einen späteren Typus der Lira, aus der Mitte des 15. Jahrhunderts, zugrunde, der um 1500, als Frühformen der Violine bereits
existierten, nur vereinzelt nachgewiesen ist; die weitere Entwicklung
der Liraform, die auch zur Übernahme einer Schnecke mit seitenständigen Wirbeln führte, müßte demnach parallel verlaufen sein. Vier

von den sieben Saiten der Lira da braccio stimmen zwar mit denen der Violine überein. Deren Bezug ist aber offenbar nicht aus einer Reduktion entstanden, sondern als die Erweiterung eines wohl spätmittelalterlichen dreisaitigen Typus, der mit der Stimmung des von Silvestro Ganassi dal Fontego (Lettione seconda, Venedig 1543) beschriebenen Cantus der »Viola da brazzo senza tasti«, *g d' a'*, identisch sein dürfte. Hajdecki (Die italienische Lira da braccio, S. 30) glaubte, die Violine als Nachfolgerin der Lira in Anspruch nehmen zu können. Die Lira, »eines der wichtigsten Saiteninstrumente der Hochrenaissance« (MGG, Band 8, Spalte 935), erreichte aber den Höhepunkt ihrer Entwicklung erst nach den ältesten Bildzeugnissen von Violinen und wurde außerdem noch im 17. Jahrhundert gespielt. Daß die Lira einer gehobenen musikalischen und sozialen Sphäre angehörte, spricht nicht nur gegen die These einer Weiterbildung dieses Instruments zur Violine, sondern schränkt sogar die Möglichkeit einer direkten Beeinflussung ein. Die Annahme, die Lira da braccio sei das Zwischenglied gewesen, das zur Violine überleitete, ist daher nicht überzeugend; die Quellenlage deutet vielmehr auf eine gemeinsame Wurzel.

Die Ansichten über die angebliche Entstehungszeit der Violine schwanken von etwa 1520 bis 1590. Das Instrument ist jedenfalls älter und gehört zu den zahlreichen Versuchsformen aus der revolutionären Zeit des ausgehenden Mittelalters. Die Abstammung weist auf einen Fideltypus mit seitenständigen Wirbeln, deutlich abgesetzten Ober-, Mittel- und Unterbügeln, den u. a. das um 1500 erbaute Instrument in Wien, Kunsthistorisches Museum, Sammlung alter Musikinstrumente (Signatur C. 70) aufweist; die neue Form konnte durch verstärkte Rundungen und herausgerückte Ecken erreicht werden. Eine französische Tapisserie vom Ende des 15. Jahrhunderts überliefert die älteste Abbildung einer Frühform der Violine, mit dreigeteilten Bügeln, Flankenwirbeln und vier Saiten (Sachs, The History of Musical Instruments, S. 355). Die auf dem Titelholzschnitt ›Symphonia Platonis cum Aristotele: & Galeni cu[m] Hippocrate‹ von Symphorianus Camperius, Paris 1516, derb-unbeholfen dargestellten Instrumente in verschiedenen Stimmlagen (eines mit drei und eines mit vier Saiten) zeigen bereits eine deutlich ausgeprägte Violinform; von dem an Lauten und »Groß-Geigen« erinnernden runden Schallloch und dem in eine zurückgebogene Sichel auslaufenden Wirbelkasten abgesehen, lassen sie charakteristische Merkmale erkennen: die Rundungen mit hervortretenden Ecken des dreiteiligen niedrigen Zargencorpus, den an einem Sattelknopf befestigten Saitenhalter und seitenständige Wirbel. Moderner sind die Instrumente der Violinfamilie von Gaudenzio Ferraris Engelkonzert in Saronno (1534–1536, siehe Abschnitt II. 4.); Sachs (The History of Musical Instruments, S. 357) nimmt mit Recht an, daß es sich um Darstellungen von »violette da arco senza tasti« handle, deren drei Stimmlagen Lanfranco

(1533) beschrieb und die Ganassi (1543) »Viola da brazzo senza tasti« nannte. Offenbar identische dreisaitige Frühformen von Violinen begegnen bei M. Agricola (Musica instrumentalis deudsch, [4]1545) als »Pol[n]ische Geigen«; sie waren als eigener Typus bekannt, an dessen Verbreitung in Deutschland offenbar polnische Geiger wesentlichen Anteil hatten; z. B. verzeichnet ein Inventar des Stiftes Kremsmünster von 1584 »4 polnisch Geigen«. Der noch spätere volkstümliche Gebrauch des Namens für Instrumente der Viola da braccio-Familie (M. Praetorius, Syntagma musicum, Band 2, 1619, S. 44) setzt eine organologische Verbindung und Kontinuität der Entwicklung voraus. Daß die Diskant-Lagen der Violette da arco bzw. Viole da brazzo in ihren grundsätzlichen Zügen der modernen Violine nahestehen und als deren Frühformen anzusprechen sind, bestätigen neben den Bildzeugnissen zwei dreisaitige Instrumente Andrea Amatis, von 1542 und 1546, mit Violin-Corpus (Strocchi, Liuteria, S. 117; Cozio di Salabue [Conte Alessandro Ignazio], Carteggio, herausgegeben von Renzo Bacchetta, Mailand 1950, S. 253). Die Violette Lanfrancos und Viole Ganassis hatten einen dreisaitigen, in Quinten gestimmten Bezug. Die frühen französischen Darstellungen viersaitiger Violinen können allein noch nicht als ein ausreichender Beweis dafür angesehen werden, daß die Umfangserweiterung, die Hinzufügung der Quinte, französischen Ursprungs sei. Jambe de Fer (1556) schreibt zwar nur von »violons« mit vier Saiten, $g\ d'$ $a'e''$ (daß es sich bereits um moderne Violinen handelte, scheint der Stich Pierre [II] Woeiriots von Kaspar Tieffenbrucker, Lyon 1562, zu bestätigen, auf dem halb verdeckt, rechts und links unten, zwei Violinen abgebildet sind); in der Instrumentenstimmung, d. h. auch in der Saitenanzahl, bestehe aber nach Jambe de Fer zwischen Frankreich und Italien kein Unterschied. Daß dieser Typus in frühitalienischen Schulwerken fehlt, ist entweder auf eine Lücke in der Beschreibung oder auf seine geringe Verbreitung in Italien zurückzuführen. Neben den frühen Erwähnungen von Violinen in französischen Archivalien und den ältesten Bildzeugnissen erwecken französische Beziehungen von Andrea Amati und Gasparo da Salò sowie die Tatsache, daß Violinen »alla francese« bezeichnet wurden, den Anschein, als ob dem neuen Instrument in Frankreich zunächst größeres Interesse als in Italien entgegengebracht worden wäre. Jean-Baptiste Weckerlin (Dernier Musiciana, Paris 1899, S. 130) äußerte sogar die Vermutung: »Il paraît que c'est déjà au XVe siècle qu'on reduisit en France la viole [d. h. Gamba] à de plus petites proportions, et qu'on en fit le violon, qui avait alors trois cordes.«

Dreisaitige Violinen werden seit der 2. Hälfte des 16. Jahrhunderts von den Theoretikern nicht mehr angeführt, fanden aber weiterhin, wie es scheint, nur mehr in der Volksmusik Verwendung; davon berichtet u. a. Johann Samuel Petri (Anleitung zur practischen Musik, Leipzig [2]1782, S. 16) aus der Oberlausitz. »Violetta« als Name für

Violine begegnet zwar noch bei M. Praetorius (1619), geht aber auf andere Instrumente über.

Zu den Frühformen, für die Weiterentwicklung wohl nur von peripherer Bedeutung, zählen Instrumente mit Violin-Corpus, zunächst C-, dann f-Löchern und einem Wirbelblatt anstelle der Schnecke (Darstellungen u. a. von Albrecht Dürer, ›Musizierende Gesellschaft‹, um 1515; Jacopo Palma il Giovane, ›Der Wettstreit zwischen Phoebus und Pan‹, um 1600), sowie ein zweiteiliger Typus, der bis zu den »Iglauer Bauernfideln«, mit primitiven Konturen, unterständigen Wirbeln und rechteckigen Schallöchern, zu verfolgen ist (Exemplar in Wien, Museum für Volkskunde).

Das Auftreten der Violine bedeutete keine umwälzende Neuerung. Lange Zeit stand sie als Volksinstrument im Hintergrund; nach Jambe de Fer (1556) diente sie gewöhnlich für Tanzmusik, Hochzeits- und Maskenzüge, ein Gebrauch, der u. a. in den Alpenländern bis ins 20. Jahrhundert reicht. Eingang in die Kunstmusik fand sie über das Theater, bei Intermedien und Balletten; ihre vorzügliche Eignung wurde erst mit dem konzertanten Stil entdeckt, als die Vorliebe am variablen Klang und an Farbe, individuelle Ausdruckskraft und das Gefühlsmäßige in den Vordergrund zu treten begannen. Ihr Vordringen vollzog sich langsam, zunächst in Italien und Deutschland; in Frankreich und England vermochte sie erst im späten 17. und im 18. Jahrhundert die Vorherrschaft der Gamben zu brechen. Pierre Trichet (Traité des instruments de musique, entstanden um 1640, herausgegeben von François Lesure, Neuilly-sur-Seine o. J., S. 165 f.) äußerte sich um 1640: »Les violons sont principalement destinés pour les danses, bals, balets, mascerades, sérénades, aubades, fins, et autres joyeux passetemps, ayant esté jugés plus propres pour ces exercices de recréation qu'aucune autre sorte d'instruments.« Noch im ›Dictionnaire de l'Académie Française‹ (1694) heißt es: »il n'y a point d'instrument plus propre a faire danser que le violon«.

4. Italienische Bildzeugnisse der Violine im 16. Jahrhundert

Unter den Malern, deren Darstellungen als Bildzeugnisse für die Violine im 16. Jahrhundert in Italien von Bedeutung sind, ist vor allem Gaudenzio Ferrari (1484–1549) zu nennen, der Violinen in Zeichnungen, Fresken und Staffeleibildern in der Lombardei und in Piemont abgebildet hat. Seine Violinen sind von besonderem Interesse nicht nur wegen ihres frühen Datums, sondern weil er, nach seinen großartigen und phantasiereichen Instrumentendarstellungen zu schließen, auch selbst Instrumentenbauer gewesen sein muß. Der Maler und Dichter Giovanni Paolo Lomazzo, ein Neffe Gaudenzio Ferraris, erwähnt in seinem Buch ›Idea del Tempio della Pittura‹ (Mailand 1590) seinen Onkel als bildenden Künstler, Philosophen, Dichter sowie Lira- und Lautenspieler. Eine der frühesten erhaltenen

Abbildungen ist die Geige in den Händen eines kleinen Engels in dem Altarbild ›La Madonna degli Aranci‹ in der Kirche San Cristoforo in Vercelli, verläßlich datierbar 1529. Der Körper des Instruments ist kompakt und außerordentlich breit, die obere Hälfte von gleicher Länge wie die etwas breitere untere Hälfte. Die Decke, flach an den Rändern, ist in der Mitte stark gewölbt, so daß die f-Löcher in den flachen Teil zu liegen kommen. Der lange Hals trägt eine lange Schnecke mit drei Wirbeln. Der Bogen ist auffallend kurz.

Fünf Jahre nach dem Vercelli-Altar begann Ferrari sein gigantisches Kuppelfresko im Santuario von Saronno (nördlich von Mailand). Von den vielen Engeln, die die Himmelfahrt der Jungfrau feiern, spielen 56 Instrumente, darunter nicht weniger als vier Instrumente der Violinfamilie, von denen bisher nicht alle in der Literatur berücksichtigt sind. Drei von diesen Instrumenten (von verschiedener Größe) sind nahe beieinander, und obwohl sie alle wichtigsten Merkmale der Violine aufweisen, weichen ihre Formen so voneinander ab, daß man nicht von einem Ensemble im engeren Sinne sprechen kann. Alle haben flache Schallkörper mit Ober-, Mittel- und Unterbügeln, mehr oder weniger elegante Schnecken und, soweit sichtbar, Deckenwölbung. Das eleganteste und der modernen Violine ähnlichste Instrument ist jenes in Alt-Größe; Decke und Rücken kragen unverkennbar über die Zargen vor, die Schnecke ist zierlich, und vier Wirbelschäfte sind deutlich sichtbar. Das Baß(Tenor?)-Instrument hat andere Proportionen und Schallöcher und besitzt einen blattförmigen Saitenhalter. Die Wirbelzahl ist nicht genau zu sehen. Das kleinste Instrument, halb versteckt zwischen einem Lautenspieler und einer phantastischen Lira da braccio, besitzt drei Wirbel, einen damals noch bei Rebecs vorkommenden Sichelkopf und ähnliche Proportionen wie das Alt-Instrument. Unabhängig und weit entfernt von diesen drei Violinen ist eine vierte, wiederum verschiedene, teilweise durch Nachbar-Instrumente verdeckt; ihre Decke ist stark gewölbt, die Schallöcher laufen in delikate Spiralen aus; der Saitenhalter ist dreizackig.

Die Ähnlichkeit aller dieser Violinen (bei aller Verschiedenheit im einzelnen) ist symptomatisch für einen Verfestigungsprozess in einer an Formen überaus reichen Zeit, zumal im Vergleich mit den freieren und oft bizarren Geigenformen in Ferraris Zeichnungen (z. B. die Studie für das Saronno-Fresko in der Graphischen Sammlung, München). Diese fortschreitende Verfestigung wird bestätigt durch Bilder der Schüler Ferraris, vor allem des Bernardino Lanini (um 1510–1538; Altäre in Biella und Legnano). In seiner ›Sacra Conversazione‹, datiert 1552, heute im North Carolina Museum of Art in Raleigh, spielt ein Putto eine Violine von besonders langer und schmaler Form, mit vier Saiten und (zum ersten Mal) Adern: eine unmittelbare Vorstufe zu den frühen Brescianer und Cremoneser Violinen. Aus Laninis Abbildung geht hervor, daß er mit der Spieltechnik nicht vertraut war; seine Instrumente können daher nicht, wie manchmal bei Ferrari, Schöpfungen malerischer Phantasie gewesen sein; gerade das erhöht jedoch ihre dokumentarische Bedeutung.

Alle diese Bilddarstellungen deuten auf die Entstehung der Violine (im modernen Sinne) vor Andrea Amati und Gasparo da Salò; sie sind Dokumente der morphologischen Gärung, die bezeichnend ist für die Frühgeschichte der Violine im Gegensatz zu ihrer späteren Normierung, die sich erstaunlicherweise durch Jahrhunderte im wesentlichen erhalten hat.

5. Die Violine seit der Festlegung der Form

Die Geschichte der Violine ist nicht vollendet, nachdem das Instrument »gefunden und gespielt« wurde, wie Georg Schünemann (Die Violine, in: Deutsches Museum, Abhandlungen und Berichte 12, Heft 3, Berlin 1940, S. 102) annahm, sondern reicht so lange, als aus dem wahrhaft idealen Resonanzkörper durch Veränderung von Imponderabilien der Ausstattung, von Stimmstock, Baßbalken, Besaitung und Steg, der Klangwille der jeweiligen Zeit hervorgebracht werden konnte und kann; dazu gehören auch die wegen der Erweiterung des Tonumfangs der Kompositionen vorgenommene Verlängerung von Hals und Griffbrett sowie die den Erfordernissen der sich ändernden Spieltechnik entsprechend angepaßte Neuerung der Form des Streichbogens. Die Geschichte der Violine ist zugleich auch die Geschichte ihres Klanges, die ebenso in der jeweiligen Bevorzugung und höheren Bewertung eines bestimmten Instrumententypus zum Ausdruck kommt.

Besitzen die Instrumente der frühen französischen und italienischen Darstellungen eine primitive Form, so ändern sich in der Folgezeit nur mehr die Proportionen; die Ausbildung der Details wird verfeinert, bis jene Harmonie zustandekommt, die das von Meisterhand geschaffene Instrument auch zum Kunstwerk erhebt (über Stileigenheiten der Schulen siehe Artikel ›Streichinstrumentenbau‹). Vom Abklärungsvorgang während des 16. Jahrhunderts geben nur spärliche Quellen eine Kunde: Bilddarstellungen, die fehlende Frühformen ersetzen, und seit der Jahrhundert-Mitte einige Instrumente, von denen aber nicht immer feststeht, ob sie in ihren wesentlichen Teilen, selbst den Umrißformen des Corpus, die mitunter korrigiert wurden (Cozio di Salabue, Carteggio, passim, berichtet bereits vom »restringere« alter Instrumente), unverändert geblieben sind. Zum frühesten, nur lückenhaft erfaßten Bestand zählen Violinen des Andrea Amati, neben undatierten eine von 1564 (Oxford, Ashmolean Museum, aus dem Besitz König Karls IX. von Frankreich) und eine weitere von 1574 (Carlisle, City Museum), ferner ein Instrument anscheinend böhmischen Ursprungs von 1575 (Eisenach, Bachhaus, Signatur 47), von Gasparo da Salò, Geige des Ole Bull, undatiert (Bergen, Historisk Museum), sowie aus dem Jahre 1570 (Mailand, Museo degli Strumenti), von Girolamo (de) Virchi(s), 1565 (ebenda),Ventura Linarolo, 1581 (Wien, Kunsthistorisches Museum, Sammlung alter Musikinstrumente, Signatur C. 96), der Brüder Amati (u. a. 1595 für König Heinrich IV. von Frankreich und Novarra gebaut) und von Magnus Lang (»Mango Longo«), 1597 (Mailand, Museo degli Strumenti). Wenngleich das Aussehen einzelner früher Instrumente etwas plump wirkt und deren handwerkliche Ausführung mitunter nicht an die der zeitgenössischen Zupfinstrumente heranreicht, verkörpern sie in ihren wesentlichen Zügen den Standard-Typus, der, von Hals und Ausstattung abgesehen, späterhin nur geringen Schwankungen unterworfen ist. Umrißform, Gestalt und Lage der ƒ-Löcher, die mehr oder weniger plastische Durchbildung und Höhe der Wölbung, Hohlkehle sowie die Verteilung der Holzstärken, die vorwiegend von der Dichte des Materials bestimmt ist, variieren je nach den Absichten, die der Erbauer in klanglicher, stilistischer und auch ästhetischer Hinsicht, wie beim Schnitt der Schnecke, verfolgte. Das Corpus der modernen Violine (kleines und großes Modell) hat die Maße: Länge 343–364, Oberbreite 160–176, Unterbreite 183–216, Zargenhöhe 27–33, Durchmesser unterhalb des Steges 58–70 mm. Die Gesamtlänge einer Violine mit altem Hals beträgt nach M. Praetorius (Theatrum Instrumentorum, Wolfenbüttel 1620, Tafel XXI) 564, mit modernem Hals etwa 590 mm. Nur Teile der Violine waren wesentlicheren Veränderungen unterworfen, um der Vergrößerung des Tonumfangs der Kompositionen, der Verstärkung des Tonvolumens, die insbesondere das Solospielen in Konzertsälen erforderte, und dem Wandel des Klangideals Rechnung zu tragen. Da im Originalzustand verbliebene alte Violinen ebenso wie schriftliche Nachrichten über Abmessungen vor dem Ende des 18. Jahrhunderts zu den größten Seltenheiten gehören (z. B. von James Talbot und Cozio di Salabue), ist die nicht gleichmäßig fortschreitende Ausbildung der sich verändernden Teile nur in ihren Grundzügen zu rekonstruieren.

Variable Größen an der Violine
(ungefähre Maße in mm)

	um 1600	18./19. Jahrhundert	19./20. Jahrhundert
Griffbrett	190	190–265	266–270
Hals	105	110–138	130–135
Baßbalken	120	175–280	270–290
		(stärker und höher)	
Stimmstock-durchmesser	?	3–5	5–7
Steghöhe	23–25	27–32	32–35

Bei der Verlängerung des Griffbretts um etwa 80 mm können folgende Entwicklungsstufen verfolgt werden: 1. Einfügung eines Keiles zwischen Griffbrett und dem ursprünglich senkrecht zum Corpus stehenden Hals, die eine Ausdehnung über die Wölbung der Violine ermöglichte; 2. in Keilform gearbeitetes Griffbrett, das in dem über die Decke hinausragenden Teil abgeschrägt ist; 3. Verlängerung und Neigung des Halses; 4. Vorschieben des Halsstockes über den Deckenrand, bis zu 6 mm, was eine stärkere Neigung des Halses ermöglicht, und gerades, nicht keilförmiges, um einige Millimeter schmaleres Griffbrett. Ursprünglich mit runder Oberfläche, wurde es unter der G-Saite wegen deren weiten Schwingungen vertieft; die G-Saite liegt etwa 6 mm, die E-Saite etwa 4 mm über dem Griffbrettende. Die Rundungen von Griffbrett und oberem Teil des Saitenhalters entsprechen der des Steges. Der um etwa 30 mm verlängerte Hals war bis ins 18. Jahrhundert breiter und klobiger; zur Erleichterung des Lagenspieles wurde er dann schlanker geschnitten. Seit dem Ende des 17. Jahrhunderts gab es bereits Violinen mit einem Hals, der an die derzeitige genormte Länge (d. h. vom Halsstock bis zum Obersattel), 130 mm, heranreichte oder diese sogar überschritt (J. Talbot, siehe D. Boyden, The History of Violin Playing from its Origins to 1761, London 1965, S. 200, Cozio di Salabue, Carteggio, S. 245, 259, 270, 283 und passim; die Abmessungen Cozios reichen bis zur Mitte des Obersattels); offenbar handelte es sich um Instrumente, die für Solisten bestimmt waren. Die steilere Lage des Griffbretts bedingte eine Erhöhung des Steges um insgesamt etwa 10 mm und eine Hebung des Saitenhalters. Der Neigungswinkel der Saiten wurde spitzer und änderte sich von etwa 164° auf 155–158° (Berechnung der Steghöhe im Verhältnis zum Neigungswinkel des Griffbretts nach Konrad Leonhardt). Damit war eine Vergrößerung des Spannungs- und Druckverhältnisse verbunden, die eine Verstärkung von Baßbalken, auf mehr als den doppelten Rauminhalt, und Stimmstock, von etwa 3 auf 5–7 mm, erforderten. Wie alle Maße divergierten früher auch die Lage des Stegs, der nach ikonographischen Belegen häufig unterhalb der Einkerbungen der f-Löcher aufgesetzt war, und somit die Länge der schwingenden Saite, für die z. Z. 328 mm üblich sind (die Länge des Halses, 130 mm, verhält sich zu der von der Vorderkante des Steges, Mensurlinie, bis zur Außenkante des Deckenrandes, 195 mm, wie 2:3; hinzu kommt die Winkeldifferenz durch die Führung der Saiten auf den Steg von 3 mm). Je größer der Durchmesser der Stegfüße ist, um so schwächer, aber transparenter klingt die Violine; er betrug um 1750 etwa 5 mm und wurde während des 19. Jahrhunderts auf etwa die Hälfte verringert. Die Besaitung, die früher dünner war und einen zarteren Klang vermittelte, erfuhr seit der 2. Hälfte des 18. Jahrhunderts eine wesentliche Verstärkung; z. B. hatte um 1800 eine A-Saite den gleichen Querschnitt wie eine E-Saite zu Beginn des 20. Jahrhunderts (über die weitere Entwicklung siehe Artikel ›Streichinstrumentenbau‹).

Der Kinnhalter, ein meist aus Ebenholz hergestellter, neben oder über dem Saitenhalter angebrachter, leicht vertiefter Teller, die Erfindung von Louis Spohr, vor 1820, fand erst seit dem Beginn des 20. Jahrhunderts allgemeine Verwendung.

Nach den neuen Maßen orientierte sich, mit zeitlichen und örtlichen Unterschieden, nicht nur der Neubau von Violinen, sondern Veränderungen wurden auch an alten Instrumenten vorgenommen, um den Erfordernissen der Musizierpraxis Rechnung zu tragen. Bereits zu Beginn des 18. Jahrhunderts wird davon vereinzelt berichtet, daß Griffbretter unterlegt bzw. erhöht und der Hals von Violinen erneuert wurden (Altman Kellner, Musikgeschichte des Stiftes Kremsmünster, Kassel 1956, S. 308, 320). Eine allgemeine Adaptierung der höher eingeschätzten alten Instrumente setzte nicht erst um 1800, sondern spätestens um 1770 ein. Fehlten bei der Länge des Halses nur wenige Millimeter, so unterlegte man den Stock mit einem der gewünschten Neigung entsprechend geschnittenen Holzkeil, oder der originale Hals wurde, wie später meist üblich, durch einen neuen ersetzt und an den Wirbelkasten angeschäftet. Die Weiterbildung der Ausstattung der Violine und die des Streichbogens (siehe Artikel ›Streichinstrumentenbau‹) hatte einen maßgeblichen Einfluß auf den Klangcharakter des Instruments; selbst das Griffbrett, früher aus leichterschwingenden Hölzern, wie Ahorn, Buchsbaum, Fichte mit Ahorn oder Ebenholz furniert, später aus massivem Ebenholz, ferner die Art der Verbindung des Halses mit dem Corpus, früher aufgesetzt, später in den Oberklotz eingelassen, und Lage sowie Länge des ursprünglich flachen, dann erhöhten Saitenhalters verändern Tonqualität, Tonvolumen und Ansprache. Aus einem transparent klingenden Instrument, das noch Reminiszenzen an den Lautenklang bewahrte, entstand die volltönende, moderne Violine.

Wurden weniger tonstarke Instrumente, wie die Gamben, Lauten, Zinken, aus der Musizierpraxis ausgeschieden, so konnte sich die Violine nur deswegen behaupten, weil ihr Schallkörper ein sehr veränderungsfähiges Klangpotential besitzt, das ebenso verstärkt wie dem jeweiligen Zeitstil angepaßt werden konnte. Der um 1800 einsetzende einschneidende Wandel des Klangideals brachte einen allmählichen Übergang des bisher am höchsten bewerteten Typus der Stainer-Geige zur italienischen, insbesondere Cremoneser Violine, die sich nach vorgenommenen Änderungen ihrer Ausstattung, mitunter auch der Holzstärken, den neuen Erfordernissen, insbesondere an Tragfähigkeit des Tones, als geeigneter erwies. Für die Übergangszeit bezeichnend ist die Forderung (Allgemeine musikalische Zeitung 5, 1802/03, S. 773): »Jeder Virtuos sollte eigentlich Geigen von beyden Gattungen haben«, d. h. eine Cremoneser Violine und eine nach dem Stainer-Modell, »damit er jederzeit diejenige, welche für das Lokale paßt, zu seinem Gebrauch wählen könnte«.

6. Rekonstruktionsversuche

Die seit Jahrhunderten nahezu unverändert gebliebene Form der Violine verleitete zur Annahme, daß bei diesem Instrument auch ein Klangkontinuum vorliege. Aufführungen von Barockmusik zeigten aber, daß historische Instrumente, wie Gamben, Clavicembali oder Blockflöten, im Zusammenspiel mit Violinen nicht zur Geltung kommen und übertönt werden. Da unverändert gebliebene Violinen nicht oder in nur unzureichendem Maße zur Verfügung standen, versuchte man, die Klangatmosphäre des Barock durch Rekonstruktionen wiederzugewinnen. Anregungen gingen dazu von Hans E. Hoesch in Hagen-Kabel aus (1927); von Eugen Sprenger und Otto Möckel rekonstruierte Instrumente wurden erstmals 1930 öffentlich gespielt. Auch die Hell-Werkstatt, Albert Lorenz in Markneukirchen, beteiligte sich an diesen Versuchen und stellte die »Bärenreiter-Kurzhalsgeige« (1935), später »Bärenreiter-Geige alter Mensur« genannt, her. Obwohl die Instrumente insbesondere bei den Kasseler Musiktagen Anerkennung gefunden hatten (sie ermöglichen »erst eine klanglich und dynamisch einheitliche Darstellung der gesamten Streichliteratur bis 1800«; [Franz] Hell in Zeitschrift für Hausmusik 5, 1936, S. 127f.), verebbten diese Bestrebungen.

Der aus der Geigenmachersprache entlehnte Name »Kurzhalsgeige« ist unhistorisch und hebt ein äußeres Merkmal hervor, das für den Klang von nur untergeordneter Bedeutung ist; außerdem gab es alte Instrumente, deren Halsmensur an die der modernen Violinen heranreichte oder diese sogar überschritt (siehe oben S. 41). Trotz der Ablehnung des »häßlichen und sachlich unvollständigen Namens« »Kurzhalsgeige« und des Vorschlags, diesen durch »Geige alter Mensur« zu ersetzen (Walter Blankenburg in Zeitschrift für Hausmusik 5, 1936, S. 122), hielt er sich bis in die Gegenwart und wurde sogar ins Englische übernommen (»shortneck violin«). Den variablen Maßverhältnissen der Ausstattung und dem Klangcharakter käme eher eine Allgemeinbezeichnung, z.B. Barockgeige, entgegen.

Da die Kenntnis über Teile der Ausstattung unwiderruflich verloren gegangen ist, können Rekonstruktionen oder Rückversetzungen modernisierter Violinen in den ursprünglichen Zustand nur einen fiktiven, ungefähren Originalklang vermitteln. Abgesehen davon, daß das Alter des Holzes den Toncharakter beeinflußt, sind die Saitenstärken, Größe und Lage von Stimmstock und Steg unbekannt, die nach der Bauart des Instruments variieren und dem subjektiven Klangwillen unterworfen waren.

7. Sonderformen

Bisher sind keine gesicherten Nachweise erbracht worden, daß die Viola da braccio der Ausgangspunkt der Violinfamilie gewesen sei oder daß die Violine als Vorbild für die Bauformen von Viola und Violoncello gedient habe. In den ältesten ikonographischen und literarischen Belegen erscheint die Violine bereits meist gemeinsam mit tieferen Stimmlagen.

Eine spätere Weiterbildung war der »violino piccolo«, den italienische Theoretiker des 16. Jahrhunderts noch nicht verzeichneten. M. Praetorius (Syntagma musicum, Band 2, 1619, S. 26) nannte ihn »Klein Discant Geig«, mit den Saiten $c'g'\ d''\ a''$, und bildete ein Instrument ab (Theatrum Instrumentorum, 1620, Tafel XXI), dessen Länge 432 mm mißt. Für den Violino piccolo wurde auch eine Stimmung um eine kleine Terz höher als die Violine gefordert (»Terzgeige«), u. a. von Daniel Speer (Grund-richtiger ... Unterricht, Ulm 1687, S. 9) und von J. S. Bach (z. B. im 1. Brandenburgischen Konzert). L. Mozart (Violinschule, 1756, S. 2) schrieb von »Quart- oder Halbgeiglein«, die »für gar kleine Knaben gebraucht« werden. »Vor einigen Jahren hat man noch sogar Concerte auf diese (...) gesetzet. (...) Jtzt ist man der kleinen Geiglein nimmer benöthiget. Man spielet alles auf der gewöhnlichen Violin in die Höhe.« Das Instrument wurde meist in zwei Größen hergestellt: Dreiviertel- und Halbe-Violine, deren Maße sich zur Ganzen Violine wie 17:18 bzw. 8:9 verhalten. Als Kinderinstrumente, die insbesondere in Japan große Verbreitung finden, gibt es z. Z. $\frac{1}{16}$-, $\frac{1}{8}$-, $\frac{1}{4}$-, $\frac{1}{2}$-, $\frac{3}{4}$- und $\frac{7}{8}$-Violinen; ihr genormtes Maß wird nach der Corpuslänge der $\frac{1}{16}$-Violine, 269 mm, einer angenommenen Größe, berechnet.

Pochetten in Form einer Violine (französisch »pochettes en violon«), deren Hals meist größer als das Corpus ist, waren vor allem im 18. Jahrhundert beliebt.

Ein kurzlebiger Bastard zwischen Violine und Gamba, die fünfsaitige Quinton ($g\ d'\ a'\ d''\ g''$), wurde vom Ende des 18. Jahrhunderts bis in die ersten Dezennien des 19. Jahrhunderts in Frankreich gespielt. Über ephemere Versuche mit neuen Violinformen und über fünfsaitige Instrumente, die Viola und Violine verbinden ($c\ g\ d'\ a'\ e''$), siehe Artikel ›Streichinstrumentenbau‹, S. 199–201.

Weitere Verbreitung fand die »Brettgeige« oder »Stumme Violine« (französisch »violon sourdine«), ein Übungsinstrument, das seit dem 17. Jahrhundert gebaut wurde und nur aus Hals und verstärkter Decke besteht.

Kuriositäten waren: die »Stock-Violine«, eine Erfindung des Johann Wilde in St. Petersburg, um 1750, die noch Ende des 19. Jahrhunderts hergestellt wurde, eine Klein-Violine in einem Spazierstock (Beschreibung bei Georg Kinsky, Katalog des Musikhistorischen Museums von Wilhelm Heyer Cöln, Band 2, Köln 1912, S. 532); Violine mit eingebautem Horn (ebenda, S. 531); anscheinend für Artisten angefertigte Doppel-Violine (ebenda) u. a. Als Volksinstrumente werden Violinen in Rumänien und Norwegen (»hardangerfele«) mit fünf oder sieben bzw. vier Resonanzsaiten gespielt.

Violin-Automaten wurden bezeichnet als: »violina«, »violiniste«, »virtuosa« und »dea-violina« (Beschreibungen bei Sibyl Marcuse, Musical Instruments: a Comprehensive Dictionary, Garden City [New York] 1964).

Violine, Violina, Violino und Violon sind Namen von Orgelregistern mit Streicherklang in 2′-, 4′- und 8′-Lage (seit dem 19. Jahrhundert).

BORIS SCHWARZ
Violinmusik

I. Formen und Gattungen

Die Violinmusik entfaltete sich innerhalb der folgenden Formen:
1. Sonate für Violine und Generalbaß, von etwa 1620 an bis zum
späteren 18. Jahrhundert, während des Barock zeitweilig in Kirchen-
und Kammersonate unterteilt; 2. Sonate für Violine und ausgearbeitete Klavierstimme, um 1720 (Johann Sebastian Bach) bis zur Gegenwart, während des 18. Jahrhunderts meist als Klaviersonate mit Begleitung der Violine behandelt; 3. Konzert für Solo-Violine und Orchester, um 1700 bis zur Gegenwart; das Orchester bestand bis etwa
1750 nur aus Streichern, dann aus Streichern mit einigen Bläsern, von
1800 an war es ein volles symphonisches Orchester; 4. Freie und
kleinere Formen. Die frühesten Stücke für Violine waren Variationen
(Biagio Marini); vom späteren 18. Jahrhundert an gewann das Air
varié wachsende Verbreitung, ebenso Fantasien über Opernmelo-
dien. Charakterstücke (Romanze, Elegie usw.) und Nationaltänze
(Polacca, Mazurka) waren besonders im 19. Jahrhundert beliebt;
auch die Suite für Violine und Klavier wurde in freier Gestaltung
wieder aufgenommen; 5. Werke für unbegleitete Violine, von etwa
1680 an in Deutschland (Johann Paul von Westhoff, Heinrich Ignaz
Franz Biber, J. S. Bach), vereinzelt auch in Italien (Francesco Saverio
Geminiani) und England (Thomas Baltzar), eine Gattung, die mit
einigen Ausnahmen (Friedrich Wilhelm Rust) bis zum 20. Jahrhundert (Max Reger, Paul Hindemith, Eugène Ysaÿe) brachlag. Dagegen
blühte die Solo-Caprice, entweder als Kadenz (Pietro Locatelli, XII
Concerti ... con XXIV Capricci, op. 3, Amsterdam 1733) oder als
selbständiges Vortrags- oder Studienstück (Niccolò Paganini, Ventiquattro Capricci op. 1, Mailand 1820).

II. 17. und 18. Jahrhundert

1. Italien

Bevor die Violine als Soloinstrument hervortrat, fand sie schon Anfang des 17. Jahrhunderts im Orchester (Claudio Monteverdi) und in

46

der Triosonate (Salomone Rossi) Verwendung. Im Vergleich zu dem hochentwickelten Gambenspiel erscheinen die ersten Soloversuche bescheiden, denn die Violine war ein junges Instrument, in ungewohnter Quintstimmung und mit spieltechnisch neuen Anforderungen. Eine Sonate für »Violino e Violone« ist in den ›Concerti ecclesiastici‹ (1610) des Mailänder Organisten Gian Paolo Cima enthalten, ein einsätziges, in mehrere Abschnitte unterteiltes Stück, in dem die beiden Instrumente duettieren (der Baß ist unbeziffert). Die Entwicklung eines geigerischen Idioms kann man bei dem Geiger-Komponisten B. Marini beobachten. Seine ersten Solostücke in ›Affetti musicali‹ op. 1 (Venedig 1617) sind zwar noch für Violine oder Cornetto (mit beziffertem Baß) bestimmt und auf der Violine anspruchslos in der 1. Lage spielbar. Sein op. 3 (Venedig 1620) enthält die geistvollen ›Romanesca‹-Variationen für Violine und Baß ad lib., technisch etwas beweglicher, doch noch im ganzen innerhalb der 1. Lage und ohne Doppelgriffe. Von 1623 an war Marini am Hof zu Neuburg an der Donau tätig und brachte mit seinem op. 8 (Vorwort 1626, veröffentlicht Venedig 1629) das Violinspiel um einen gewaltigen Schritt vorwärts durch Doppelgriffe, Lagenspiel, Laufwerk und Saitenwechsel, auch vereinzelt Skordatur zur Erleichterung gewisser Doppelgriffe. Ebenfalls in Deutschland tätig war Carlo Farina, der 1625 bis um 1629 in Dresden neben Heinrich Schütz wirkte und noch 1637 in Danzig nachweisbar ist. Von Farinas 1626–1628 in Dresden veröffentlichten Werken nimmt das ›Capriccio stravagante‹ (1627) durch technische Kunststücke eine Sonderstellung ein. Das vierstimmige Capriccio (mit einer solistischen Oberstimme) ist Programmusik, eine »lustige Streicherserenade« (Gustav Beckmann, Das Violinspiel in Deutschland vor 1700, Leipzig 1918, S. 15) mit humorvollen Nachahmungen von Tierlauten, Gitarre und Militärmusik, wobei »col legno«, »sul ponticello«, »pizzicato«, »tremolo« sowie Doppelgriffe und Lagenspiel benutzt werden. Obwohl diese Effekte hier mehr der Spielerei dienen, fanden sie doch allmählich ihren Weg in die ernstere Violinmusik und waren daher nutzbringend. Ein kühner Neuerer war Dario Castello in seinen insgesamt neunundzwanzig ›Sonate concertate in stilo moderno‹ (Venedig 1621 und 1629), wobei »moderno« sich sowohl auf die violintechnischen Errungenschaften wie auch auf den konzertant-solistischen Geigenstil beziehen kann; der Generalbaß war für Orgel oder Cembalo bestimmt. Auch Ottavio Maria Grandi benutzt in seinen ›Sonate per ogni sorte di stromenti‹ op. 2 (Venedig 1628) Doppelgriffe; er strebt sogar einen zweistimmigen kontrapunktischen Violinsatz an (in op. 2, Nr. 1) und erreicht die 3. Lage. Als ausgezeichneter Geiger war Giovanni Battista Fontana schon 1608 bekannt; sein einziges Sonatenwerk für Violine oder Cornetto und verschiedene Begleitinstrumente, wohl um 1625 komponiert, wurde erst 1641 posthum veröffentlicht. Der Umfang der Geige wurde durch Benutzung der höheren Lagen ständig erweitert, beson-

ders in den Werken von Marco Uccellini, der in ›Sonate, arie, et
correnti a 2. e 3.‹ (Venedig 1642) die 5., in ›Sonate over canzoni da
farsi‹ op. 5 (Venedig 1649) die 6. Lage erreichte, so daß drei volle
Oktaven zur Verfügung standen. Während sein op. 4 (Sonate, correnti, et arie da farsi, Venedig 1645) noch »diversi stromenti« zuläßt, ist
sein op. 5 eine Sonatensammlung ausschließlich für Solo-Violine und
Basso continuo. Er dehnt die Länge seiner Sonaten aus und nimmt
die Satzanordnung der Kirchensonate voraus. Wie schon Tarquinio
Merula 1637 (Canzoni overo sonate concertate per chiesa e camera)
erwähnt auch Uccellini in dem Titel seines op. 4 »si da camera come
da chiesa«. Eine wirkliche Trennung der beiden Gattungen ist erst bei
Marini in ›Diversi generi di sonate, da chiesa e da camera‹ op. 22
(Venedig 1655), zu erkennen, doch schon bald begannen sich die
Gegensätze zu verwischen. In ihrer reinen Form hat die Kirchensonate vier, manchmal fünf Sätze, gewöhnlich in der Anordnung langsam-
schnell-langsam-schnell, wobei der 2. Satz fugiert ist. Dagegen bestand die Kammersonate aus einer Suite von Tanzstücken, oft durch
ein ruhiges Präludium eingeleitet. Schon um 1650 war die Violintechnik so weit gefördert, daß sie bis Arcangelo Corelli ausreichte und
sogar durch ihn kaum erweitert wurde; nach 1650 zielte man mehr
auf Tonschönheit und Stimmungsgehalt hin.

Eine starke Violinschule bildete sich in Bologna, die von Maurizio
Cazzati über Giovanni Battista Vitali zu Giuseppe Torelli und Corelli
führte. Cazzati, ein fruchtbarer Komponist, widmete sich meist der
stärker besetzten Instrumentalmusik. Seine ›Sonate a due istromenti
cioè violino e violone‹ op. 55 (Bologna 1670) sind geigerisch unergiebig, da die Violinstimme auch vom Cornett ausführbar war. Auch der
bedeutendere Vitali komponierte meist vollbesetzte Kammermusik,
deren formale Abrundung aber die Solosonate beeinflußte; zwei dieser Werke sind in der kontrapunktischen Sammlung ›Artificii musicali‹ op. 13 (Modena 1689) enthalten. Vitalis Sohn Tomaso Antonio
(auch Vitalino genannt) hat an Solosonaten nur die zwölf ›Concerti di
Sonate‹ op. 4 (Modena 1701) hinterlassen, die vornehm und kantabel
sind, doch im Schatten Corellis stehen. Die ihm zugeschriebene Cia-
conna (nach einer Dresdener Abschrift um 1860 von Ferdinand David erstmalig veröffentlicht) ist nach letzten Forschungsergebnissen
sehr wahrscheinlich nicht von Vitali. Der zu Unrecht vergessene Pietro degli Antonii widmete sich vornehmlich der Solosonate (op. 4,
Bologna 1676, op. 5, 1686), in denen die Violine plastisch hervortritt,
während der Basso continuo nur stützend behandelt ist. Allmählich
verschiebt sich das Prinzip der Gleichberechtigung von Violine und
Baß zugunsten einer stärkeren Bevorzugung der Solo-Violine. Zunächst aber faßt Corelli in seinen Sonaten für Violine und Basso
continuo op. 5 (Rom 1700) alles bis dahin Geschaffene zusammen.
Sie stellen eine Kodifizierung des Violinspiels um 1700 dar, die gültig
blieb, selbst nachdem Technik und Stil sich weiterentwickelt hatten.

Schon zu seinen Lebzeiten repräsentierte Corelli eine konservative Richtung; die Zukunft gehörte dem konzertanten Stil. Die zeitlosen Eigenschaften seiner Werke liegen in ihrer adligen Schönheit, dem idealen Gleichgewicht aller musikalischen und technischen Elemente, der Reinheit und Sauberkeit des Satzes. Die Sonaten op. 5 teilen sich in sechs für die Kirche und sechs für die Kammer, von denen die letzte das berühmte Variationenwerk ›La Folia‹ ist. Marc Pincherles Annahme, daß diese Variationen lediglich für Studienzwecke bestimmt waren, ist nicht überzeugend. Es handelt sich hier um ein geistvolles Vortragsstück, das Generationen von Geigern angeregt hat. Die modernen Bearbeitungen (F. David, Hubert Léonard, César Thomson, Fritz Kreisler) entfernen sich allgemein zu weit vom Original. Durch Corellis Vorbild angeregt, erschienen in den nächsten Jahrzehnten viele Sonaten-Sammlungen für Violine und Basso continuo, die Form und Inhalt allmählich erneuerten. Die bedeutendsten Meister dieser Entwicklung waren Tommaso Albinoni (op. 4 und 6, Amsterdam um 1704 bzw. 1711), Antonio Vivaldi (op. 2, Venedig 1709), Fr. S. Geminiani (op. 1 und 4, London 1716 bzw. 1739), Giovanni Battista Somis (Sonaten um 1717 und später), Francesco Maria Veracini (op. 1, Dresden 1721, op. 2, London 1744), Giuseppe Tartini (op. 1, Amsterdam 1734, op. 2, Rom 1745) und Locatelli (op. 6, Amsterdam 1737). In Albinonis und Vivaldis Gesamtschaffen spielte die Solosonate eine untergeordnete Rolle, doch sagte sich schon der letztere völlig von der Kirchenform los. Dagegen bevorzugt Geminiani in seinen Sonaten die »da chiesa«-Form und neigt überhaupt zum Konservativen; seine akademisch gearbeiteten Fugen wurden als mustergültig in Deutschland eifrig studiert. Im Doppelgriff- und Lagenspiel ist er gediegen und anspruchsvoll. Seine Violinschule (The art of playing on the violin, London 1751) ist ein wertvolles Dokument der Praxis seiner Zeit. Veracini, unsteter, aber genialer, ließ sein Erstlingswerk (12 Sonaten für Flöte und Basso continuo, 1716 komponiert) unveröffentlicht und trat erst 1721 mit als op. 1 bezeichneten Violinsonaten vor die Öffentlichkeit. Auf sechs Kammersonaten in Moll folgen sechs Kirchensonaten in Dur. Zukunftweisend sind in den ersteren die dreiteilige Form einzelner Sätze und kürzere, sich wiederholende Motive. Die Fugen der Kirchensonaten benutzen vollgriffige Polyphonie. Als op. 2 erschienen 1744 in London die ›Sonate accademiche‹, die zu den bedeutendsten Violinwerken ihrer Zeit gehören, wenn auch Luigi Torchis Wort vom »Beethoven des 18. Jahrhunderts« (La musica strumentale in Italia nei secoli XVI, XVII e XVIII, Turin 1901) ein Wunschtraum ist. Ungenügend gewürdigt ist Somis, der die Tradition seines Lehrers Corelli nach Piemont verpflanzte. Sein Erstlingswerk, eine um 1717 in Amsterdam veröffentlichte Sammlung von Kammersonaten für Violine und Basso continuo, benutzt mit Vorliebe die neuere Satzordnung langsam-schnell-schnell. Das erste Allegro wurde oft durch eine verkürzte Reprise in der Haupttonart zu einer dreiteiligen Form ausgeweitet. Diese bescheidenen Ansätze zu einer formalen Neuorientierung sind zukunftweisend. Violintechnisch vermittelt Somis zwischen Corelli und Tartini.

Um die Entwicklung des Solokonzerts machte sich Torelli verdient. In seinem op. 8 (1709 in Bologna veröffentlicht) unterscheidet er zwischen ›Concerti con due Violini che concertano soli‹ (Nr. 1–6) und ›Concerti con un Violino, che concerta solo‹ (Nr. 7–12). Die letzteren sind Solokonzerte, von denen Nr. 9 e das bedeutendste ist. Noch ist kein fester Konzerttyp erkennbar; Zahl und Anordnung der Sätze wechseln, Solo und Tutti haben ihre eigenen Themen, und die Soli sind kurz gehalten. Ob Torelli wirklich der »erste« war, der Konzerte schrieb (wie Johann Joachim Quantz annahm), ist schwer festzustellen. Auch Albinoni arbeitete mit dem Konzertprinzip, ohne allerdings »Solo«-Konzerte zu hinterlassen; jedoch finden sich in seinen ›Concerti a cinque‹ op. 2 (Venedig 1700), op. 5 (Venedig 1707) und op. 7 (Amsterdam um 1716) prägnante Violinsoli. Von Albinoni und Torelli angeregt, tat Vivaldi den entscheidenden Schritt zum großen Solokonzert, »eine damals gantz neue Art von musikalischen Stükken« (Quantz). Seine erste veröffentlichte Konzert-Sammlung, ›L'Estro Armonico‹ op. 3 (Amsterdam 1712), enthielt unter 12 Konzerten 4 Solo-Violinkonzerte, (Nr. 3, 6, 9 und 12). Insgesamt schrieb Vivaldi etwa 225 Violinkonzerte, deren letzte numerierte Sammlung (op. 12) um 1730 erschien. Seine Form ist dreisätzig (schnell-langsam-schnell). Die Sätze sind in scharf profilierte Tutti und Soli gegliedert, wobei das einleitende Ritornell oft zu einem eindrucksvollen Vorspiel ausgeweitet wird, die Themen sind prägnant und plastisch. Oft tritt der Solist mit einem vom Orchester abweichenden neuen Thema ein, bisweilen wiederholt er das Orchester-Ritornell mit leichten Veränderungen. Violintechnisch stellen die frühen Konzerte noch bescheidene Anforderungen, die sich zur Virtuosität steigern (z. B. in op. 8), besonders in bezug auf hohe Lagen und rasche Saitenwechsel. Jahrzehnte hindurch galt Vivaldis Konzerttyp in ganz Europa als maßgebend; erst in den 1730er Jahren machte sich die modernere Form nach Locatelli und Tartini geltend, ohne Vivaldis Beliebtheit Abbruch zu tun. Locatellis epochemachende Solokonzerte op. 3 erschienen 1733 als ›L'Arte del Violino‹. Jedem der 12 Konzerte sind zwei Capricci ad lib. beigefügt (je eines für den 1. und 3. Satz), unbegleitete Virtuosenstücke, deren technische Schwierigkeiten für das 18. Jahrhundert zielgebend blieben. In den Konzerten wird das Prinzip der Wiederholung des vom Orchester gespielten Hauptthemas durch den Solisten konsequent angewandt, doch erklingt das Solothema eine Oktave höher in ausgezierter Fassung. Im Vergleich zu Vivaldis rhythmisch bewegten Themen ist Locatelli kantabler und im Tempo gemessener. Die Solo-Violine hat immer Zeit auszusingen, und die Virtuosenkünste sind für die Capricci aufgespart. Ein weite-

rer Schritt zum galanten Stil vollzieht sich in Locatellis 12 Kammersonaten für Solo-Violine und Baß op. 6 (Amsterdam 1737). Hier wird
die dreisätzige Form (langsam-schnell-schnell) bevorzugt (wie auch
bei Somis und Tartini), und die Ausweitung zur dreiteiligen Form
innerhalb eines Satzes wird deutlicher. In der Sonate op. 6, Nr. 3 sieht
Andreas Moser im Hauptsatz »das 2. Thema bereits voll entwickelt«
(Geschichte des Violinspiels, Berlin 1923, S. 227), während Franz
Giegling diesem Thema nur einen »Überleitungscharakter« zugesteht
(Das Musikwerk, Band 15, S. 13). Als der Großmeister seiner Generation galt Tartini, bewundert als Komponist, Virtuose, Lehrer und
Theoretiker. Auf der Höhe seiner Laufbahn, etwa 1735–1750, war er
der »klassische« Instrumentalmeister, dessen Konzerte nicht nur Gei-
gern, sondern auch Klavieristen als Muster dienten. Etwa 125 Kon-
zerte und über 200 Sonaten sind in Drucken, Eigenhandschriften und
Kopien erhalten. Chronologie und Opus-Nummern sind verworren;
Tartini selbst hat nur zwei Drucke autorisiert, die Sonaten op. 1 und
op. 2. Daneben erschienen aber (oft ohne sein Wissen) die Konzerte
op. 1 (1728–1730) und op. 2 (1733) sowie die Sonaten op. 4, 5, 6, 7
und 9 (seit 1747). Tartinis Frühschaffen (um 1720–1735) stand im
Zeichen der Virtuosität; Quantz nannte ihn (in: Friedrich Wilhelm
Marpurg, Historisch-kritische Beyträge, Band 1, 3. Stück, Berlin
1724, S. 221) »einen der größten Violinspieler«, obzwar »nicht rüh-
rend. Ein Vergleich zwischen Tartinis Konzerten op. 2 und Locatellis
op. 3 ist naheliegend, da beide 1733 erschienen. Locatelli ist empfind-
samer, Tartini kleingliedriger und galanter. Beide benutzen das ein-
gefügte Capriccio und die improvisierte Solokadenz. Offenbar suchte
Tartini, seinen meist für die Kirche komponierten Konzerten ein
freieres Profil zu verleihen. Doch beherrschte er auch den gebundenen Stil des Hochbarock, wie seine meisterhaften Sonaten für Violine
und Basso continuo, op. 1 beweisen. Die bevorzugte Form ist dreisätzig (langsam-schnell-schnell). Gutgebaute Fugen bilden den Kern-
punkt der Kirchensonaten, während die Kammersonaten unter Ver-
zicht auf die übliche Suitenfolge in einem freieren Kammermusikstil
komponiert sind. Am bekanntesten ist op. 1, Nr. 10 g, oft ›Didone
abbandonata‹ genannt. Ungeklärt ist die Entstehungszeit der ›Teufelstriller-Sonate‹, die in ihrer formalen Freiheit und technischen Verfei-
nerung in der Violinmusik des 18. Jahrhunderts einzigartig ist; sie war
schon vor 1750 bekannt (ein Beispiel findet sich in Leopold Mozarts
Versuch einer gründlichen Violinschule, Augsburg 1756), wurde aber
erst 1798 posthum von Jean-Baptiste Cartier veröffentlicht. Tartinis
zweite Schaffensperiode (um 1735–1750) führt vom Virtuosen zum
Ausdrucksvollen: seine Tonsprache wird schlichter und gesangrei-
cher, die Melodiestimme herrscht auf Kosten des nur stützenden Basses. Davon zeugen sowohl eine Reihe von Konzerten wie auch die
Sonaten op. 2. Anstelle der Fugen stehen hier zweiteilige Allegro-
Sätze, jedoch ohne zweites Thema. Trotz der Vereinfachung des Vio-

linsatzes sind die technischen Ansprüche beträchtlich, obwohl hohe Lagen vermieden werden. In scheinbarem Widerspruch zur »Vereinfachung« stehen die späteren, von 1747 an in Paris erscheinenden Sonaten-Sammlungen, die mit ihren angehäuften Schwierigkeiten sogar A. Moser zu anfechtbaren Schlüssen verleiteten (Geschichte des Violinspiels, S. 260–262). Hier handelt es sich teilweise um frühere Werke, deren Echtheit nicht immer verbürgt ist; bei op. 4 und 5 mag der französische Tartini-Schüler André Noël Pagin die Violinstimme bearbeitet haben. Tartinis Altersstil (um 1750 bis nach 1766) ist ganz intim und hält sich außerhalb des Zeitstroms. Ein schönes Beispiel ist das Konzert d (Dounias Nr. 45), voll echter Empfindsamkeit. An der sinfonischen Ausweitung des Konzerts, wie sie über Mannheim und Wien schließlich in Paris zustande kam, nahm Tartini nicht teil. Seine schulbildende Kraft lag in der Schaffung einer geigerisch bedingten, musikalisch gehaltvollen Tonsprache.

Tartinis Lieblingsschüler war Pietro Nardini. Seine Tonschönheit und sein »singbarer Geschmack« wurden von L. Mozart gerühmt, obwohl er »gar nicht schwer« spielte. In seinen Violinsonaten übernahm Nardini die Satzordnung Tartinis (langsam-schnell-schnell), doch erweiterte er das erste Allegro und näherte es der klassischen Sonatenform an. Die Adagio-Sätze verraten feinsinnige melodische Begabung, erscheinen aber zuweilen überverziert. Die schönsten seiner Sonaten (komponiert um 1765) sind nur in Cartiers Neuausgabe (1803) erhalten (7 Sonates avec les Adagios brodés). Nicht unbedeutend sind Nardinis 6 Violinkonzerte op. 1 (Amsterdam vor 1770), die Wolfgang Amadeus Mozart beeinflußt haben könnten. Dazu gehört aber nicht das vielgespielte »Konzert« e, das vom Herausgeber Miska (Michael) Hauser aus Sonatensätzen zusammengestellt und mit einer Orchesterbegleitung versehen wurde. Ein Schüler von Somis war Gaetano Pugnani. Sein Stil ist fortschrittlich und repräsentiert die italienische Frühklassik; er steht auch den Mannheimern nahe. Seine Violinsonaten haben die moderne Anordnung schnell-langsam-schnell, wobei der Kopfsatz ausgeprägte Sonatenform hat. Die Violintechnik ist hochentwickelt. Die Erscheinungsjahre der Sonaten reichen von op. 3, 1760 (?) bis op. 8, vor 1774. Dagegen ist das einzige erhaltene Violinkonzert Es, vor 1766 komponiert, recht spröde; weitere Konzerte scheinen verloren. Das sogenannte ›Präludium und Allegro‹ ist von F. Kreisler komponiert. Pugnanis größter Schüler war Giovanni Battista Viotti, den er 1780 auf einer gemeinsamen Konzertreise der Öffentlichkeit vorstellte (siehe Abschnitt II. 3.). Daneben sei noch Antonio Lolli erwähnt, ein berühmter Virtuose, doch unbegabter Komponist. Seine Fertigkeit im hohen Lagenspiel und in der Benutzung der Skordatur wurde allgemein bewundert; doch als »Vorläufer« Paganinis kann man ihn auf Grund der erhaltenen Kompositionen nicht anerkennen.

2. Deutschland und England

Wie in Italien bürgerte sich die Violine auch im Norden zunächst durch das Ensemblespiel ein, namentlich in der Suite, während die Entwicklung zu einer Solo-Literatur weit langsamer vor sich ging. Einwandernde Musiker befruchteten das deutsche Violinspiel. Von Italien kamen B. Marini (1623) und Carlo Farina (1625), von England Walter Rowe d. Ä. (1614), Thomas Simpson (1610) und William Brade (um 1600), der 1630 in Hamburg starb und die hanseatische Geigerschule begründete. Sein Schüler Nikolaus Bleyer hinterließ in den Ostinato-Variationen ›English Mars‹ (um 1650, vielleicht früher) eines der ältesten überlieferten deutschen Stücke für Violine und Baß. Die Gattung der beliebten Ostinato-Variationen gab reiche Gelegenheit für solistische Entfaltung und wurde auch in England eifrig gepflegt. Gerade die Neigung nordischer Geiger, die Violinstimme virtuos zu verbrämen und durch Akkorde zu bereichern, sowie der traditionelle Hang zur Polyphonie führen zu einer kräftigen Ausbildung der Doppelgriffe und zum unbegleiteten Solospiel. Dies verleiht der deutschen Schule den besonderen, von Italien unabhängigen Stempel. Die individuelle Entwicklung beginnt Mitte des 17. Jahrhunderts, so mit der wirkungsvollen Sonate für Violine und Basso continuo von Philipp Friedrich Böddecker, enthalten in ›Sacra Partitura‹ (Straßburg 1651). Das vielsätzige Stück schließt mit fünf Ostinato-Variationen über ein ›Alla Francese‹ betiteltes Thema, jede derselben einer besonderen Spielfigur gewidmet. Das Laufwerk geht bis zur 3. Lage, und Doppelgriffe werden sogar in schnellerem Zeitmaß benutzt. Technisch stehen diese Kompositionen noch nicht auf der Höhe der zeitgenössischen Italiener. Dagegen enthalten die von Pincherle mitgeteilten Auszüge aus Suiten von Matthias Kelz (Augsburg 1658 und 1669) einige »passages de bravoure qu'aucun de ses contemporains italiens n'oserait risquer« (Les Violinistes, compositeurs et virtuoses, Paris 1922, S. 30). Mit dem in Wien tätigen Johann Heinrich Schmelzer beginnt die Hochblüte der frühen deutschen Violinschule. Seine ›Sonatae unarum fidium seu a Violino solo‹ (Nürnberg 1664) bilden ein Seitenstück zu Uccellinis op. 5 (Venedig 1649), da beide nur Kompositionen für Violine und Baß enthalten. Schmelzer vermittelt zwischen deutschen und italienischen Stilelementen in einer für Wien typischen Art. Sein Lagenspiel geht mühelos bis zur 6. Lage, und er benutzt die Elastizität des alten Bogens für springende Stricharten; dagegen kommen Doppelgriffe nur vereinzelt vor. Ebenfalls in Österreich wirkte der Böhme H. I. Fr. Biber, aus dessen reichem Schaffen hier nur die sogenannten ›Mysterien‹-Sonaten (um 1675 komponiert, ungedruckt hinterlassen) und die acht Sonaten für Violine und Basso continuo (Nürnberg 1681) erörtert werden sollen. Die ›Mysterien‹-Sonaten sind einzeln betitelte Kirchenstücke, deren Stimmung jeweils durch vorangestellte Vignetten angedeutet wird, ohne aber Programmusik zu sein. Bemerkenswert ist der reiche Gebrauch der Skordatur; fast jede der fünfzehn Sonaten erfordert eine andere Stimmung der Violine, aus nicht immer ersichtlichen Gründen. Die den ›Mysterien‹-Sonaten als 16. Stück beigegebene Passacaglia (für Normalstimmung) ist wohl das früheste ausgedehnte Werk für unbegleitete Violine. Über dem absteigenden Tetrachord *g-f-es-d* (im Baß 65mal wiederholt) erheben sich phantasiereiche Variationen, deren Läufe, Akkorde, weite Sprünge und polyphon geführte Doppelgriffe das Instrument erstaunlich ausnutzen. In den späteren acht Sonaten (Salzburg 1681) zeigt sich Biber als großer Techniker; er verlangt zweistimmige Melodieführung (in Nr. 8 auf zwei Systemen notiert), drei- und vierstimmige Imitationen, »Bariolagen«, Läufe bis in die 7. Lage, »Staccati« und »Ricochet«, »Arpeggien« und vieles mehr, ohne jedoch Virtuosität zum Selbstzweck zu erheben. Vielleicht war er von seinem technisch kühneren Zeitgenossen Johann Jakob Walther angeregt, dessen ›Scherzi da violino solo‹ mit Basso continuo 1676 in Leipzig-Frankfurt erschienen. Die Scherzi sind zwölf Sonaten für Violine und Basso continuo (in Normalstimmung, da Walther die Skordatur verwarf). Die Sonatenform ist frei, fast willkürlich behandelt, Zeitmaße und Stimmungen wechseln miteinander ab; die technischen Anforderungen sind virtuos. Sein nächstes Werk, ›Hortulus Chelicus‹ (Mainz 1688), ist ein Kompendium der damaligen deutschen Violintechnik und erschien schon 1694 in 2. Auflage mit übersetztem Titel ›Wohl gepflantzter Violinischer Lust-Garten‹ und deutschem Vorwort. Es ist eine Sammlung von 28 Nummern, manche für den Virtuosen, andere für den Anfänger bestimmt. Das mehrstimmige Spiel wird harmonisch und kontrapunktisch ausgewertet; manche der Akkorde erfordern ungewöhnliche Streckungen. Rasche Läufe führen bis in die 7. Lage, während die Bogentechnik durch schnelle Saitenwechsel, »Bariolagen« und lange »Staccati« sowie »Arpeggien« in Springbögen (»con arcate sciolte«) auf die Probe gestellt wird. Gelegentlich ahmt Walther gewisse Kunststücke von Farina nach, wie Vogel-Imitation usw. Am Schluß des ›Hortulus‹ steht eine spaßhafte Serenade für eine Reihe von Instrumenten (Orgel, Gitarre, Trompete, Pauke, Harfe usw.), alles imitierend auf einer Violine auszuführen. Obwohl vorwiegend Virtuose, vermag Walther auch ansprechende Musik zu schreiben und ist künstlerisch nicht so »völlig unergiebig«, wie Wilhelm Joseph von Wasielewski (Die Violine und ihre Meister, Leipzig [8]1927, S. 224) annahm. Walthers Dresdener Kollege J. P. von Westhoff war ein weitgereister Virtuose, dessen Gastspiel am französischen Königshof 1682 (also noch zu Lebzeiten von Jean-Baptiste Lully) solches Aufsehen erregte, daß der ›Mercure galant‹ zwei seiner Stücke abdruckte, eine neunsätzige Sonate für Violine und Basso continuo (von Ludwig XIV. ›La guerre‹ benannt) und eine sechssätzige Suite für Violine »sans basse continue«, also unbegleitet. Weitere sechs Sonaten für

Violine und Basso continuo wurden 1694 in Dresden veröffentlicht, von denen das Finale der 2. Sonate aus der ›La guerre‹-Sonate übernommen ist. Die deutschen Elemente der Violintechnik vereinen sich bei ihm mit einem italienisch orientierten Geschmack in der Ausdehnung und Abgeschlossenheit der Sonatensätze wie auch im Charakter des Cantabile. Die Sonaten von 1694 haben fünf Sätze (ausgenommen die sechssätzige Nr. 5), teils homophon (sanglich oder tanzartig), teils mehrstimmig (meist im 2. und im letzten Satz). Die Solosuite (1683) zeigt die traditionelle Satzfolge Prélude, Allemande, Courante, Sarabande, Gigue, Autre Gigue, die durch verwandte Kopfthemen vereinheitlicht sind. Das Prélude benutzt dreistimmige Akkorde in ununterbrochener Folge, also im Ab- und Aufstrich, daneben auch arpeggienhaft aufgelöst. Die Allemande enthält viel polyphones Spiel; das Hauptthema taucht auf allen Saiten auf und erfordert bogentechnische Gewandtheit. Die Möglichkeit, daß der junge J. S. Bach den alternden Westhoff 1703 in Weimar gehört haben mag, wird von Philipp Spitta (J. S. Bach, Band 1, Leipzig 1873, S. 217) erwähnt.

Stücke für unbegleitete Violine enthält auch die von John Playford veröffentlichte Sammlung ›The Division-Violin‹ (London 1685, Nachdruck 1688, Teil 2 1693). Die Komponisten sind der Engländer Davis Mell und der 1655 nach England eingewanderte Lübecker Th. Baltzar. Durch geschickte Melodieführung und abwechselnden Gebrauch hoher und tiefer Saiten wird eine Pseudomehrstimmigkeit erzielt. Baltzars Allemande (komponiert vor 1663) weist schon auf Bachs Partita d (1. Satz) hin. Daneben enthält Playfords Sammlung auch andere Beispiele englischer Variationskunst. Doch verstärkte sich der italienische Einfluß in England, teils durch das Bekanntwerden der neuesten Instrumentalwerke (deren »Imitation« Henry Purcell in seinen 1683 veröffentlichten Triosonaten zugab), teils durch die Einwanderung italienischer Virtuosen. Unter ihnen war der bewunderte Nicola Matteis d. Ä., der um 1672 nach London kam. Er veröffentlichte vor 1688 in Amsterdam vier Sammlungen verschiedener Violinstücke (Airs, Präludien, Fugen, Allemanden usw.) für Violine und Basso continuo in abgestufter Schwierigkeit, wobei in den schwereren das Doppelgriffspiel gut entwickelt ist. Der 2. Band enthält auch vier Stücke für unbegleitete Violine, von denen die polyphone ›Fantasia. Violino solo senza basso‹ ein Motiv fugenartig verarbeitet. Im 18. Jahrhundert hört man immer weniger von englischen Geigern, um so mehr von italienischen Virtuosen. Auch in Deutschland drang die italienische Violinmusik unaufhaltsam ein. Als Beispiel können die Sonaten op. 2, 3 und 5 (um 1700) von Henrico Albicastro (Heinrich Weißenburg) genannt werden, die G. Beckmann als »deutsche Violinkunst im italienischen Gewand« beschreibt. Der sangreiche Stil der Italiener überwältigte das vollgriffige, doch spröde klingende deutsche Violinspiel; daneben machte sich im Orchesterspiel auch der französische Einfluß der Lully-Schule bemerkbar. Georg Muffat hat in den Vorworten zu ›Florilegium‹, Band 1 und 2 (Augsburg 1695 und Passau 1698) und zu ›Exquisitioris harmoniae instrumentalis‹ (Passau 1701) wertvolle Hinweise gegeben.

Unter Bachs geigerischen Zeitgenossen ist vor allem der in Dresden wirkende Johann Georg Pisendel zu nennen; beide trafen sich 1709 in Weimar, vielleicht auch 1717 in Dresden. Pisendel studierte in seiner Jugend bei Torelli, später noch kurz bei Vivaldi (1716), kannte aber auch durch seinen Pultgenossen Jean-Baptiste Volumier die französische Schule. Historisch wichtig ist Pisendels Sonate für unbegleitete Violine (komponiert vor 1716), die Bach zu seinen Solosonaten angeregt haben mag. Ein früher in der Landesbibliothek Dresden befindlicher handschriftlicher Sammelband (jetzt Kriegsverlust), vielleicht aus dem Besitz Pisendels stammend, enthielt unbegleitete Violinwerke von Angelo Ragazzi, Nicola Matteis d. J. und Geminiani sowie die sechs Solowerke von J. S. Bach (BWV 1001–1006). Letztere entstammten also einer (besonders in Deutschland weitverbreiteten) Praxis unbegleiteten Violinspiels. Bach kannte zweifellos die erprobten Mittel älterer Meister wie Biber und Westhoff, bereicherte sie aber durch eine erstaunliche Fülle geigerischer Kombinationen, wie sie nur ein ausübender Geiger erfunden haben konnte. Bachs drei Sonaten (BWV 1001, 1003, 1005) sind im »da chiesa«-Stil geschrieben und neigen traditionsgemäß zur Polyphonie, die in den drei Fugen gipfelt. Die drei Partiten (BWV 1002, 1004, 1006) sind frei angeordnete Suiten von Tänzen, oft von Variationen (Double) gefolgt, und vornehmlich homophon, ausgenommen in den Sarabanden und Teilen der gewaltigen Chaconne. Bachs Originaltitel war übrigens ›Sei Solo‹, diente also als Sammelname für beide Gattungen; die schöne Handschrift (Faksimile u. a. herausgegeben von Wilhelm Martin Luther, Kassel 1950) stammt aus dem Jahre 1720. Obwohl deren Veröffentlichung erst 1809 begann (3 Sonaten, Bonn, Simrock), waren sie in Berufskreisen durch Abschriften wohlbekannt; so schrieb Nikolaus Forkel (Über Johann Sebastian Bach's Leben, Kunst und Kunstwerke, Leipzig 1802, S. 83): »Die Violinsolos wurden lange Jahre hindurch von den größten Violinisten allgemein für das beste Mittel gehalten, einen Lehrbegierigen seines Instruments mächtig zu machen«. Der Erstdruck eines Bach-Solosatzes (Fuge C aus BWV 1005) ist in einem Pariser Studienwerk enthalten, in Cartiers ›L'Art du Violon‹ (Paris 1798). Merkwürdigerweise hat Bach in seinen zwei erhaltenen Violinkonzerten a (BWV 1041) und E (BWV 1042) sein geigerisches Können nicht voll ausgenutzt; dafür sind sie inhaltlich um so gehaltvoller. Vivaldis dreisätzige Form wird hier vertieft und erweitert; bemerkenswert ist die vollentwickelte dreiteilige Form mit Durchführung im 1. Satz des Konzerts E. Auch die Ostinato-Technik der langsamen Sätze, schon bei Vivaldi anzutreffen, wächst bei Bach zu tragischer Größe. Auf dem Gebiete der »begleiteten« Duo-Sonate benutzte Bach sowohl die ältere Gattung mit Basso continuo wie die neuere mit Cembalo obbligato, also ausgearbeitetem Klavierpart. Unter den ersteren ragt die Sonate *e* (BWV 1023) mit der gewaltigen Einleitung auf dem Orgelpunkt *e* und einem schönen langsamen Satz hervor. Zukunftweisend sind die sechs Sonaten »a Cembalo certato o Violino solo« mit einem Gamben-Baß ad lib. (BWV 1014–1019). Ausgearbeitete Klavierbegleitung kommt vereinzelt schon früher vor (z. B. um 1705 bei Georg Friedrich Händel in der Gambensonate), aber erst Bach hat sie so großzügig verwendet. Die rechte Hand des Cembalisten dialogisiert mit der Violine; in manchen Sätzen »begleitet« aber das Klavier die Violinmelodie, wie z. B. in der Sonate Nr. 4 *c* (Siciliano), oder beide Instrumente »konzertieren« (in Nr. 6). Gelegentlich werden auch Bezifferungen zur Ausfüllung der Harmonik benutzt. Sämtliche Violinwerke von Bach entstanden in der Köthener Zeit, also um 1720, blieben aber bis ins 19. Jahrhundert ungedruckt (hierzu vgl. neuerdings Hans Eppstein, Studien über J. S. Bachs Sonaten für ein Melodieinstrument und obligates Cembalo, Uppsala 1966).

Händel nahm weniger Interesse an der Violine als Solo-Instrument, obzwar er führenden Meistern wie Corelli und Geminiani persönlich nahestand. Unter den fünfzehn ›Solos‹ mit Basso continuo (als op. 1 um 1722 veröffentlicht, doch wohl schon um 1710 komponiert) befinden sich sechs Sonaten für Violine und Basso continuo (Nr. 3, 10, 12–15), die zum eisernen Bestand der Violinliteratur gehören. In der Form sind sie nach italienischer Art viersätzig (langsam-schnell-langsam-schnell), der 2. Satz fugiert, das 2. Adagio oft sehr verkürzt (z. B. in Sonate *A* nur eine Modulation von einigen Takten). Der scheinbare »da chiesa«-Stil wird durch Einfügung von Tanzformen (z. B. Gigue in Sonate *F*) zu einem Mischstil umgebogen. Technisch gehen Händels Sonaten über Corelli nicht hinaus, sind aber größer in der Anlage und musikalisch gehaltvoller. Auch Georg Philipp Telemann zeigte beschränktes Interesse für die Solo-Violine, obwohl er selbst als Geiger tätig war. Die Virtuosität lehnte er ab, ja er »hassete ... Schwürigkeiten und krumme Sprünge«, weil sie seiner »Hand und Bogen unbequem waren« (Selbstbiographie in Johann Mattheson, Grundlage einer Ehren-Pforte, Hamburg 1740). Zu erwähnen wären zwei Sammlungen von je sechs Sonaten für Violine und Basso continuo (Frankfurt/Main 1715 und 1718) sowie zwei Sammlungen von je zwölf ›Fantasie per il Violino senza Basso‹ (Hamburg 1732/33 und 1735). Bedeutender sind die zwölf ›Sonate metodiche a Violino solo o Flauto traverso‹ op. 13 (Hamburg [1728]) und die ›XII Solos à Violon ou Traversière avec la basse chiffrée‹ (Hamburg 1734). Auch schrieb Telemann über 180 Konzerte, obwohl ihm die Gattung »niemals recht vom Herzen gegangen« ist. Der schon erwähnte Pisendel schrieb Violinkonzerte, die Arnold Schering für »würdige Vorgänger der Mozartschen Konzerte« hält, besonders in der »merkwürdigen Ähnlichkeit« zwischen Pisendels Konzert *D* und Mozarts Konzert Nr. 5 *A* (KV 219). Pisendels Schüler Johann Gottlieb Graun veröffentlichte um 1726 in Merseburg sechs Sonaten, die neben der deutschen Tradition auch neuere italienische Einflüsse (Veracini und Tartini) aufweisen. Der in Kassel wirkende Johann Adam Birckenstock zeigt in seinen zwölf Sonaten für Violine und Basso continuo op. 1 (1722) ebenfalls eine schöne Verschmelzung deutscher und italienischer Stilelemente. Pisendels Schule wurde durch Graun und den Böhmen Franz (František) Benda nach Berlin verpflanzt. Bendas langes Leben umfaßt, ähnlich dem Tartinis, die Stilwandlungen des 18. Jahrhunderts und reicht bis an die Schwelle der Klassik. Seine Sonatenform ist dreisätzig, wobei das einzelne Adagio entweder zu Beginn oder in der Mitte steht; zuweilen ist die Anordnung Adagio-Allegro-Minuetto. Im Stil steht er seinen Kollegen Carl Philipp Emanuel Bach und Quantz nahe; es finden sich auch Mannheimer Züge und slawisch gefärbte Themenbildungen. Er war berühmt für sein seelenvolles Adagiospiel und pflegte die langsamen Sätze überaus reich zu verbrämen. Bendas notierte Kolorierungstechnik ist von Hans Mersmann untersucht worden (in: Archiv für Musikwissenschaft 2, 1919/20, S. 99–143, mit Beispielen). Von seinen Werken ist nur wenig veröffentlicht worden: sechs Sonaten für Violine und Basso continuo, op. 1 (Paris 1763); seine posthum veröffentlichten Capricen für Violine allein verraten nicht nur pädagogisches Geschick und solide Doppelgrifftechnik, sondern haben auch musikalischen Reiz; allerdings scheint die verlorene Urfassung reichhaltiger gewesen zu sein. Bendas Schwiegersohn Johann Friedrich Reichardt veröffentlichte 1778 sechs Violinsonaten, von denen die zwei letzten unbegleitet waren. Zu den wenigen, die diese altdeutsche Tradition weiterpflegten, gehörte auch Bendas Schüler Fr. W. Rust, dessen 1795 komponierte Solosonaten erst 1853 veröffentlicht wurden, allerdings in einer von seinem Enkel Wilhelm Rust stark modernisierten Fassung. F. Davids Neuausgabe der Sonate *d* (1867) fügte eine Klavierbegleitung hinzu und erleichterte die Violinstimme; in dieser Fassung ist das Werk recht bekannt geworden.

Die ältere Mannheimer Schule, obwohl meist aus Berufsgeigern bestehend, trug wenig zur Sololiteratur der Violine bei. Johann Stamitz schrieb zwei Sammlungen Kammersonaten für Violine und Baß, diejenigen aus op. 6 (Paris 1761) immer dreisätzig mit einem Menuett am Schluß, sowie zwei Divertimenti für unbegleitete Violine »en duo«, d. h. mehrstimmige Stücke für eine Geige, die technisch einfallsreich sind. Mit seinen Violinkonzerten hatte Stamitz 1754 in Paris großen Erfolg, doch stehen sie unter Tartinis Einfluß und ermangeln einer persönlichen Prägung. In den nächsten Jahrzehnten geriet das Mannheimer Violinkonzert immer stärker unter den französischen Einfluß (Carl Philipp und Anton Stamitz, Ignaz Fränzl, die Brüder

Eck), bis um 1800 in Louis Spohr (einem Schüler Franz Anton Ecks) eine führende Persönlichkeit erstand. Während die Generalbaß-Sonate zum Aussterben verurteilt war, teilte sich Mitte des 18. Jahrhunderts die deutsche Violinsonate in zwei Richtungen: das »Trio« für Violine und Cembalo (d. h. drei fixierte Stimmen für zwei Instrumente im Sinne der Sonaten von J. S. Bach) und die Sonate für Klavier mit begleitender Violine, die sich als die lebensfähigere erwies. Das »Trio« wurde von C. Ph. E. Bach und dem Berliner Kreis gepflegt, die Klavier-Violinsonate von dem in Paris ansässigen Johann (Jean) Schobert, der sich wiederum auf französische Vorbilder wie Jean-Joseph Cassanéa de Mondonville und Louis-Gabriel Guillemain stützte. Während bei Schobert aber die Violinstimme untergeordnet, sogar entbehrlich ist, findet man in den Klavier-Violinsonaten von Johann Christian Bach eine stärkere Beteiligung der Violine, eine gleichmäßigere Verteilung des musikalischen Materials auf beide Instrumente. Zu den bleibenden Eindrücken des kaum achtjährigen W. A. Mozart gehörte seine Bekanntschaft mit Schobert und J. Chr. Bach 1763/64, deren Anregungen auf dem Gebiete der Violinsonate er zur vollkommenen Verwirklichung führte.

3. Frankreich

Obwohl das Violinspiel in Frankreich schon früh gepflegt wurde, ist aus dem 17. Jahrhundert keine französische Solo-Violinmusik überliefert. Doch war schon 1609 ein Ensemble von zweiundzwanzig Streichern der Königlichen Kammer zugeteilt, die 1626 als »24 Violons du Roy« offiziell anerkannt wurden. 1656 organisierte Jean-Baptiste Lully ein rivalisierendes Ensemble von sechzehn (später einundzwanzig) Streichern, die »Petits Violons«, deren Spieldisziplin vorbildlich wurde. Die technischen Anforderungen waren orchestral, nicht solistisch; das Repertoire bestand aus Musik für Tanz, Oper, Ballett und Kirche. Lully selbst soll mit schönem Ton und festem Rhythmus gespielt haben, doch war er als Solist einem Virtuosen wie Westhoff, der 1682 den französischen Hof entzückte, nicht gewachsen. Der neue italienische Instrumentalstil drang spät ein; erst um 1692 komponierte François Couperin die ersten französischen Triosonaten. Jean-Ferry Rebel veröffentlichte 1705 seine ›Pièces pour le violon avec la basse continue‹ (Suiten), denen 1712 eine Sammlung von zwölf Sonaten folgte, darunter fünf für Violine und Basso continuo (angeblich schon 1695 komponiert). Sein Rivale war François Duval, dessen ›Premier livre de sonates‹ schon 1704 erschien, gefolgt von sechs weiteren Sammlungen (bis 1720, so nach Lionel de La Laurencie, L'école française de violon de Lully à Viotti, Paris 1922–1924, Band 1, S. 107). Schon Sébastien de Brossard spricht von der damaligen französischen »fureur de composer des Sonates à la manière italienne« (La Laurencie, Band 3, S. 191). Duval ist violintechnisch der geschicktere, war er doch einer der wenigen französischen Geiger, die damals Corellis Solosonaten op. 5 bewältigen konnten. Rebel interessiert dadurch, daß er trotz italienischen Einflusses den französischen Lully-Stil zu bewahren verstand. Seine Suiten folgen in der Satzanordnung der französischen Lautensuite um 1650. In den Sonaten vermeidet er Tanztitel und benutzt statt dessen französische Bezeichnungen wie Lentement, Gay, Viste usw.; Anordnung und Anzahl der Sätze (5–8) wechselt ohne festes Schema. Die Violintechnik ist weit einfacher als die der italienischen Zeitgenossen. Einwandernde Musiker verstärkten den italienischen Einfluß. Zu diesen gehörten Michele Mascitti, ein Schüler Corellis (seit 1704 in Paris), und Giovanni Antonio Piani, als Jean Antoine Desplanes bekannt (bis 1721 in Paris, dann in Wien). 1725 kam Giovanni Pietro Ghignone, der als Jean-Pierre Guignon im französischen Violinspiel eine große Rolle spielen sollte. Die Gründung des Concert spirituel (1725) zog viele ausländische Virtuosen nach Paris und trug zum raschen Fortschritt der französischen Geiger bei. Unter den in Italien ausgebildeten französischen Geigern ragen Jean-Baptiste Senallié, Jean-Baptiste Anet (oft Baptiste genannt) und vor allem Jean-Marie Leclair (l'aîné) hervor; vom italienischen Stil berührt war auch François Francœur. Doch verstanden es diese Geiger-Komponisten, trotz fremder Einflüsse ihre national-französische Eigentümlichkeit zu bewahren. Senallié, ein Schüler T. A. Vitalis, verbindet in seinen fünfzig Kammersonaten für Violine und Basso continuo (in fünf Sammlungen zwischen 1710 und 1727 veröffentlicht) italienische Kantabilität mit französischer Pikanterie. Innerhalb der einzelnen Sonaten variiert er die Tonarten und liebt dreiteilige Anordnungen. Stark gearbeitet sind die Bässe, wobei der Streichbaß vom bezifferten Baß oft getrennt notiert wird. Bemerkenswert ist auch die häufige Ähnlichkeit der Kopfmotive der Suitensätze. Francœur hat manches mit Senallié gemeinsam, so die Unabhängigkeit des Streichbasses und die Verwandtschaft der Incipits. Auch er schreibt Sonaten in freiem Kammerstil in einer Mischung französischen und italienischen Geschmacks. Seine melodische Linie ist oft melismatisch verbrämt und schön empfunden. Erfindungsreich war J.-J. Cassanéa de Mondonville; ihm sind zwei »Neuerungen« zu verdanken, die systematische Ausbeutung des natürlichen Flageoletts in seinen Sonaten ›Les sons harmoniques‹ für Violine und Basso continuo (op. 4, um 1735) und die Benutzung eines ausgearbeiteten Klavierparts in den ›Pièces de clavecin en sonates avec accompagnement de violon‹ (op. 3, um 1734). Wie schon aus dem Titel ersichtlich, handelt es sich hier nicht um das »Trio«-Prinzip, sondern um Klavierstücke mit obligater, wenn auch »begleitender« Violine. Doch ist das Duettieren der beiden Instrumente schön ausgewogen, und auch die äußere Form (meist schnell-langsam-schnell) weist schon auf die vorklassische Sonate hin. Mondonville wurde für die Kammermusik mit obligatem Klavier wegweisend; die

Gegenstück zu L. Mozarts Violinschule (Augsburg 1756) und F. Geminianis ›The Art of Playing on the Violin‹ (London 1751). Unzweifelhaft der größte französische Geiger des späteren 18. Jahrhunderts war aber Pierre Gaviniès. Es gelang ihm, Einflüsse von Mannheim und Italien mit französischen Traditionen zu verschmelzen. Er vereinfachte den verbrämten »style rocaille« und verlieh seinem Melos einen empfindsamen, oft melancholischen Zug. Seine Sonaten (je sechs in op. 1, 1760, und op. 3, 1764) sind meist dreisätzig, oft mit einer schwermütigen Romanze als Mittelsatz. Menuette erscheinen meist am Schluß, gelegentlich an zweiter Stelle. Sein Bestreben nach Ausdruck und Nuancen äußert sich in Bezeichnungen wie »affettuoso«, »cantabile«, »con fuoco« usw. Gaviniès' sechs Violinkonzerte op. 4, mit Begleitung von Streichern, zwei Oboen und zwei Hörnern, wurden 1764 veröffentlicht. Die Themen sind entweder symphonisch-prägnant im Sinne der Mannheimer oder ausdrucksvoll-empfindsam; typische Vorhalte weisen nicht nur auf Mannheim hin, sondern nehmen ähnliche Themenbildungen bei dem jungen Beethoven vorweg. Gaviniès' größtes Verdienst um das Violinspiel liegt aber in ›Les vingt quatre matinées‹, unbegleiteten Capricen, die ein Kompendium der Violintechnik ihrer Zeit darstellen und an Schwierigkeit erst von Paganinis Capricen übertroffen werden. Die ›Matinées‹ dürften während Gaviniès' Lehrtätigkeit am neugegründeten Pariser Konservatorium (zwischen 1794 und 1800) entstanden sein. Seine Bedeutung für das französische Violinspiel wird durch Viottis Ausspruch »le Tartini de la France« gekennzeichnet (Arthur Pougin, Viotti, Paris 1888, S. 38). Allerdings spielte Gaviniès nach 1770 nicht mehr öffentlich, und eine jüngere Generation führte das französische Violinspiel an die Schwelle des Klassizismus. Darunter waren Pierre Vachon, Nicolas Capron, Simon Le Duc, Marie-Alexandre Guénin, Isidore Bertheaume, Abbé Alexandre Robineau, Joseph Boulogne, Chevalier de Saint-Georges und Pierre La Houssaye, zu denen sich 1782 Viotti gesellte. Leider ist eine volle Auswertung ihrer Werke nicht möglich, da viele der Konzerte unveröffentlicht blieben und verloren sind, während die gangbaren Sonaten gedruckt wurden. Da aber die französische Geigerschule gerade auf dem Gebiet des Konzerts glänzte, sind die Lücken besonders bedauerlich. Unter den meist für Liebhaber bestimmten Sonaten finden sich sowohl Solo-Violinsonaten mit Baß wie auch Klaviersonaten mit begleitender Violine. Zu den letzteren gehören die reizvollen Sonaten op. 5 (1781) von Guénin, die im Geiste Mozart nahestehen. Doch handelt es sich hier nicht um »Mozartisme avant Mozart«, wie La Laurencie (Band 2, S. 414) annimmt, denn Mozarts Violinstil war schon 1775 voll geformt. Wieweit der jugendliche Mozart von französischen Violinkomponisten gelernt hat, bedarf wohl noch genauerer Untersuchung. Auf dem Gebiet des Violinkonzerts glänzten Simon Le Duc und Saint-Georges. Le Duc, der ältere zweier geigender Brüder, wurde schon 1763/64 von L. Mozart lobend erwähnt. Nach seinem frühen Tod (1777) führte sein Bruder Pierre die Veröffentlichung dreier Konzerte zu Ende, die Simon wohl schon 1771 komponiert hatte. Reichhaltiger ist das Schaffen von Saint-Georges; zwölf Konzerte sind erhalten, die ersten neun aus den Jahren 1773–1775, die letzten ohne Jahr, doch vor 1778. Echt französisch ist die Pikanterie in den abschließenden Rondeaux, die von Pariser Konzertkomponisten mit besonderer Sorgfalt behandelt werden. In der Thematik der ersten zwei Sätze spürt man gelegentlich die Grazie der Mannheimer oder die erhabene Melodie in der Art Glucks. Technisch ist Saint-Georges außerordentlich kühn in seinen das gesamte Griffbrett umspannenden Passagen und gewagten Registerwechseln. Er repräsentiert den Höhepunkt des französischen Violinkonzerts vor der Ankunft Viottis. Neben ihm wäre noch Jarnowick zu nennen, dessen Spiel 1773–1777 die Pariser begeisterte. Seine sechzehn Violinkonzerte folgten dem Zeitgeschmack, wirkten aber durch Benutzung fremder Volksweisen und -rhythmen gelegentlich originell (z. B. ›Rondeau russe‹ in Nr. 7). Auch G. B. Viotti kam als ausländischer Gastvirtuose nach Paris; sein enormer Erfolg (1782) galt zunächst mehr seinem Spiel als seinen Kompositionen. Während seiner zehnjährigen Wirksamkeit in Paris (1782–1792) wuchs sein Einfluß in solchem Maße, daß er oft als der »Vater« des französischen Violinkonzerts angesehen wird. Das ist nur bedingt richtig; die Befruchtung war eine gegenseitige. Um 1780 war der französische Konzerttyp schon weit entwickelt und international anerkannt; Viotti übernahm dessen Form und Charakter, bereicherte ihn aber durch italienische Kantabilität, klangvollere Ausnutzung der Geige und symphonischere Gestaltung des Orchesters. In den 1780er Jahren gewannen neben den Mannheimern besonders die Symphonien von Haydn immer weitere Anerkennung, und seine »Pariser« Symphonien (Nr. 82–87) waren Viotti wohlbekannt, wie auch später die »Londoner«. Viottis neunundzwanzig Violinkonzerte, auf denen sein Ruf beruht, zeigen drei Entwicklungsperioden: die Jugendwerke (Nr. 1–3, vor 1782 komponiert, Nr. 3 schon 1781 veröffentlicht), die »Pariser« Konzerte (Nr. 4–19, 1782–1792) und die »Londoner« Konzerte (Nr. 20–27, 1792–1797; Nr. 28 und 29, um 1805). Die frühen Werke sind etwas hausbacken; erst in Paris gewinnt seine Thematik an Schwung und Pathos, das Orchester wird aktiver, die Form ausgedehnter, die Faktur symphonischer. Vom Konzert Nr. 14 (1784) an zeigt Viotti eine Vorliebe für Molltonarten und steht stimmungsmäßig den Revolutionsopern von Etienne-Nicolas Méhul und Luigi Cherubini nahe. Sein Meisterwerk ist das Konzert Nr. 22 *a* (1793 in London komponiert), das Johannes Brahms ein »Prachtstück« nannte. Viottis letzte Konzerte berühren schon die Frühromantik. Auch formal weist er in mancher Beziehung in die Zukunft, besonders durch die engere Verkettung der einzelnen Sätze. Der von Viotti geformte Konzerttyp wurde in den 1790er Jahren ebenso vorbildlich wie der von Tartini um 1750. Beethoven übernahm manche Einzelheiten für sein eigenes Violinkonzert, Spohr »verdeutschte« den Typ. Von Viottis Schülern war Pierre Rode der bedeutendste; pomphafter Schwung und elegante Pikanterie stempeln ihn zum charakteristischsten Vertreter des französischen Violinkonzerts. Schon Rodes 1. Konzert (1790) erregte Aufsehen; von seinen insgesamt dreizehn Konzerten wurden Nr. 7 a und Nr. 8 e (beide vor 1804 komponiert) die berühmtesten. Scherings Urteil über das französische Violinkonzert als reines »Virtuosenstück«, bedacht lediglich auf »Entfaltung technischer Künste« (Geschichte des Instrumentalkonzerts, Leipzig ²1927, S. 169), trifft nur auf die zweitrangigen Nachahmer zu; hingegen findet man bei Viotti, Rode und Rodolphe Kreutzer ein bemerkenswertes Gleichgewicht musikalischer und virtuoser Elemente. Als Komponist war Kreutzer der vielseitigste. Ursprünglich ein Schüler von A. Stamitz, dem in Paris wirkenden Sohn von J. Stamitz, zeigt er in seinen frühen Konzerten (Nr. 1–5, komponiert vor 1790) begreiflicherweise stärkere deutsche Züge. Nach 1790 gewinnen seine Konzerte an Schwung und Größe und zeigen eine auf Joseph Haydn hinweisende symphonische Anlage; auch seine Durchführungsarbeit wird gediegener. Seine Bewunderung für Haydn drückt er im 16. Konzert aus, das auf Haydnschen Themen aufgebaut ist. Kreutzers zwei letzte Konzerte, Nr. 18 e und Nr. 19 d (beide vor 1810), gehören zu den besten der französischen Geigerschule. Seine Technik ist weniger blendend als solide und imposant. Viele seiner Konzertpassagen muten wie Zitate aus seinen berühmten zweiundvierzig Capricen an. Doch ist es tatsächlich umgekehrt: er benutzte Konzertpassagen als Motive für seine Etüden. Auch Rode hinterließ ein beispielhaftes Studienwerk, die ›24 Caprices‹ (Paris um 1815). Mit Rode und Kreutzer beginnt das kürzere Violinstück, besonders das »Air varié«, eine immer wachsende Bedeutung zu gewinnen. Viel gespielt wurden Rodes ›Air varié‹ op. 10 (Berlin um 1803), auch mit unterlegtem Text gesungen, und Kreutzers Variationen ›La Molinara‹. Neben Rode und Kreutzer ist als Viotti-Schüler Pierre Baillot zu nennen; als Komponist war er weniger begabt (obzwar seine neun Violinkonzerte manches Originelle aufweisen), dafür aber um so wichtiger als Interpret und Pädagoge. Baillot, der 1805 Beethoven persönlich kennen lernte und tief beeindruckt war, führte 1814 regelmäßige Kammermusik-Konzerte in Paris ein und spielte 1828 das völlig vergessene Violinkonzert von Beethoven in den neugegründeten Concerts du Conservatoire. Baillots ›L'art du violon‹ (Berlin 1834) ist ein pädagogisches Monument. Allerdings hatten schon 1803 Rode, Kreutzer und Baillot eine ›Méthode du violon‹ veröffentlicht, die vom Pariser Konservatorium übernommen wurde. Durch die unermüdliche pädagogische Arbeit dieser drei Meister erhielt das französische Violinspiel eine »viottisierte« Einheitlichkeit. Selbst die von Paganini hervorgerufene Umwälzung der Violintechnik vermochte die Viotti-Tradition nicht zu erschüttern. Das Pariser Konservatorium benutzte bei den jährlichen Preiswettbewerben bis 1853 ausschließlich Viottis Konzerte (mit nur einer Ausnahme 1845). Viotti, Rode und Kreutzer sind die Klassiker der Violine, deren Kompositions- und Vortragsstil in ganz Europa maßgebend waren.

III. Die Wiener Klassiker

Um der Violinmusik der Wiener Klassiker gerecht zu werden, muß man sie in den Musikstrom der Zeit einordnen; dann erst erfaßt man die Größe, aber auch die Zeitgebundenheit der Meister. So hatte Joseph Haydn an der Geige als Soloinstrument kein besonderes Interesse, und seine gediegenen Violinkonzerte der 1760er Jahre erheben sich kaum über das damals in Deutschland übliche Niveau; violintechnisch sind sie leichter als die Werke der zeitgenössischen Pariser Virtuosen. Von den Haydn-Konzerten ist Nr. 1 (Hob. VIIa: 1 C) das bekannteste, »fatto per il Luigi« (d.h. komponiert für Aloisio Luigi Tomasini, den Esterhazer Konzertmeister), das durch Anmut und technische Kompetenz besticht. Nr. 3 (Hob. VIIa: 3 A), das sogenannte »Melker«-Konzert, ist erst 1950 wieder ans Licht gebracht worden. Zwei weitere, früher J. Haydn zugeschriebene Konzerte (Hob. VIIa: G 1, B1) stammen von seinem Bruder Michael, haben aber nur insofern Interesse, als sie den jungen Mozart beeinflußt haben könnten. Von den Sonaten für Violine und Klavier von J. Haydn ist nur eine (G) ein Duo, aber auch als Klaviertrio erschienen (Hob. XV: 32). Fünf weitere sind Klaviersonaten (Hob. XVI: 15, 24, 25, 26, 43), zwei sind ursprünglich Streichquartette (op. 77, Nr. 1 und 2, Hob. III: 81 und 82). Mit Ausnahme der erstgenannten Sonate sind die begleitenden Violinstimmen von fremder Hand hinzukomponiert worden; auch die Duo-Bearbeitung der Streichquartette ist nicht von Haydn (vgl. Hob. XVa).

Mozarts Verhältnis zur Violine war viel persönlicher. Schon als Knabe erhielt er eine geigerische Ausbildung, die zweifellos auf Vater Leopolds Violinschule (Augsburg 1756) fußte. Dies vermittelte ihm die Kenntnis älterer Meister wie Locatelli, Geminiani und Tartini. Bekannt waren ihm auch zeitgenössische Virtuosen wie Nardini, Le Duc und Fränzl. Als Mozart 1775 seine bekannten fünf Violinkonzerte komponierte, war er als Geiger in der Salzburger Hofkapelle tätig. Sie waren teils für den eigenen Gebrauch, teils für den Konzertmeister Antonio Brunetti bestimmt. Auf Brunettis Wunsch ersetzte Mozart einige Sätze; so komponierte er 1776 für das 1. Konzert B ein neues Finale (Rondo KV 269 = 261a) und für das 5. Konzert A ein neues Adagio E (KV 261), da Brunetti das ursprüngliche Adagio für »zu studiert« hielt. Mozart selbst spielte sein Konzert G (KV 216) 1777 in Augsburg. Die fünf Konzerte (KV 207, 211, 216, 218 und 219), innerhalb von neun Monaten (April-Dezember 1775) komponiert, zeigen enormes Wachstum in der Beherrschung formaler und technischer Probleme. Während Nr. 1 *B* sich noch im Rahmen deutsch-österreichischer Tradition hält, macht sich von Nr. 2 *D* an der französische Einfluß steigend bemerkbar, namentlich in den Rondeau-Sätzen, doch wohl nicht in dem Maße, wie es französische Forscher (Théodore de Wyzewa, Georges de Saint-Foix, La Laurencie) darstellen. In Nr. 3 *G* werden die Melodien üppiger (man beachte das herrliche Adagio), das Verhältnis zwischen Solo und Tutti wird abwechslungsreicher. Hier, wie auch in Nr. 4 *D*, benutzt Mozart volkstümliche Themen in den Finali. Daß er das 4. Konzert (KV 218) einem angeblich von Luigi Boccherini komponierten Konzert nachgebildet habe, ist unglaubwürdig, zumal weder die Echtheit noch die Entstehungszeit des 1927 von Samuel Dushkin veröffentlichten »Boccherini«-Konzerts erwiesen sind (vgl. Arnaldo Bonaventura, Boccherini, Mailand 1931, S. 97ff.; Elsa Margarete von Zschinsky-Troxler, in: Zeitschrift für Musikwissenschaft 10, 1928, S. 415–422; Yves Gérard, Catalogue of the works of Luigi Boccherini, London 1969, S. 546–548). Mit dem 5. Konzert *A* wird der musikalische Höhepunkt erreicht; die langsame Solo-Einleitung (ähnlich schon bei Pisendel), das »studierte« Adagio, das kunstvoll gebaute Rondeau-Tempo di Menuetto mit dem feurigen »Alla Turca« tragen zur genialen Konzeption des Werkes bei. Die technischen Anforderungen sind gemäßigt, da Mozart »kein großer Liebhaber von Schwierigkeiten« war (Brief vom 22. November 1777), doch steigert er die geigerischen Ansprüche in einigen seiner Divertimenti, z. B. KV 287 = 271b = 271 H. Drei weitere Violinkonzerte von Mozart werfen gewisse Fragen der Echtheit auf. Das Konzert Nr. 6 *Es* (KV 268 = 365b = Anh. C 14.04) wurde schon 1799 in der Erstausgabe angezweifelt; möglicherweise ist es ein von Mozart entworfenes, von unbekannter Hand beendetes Werk (siehe Friedrich Blume, in: The Mozart Companion, London 1956, S. 217–220). Auch das Konzert Nr. 7 (KV 271a = 271i), 1907 erstmalig veröffentlicht, ist in der vorliegenden Fassung kaum einwandfrei von Mozart (ebenda, S. 216f.). Die ungewöhnlichen Schwierigkeiten der Solostimme mögen laut Alfred Einstein (Köchel-Verzeichnis, 3. Auflage Leipzig 1937, S. 346) »Zutaten Sauzays oder Baillots« sein (das verschollene Original-Manuskript, datiert 16. Juli 1777, wurde 1835 von dem französischen Geiger Eugène Sauzay für P. Baillot kopiert). Das scharf umstrittene »Adelaide«-Konzert (KV Anh. 294a = Anh. C 14.05), angeblich vom zehnjährigen Mozart am 26. Mai 1766 in Versailles komponiert und 1933 erstmalig im Klavierauszug veröffentlicht (Herausgeber Marius Casadesus), hat sich neuerdings als Fälschung herausgestellt. Mit dem für Brunetti 1781 komponierten Rondo *C* (KV 373) beschloß Mozart seine Werkreihe für Solo-Violine und Orchester. Dagegen nahm die Sonate für Klavier und Violine auch weiterhin sein Interesse in Anspruch; auf diesem Gebiet kann man Mozart als den Schöpfer der

VIOLINMUSIK

Stücke für unbegleitete Violine aus dem 17. Jahrhundert in Gegenüberstellung zu Bachs Chaconne

Th. Baltzar, Allemande für Violine allein (vor 1663) aus John Playford,
Division Violin (1684)

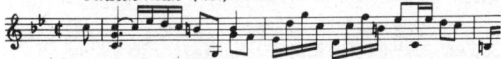

H. J. F. Biber, Passacaglia für Violine allein (um 1675) aus den Mysterien-Sonaten

J. P. von Westhoff, Prélude aus der *Suite pour le violon sans basse continue* (1683)

J. S. Bach, Chaconne aus der Solo-Partita Nr. 2 (Thema nach Ph. Spitta) (1720)

Beziehungen zwischen Corelli, Tartini und Leopold Mozart

A. Corelli, Gavotta aus den *Sonate a Violino e Violone o Cimbalo* op. 5 (1700),
von G. Tartini als Thema verwendet in *L'Arte dell'arco* (nach 1735)

G. Tartini, *Il trillo del diavolo*, als Beispiel erstmals von L. Mozart in seiner
Violinschule 1756 veröffentlicht (ohne Namensnennung)

Technische Beziehungen zwischen Locatelli und Leclair einerseits und Paganini andererseits

P. A. Locatelli, Capriccio Nr. 7 aus *L'Arte del Violino* op. 3 (1733)

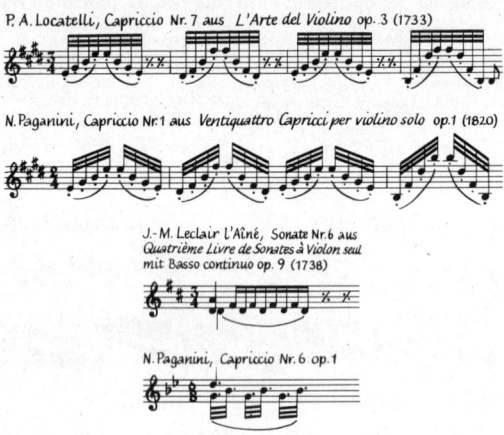

N. Paganini, Capriccio Nr. 1 aus *Ventiquattro Capricci per violino solo* op. 1 (1820)

J.-M. Leclair L'Aîné, Sonate Nr. 6 aus
*Quatrième Livre de Sonates à Violon seul
mit Basso continuo* op. 9 (1738)

N. Paganini, Capriccio Nr. 6 op. 1

Viotti und Mozart

G. B. Viotti, 1. Satz aus dem Violin-Konzert Nr. 7 B-dur (um 1784)

W. A. Mozart, 1. Satz (2. Violine) aus der Symphonie g-moll KV 550 (1788)

Viotti und die Romantiker

G. B. Viotti, 1. Satz aus dem Violin-Konzert Nr. 29 e-moll (ca. 1815)

F. Mendelssohn, 1. Satz aus dem Violin-Konzert e-moll op. 64

R. Schumann, 1. Satz aus dem Klavier-Konzert a-moll op. 54

G. B. Viotti, 1. Satz aus dem Violin-Konzert
Nr. 22 a-moll (ca. 1793)

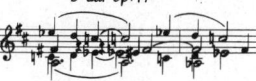

J. Brahms, 1. Satz aus dem Violin-Konzert
D-dur op. 77

Beziehungen zwischen Beethoven
und seinen französischen Zeitgenossen Viotti, Rode und Kreutzer

R. Kreutzer,
1. Satz aus dem Violin-Konzert Nr. 4 C-dur   1. Satz aus dem Violin-Konzert Nr. 13 D-dur
(1790)

L. van Beethoven, 1. Satz aus dem Violin-Konzert D-dur op. 61 (1806)

R. Kreutzer, 1. Satz aus dem Violin-Konzert Nr. 16 e-moll (ca. 1805)

L. van Beethoven, 1. Satz aus dem Violin-Konzert D-dur op. 61 (1806)

P. Rode, 1. Satz aus dem Violin-Konzert Nr. 1 d-moll (1790)

L. van Beethoven, 1. Satz aus dem Violin-Konzert D-dur op. 61 (1806)

P. Rode, 1. Satz aus dem Violin-Konzert Nr. 6 B-dur

P. Rode, 1. Satz aus dem Violin-Konzert Nr. 7 a-moll

L. van Beethoven, 1. Satz aus dem Violin-Konzert D-dur

G.B. Viotti, 1. Satz aus dem Violin-Konzert Nr. 1
C-dur (ca. 1782)

L. van Beethoven, 1. Satz aus dem Violin-Konzert
D-dur op. 61 (1806)

R. Kreutzer, 1. Satz aus dem Violin-Konzert Nr. 6 e-moll (ca. 1790)

L. van Beethoven, 1. Satz aus dem Violin-Konzert D-dur op. 61

G.B. Viotti, Rondos aus den Violin-Konzerten Nr. 1 C-dur und Nr. 6 E-dur

L. van Beethoven, Finale aus dem Violin-Konzert D-dur op. 61

G.B. Viotti, Adagio aus dem Violin-Konzert Nr. 22 a-moll (1793)

Solo

Tutti

L. van Beethoven, Larghetto aus dem Violin-Konzert D-dur op. 61

Solo

Tutti

70

G. B. Viotti, Finale aus dem Violin-Konzert Nr. 6 E-dur (1782)

L. van Beethoven, Rondo aus dem Violin-Konzert D-dur op.61

G. B. Viotti, 1. Satz aus dem Violin-Konzert Nr. 5 C-dur

L. van Beethoven, Finale aus dem Violin-Konzert D-dur op.61

R. Kreutzer, 1. Satz aus dem Violin-Konzert Nr. 2 A-dur (ca. 1785)

Allegro moderato

L. van Beethoven, 1. Satz aus der Violin-Sonate F-dur op. 24 (1801)

Allegro

G. B. Viotti, 1. Satz aus dem Violin-Konzert Nr. 1 C-dur

L. van Beethoven, 1. Satz aus dem Violin-Konzert D-dur op.61

G. B. Viotti, 1.Satz aus dem Violin-Konzert Nr. 13 A-dur (1784)

L. van Beethoven, Duo für Viola und Violoncello Es-dur (ca.1795-98)

L. van Beethoven, Quartett op.18 Nr. 4 c-moll (ca. 1800)

Beziehungen zwischen Bériot und Mendelssohn

Ch.-A. de Bériot, Violin-Konzert Nr. 3

F. Mendelssohn, Violin-Konzert e-moll op. 64

Technische Beziehungen zwischen Bruch, Brahms, Dvořák und Tschaikowsky

A. Dvořák, Finale aus dem Violin-Konzert a-moll op. 53

P. Tschaikowsky, 1. Satz aus dem Violin-Konzert D-dur op. 35

J. Brahms, Finale aus dem Violin-Konzert D-dur op. 77

M. Bruch, Finale aus dem Violin-Konzert g-moll op. 26

Modernere Polyphonie

A. Glasunow, Kadenz aus dem Violin-Konzert a-moll

E.-A. Chausson, Poème op. 25

72

Modernerer Gebrauch von pizzicato

A. Glasunow, Finale aus dem
Violin-Konzert a-moll

pizz. (quasi guitarra)

S. Prokofieff, Violin-Konzert Nr. 1
D-dur op. 19

M. Ravel, Blues aus der Sonate für
Violine und Klavier

Moderner Gebrauch von Quintenläufen

K. Szymanowski, Tarantella op. 28 Nr. 2

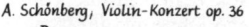

M. Ravel, *Tzigane* für Violine und Klavier

Spieltechnische Probleme moderner Musik

A. Schönberg, Violin-Konzert op. 36

A. Berg, 2. Satz aus dem Violin-Konzert (Parodie auf Beethoven)

Entwicklung führt über Jean-Philippe Rameau, Michel Corrette, L.-G. Guillemain direkt zu J. Schobert. Da aber der Violine eine Nebenrolle zufiel, standen ihr die ausübenden Geiger zunächst kühl gegenüber. So benutzt J.-M. Leclair, der größte französische Meister seiner Zeit, in seinen achtundvierzig Violinsonaten (veröffentlicht 1723–1743) ausschließlich den Generalbaß-Typ. Er bevorzugt die viersätzige Form (langsam-schnell-langsam-schnell), obwohl ihm die neuere Dreisätzigkeit (langsam-schnell-schnell) nicht unbekannt ist. Neben den üblichen stilisierten Tänzen (Menuett, Gavotte usw.) findet man auch reizvolle Sätze wie Tambourin, Chasse und die ältere Gattung des Tombeau. Viele Sätze tragen lediglich italienische Tempobezeichnungen. Obwohl Leclair die höchsten Lagen vermeidet, steht er technisch, besonders in Doppelgriffen und Stricharten, auf virtuoser Stufe; es gelang ihm, die französische Violinschule der italienischen Schule gleichzustellen. Seine Sonaten haben trotz ihrer oft überreichen Verbrämung noch heute musikalisches Lebensrecht. Dagegen wirken seine zwölf Violinkonzerte (op. 7, um 1737, op. 10, um 1745) trotz ihrer historischen Bedeutung veraltet; selbst den Zeitgenossen erschienen sie zu gearbeitet. Formal und thematisch schließt Leclair sich an italienische Vorbilder an; er bevorzugt regelmäßige Dreisätzigkeit, klare Scheidung zwischen Tutti und Solo, monothematische Ecksätze. Persönlicher gibt er sich in den ausdrucksvollen Mittelsätzen, in denen das Themenmaterial nicht nur dem Solisten, sondern auch dem begleitenden Streichorchester anvertraut wird. Ausländische Gastvirtuosen trugen zur Bereicherung des Pariser Musiklebens bei und regten die einheimischen Geiger an. 1754 kamen G. Pugnani und J. Stamitz mit Violinkonzerten und Sinfonien, 1764 der berühmte A. Lolli, 1770 dessen brillanter Schüler Giovanni Mane Jarnowick. Tartinis Werke wurden von seinen französischen Schülern in Paris bekannt gemacht; darunter war A. N. Pagin, der um 1750 bei der Herausgabe von Tartinis Sonaten mitarbeitete. Als feuriger Virtuose genoß J.-P. Guignon einen hohen Ruf (obwohl gebürtiger Italiener, wurde er 1741 zum »Roy des Violons« ernannt), doch zeugen seine veröffentlichten Violinsonaten (zwei Sammlungen zwischen 1737 und 1746) von nur bescheidenem Talent und solidem, aber nicht ungewöhnlichem Können. Ein eminenter Techniker und fruchtbarer Komponist war L.-G. Guillemain; die in seinem op. 18 enthaltenen zwölf Capricen für Solo-Violine (1762) stellen einen Höhepunkt der damaligen Violintechnik dar. Aber auch als Komponist zeigte er sich neuen Ideen aufgeschlossen. So kann man in den Allegrosätzen seiner Sonaten op. 1 (1734) ein zweites Thema angedeutet finden; auch versucht er sich in der Gattung der Klaviersonate mit begleitender Violine (op. 13, 1745). Einer der besten Schüler Leclairs, L'Abbé le fils (eigentlich Joseph-Barnabé Saint-Sevin), machte sich durch die Abfassung einer Violinschule, ›Principes du violon‹ (Paris 1761), um das französische Violinspiel verdient, ein würdiges

1787 entstammt Mozarts letzte große Violinsonate *A* KV 526, ein Virtuosenstück, in dem das Konzertante einen Höhepunkt erreicht; besonders das Rondo-Finale ist ein wahres Perpetuum mobile. Dieses Meisterwerk diente zweifellos dem jungen Beethoven als unmittelbares Vorbild. Nur ein Jahrzehnt trennt diese Sonate von den drei Violinsonaten op. 12 von Beethoven, an denen er (nach Gustav Nottebohm) möglicherweise schon 1795 zu arbeiten begann. Daß aber Mozarts Violinsonaten (besonders KV 379 = 373 a und 380 = 374 f) den jungen Beethoven schon in Bonn beeinflußten, haben Hermann Deiters und Ludwig Schiedermayr betont. Die Komposition der zehn Violinsonaten von Beethoven erstreckt sich über die Zeitspanne 1797–1812; die Entstehungsdaten sind laut Georg Kinsky-Hans Halm: op. 12 1797/98, op. 23 und 24 1800/01, op. 30 1802, op. 47 1802/03, op. 96 1812. Von Anfang an baut Beethoven auf den Errungenschaften Mozarts auf und entwickelt sie weiter; er führt sowohl die Gleichberechtigung der Spieler wie auch das konzertant-virtuose Element bis zur letzten Konsequenz durch, ja er sprengt den Kammermusik-Rahmen, indem er die Sonate op. 47 in dem ›Eroica‹-Skizzenbuch folgenderweise betitelt: ›Sonata scritta in un stilo [durchgestrichen: »brillante«] molto concertante quasi come d'un Concerto«. Sieben der Sonaten sind dreisätzig, die übrigen viersätzig (op. 24, 30/2, 96); allerdings finden sich in op. 96 motivische und modulatorische Verkettungen der Sätze, die schon auf den Spätstil hinweisen. Die Klavierstimmen sind auf Beethovens eigenes Spiel zugeschnitten, und bei öffentlichen Aufführungen in Wien saß er meist selbst am Flügel. Auch als Geiger hatte Beethoven persönliche Erfahrung. Er hat schon in Bonn beruflich im Orchester gespielt und in Wien bei Wenzel Krumpholtz Violinstunden genommen. Doch beschreibt Ries sein Geigenspiel als »eine schreckliche Musik« (Franz Gerhard Wegeler und Ferdinand Ries, Biographische Notizen über Ludwig van Beethoven, Koblenz 1828). Die gelegentlichen geigerischen Unbequemlichkeiten in den Sonaten sind jedenfalls nicht auf Unkenntnis des Instruments zurückzuführen; in den Streichquartetten finden sich weit unhandlichere Stellen, über die sich schon Ignaz Schuppanzigh beschwerte. Nur ausnahmsweise war Beethoven rücksichtsvoll, wie bei dem französischen Geiger Rode, für den er die Sonate op. 96 beendete; so schreibt Beethoven an Erzherzog Rudolph über den letzten Satz: ». . . da ich diesen mit mehr Überlegung in Hinsicht des Spiels von Rode schreiben muß; wir haben in unsern Finales gern rauschendere Passagen, doch sagte dieses R. nicht zu und – genierte mich doch etwas« (1812; Emerich Kastner, Ludwig van Beethovens sämtliche Briefe, Leipzig 1911, S. 368). Dessenungeachtet schließt die Sonate mit einer der gewagtesten Violinpassagen. R. Kreutzer, einer der bedeutendsten französischen Geiger seiner Zeit, spielte die ihm gewidmete Sonate op. 47 nicht, da er sie »outrageusement inintelligible« fand (laut Hector Berlioz, Voyage musical en Allemagne et

en Italie, Paris 1844, S. 263f.). Auch L. Spohrs ›Selbstbiographie‹
bezeugt wenig Verständnis für Beethovens wahre Bedeutung, obwohl
er dem Komponisten 1812 in Wien persönlich nahe stand. Heute
gehören die Violinsonaten von Beethoven zum wertvollsten Erbgut
eines jeden Geigers. Vom Ungestüm der 1. bis zur Besonnenheit der
10. Sonate spiegeln sie die Persönlichkeit des Komponisten in seltener Vollkommenheit wider. Alles ist aus einem Guß, vollendet,
abgewogen, geschliffen bis zur letzten Nuance. Dennoch findet man
einen schöpferischen Aufstieg; was ein frühes Werk erst im Keime
brachte, kommt in einem späteren zu voller Reife. Man vergleiche
nur die Variationen in op. 12/1 mit denen in op. 47, den dramatischen
Impuls von op. 23 mit dem ersten Satz der »Kreutzer«-Sonate, die
Durchführungstechnik von op. 30/1 mit op. 96. Für die Qualität der
Violinsonaten spricht schon die Tatsache, daß in den meisten Fällen
die langsamen Sätze den inhaltlichen Höhepunkt darstellen. Unter
Beethovens Werken für Violine und Orchester lagen die zwei Romanzen op. 40 und 50 1802 druckfertig vor; möglicherweise entstand
Nr. 2 *F* schon früher, um 1798/99. Zunächst fand sich kein Verleger
für diese an sich neuartigen Stücke: zwei einzelne lyrische Adagio-
Sätze, zu schwer für den Liebhaber, zu unwirksam für den Virtuosen,
mit breit ausgeführten Tutti, die im Klavierauszug unbefriedigend
klangen. Die Romanzen stehen am Anfang einer Tendenz zum kürze-
ren Stück, das, sentimentalisiert, bald den Markt überfluten sollte.
Um so mehr ist die schlichte Innigkeit und die meisterhafte Violinbehandlung in den beiden Romanzen zu schätzen. Im Tripelkonzert
op. 56 (komponiert 1803/04) ist von den drei Solo-Instrumenten die
Violine am wenigsten dankbar behandelt, doch zeigt sich schon hier
(wie auch in der Romanze *F*) Beethovens Vorliebe für das helle *E*-
Saiten-Register, das er dann in dem Violinkonzert op. 61 so wirkungsvoll gebraucht hat. Er komponierte es für Franz Clement, den
Konzertmeister des Theaters an der Wien, der ihm bei der Arbeit an
›Fidelio‹ zur Seite gestanden hatte. Clements Spiel war eher zierlich
als markant, äußerst zart und rein im Ausdruck und sehr sicher, selbst
in gewagten Passagen. In diesem Sinne gestaltete auch Beethoven
sein Konzert. Er betonte den lyrisch-gesangvollen Charakter der Solo-Violine, während das dramatische Element ins Orchester verlegt
wurde. Dieser neuartige Typ des »symphonischen« Konzerts ist um
so auffälliger, wenn man bedenkt, daß um 1800 das virtuos eingestell-
te französische Violinkonzert mustergültig war. Am französischen
Typ interessierten Beethoven weder die formale Struktur noch die
exponierte Stellung des Solisten, sondern lediglich violintechnische
Einzelheiten, gewisse Passagen und geigerische Wendungen. Die
Geiger jener Zeit waren diesem erhabenen Stil nicht gewachsen, zumal jeder reisende Virtuose sich in eigenen Werken hören lassen
mußte. So kam es, daß nach der wohlwollend aufgenommenen
Erstaufführung (1806) das Konzert von Beethoven unbeachtet blieb;

vereinzelte Aufführungen fanden in Berlin (1812, Aloisio Luigi Tomasini d. J.), Paris (1828, P. Baillot), Wien (1833, Henri Vieuxtemps) und Leipzig (1836, Karl Wilhelm Uhlrich) statt. Erst als der junge Joseph Joachim es unter Felix Mendelssohn 1844 in London spielte und sich weiterhin dafür einsetzte, wurde das Werk in seiner vollen Bedeutung erkannt. Inzwischen hatte aber das romantische Violinkonzert einen völlig anderen Weg eingeschlagen, und erst Johannes Brahms folgte in seinem Violinkonzert (1878) dem Beethovenschen Ideal.

Als Franz Schubert sich 1816 der Violinkomposition zuwandte, knüpfte er zunächst nicht an Beethoven, sondern an Mozart an. Seine drei Violinsonaten op. posth. 137 (D 384, 385, 408) werden von ihm selbst noch als »fürs Pianoforte mit Begleitung der Violine« bezeichnet, sind also als Genre veraltet. Sie enthalten köstliche, jedem Effekt abholde Hausmusik. Der vom Verleger stammende Titel »Sonatine« deutet die leichtere Ausführbarkeit an; formal sind es voll entwickelte Sonaten, die erste in drei, die beiden letzten in vier Sätzen mit einem Menuett an 3. Stelle. Technisch anspruchsvoller ist das im folgenden Jahr (1817) komponierte Duo *A* op. posth. 162 (D 574): ebenfalls viersätzig, mit einem Scherzo an 2. Stelle. Der 1. Satz ist ein »singendes« Allegro moderato, der 3. ein subtiles Andantino. Das virtuose Element bricht im Scherzo und im Finale durch, doch ist ihre Wirksamkeit durch thematische und rhythmische Ähnlichkeit etwas beeinträchtigt. Obwohl das Duo den frühen Sonaten Beethovens ebenbürtig ist, wurde es zu Schuberts Lebzeiten nicht aufgeführt. Erfolgreich war dagegen das ›Rondo brillant‹ op. 70 (D 895, komponiert 1826), das schon 1827 aufgeführt und veröffentlicht wurde. Es ist ein wirkungsvolles, burschikoses Stück, in dem die Farben etwas dick, fast orchestral aufgetragen sind. Am schönsten ist die reizvolle langsame Einleitung. Das Passagenwerk ist für beide Instrumente recht ungeschickt gesetzt, obwohl Schubert sowohl Klavier als auch Violine spielte. Weit subtiler ist die Phantasie *C* op. posth. 159 (D 934, komponiert 1827), die am 20. Januar 1828 von dem jungen Geiger Josef Slavík und dem Pianisten Karl Maria von Bockelt aufgeführt wurde. Trotz Slavíks Virtuosität war er nicht imstande, die Phantasie einwandfrei zu spielen; in der Tat ist das Werk höchst ungeigerisch, einiges ist im Original unausführbar. Dennoch ist es ein Meisterwerk, obwohl die Schönheiten schwer zu realisieren sind. Die kunstvoll verästelte Form scheint aus sechs oder sieben miteinander verbundenen Sätzen zu bestehen, hat aber im Grunde nur vier Sätze: eine langsame Einleitung, ein zigeunerndes Allegro, einen Variationensatz (über das Lied »Sei mir gegrüßt«) und ein forsches Finale. Eingeschachtelt sind zwei Reminiszenzen: die Einleitung kehrt vor dem Finale zurück, und eine letzte Variation wird vor der Coda eingeführt. Ein weiteres Variationenwerk über das Lied ›Trockne Blumen‹ op. posth. 160 (D 802, komponiert 1824), das sich in Violinsammlungen von Schubert findet, ist für Flöte und Klavier komponiert; die Bearbeitung für Violine ist von unbekannter Hand. Fast vergessen sind einige weitere Violinkompositionen, das Konzertstück *D* (D 345, komponiert 1816, zweisätzig), das Adagio und Rondo *A* (D 438, komponiert 1816) für Violine und Streichorchester und die Polonaise *B* (D 580, komponiert 1817) für Violine und Streichorchester. Im Gesamtschaffen Schuberts nehmen seine Violinwerke trotz mannigfacher Schönheiten eine untergeordnete Stellung ein. Mit Ausnahme des ›Rondo brillant‹ wurden sie alle aus dem Nachlaß veröffentlicht, oft mit großer Verzögerung, während das Violinspiel und der musikalische Geschmack sich in einer völlig anderen Richtung entwickelten. So blieb Schubert für die weitere Geschichte der Violinliteratur ohne Einfluß.

IV. Die Romantik

1. Das Konzert

Das Violinkonzert machte nach Beethoven eine zweifache, parallel verlaufende Entwicklung durch: eine Richtung betonte die musikalischen Werte (z. B. Spohr, Mendelssohn, Max Bruch, Brahms), eine andere das virtuose Element (z. B. Paganini, Charles-Auguste de Bériot, Vieuxtemps, Henrik Wieniawski). Doch haben beide Richtungen sich gegenseitig befruchtet, und zu Ende des 19. Jahrhunderts kann man eine Annäherung und Verschmelzung des Musikalischen mit dem Virtuosen beobachten (z. B. Karl Goldmark, Edouard Lalo).

Unter den frühromantischen Geigerkomponisten nimmt Spohr eine Sonderstellung ein; ein Geiger virtuosen Könnens, lehnte er die Virtuosität als Selbstzweck ab. Von seinen fünfzehn Konzerten entstand das erste 1802/03, also einige Jahre vor dem Beethoven-Konzert, das letzte 1844, dem Entstehungsjahr des Mendelssohn-Konzerts. Zwischen diesen zwei Meisterwerken bildet Spohr die logische Brücke. Seine Schaffenskurve stieg steil an und stabilisierte sich schon um 1816. Er verband die jüngere Mannheimer Schule seines Lehrers Franz Eck mit den Errungenschaften des französischen Violinkonzerts, dessen idealer Vertreter Rode war. Doch bereicherte Spohr den heroisch-pompösen Grundzug durch schwärmerische Melodik, reichere Chromatik und bedeutendere Orchesterbegleitung. Höhepunkte sind die Konzerte Nr. 7 (1814/15) und Nr. 8 (1816); letzteres, ›Gesangsszene‹ benannt und für Italien komponiert, vereint Elemente der Oper und des Konzerts. Doch kehrte Spohr mit seinem Konzert Nr. 9 (1820) zur strengeren Klassizistik zurück. Weder sein Pariser Aufenthalt 1820/21, wo er P. Baillot, Charles Philippe Lafont und andere Größen hörte, noch sein Zusammentreffen mit Paganini (1816 und 1830) beeinflußten ihn; die virtuosen »Windbeuteleien« lehnte er ab und verwarf sogar die damals üblichen Springbögen. Sein solider, bisweilen erdgebundener Stil veraltete noch zu seinen Lebzeiten und wurde durch die spritzige Eleganz der franko-belgischen Schule verdrängt. Den Hochflug der Romantik machte Spohr nicht mit; wie überragend aber sein Einfluß zunächst war, macht Schering klar: »Das Eindringen der Konzerte Spohrs ... bildete ein Haupthindernis für das Bekanntwerden des Beethovenschen Ausnahmewerks« (Geschichte des Instrumentalkonzerts, Leipzig 1905, S. 205).

Als Mendelssohn 1838 sein Violinkonzert zu skizzieren begann, war er mit dem zeitgenössischen Violinspiel voll vertraut und fand sogar Gefallen an gewissen Virtuosenkünsten; um so bemerkenswerter ist seine turmhohe Überlegenheit, verglichen mit dem Stil der Zeit. Formal beseitigt er das konventionelle Einleitungs-Tutti und die Doppelexposition; er verlegt die Kadenz in den Brennpunkt des 1. Satzes und verknüpft die (an sich unabhängigen) Sätze durch modulatorische Übergänge (allerdings schon bei Viotti zu finden). Inhaltlich ist sein Konzert ein Spiegel der romantischen Stimmung: ritterlich, schwärmerisch, elfenhaft. Geigerisch steht Mendelssohn der französischen Eleganz von Bériot oder Heinrich Wilhelm Ernst näher als der Solidität von Spohr; jedoch vermeidet er Virtuosität als Selbstzweck und benutzt die Violinpassagen als Umrankung des thematischen Materials. Inwiefern er bei der Gestaltung der Solostimme von dem Leipziger Konzertmeister Ferdinand David beraten wurde (dem er auch 1845 die Erstaufführung anvertraute), sei dahingestellt; jedoch war Mendelssohn selbst Bratschist und daher streicherisch erfahren.

Mendelssohn nahm lebhaftes Interesse an einem aus Ungarn stammenden Wunderkind, J. Joachim, der sich zum größten Violininterpreten seiner Zeit entwickelte und das deutsche Musikleben während der 2. Hälfte des 19. Jahrhunderts stark beeinflußte. Ihm wurden viele Konzerte gewidmet, darunter die von Schumann, Bruch, Brahms und Dvořák. Joachim war auch als Komponist tätig; von seinen drei Violinkonzerten ist Nr. 2, das ›Konzert in ungarischer Weise‹ op. 11 (1857–1860), das bedeutendste, ein Werk von sinfonischen Dimensionen und heroischen Anforderungen an den Solisten. Die Themen sind sämtlich frei erfunden, klingen jedoch durchaus national, und Bruch rühmte die »glücklichste Verbindung des nationalen Elements mit dem künstlerischen« (zitiert in A. Moser, Joseph Joachim, Band 2, Berlin 1910, S. 85). Später wurden national gefärbte Konzerte zur Modesache; Bruch selbst versuchte sich darin ([Schottische] ›Phantasie‹ op. 46) wie auch Lalo (›Symphonie espagnole‹, ›Concerto russe‹, ›Fantaisie norvégienne‹) und Rimski-Korssakow (Fantasie über russische Themen). Für Joachim schuf Robert Schumann 1853 zwei Werke für Violine und Orchester, die Phantasie C op. 131 und ein nachgelassenes Konzert d. Die Phantasie ist einsätzig, in mehrere Abschnitte unterteilt, mit einer Kadenz am Schluß. Trotz mancher Schönheiten ist sie unbefriedigend, die Themen sind nicht prägnant, die Technik ist undankbar. Joachim sträubte sich, die Solostimme geigerischer zu gestalten, obzwar Schumann ihn fragte, »was daran nicht praktikabel« sei (Brief vom 14. September 1853). Die Erstaufführung fand am 27. Oktober 1853 in Düsseldorf statt. Dagegen lehnte Joachim es ab, das nachgelassene Violinkonzert zu überarbeiten oder zu spielen, und verweigerte die Erlaubnis zur Veröffentlichung des in seinem Besitz befindlichen Manuskripts »aus gewissenhafter Freundessorge für den Ruhm des geliebten Tonsetzers«. Erst 1937 kam das vergessene Werk wieder ans Licht. Yehudi Menuhin, der es erstmals in den USA spielte, betrachtet es als »the bridge between the Beethoven and the Brahms concertos, though leaning more toward Brahms ... There is also a great thematic resemblance« (Brief an Vladimir Golschmann vom 22. Juli 1937, zitiert in Robert Magidoff, Yehudi Menuhin, New York 1955, S. 203f.). Auch Joseph Szigeti rühmt Schumanns »schönes, romantisches Konzert« (A Violinist's Notebook, London 1964, S. 122). Trotz gewisser Schönheiten hat aber das Werk, besonders im Finale, solche Schwächen, daß Joachims Urteil berechtigt erscheint. Dagegen erfreut sich das 1866 komponierte Konzert Nr. 1 *g* op. 26 von Bruch fast unverminderter Beliebtheit. Das Werk zeichnet sich durch formale Knappheit, blühende Melodik und ausgezeichnete Violinbehandlung aus, die sich stark auf Doppelgriffe und vollstimmige Akkorde stützt. Der erste Satz ist zu einem Vorspiel verkürzt, das mit Rezitativen des Solisten beginnt und endet; der Übergang zum 2. Satz (Adagio, *Es*) verläuft ohne Unterbrechung, und das Finale beginnt modulierend von *Es* nach *G*. So ist eine schöne Einheitlichkeit gegeben. Den Meisterwurf des 1. Konzerts haben Bruchs spätere Konzerte nicht erreicht. Nur Nr. 2 *d* op. 44 (1878) wird ebenso wie auch die bereits erwähnte Schottische ›Phantasie‹ (1880) gelegentlich gespielt, während die beiden letzten (*d* op. 58, 1891, und das ›Konzertstück‹ op. 84, 1911) völlig vergessen sind.

Das Violinkonzert op. 77 von Brahms entwuchs seiner engen Freundschaft mit Joachim und entstand mit einer für den Komponisten ungewöhnlichen Schnelle. Der ursprüngliche Plan war viersätzig: »vom letzten schreib ich den Anfang – damit mir gleich die ungeschickten Figuren verboten werden« (Brief vom 22. August 1878). Joachim antwortete am 24. August: »Herauszukriegen ist das meiste, manches sogar recht originell violinmäßig – aber ob man's mit Behagen alles im heißen Saal spielen wird, möchte ich nicht bejahen ....« Auf Joachims Drängen fand die Erstaufführung bereits am 1. Januar 1879 im Leipziger Gewandhaus statt, mit Brahms am Dirigierpult. Selbst danach bestand der Komponist auf weiteren Verbesserungen: »Streiche doch jetzt recht tüchtig in der Violinstimme und der Partitur herum! Für nichts könnte [ich] dankbarer sein« (24. Januar 1879). Die von Joachim beanstandeten »ungewohnten Schwierigkeiten« wurden nicht ausgemerzt, doch ist nicht jede schwere Passage auf geigerische »Unkenntnis« zurückzuführen, denn Brahms hat ja auch gelegentlich »unklaviermäßig« geschrieben. An Beethoven anknüpfend, schuf Brahms ein »symphonisches« Konzert, in bewußtem Gegensatz zur romantischen Entwicklung, die den Solisten bevorzugte. Besonders im 1. Satz fallen gewisse Parallelen zwischen Beethoven und Brahms auf: die Orchester-Exposition des 1. Tutti, der verzögerte Eintritt des Solothemas hoch auf der E-Saite, die Triolenfiguration, die Mollepisode, die Rückkehr des 1. Themas nach der Kadenz vor der Coda. Doch ist die Violinbehandlung bei Brahms knorriger, wuchtiger, dramatischer. Trotz gewisser Einschränkungen gebührt dem Brahms-Konzert in seiner grandiosen Konzeption ein Ehrenplatz neben dem von Beethoven. Joachim selbst soll das später entstandene Doppelkonzert von Brahms (1887) dem Violinkonzert vorgezogen haben.

Weniger Interesse zeigte Joachim für das (ebenfalls für ihn geschriebene) Violinkonzert von Antonín Dvořák. Er erhielt das Manuskript Ende 1879, ließ es aber zwei Jahre liegen und hat es nie öffentlich gespielt. Nach einer Probe mit dem Komponisten im September 1882 war Joachim aber »so liebenswürdig, die Principalstimme einzurichten«, wie Dvořák seinem Verleger Simrock mitteilte. Die Erstaufführung fand schließlich in Prag im Oktober 1883 statt, der Solist war der Tscheche František Ondříček. Die blühenden, böhmisch gefärbten Themen werden in deutsch-sinfonischer Tradition verarbeitet, allerdings nicht immer die glücklichste Lösung. Ein gedrungener, heroischer Kopfsatz führt ohne Unterbrechung in ein breit ausgeführtes Adagio. Das pikante Rondo-Finale (dessen ⅜-Thema an Beethoven gemahnt) ist zwar überlang, bietet aber viel Abwechslung, besonders durch die schöne Mollepisode. Die Violintechnik ist erfindungsreich und dem Instrument angepaßt.

Fast gleichzeitig entstand das Violinkonzert a (1877) von K. Goldmark, einst viel gespielt, heute reichlich verblaßt. Die dankbare Violinstimme verrät die Hand eines Berufsgeigers; die virtuose Kadenz ist in das Finale verlegt, doch kann der äußerliche Glanz die hohle Heroik und süßliche Melodik nicht verschleiern.

Das Violinkonzert op. 8 (1882) von Richard Strauss ist ein eklektisches Jugendwerk. Dagegen verdient das Konzert D op. 39a (1896/97) von Ferruccio Busoni größere Beachtung; kündigt sich doch hier, inmitten der Hochflut der Spätromantik, die »neue Klassizität« an. Busoni erstrebt objektivere Klarheit und verarbeitet Einflüsse von Beethoven auf individuelle Weise, doch zeigt er mehr Intellekt als Inspiration.

Obwohl in Frankreich die erste Hälfte des 19. Jahrhunderts im Zeichen der Virtuosität stand, entwickelte sich späterhin ein Konzerttyp, der das Musikalische mit dem Virtuosen verband. In diesem Sinne schuf Lalo sein gehaltvolles Konzert Nr. 1 f op. 20 (1872) und die berühmte ›Symphonie espagnole‹ op. 21 (1873). Letztere ist trotz des

Titels ein reines Violinkonzert, in dem nationale oder national-erfundene Themen mit ungewöhnlichem Geschick in einen konzertanten Rahmen gefügt werden; die Wirkung wird durch pikante Orchestration erhöht. Ungewöhnlich ist die fünfsätzige Form (Allegro, Scherzando, Adagio, Intermezzo, Rondo), doch wird das Intermezzo (eine Habanera) oft ausgelassen. Lalos weitere Ausnutzungen des nationalen Elements (›Concerto russe‹ op. 29, 1883, und ›Fantaisie norvégienne‹, 1880) waren nicht von Erfolg gekrönt. Sein Zeitgenosse Camille Saint-Saëns schrieb drei Violinkonzerte (A op. 20, 1859, C op. 58, 1879, h op. 61, 1880), von denen nur das dritte öfters erklingt. Es ist ein wirkungsvolles, doch nicht erstrangiges Werk. Die Themen sind pseudo-heroisch oder sentimental, die Verarbeitung akademisch, das Orchester pompös. Weit feinsinniger ist das ›Poème‹ op. 25 für Violine und Orchester von Ernest Chausson (1896), ein berückendes Tonbild, das César Francks Harmonik mit impressionistischen Farben verbindet. Bei der Gestaltung der Solostimme soll Eugène Ysaÿe beraten haben; besonders interessant sind die pseudopolyphone Einleitungskadenz und die bewegte Durchführung. Anziehend ist auch Chaussons »Doppelkonzert« op. 21 für Klavier, Violine und Streichquartett (1890/91).

Unter den Russen des 19. Jahrhunderts hat sich nur Peter I. Tschaikowsky ernsthaft mit der Konzertform beschäftigt. Sein Violinkonzert D op. 35 (1878) ist formal abgerundet. Der sinfonisch ausgesponnene 1. Satz hat eine geigerisch interessante Durchführung, wobei Tschaikowsky eine Doppelgrifftechnik benutzt, wie sie ähnlich auch bei Dvořák und Brahms anzutreffen ist. Seine Kadenz steht in der Mitte des 1. Satzes und führt direkt in die Reprise. Am schönsten ist der elegische Mittelsatz, am schwächsten das überlange, sich endlos wiederholende Finale. Trotz gewisser Schwächen gehört aber das Tschaikowsky-Konzert heute zum unentbehrlichen Violinrepertoire. Die von Leopold Auer eingeführten Änderungen in der Solostimme sind technisch wie musikalisch unberechtigt. Rimski-Korssakows Fantasie über russische Volksthemen op. 33 für Violine und Orchester (1887) ist ein ungeschickter Versuch einer »Nationalisierung« des Konzerts. Ganz im Fahrwasser Tschaikowskys segelt das Konzert op. 54 (um 1900) von Anton St. Arensky; süßlich und hohl ist das Konzert e (1896) von Jules Conus.

Das Virtuosenkonzert des 19. Jahrhunderts steht unter dem dämonischen Einfluß von Paganini. Unter seinen geigenden Zeitgenossen sucht man vergebens nach »Vorläufern«; sicherlich reichen Antonio Lolli und August Fryderyk Duranowski kaum entfernt an ihn heran. Wenn auch Elemente der Paganini-Technik im Prinzip bekannt waren, so hat sie doch niemand vor oder nach ihm in so raffinierter Weise kombiniert. Das Kompendium seines Könnens ist in den vierundzwanzig Capricen enthalten, »Agli Artisti« gewidmet; sie erschienen 1820, waren aber schon 1817 druckfertig und mögen bereits

1810, wenn nicht früher, komponiert worden sein. Auch musikalisch erweckten die Capricen die Bewunderung vieler Komponisten, darunter Liszt, Schumann und Brahms. An Violinkonzerten von Paganini sind nachweisbar: Nr. 1 *Es/D* op. posth. 6 (komponiert 1817?), Nr. 2 *h* op. posth. 7 (komponiert um 1826), Nr. 3 *E* (komponiert um 1826, unveröffentlicht), Nr. 4 *d* (komponiert um 1829), Nr. 5 *a* (komponiert 1830, unveröffentlicht), ferner *e* op. posth. (komponiert um 1815, veröffentlicht 1973). Ein weiteres Konzert *f* wird erwähnt, scheint aber verloren. Die bekannten Konzerte Nr. 1 und 2 haben die gleiche dreisätzige Struktur. Das ausgedehnte Anfangs-Tutti ist opernhaft; danach spielt aber das Orchester kaum eine Rolle. Der Solist zeigt seine Kunst in zwei langen Soli, die durch ein kurzes Tutti getrennt sind, und der 1. Satz schließt mit einem kurzen Tutti. Der langsame 2. Satz ist gewöhnlich schlichter gehalten; dafür werden im Schlußrondo alle technischen Künste losgelassen. Paganinis melodische Erfindung hält sich auf achtbarem Niveau und erinnert gelegentlich an Gaetano Donizetti. Im Konzert Nr. 1 steht die Orchesterbegleitung in *Es*, während der Solist auf einer um einen Halbton hinaufgestimmten Geige mit *D*-dur-Fingersatz spielt; dadurch hebt sich die helle Solostimme von dem dunkleren Orchester-Hintergrund besonders plastisch ab. Heute wird das Werk allgemein in *D* gespielt. Die Bearbeitung von August Wilhelmj ist ein verwagnerter einsätziger Torso. Vom Konzert Nr. 2 wird heute nur das berühmte ›Campanella‹-Rondo gespielt; die Kreisler-Ausgabe ist stark gekürzt und dadurch erleichtert. Paganinis Einfluß auf die zeitgenössischen Geiger war nicht gleichförmig. Die ältere Generation, darunter Spohr, Rode und Baillot, blieben der Tradition treu. Auch Lafont, der 1816 mit Paganini in Wettbewerb trat, konnte seinen Stil kaum mehr ändern. Es blieb den jüngeren Ch.-A. de Bériot, Karol Lipiński, H. Vieuxtemps, H. W. Ernst vorbehalten, die Errungenschaften Paganinis mit dem jeweiligen nationalen Erbgut zu verschmelzen. Als erstem gelang dies Bériot. Von Baillot in Viottis Tradition ausgebildet, steigerte er seine Virtuosität unter dem Eindruck von Paganini (vgl. Konzert Nr. 2, um 1830), verlieh ihr aber französische Eleganz. Zu Studienzwecken werden noch heute Nr. 7 und Nr. 9 viel verwendet. In seinen zehn Konzerten experimentierte Bériot auch mit der Form und schrieb sowohl einsätzige Konzertstücke (Nr. 1, 4, 5) wie Konzerte, deren drei Sätze pausenlos ineinander laufen (Nr. 6, 7, 9, 10). Er war ein Meister geigerischer Grazie und salonhaft-charmanter Erfindung. Seine Technik klingt weit schwerer als sie eigentlich ist, und seine Kombinationen vollklingender, urgeigerischer Passagen scheinen unerschöpflich. Bériots berühmtester Schüler, Vieuxtemps, war als Komponist bedeutender. Er war von Paganini beeindruckt, doch nicht überwältigt und strebte eine Verbindung der Viotti-Tradition mit den technischen Errungenschaften der Neuzeit an. Von Vieuxtemps' sieben Violinkonzerten sind besonders Nr. 1 *E* (1840), Nr. 4 *d*

(1850) und Nr. 5 *a* (1860) von Bedeutung. Sicherlich war Nr. 1 technisch das schwerste französische Violinkonzert seiner Zeit, doch fand es Richard Wagner »keusch und rein konzipiert« (Pariser Bericht, 23. März 1841, Gesammelte Schriften, Band 12, Leipzig 1914, S. 72 f.). Eine formale Reform (gleichzeitig mit Henry Charles Litolff auf dem Gebiete des Klavierkonzerts) bahnte Vieuxtemps in seinem 4. Konzert an, das durch Einschluß eines Scherzo auf vier Sätze erweitert wurde. Neuartig ist auch der prologartige, deklamierend freie 1. Satz mit einer Schlußkadenz. Hector Berlioz beschrieb das Werk als »une symphonie magnifique avec un violon principal«. Dagegen ist das 5. Konzert einsätzig; es gliedert sich in drei Abschnitte, die thematisch miteinander verwandt sind. Wenn Vieuxtemps harmonisch kühner gewesen wäre, könnte man seine Konzerte Nr. 4 und 5 den Klavierkonzerten von Franz Liszt an die Seite stellen. Für die Technik des Geigenspiels war er jedenfalls von großer Bedeutung, da er als erster Paganinis Errungenschaften musikalisch auswertete. In diesem Sinne sind auch seine Konzertetüden op. 16 bemerkenswert. Paganinis technischer Dämonie kam allerdings der Böhme H. W. Ernst näher; er reiste dem berühmten Italiener jahrelang nach und zeichnete sogar dessen Kompositionen aus dem Gedächtnis auf. Ernsts ›Concerto pathétique‹ *fis* op. 23 (1844) ist ein außergewöhnlich schweres Stück, das auch musikalische Werte besitzt. Die einsätzige Form wird geschickt behandelt, die Themen haben Würde und Schwung, doch sind die technischen Probleme solcher Art, daß das Werk selbst von großen Virtuosen gescheut wird. Ein ebenso großer Könner war der in Paris ausgebildete Pole H. Wieniawski, der in seinem Konzert Nr. 1 *fis* (1853) ein geistvolles Virtuosenstück schuf. Dagegen ist in seinem Konzert Nr. 2 *d* (1862) der Virtuose dem Musiker untergeordnet. Dieses noch heute gern gespielte Werk sprüht von Temperament und hochromantischer Leidenschaft; er ist dabei kompositionstechnisch sehr geschickt. Wieniawski kann mit gewissen Einschränkungen Frédéric Chopin an die Seite gestellt werden; obzwar weniger genial, weiß er doch, seiner Musik ein spezifisch polnisches Kolorit zu verleihen (besonders in seinen Mazurken und Polonaisen), und seine Technik ist dem Instrument verwachsen. Wie Chopin wußte Wieniawski auch der Etüde Interesse abzugewinnen; seine ›Ecole moderne‹ op. 10 und die ›Etudes-Caprices‹ op. 18 (mit Begleitung einer 2. Violine) gehören neben Paganinis Capricen zu den besten ihrer Art.

Was sonst an Virtuosenkonzerten im 19. Jahrhundert erschien (z. B. Lipiński, Antonio Bazzini, Delphin Alard usw.), ist im Vergleich epigonal und fade.

2. Die Sonate

Gemessen an der Beliebtheit des Konzerts, spielte die Sonate für Violine und Klavier eine untergeordnete Rolle. Nur wenige Komponisten befaßten sich mit dieser Kammermusik-Gattung; die Virtuosen bevorzugten das effektvolle konzertante Duo. Abgesehen von Mendelssohns jugendlicher Sonate f op. 4 (1825), wandte sich erst Schumann mit seinen zwei Sonaten a op. 105 und d op. 121 (beide 1851 komponiert) dieser Gattung wieder ernsthaft zu. Sie gehören zu seinen reifsten Werken, in denen klassische Form mit romantischem Inhalt erfüllt wird. Beide Instrumente sind konzertant behandelt, obwohl die Violinstimme gelegentlich zu tief liegt, um voll zur Wirkung zu kommen. Der dichtere Klaviersatz sticht merklich von der Durchsichtigkeit der Beethoven-Schubert-Tradition ab. Auch Brahms bevorzugt in seinen Violinsonaten einen vollgriffigen Klaviersatz, führt aber die Violinstimme in die klangvollsten Register, so daß sich die Instrumente plastisch voneinander abheben. Brahms ist der geistige Erbe Beethovens, dessen Sonatenschaffen er gleichsam weiterführt. Die 1. Sonate op. 78 (1878/79) ist eine unendliche Kantilene; der schöpferische Impuls ging von zwei Liedern, ›Regenlied‹ und ›Nachklang‹ op. 59, 2 und 3, deren Melodie und Begleitung für den Schlußsatz benutzt werden, aus; überdies beherrscht das punktierte Kopfmotiv auch den 1. Satz. Eine weitere Verknüpfung der einzelnen Sätze bildet das zweimalige Wiedererscheinen des Adagio-Themas im Finale. Diese Sonate entstand fast gleichzeitig mit dem Violinkonzert; die differenzierte Behandlung der Violine als Kammermusik- und als Solo-Instrument ist bewundernswert. Auch die 2. Sonate op. 100 (1886) ist melodienreich, doch knapper und intimer. Das absteigende Quartenintervall des Kopfmotivs kehrt aufsteigend im 2. und 3. Satz wieder. Phantasievoll ist die Verbindung des Andante und Scherzando im Mittelsatz. Die konzertanteste, daher meistgespielte ist die 3. Sonate op. 108 (1886–1888). Zündend ist vor allem der 4. (letzte) Satz, der an beide Spieler höchste technische Anforderungen stellt. Im 1. Satz bewundert man die geheimnisvolle Durchführung, die eine echt geigerische Technik, »Bariolage«, ausnutzt und den Orgelpunkt auf A unterstreicht. Im Adagio ist die melodische Führung völlig der Violine überlassen. Das huschende Intermezzo ist ein geigerisches Klangproblem, da die Doppelgriffe im piano (überdies in der Tonart fis) schwer ansprechen. Den letzten Ausklang der deutschen Romantik findet man in der Sonate Es op. 18 (1888) von R. Strauss, einem schwungvollen Stück, in dem sich Schumannsche Reminiszenzen mit zukunftweisenden Episoden vereinen. Trotz der für die Geige ungünstigen Tonarten Es und As findet sich viel schwelgende Kantilene, während die Klavierstimme fast orchestral klingt. Die Fugati im letzten Satz stellen an beide Spieler hohe Anforderungen. Andere Wege beschreitet die Sonate e op. 36 A (komponiert 1898) von Busoni, die

sich von romantischem Überschwang fernzuhalten sucht, aber durch
magere Inspiration oft blutlos wirkt.

Nach dem Krieg 1870/71 erwachte in Frankreich erneutes Interesse für Kammermusik. So schrieben César Franck, Gabriel Fauré, Camille Saint-Saëns und Vincent d'Indy mehrere Violinsonaten. Am berühmtesten wurde die genial konzipierte Sonate *A* (1886) von Franck, in der sich Inspiration und technische Meisterschaft die Waage halten. Ideal ist auch das Gleichgewicht zwischen den beiden Instrumenten, die voll, doch nie massiv klingen. Die vier (an sich selbständigen) Sätze sind thematisch miteinander verknüpft. Über diesem Meisterwerk darf man aber nicht die charmante Sonate *A* op. 13 (1876) des jungen Fauré vergessen, die besonders im langsamen Satz und im geistvollen Scherzo Ausgezeichnetes enthält. Die 2. Sonate op. 108 von Fauré (1917) hat sich nicht im Repertoire eingebürgert. Weniger bedeutend sind die zwei Sonaten von Saint-Saëns (*d* op. 75, 1885, und *Es* op. 102, 1896), denen bei allem technischen Können eine gewisse Glätte anhaftet.

Unter den Skandinaviern hat vor allem Edvard Grieg drei reizvolle Sonaten geschrieben, Nr. 1 *F* op. 8 (1865), Nr. 2 *G* op. 13 (1867) und Nr. 3 *c* op. 45 (1887), deren blühende Melodik und aparte Harmonik immer noch zu fesseln wissen. Am konzertmäßigsten ist Nr. 3. Sein norwegischer Landsmann Christian Sinding hatte weniger mit seinen Violinsonaten als mit der Suite *a* op. 10 (um 1890) einen brillanten Erfolg; allerdings ist hier die Violine solistisch, das Klavier nur begleitend behandelt. Überhaupt feiert die Suite im späten 19. Jahrhundert eine Wiedergeburt, doch unter Bevorzugung der Geige auf Kosten des Klaviers; hierhin gehört die Suite op. 11 von Goldmark. Von Dvořák wird weniger die Sonate *F* op. 57 (1880) als die ganz reizende Sonatine *G* op. 100 (1894) geschätzt, die im Kleinformat seine amerikanischen Eindrücke musikalisch widerspiegelt. Der Mittelsatz ist von Kreisler als ›Indian Lament‹ bearbeitet worden.

3. Freie und kleinere Formen

Zur Virtuosenliteratur gehört das konzertante Duo, meist eine Opernparaphrase, für die oft zwei Autoren verantwortlich waren, z. B. Ch. Ph. Lafont und Ignaz Moscheles, H. Vieuxtemps und Anton G. Rubinstein u. v. a. Selbst wenn die Werke nur von einem Komponisten stammten (z. B. Spohr), verriet doch immer der Zusatz »concertant« den virtuosenhaft betonten Stil. Diese Tendenz hing mit der Veräußerlichung des Musiklebens zusammen, die dem Salongeschmack und der Massenwirkung huldigte. Am schärfsten macht sich dies in den unzähligen kleinen Charakterstücken bemerkbar, die den Musikmarkt überfluteten. Jeder reisende Virtuose trug zu dieser Trivialisierung bei. Doch gibt es in dieser wertlosen Masse auch einige gediegen gearbeitete Stücke, die trotz ihres Dranges zur Virtuosität eine gewisse Haltung wahren. Dazu gehören die ›Scènes de Ballet‹ von Bériot, die ›Fantaisie caprice‹, ›Fantasia appassionata‹ und ›Ballade et Polonaise‹ von Vieuxtemps, die ›Elégie‹ und ›Airs hongrois‹ von Ernst, die Mazurken und Polonaisen von Wieniawski, die spanischen Tänze und Zigeunerweisen von Pablo de Sarasate. Daß die Opernphantasien durchaus als ernste Konzertmusik betrachtet wurden, beweist die Aufführung der ›Otello‹-Phantasie (nach Gioacchino Rossini) von Ernst im Leipziger Gewandhaus durch den jungen Joachim (1843), die Mendelssohns Entzücken erregte. Der Ahne der reinen, doch geistvollen Virtuosität war natürlich Paganini, dessen ›Le Streghe‹, ›I Palpiti‹, ›Moto Perpetuo‹ und ›Moses-Phantasie‹ (auf der *G*-Saite) um 1830 Publikum und Kenner hinrissen. Später wandten sich auch anerkannte Komponisten den Kleinformen zu, wobei oft einige Stücke zu kleinen Zyklen oder Suiten zusammengefaßt wurden. Zu nennen wären ›Z domoviny‹ (›Aus der Heimat‹) von Bedřich Smetana, ›Romantische Stücke‹ von Dvořák, ›Souvenir d'un lieu cher‹ und ›Sérenade mélancolique‹ von Tschaikowsky, ›Havanaise‹ und ›Introduction et Rondo capriccioso‹ von Saint-Saëns, ›Vier Stücke‹ op. 17 von Josef Suk oder die Suiten von Franz Ries. Verglichen mit der Klavierliteratur ist jedoch die Violinliteratur an gediegenen kurzen Stücken arm. Um diese Lücke auszufüllen, begann man mit Transkriptionen; sie reichen von klassischen Bearbeitungen (z. B. Ungarische Tänze von Brahms-Joachim) bis zu Trivialitäten und sogar Fälschungen. Die bekanntesten Bearbeiter sind A. Wilhelmj, Willy Burmester, L. Auer, Fr. Kreisler, Mischa Elman, Jascha Heifetz. In eine besondere Klasse gehören aber ältere verdienstvolle Bearbeiter vorklassischer Violinmusik wie F. David und D. Alard, die trotz gelegentlicher Verirrungen dem Geiger eine neue Literatur eröffneten.

V. Das 20. Jahrhundert

Während der Strom der komponierenden Virtuosen versiegte, bemerkt man ein gesteigertes Interesse bedeutender Komponisten an der Violine als Solo- und Duo-Instrument. Manche waren in ihrer Jugend selbst Geiger, wie Jean Sibelius, Edward Elgar, Carl Nielsen, Ernest Bloch, Paul Hindemith, Ottorino Respighi und Darius Milhaud. Andere schrieben ihre Violinwerke in Zusammenarbeit mit modern denkenden Geigern, so z. B. Karol Szymanowski mit Paul Kochański, Igor Strawinsky mit Samuel Dushkin, Béla Bartók mit Zoltán Székely und Joseph Szigeti, Sergej Prokofjew und Dmitrij Schostakowitsch mit David Oistrach. Dadurch wurde die Violinliteratur um Werke bereichert, deren Modernität eine erweiterte, oft neuartige Technik erforderte; nur gelegentlich wurde dem Instrument fast Unspielbares zugemutet, wie in Arnold Schönbergs Violinkonzert.

1. Bis 1918

Bis zum Ende des 1. Weltkrieges herrschten die harmonisch erweiterte Spätromantik und der Impressionismus; gleichzeitig bahnten sich der Neo-Barock und die Neo-Klassik an. In Deutschland trug Max Reger am reichsten zur Violinliteratur bei. Neun Sonaten für Violine und Klavier erstrecken sich über das ganze Schaffen, vom jugendlichen op. 1 (1890) zu dem Spätwerk op. 139 (1915), wozu noch die ›Suite im alten Styl‹ op. 93 (1906) kommt. Auch erneuerte er die Literatur für unbegleitete Violine durch fünfundzwanzig Werke (op. 42, 91, 117, 131a), unter denen die Präludien und Fugen der zwei letztgenannten opus-Nummern hervorragen. Regers monumentales Violinkonzert a op. 101 (Erstaufführung 1908) stellt an Spieler und Hörer höchste Anforderungen, hat aber das Gefühl des Komponisten, er habe damit »die Reihe der zwei Konzerte Beethoven-Brahms um eines vermehrt« (Brief vom 28. August 1907 an Karl Straube, zitiert in Die Musik 23, Januar 1931, S. 266), nicht erfüllt. Teilweise von Reger beeinflußt war der früh verstorbene Rudi Stephan; seine ›Musik für Geige und Orchester‹ (1912) zeugt von schönem Talent. Unter den Skandinaviern ragt Sibelius hervor, dessen Violinkonzert d op. 47 (1903–1905) ein Repertoirestück geworden ist. Es ist ein knorriges, urwüchsiges Werk mit originellen Gedanken und oft neuartiger Violinbehandlung, gelegentlich aber auch altmodischen Passagenformeln. Seine späteren Violinstücke (z. B. Sonatina op. 80, 1915) sind enttäuschend. Sindings drei Violinkonzerte haben sich ebenso wenig eingebürgert wie seine Violinsonaten; auch Kurt Atterbergs Konzert op. 7 (1913) hört man kaum noch. Dagegen gewinnt die Musik von Nielsen in letzter Zeit neue Anhänger (Violinkonzert op. 33, 1911, zwei Violinsonaten und einige Werke für unbegleitete Violine). Unter den Russen ragt Alexander Glasunow hervor, dessen Violinkonzert a op. 82 (1905) sich von der Tschaikowsky-Tradition löst. Meisterhaft gebaut, glänzend orchestriert, stellt es dem Geiger dankbare, oft neuartige Probleme, z. B. in der Polyphonie der Kadenz und dem enharmonisch verwickelten Passagenwerk. Die Suite für Violine und Orchester op. 28 (1909) von Sergej I. Tanejew ist weniger inspiriert. Das Konzert op. 8 (1902) des Polen Mieczyslaw Karłowicz huldigt einem veralteten Stil. Dagegen haben sich die Violinwerke seines Landsmannes Szymanowski einen festen Platz im Repertoire erobert. Sie zeugen von einem subtilen Klangsinn und sind geigerisch raffiniert. Sein Stil reicht von der Spätromantik der Sonate op. 9 (1904) zum Impressionismus des ›Notturno e Tarantella‹ op. 28 (1914) und der ›Mythes‹ op. 30 (1915), die klanglich berauschend sind. In den zwei Violinkonzerten (op. 35, 1917, op. 61, 1933) trägt das farbenreiche Orchester zu der sinnlich-schönen Wirkung bei. Englands musikalische Renaissance begann mit Elgar, dessen machtvolles Konzert op. 61 (1910) Bravour mit intensiver Individualität verbindet. Die klangvolle Behandlung der Violine (ebenso in der Sonate *e* op. 82, 1918) verrät des Komponisten geigerische Schulung. Zum Impressionismus neigen Cyril Scott (Sonate, 1910, ›Tallahassee-Suite‹, 1911, Konzert, 1928) und Frederick Delius (drei Sonaten, Violinkonzert, 1916). In Frankreich ist der Einfluß C. Francks noch bei V. d'Indy spürbar (Violinsonate op. 59, 1905), doch die überragende Persönlichkeit war Claude Debussy. In seiner Violinsonate (1916/17) verleiht er der impressionistischen Tonsprache formale Präzision und behandelt beide Instrumente virtuos. Zu den letzten Geiger-Komponisten gehören die nach Paris orientierten George Enescu und Eugène Ysaÿe. Für Enescus fast vergessene Kompositionen (u. a. drei Violinsonaten) setzt sich sein früherer Schüler Y. Menuhin tatkräftig ein. Ysaÿes sechs Sonaten für unbegleitete Violine (veröffentlicht 1924, doch früher komponiert), enthalten eine Fülle neuartiger technischer Probleme, sind aber auch inhaltlich oft fesselnd. In den Vereinigten Staaten spielten fremde Einflüsse zunächst eine größere Rolle, da eine stabilisierende nationale Tradition fehlte. Der deutsch-akademische Einfluß, wie z. B. in Daniel Gregory Masons vornehmer Violinsonate op. 5 (1907/08), wich allmählich dem erstarkenden Interesse am französischen Impressionismus (Charles Martin Loeffler u. a.) und führte zu einer Pariser Umorientierung der amerikanischen Musik. Unabhängig von der Mode arbeitete der lange verkannte Charles Ives. Seine vier Violinsonaten (Nr. 1 1903–1908, Nr. 2 1910, Nr. 3 1902–1914, Nr. 4 ›Children's Day at the Camp Meeting‹ 1915) werden erst heute in ihrer kunstvollen Mischung von Folkloristik und Modernität als wegweisend anerkannt.

2. 1918 bis 1945

Dem 1. Weltkrieg folgte eine Komponisten-Generation von erstaunlicher Vitalität, die mit Frische neue Probleme anpackte. In Deutschland führend war Hindemith, dessen schöpferische Fülle an die alten Meister gemahnt. Seine Tätigkeit als ausübender Streicher äußert sich in seiner Freude am Violinklang, an der Beweglichkeit der Läufe und Bogenstriche, wobei er trotz aller »Motorik« immer Zeit zur Kantilene findet. Von seinen vier Sonaten für Violine und Klavier zeigen die zwei ersten (op. 11, Nr. 1 *Es* und Nr. 2 *D*, 1918) noch den Einfluß von Brahms und Reger, verraten aber schon ein persönliches Temperament; die zwei letzten (*E*, 1936, *C*, 1939) zeugen von einer abgeklärten Rückkehr zur Tonalität. Dazwischen liegen zwei Sonaten für unbegleitete Violine (op. 31, 1924), mehr linear als polyphon konzipiert. Spielfreudig ist die Kammermusik Nr. 4 (op. 36, Nr. 3, 1925) für Violine und Kammerorchester, worin ein neues Verhältnis zwischen Solist und Orchester angestrebt wird. Das kantable Violinkonzert (1939) stellt das traditionelle Gleichgewicht zwischen Solo und Orchester wieder her. Gleichzeitig war in Deutschland eine Reihe hochbegabter Komponisten tätig, die den klassischen Formen des Konzerts und der Sonate neues Interesse abgewannen. Darunter waren Ernst Toch (Sonaten op. 23 und 44), Ernst Krenek (Violinkonzert, 1924, je zwei Solosonaten und Sonaten für Violine und Klavier), Karol Rathaus (Sonaten op. 14 und 43, Suite für Violine und Kammerorchester oder Klavier op. 27), Kurt Weill (Konzert für Violine und Bläser, op. 12), Max Trapp (Violinkonzert, 1922) sowie die konservativeren Günter Raphael und Kurt Thomas. Etwas abseits in seiner spätromantischen Tonsprache steht das schöne Violinkonzert *h* op. 34 (1923) von Hans Pfitzner; auch Paul Graeners Sonate Nr. 2 op. 56 (1921) ist das Werk eines Individualisten.

Unter den Werken der Zwölftonschule überstrahlt das Violinkonzert (1935) von Alban Berg in seiner tonlichen Schönheit die konstruktiven Prinzipien. In seiner Wahl der aus Terzen bestehenden Tonreihe und durch Benutzung zweier traditioneller Melodien baut er eine Brücke zwischen tonaler und atonaler Musik. Dagegen ist das Violinkonzert von Schönberg (1936) ein Modell kompromißloser Dodekaphonie, dessen saubere Ausführung kaum möglich ist; dazu bemerkte der Komponist ironisch, das Werk bedürfe eines »sechsfingrigen« Geigers (siehe Dika Newlin, Bruckner-Mahler-Schoenberg, New York 1947, S. 187). Auch die ›Fantasie‹ für Violine und Klavier, ein Spätwerk (1949), ist bei aller Logik klanglich spröde. Hier seien noch die vier Stücke für Violine und Klavier, op. 7 (1910) von Anton Webern erwähnt. Von Schönberg und Strawinsky beeinflußt war der junge Bartók, doch bewahrte ihn sein ungarisches Erbgut vor musikalischen Extremen. In den zwei Sonaten für Violine und Klavier (1921/22) behandelt er beide Instrumente frei, improvisatorisch und voneinander fast unabhängig. In den zwei Rhapsodien für Violine mit Klavier oder Orchester (1928) deuten Satztitel wie ›Lassu‹ und ›Friss‹ auf seine Verbundenheit mit der ungarischen Heimat. Von seinen zwei Violinkonzerten ist Nr. 1 (komponiert 1907/08) erst später wieder aufgetaucht (veröffentlicht 1959). Nr. 2 ist ein reifes Meisterwerk (komponiert 1937/38), das innerhalb der Dreisätzigkeit dem Variationsprinzip huldigt. Trotz neuartiger technischer Probleme für den Solisten hat sich das Werk rasch eingebürgert. Schwerer verständlich ist die komplizierte viersätzige Solosonate (1944), die an Spieler und Hörer ungewöhnliche Anforderungen stellt. Weite Verbreitung hat die Violinmusik von Bloch gefunden, besonders die dreisätzige Suite ›Baal Schem‹ für Violine mit Klavier (1923) oder Orchester (1939). In seinen zwei Sonaten für Violine und Klavier (1920 und 1924) und dem bedeutenden Violinkonzert (1937/38) leben sich sein feuriges Temperament und sein echt geigerischer Klangsinn voll aus. Unter seinen letzten Werken befinden sich zwei Suiten für unbegleitete Violine (1958). In Frankreich wich nach dem 1. Weltkrieg der Impressionismus einem scharf profilierten, rhythmisch betonten Stil, dem sich auch ältere Meister wie Maurice Ravel und Albert Roussel anschlossen. Ravels Violinsonate (1927) ist ein fein ziseliertes Werk, dessen Mittelsatz ›Blues‹ den amerikanischen Jazz in geistvoller Art umdeutet. Hochinteressant ist seine Sonate für Violine und Violoncello (1922), schwächer dagegen die stilisierte Rhapsodie ›Tzigane‹ für Violine mit Orchester oder Klavier (1924). Die Violinsonate Nr. 2 (op. 28, 1924) von Roussel verdient weitere Verbreitung. Führend wurde die Komponisten-Gruppe »Les Six«, unter denen Milhaud der produktivste war. Seine Violinsonate Nr. 2 (1917), zwei Violinkonzerte (1927 und 1946), das ›Concertino du Printemps‹ (1934) und kürzere Violinstücke sind mit leichter Meisterhand hingeworfen, doch manchmal unwählerisch in den Mitteln. Arthur Honegger, ebenfalls den »Six« angehörend, komponierte zwei Sonaten für Violine und Klavier (1918, 1919), eine Sonatina für zwei Violinen (1920), eine Sonate für Violine und Violoncello (1932) und eine Sonate für unbegleitete Violine (1940).

Im internationalen Pariser Musikleben der 1920er Jahre war Strawinsky am einflußreichsten. Schon in ›L'Histoire du soldat‹ (1918) benutzte er die Violintechnik in neuartiger Weise. Die Suite (1926) für Violine und Klavier ist eine wirkungsvolle Bearbeitung der ›Pulcinella‹ (nach Giovanni Battista Pergolesi, Original für Orchester). Es folgten das Violinkonzert *D* (1931) und das ›Duo concertant‹ für Violine und Klavier (1932). Trotz der Mitarbeit befreundeter Geiger (Kochański, Dushkin) ist Strawinskys Violinsatz oft unhandlich, die Kantilene eckig, da seine Phantasie nicht von der »Schönheit« des Klanges ausgeht; er betont das Rhythmisch-Präzise und ist bewußt unsentimental. Seine neo-klassische Einstellung äußert sich in knapper Form, durchsichtigem (obzwar dissonierendem) Satz und sorgfältig ausgewogenem Verhältnis zwischen Violine und Begleitkörper. Durchaus moderner, doch weitaus lyrischer wird die Violine von Prokofjew behandelt. Seine zwei Violinkonzerte (*D* op. 19, 1923, *g* op. 63, 1935) haben sangbare Hauptthemen, daneben aber auch diabolischen Humor, und zeichnen sich durch glanzvoll-neuartige Violintechnik aus. Schmucklos, doch reizvoll sind die ›Fünf Melodien‹ op. 35 bis (1925) für Violine und Klavier (Bearbeitung seiner ›Lieder ohne Worte‹ op. 35, 1920). Nach seiner Rückkehr nach Sowjetrußland entstanden zwei bedeutende Sonaten für Violine und Klavier, Nr. 1 *f* op. 80 (1938–1946) und Nr. 2 *D* op. 94 bis (1944). Letztere ist eine Bearbeitung der Flötensonate op. 94 unter Mitarbeit des Geigers D. Oistrach, wirkt aber im Original anziehender. Die den Spielern gestellten Anforderungen sind teilweise virtuos und sprengen fast den Kammermusik-Rahmen. Weniger geglückt sind die Sonaten op. 56 (1932) für zwei Violinen und op. 115 (1947) für unbegleitete Violine. Fast alle Sowjet-Komponisten haben Violinkonzerte geschrieben, in denen traditionelle Lyrik und Virtuosität im nationalen Gewande erscheinen. Die in der Sowjetunion übliche enge Zusammenarbeit zwischen Komponisten und Interpreten führt zu einer äußerst dankbaren Behandlung der Solo-Violine. Zu den erfolgreichsten Werken dieser Art gehört das Violinkonzert (1940) von Aram Chatschaturian, in dem sich russische und kaukasische Züge vereinen; seine ›Konzert-Rhapsodie‹ (1962) für Violine und Orchester ist zwar kunstvoller, doch weniger spontan. Wirkungsvoll, wenn auch nicht tief, sind die Konzerte von Dmitrij Kabalewski (1948) und Tichon Chrennikow (1959). Ein überragendes schöpferisches Niveau erreicht hingegen das Violinkonzert von Schostakowitsch (komponiert 1948, erstaufgeführt 1955). Die Form ist viersätzig (Nocturne, Scherzo, Passacaglia, Burleska) mit einer schwierigen Kadenz am Schluß des 3. Satzes. Seine Tonsprache ist, mit der westlichen Moderne verglichen, durchaus »gemäßigt«, doch spricht hier ein Meister mit überzeugender Ehrlichkeit.

Die von Elgar angebahnte Erneuerung der englischen Musik fand eine würdige Fortsetzung in den Violinwerken von Ralph Vaughan Williams (›Concerto accademico‹ für Violine mit Streichorchester, 1925, Violinsonate *a*, 1957), Arnold Bax (drei Violinsonaten, besonders Nr. 3, 1927, Violinkonzert *E*, 1937), Benjamin Britten (Violinkonzert *d* op. 15, 1939, revidiert 1950) und William Walton, dessen Violinkonzert (1939) einen Ehrenplatz im modernen Repertoire einnimmt. Auch die italienische Instrumentalmusik machte eine Erneuerung durch. Ildebrando Pizzettis Sonate *a* für Violine und Klavier (1919) ist ein starkes, intensives Stück. Respighis ›Concerto gregoriano‹ (1921) ist würdig, doch etwas blutarm. Für die Violine schrieben auch Alfredo Casella (Konzert, 1928), Gian Francesco Malipiero (Konzert, 1932) und Vittorio Rieti (›Serenata‹ für Violine und elf Instrumente, 1932, ›Rondo variato‹ für Violine und Klavier, 1945). Die Violinliteratur bereicherten der Tscheche Bohuslav Martinů (zwei Violinsonaten, 1931 und 1933, Violinkonzert, 1943, u. a.), der Schweizer Frank Martin (Violinsonate Nr. 2, 1931, und das erfolgreiche Violinkonzert, 1951) und der Holländer Henk Badings (vier Violinkonzerte, 1928, 1933, 1944, 1946, Sonaten u. a.); daneben ist auch des letzteren vorzügliches Doppelkonzert für zwei Violinen und Orchester zu erwähnen (1954).

In den Vereinigten Staaten orientierten sich die jungen Komponisten nach dem 1. Weltkrieg nach Paris. Viele studierten in Paris (meist bei Nadia Boulanger), andere bei nach Amerika ausgewanderten europäischen Meistern (Bloch, Hindemith, Krenek, Rathaus, Schönberg, Milhaud), was zu einer Annäherung europäischer und amerikanischer Musikidiome führte. Daraus bildete sich ein typisch amerikanischer Stil, der die vom Jazz ererbte rhythmische Energie mit französischer Formklarheit verband; dazu gesellte sich in den 1930er Jahren der Einfluß der Zwölftontechnik. Dem französischen Stil am nächsten ist Virgil Thomson (Violinsonate, 1930, ›Four Portraits‹ für Violine und Klavier, 1931). Zur modernen Klassizistik neigen Quincy Porter (zwei Sonaten, 1926 und 1929) und Walter Piston

(Violinkonzert und Violinsonate, 1939, Sonatine für Violine und Cembalo, 1945), zur Neoromantik die lyrischen Violinkonzerte von Samuel Barber (1939) und Gian Carlo Menotti (1952). Das amerikanische Idiom vertreten Douglas Moore (Violinsonate, 1929, Suite ›Down East‹ für Violine und Klavier, 1944) und Roy Harris (Violinsonate, 1912, Violinkonzert, 1944, u. a.). Von der Zwölftontechnik beeinflußt sind Wallingford Riegger (Sonatine, 1947) und Ross Lee Finney (Violinkonzert, 1944). Die anerkannten Führer ihrer Generation sind aber Roger Sessions (Violinkonzert, 1935, Duo für Violine und Klavier, 1942) und Aaron Copland (Sonate für Violine und Klavier, 1943). Beide sind Meister einer streng modernen, international orientierten Tonsprache, obwohl Copland in seinen Bühnenwerken auch volkstümlich sein kann.

3. Nach 1945

Zur führenden Moderne in Deutschland gehören Boris Blacher (Violinkonzert op. 29, 1948, Sonate für Violine allein, op. 40, auch die frühe ›Geigenmusik‹ für Violine und Orchester, op. 8, 1938), Wolfgang Fortner (Violinsonate, 1945, Konzert, 1951), Giselher Klebe (zwei Sonaten für Violine allein, op. 8, 1952, Sonate für Violine und Klavier, op. 14, 1953) und Hans Werner Henze (Violinsonate, 1946, Violinkonzert, 1947). In Italien brach Luigi Dallapiccola schon in den 1930er Jahren mit der Tradition, als er sich der Zwölftonmusik zuwandte. Die ›Due Studi‹ für Violine und Klavier (1946/47) bestehen aus einer atmosphärischen Sarabande und einer eckig-dissonierenden, wirkungsvollen Fuge. In den zwei ›Tartiniana‹ (1951 und 1957, für Violine mit Orchester oder Klavier) werden Themen des Altmeisters mit sparsamen Mitteln geistvoll verarbeitet. Ganz experimentell sind Luciano Berio (›Due Pezzi‹ für Violine und Klavier, 1951) und Luigi Nono (›Varianti‹ für Violine solo, Streicher und Holzbläser, 1957). Die Komponisten der jüngsten französischen Schule scheinen das Interesse an der Violine als Solo-Instrument verloren zu haben. In England wird das Violinkonzert des seriellen Komponisten Alexander Goehr lobend erwähnt. Die traditionsgebundenen Konzerte der sowjetischen Schule wurden schon besprochen, doch hat seit 1953 eine Lockerung starrer Dogmen eingesetzt, die neuerdings einige Komponisten zu durchaus modernen Werken (einschließlich Zwölftontechnik) angeregt hat; dazu gehören die Sonaten für Violine und Klavier von Galina Ustwolskaja, Wadim Salmanow, Arno Babadshanjan und Sergej Slonimski (für unbegleitete Violine). Weit stärker ist der experimentelle Geist in Polen (z. B. Tadeusz Baird in den ›Expressions‹ für Violine und Orchester, 1959). In den Vereinigten Staaten werden die klassischen Formen des Konzerts und der Sonate mit modern dissonierendem, rhythmisch kompliziertem Inhalt erfüllt. Dazu gehören die Violinkonzerte von William Schuman (1947), Peter Mennin (1950), Ben Weber (1954), Piston (Nr. 2, 1960) und Benjamin Lees (1963), die Sonaten für Violine allein von George Perle (1959 und 1963) und Sessions (1953) sowie Lees' unbegleitete ›Invenzione‹ (1964/65), endlich Leon Kirchners ›Duo‹ (1947) und ›Sonata Concertante‹ (1952), beide für Violine und Klavier, sowie das Doppelkonzert für Violine und Violoncello mit zehn Bläsern und Schlagzeug (1960). Starke Impulse kamen in letzter Zeit aus Lateinamerika, namentlich von dem Mexikaner Carlos Chávez (Violinkonzerte, 1952 und 1965) und dem Argentinier Alberto Ginastera (Violinkonzert, 1963).

Die 350jährige Geschichte der Violinmusik scheint die Möglichkeiten des Instruments restlos ausgenutzt zu haben. Ob die Experimente der letzten Jahre zu einem neuen Violinstil führen werden, ist noch nicht abzusehen; in den meisten Werken der Avantgarde wird die Violine lediglich als Ensemble-Instrument benutzt.

David D. Boyden
(Übersetzung aus dem Englischen von Folker Göthel)
Violinspiel

I. Das Violinspiel von den Anfängen bis zum Aufkommen des modernen (Tourte-) Bogens. – 1. Allgemeiner Überblick. – 2. Technische Entwicklung. – *a. Haltung des Instruments. – b. Stimmung. – c. Bogenhaltung. – d. Der Bogenstrich. Das Non-Legato. – e. Bogenführung. Die Regel vom Abstrich. – f. Stricharten. – g. Pizzikato. – h. Mehrgriffiges Spiel. – i. Der »Bach-Bogen«. – j. Grifftechnik, einschließlich Ausdehnen und Zusammenziehen. – k. Lagenspiel und Lagenwechsel. – l. Flageolett. Kombinationstöne.* – 3. Der Klang der Violine vor 1750. Der Dämpfer. – II. Das Violinspiel vom Aufkommen des Tourte-Bogens bis zur Gegenwart. – 1. Allgemeiner Überblick. – 2. Technische Entwicklung. – *a. Haltung des Instruments. – b. Haltung von Bogen und rechtem Arm. – c. Der Bogenstrich. – d. Bogenführung. – e. Streicharten. – f. Pizzikato. – g. Mehrgriffiges Spiel. – h. Fingersatz. Lagenwechsel und Lagenspiel. Portamento. – i. Flageolett.* – III. Vibrato. – 1. Ausführung und Unterschiede. – 2. Geschichte und Anwendung

I. Das Violinspiel von den Anfängen bis zum Aufkommen des modernen (Tourte-)Bogens

1. Allgemeiner Überblick

Die Violine erscheint zuerst im frühen 16. Jahrhundert als dreisaitiges Instrument und nimmt um 1550 die viersaitige Form an (siehe die Artikel ›Violine‹, ›Bogen‹). Die früheste Beschreibung der viersaitigen Violine durch Philibert Jambe de Fer (Epitome musical, Lyon 1556) läßt darauf schließen, daß sie ursprünglich zur Tanzmusik, überwiegend in der Hand von Spielleuten, gebraucht wurde und in nur geringen Ansehen stand. Daß sie darüber hinaus zur Verdopplung von Singstimmen oder auch zur alleinigen Wiedergabe von Vokalmusik verwendet wurde, zeigen Spuren eines vokalen Ursprungs in bestimmten zeitgenössischen Instrumentalformen.

In der ersten Zeit gibt es auffallend wenig Informationen über das Instrument. Das Fehlen von handschriftlicher oder gedruckter Violinmusik vor 1582 hat seinen Grund auch darin, daß Tanzmusik im allgemeinen nach dem Gedächtnis gespielt wurde und das Verdoppeln von Vokalpartien keiner besonderen Violinstimme bedurfte. Bis etwa 1590 behandeln Theoretiker nur das Spiel der Viole, nicht das der Violine, und auch später bleiben die Nachrichten über die Violine lückenhaft. Während bei der berufsmäßigen Ausbildung des Geigers der Unterricht mündlich erfolgte, waren die ersten im 17. Jahrhundert erscheinenden Spielanweisungen vorwiegend für Liebhaber bestimmt. Schulen für fortgeschrittene Spieler erschienen kaum vor 1750. Zweifellos wurde das Grundsätzliche des Streichinstrumentenspiels, wie es die Abhandlung über die Violen, insbesondere Silvestro Ganassis ›Regola Rubertina‹ (2 Bände, Venedig 1542 und 1543) darstellten, von Anfang an auch auf die Violine angewendet. Wichtige Aufschlüsse über die Spielweise im 16. Jahrhundert geben ferner Bildzeugnisse. Nach diesen verschiedenen Quellen kann als ziemlich sicher angenommen werden, daß um 1600 eine wenn auch primitive Grundmethode des Violinspiels entwickelt war, die vor allem den Erfordernissen der Tanzmusik genügte. Ausgesprochene nationale Unterschiede bestanden in der Technik noch nicht; sie wurde nach italienischem Vorbild, auch in ihrer engen Beziehung zur Tanzmusik, nachgeahmt. So ist es bezeichnend, daß Caterina de'Medici 1554/55 neben italienischen Tänzern auch italienische Geiger an den Pariser Hof berief, ebenso, daß später dem italienischen Leiter der Violinen, Baltazarini (Baldassaro da Belgiojoso oder Baltasar de Beaujoyeulx), bei einer königlichen Hochzeit die Oberaufsicht über das berühmte ›Ballet comique de la reine‹ (1581) übertragen wurde. In zwei Nummern dieses 1582 gedruckten Balletts liegt die erste veröffentlichte spezifische Violinmusik vor.

Im Zusammenhang mit der Entwicklung der Oper (Claudio Monteverdi), anderer konzertierender Vokalformen und vor allem der Instrumentalsonate sowie verwandter Bildungen (Biagio Marini) begann kurz nach 1600 das Violinspiel seine eigentlichen Möglichkeiten zu entwickeln. Hand in Hand mit der Erweiterung des Umfangs und der figurativen Entfaltung in der italienischen Violinmusik des frühen 17. Jahrhunderts wandten sich gesteigerte Aufmerksamkeit und Freude am Experiment der Spieltechnik zu, einer überlegten Bogenführung, verschiedenen Stricharten (darunter Legatobindungen), Skalenpassagen und einem allgemeineren Gebrauch schneller Figuration und höherer Lagen, wobei für gewöhnlich die G-Saite nur selten benutzt wurde. Zur Steigerung des Ausdrucks wurden manchmal Vibrato und dynamische Nuancen eingesetzt, gelegentlich kommen sogar Spezialeffekte wie »pizzicato«, »tremolo«, »col legno« und »sul ponticello« vor. In der Spielweise bildeten sich hauptsächlich zwei Richtungen heraus, 1. ein rhythmisch typisierter und relativ einfacher Stil für Tanzmusik, 2. ein technisch fortschrittlicher, rhythmisch freier Sonatenstil, der in langsamen Sätzen auf einen gesanglichen, der menschlichen Stimme nachgebildeten Vortrag zielte (Giovanni Battista Vitali, Arcangelo Corelli). Diese beiden Stile verbanden sich eng mit den Franzosen und Italienern, und andere Nationen schlossen sich allmählich an. Genauer gesagt, benutzten alle Nationen einschließlich Italien den ersteren Stil für Tanzmusik bis um 18. Jahrhundert; die Franzosen jedoch komponierten und spielten mit wenigen Ausnahmen bis um 1720 (Jean-Marie Leclair l'aîné) nicht im italienischen Sonatenstil. Während bis 1650 in Deutschland die Italiener kopiert wurden, verlangte um 1700 bereits manche deutsche Violinmusik (z. B. Heinrich Ignaz Franz Biber, Johann Jakob Walther) eine entwickeltere Technik als die italienische. Bezeichnende Merkmale der deutschen Geiger waren Doppelgriffe, Scordatura, die Vorliebe für die Variation und die Neigung zu tonmalerischen Effekten. Mit dieser musikalischen Entwicklung (siehe den Artikel ›Violine‹) hielten die Leistungen im Geigenbau (Nicola Amati, Jakob Stainer und später Antonio Stradivari) und die Verbesserung des Bogens Schritt. Wie Bilder und Aktenbelege beweisen, drang die Violine während des 17. Jahrhunderts in alle Gesellschaftsschichten ein und erlangte bedeutend höheres Ansehen als im 16., wozu die Gründung von Streicherensembles wie den »24 Violons du Roy« am Hofe Ludwigs XIV. beitrug.

Um 1700 empfing das virtuose Spiel, das in Sonate und Variation seinen Ursprung hatte und zumal in Deutschland eine besondere technische Entfaltung erlebte, starke Anregung durch das neue Instrumentalkonzert. Das Hervortreten des virtuosen Solisten gegenüber dem Orchester, sei es auch noch so klein, erforderte größeren Ton und gesteigerte Technik. Sie trat zutage in stärker ausgearbeitetem Figurenwerk und Stricharten, Gebrauch höchster Lagen (Antonio Vivaldi, Pietro Locatelli), mehrgriffigem Spiel aller Art und, vor allem bei den langsamen Sätzen, in gesteigertem Ausdruck (zum Vibrato siehe unten). Über das Notenbild hinaus läßt dabei die Praxis der Improvisation, wie sie nicht nur in den Kadenzen üblich war, auf einen noch höheren Grad der technischen Fertigkeit schließen. In ihr waren nach 1700 die Italiener wieder führend, doch leisteten auch die Deutschen und Franzosen wichtige Beiträge. So stellen z. B. Johann Sebastian Bachs Sonaten für die Violine allein an den Spieler größte musikalische und technische Anforderungen. Nach 1720 wandten sich die Franzosen dem Stile der italienischen Sonate und des italienischen Konzerts zu und experimentierten mit Spezialeffekten wie natürlichen und künstlichen Flageoletts (siehe unten). Drei Schulwerke faßten um die Mitte des 18. Jahrhunderts die verschiedenen Traditionen zusammen: Francesco Geminiani (The Art of Playing on the Violin, London 1751) vertrat die italienische Überlieferung, Leopold Mozart (Versuch einer gründlichen Violinschule, Augsburg 1756) die deutsche, während L'Abbé le fils ([Joseph-Barnabé Saint-Sevin] Principes du violon, Paris 1761) den allmählichen Aufstieg der französischen Schule anzeigte, die dann im 19. Jahrhundert die Führung im Violinspiel übernahm. Bezeichnenderweise war es auch ein Franzose, François Tourte, durch den der moderne Bogen um 1780 seine Vollendung erreichte.

2. Technische Entwicklung

a. Haltung des Instruments

Vor 1750 sind mehrere Geigenhaltungen zu unterscheiden: α. an der Brust, wie es lange Zeit bei der auf die erste Lage beschränkten

Tanzmusik üblich war, β. an der Schulter, γ. am Hals. Bei γ. legte der Spieler gewöhnlich das Kinn rechts vom Saitenhalter auf (es gab noch keinen Kinnhalter) und verschaffte damit der Violine Halt, besonders bei Lagenwechsel abwärts. Da dieser auch ohne Kinndruck bei einer besonderen Art, die linke Hand zurückzuführen, möglich ist, veraltete diese Methode allmählich, doch lassen Michel Corrette (L'École d'Orphée, Paris 1738) und L. Mozart noch das Instrument mit dem Kinn halten, um dem Lagenwechsel größere Sicherheit zu geben. L'Abbé le fils empfiehlt, die Violine links vom Saitenhalter anzusetzen, und kommt damit der heutigen Praxis näher. Ebensowenig wie für die Einrichtung der Geige und des Bogens bestand für technische Belange eine Norm. Sie paßten sich den verschiedenen Musizierformen an; Tanzmusik wurde ganz anders ausgeführt als eine Sonate. Im allgemeinen wurde die Schnecke der Geige etwas unterhalb der Ebene des Saitenhalters gehalten, zur Erleichterung des Spieles auf der G-Saite ein wenig um die Längenachse nach der E-Saite hin gedreht. Die linke Hand faßte den Geigenhals zwischen Daumen und Zeigefinger, ohne das Instrument zu tief zwischen beide sinken zu lassen, wobei sich die tatsächliche Handstellung mehr oder weniger nach der Ausführbarkeit des sogenannten Geminiani-Griffs (siehe Beispiel 1) richtete.

(1)

b. Stimmung
Die Violine wurde wie heute in Quinten gestimmt (g, d', a', e''), ausgenommen bei der Scordatura, doch muß die tatsächliche Stimmung als relativ, nicht absolut angenommen werden. Gewöhnlich ging der Geiger beim Stimmen von der A-Saite, bisweilen von der D-Saite aus.

c. Bogenhaltung
Entsprechend den verschiedenen Bogentypen und -modellen, die vor der Einführung des heutigen Bogens für verschiedene Musizierformen in Gebrauch waren, unterschied sich die Haltung des Bogens je nach dessen physikalischen Eigenschaften und dem Benutzungszweck. Insbesondere gab es sehr kurze Bögen neben solchen, die länger waren als die heutigen. Die meisten alten Bögen wiesen eine beträchtliche Krümmung nach außen auf, jedoch verliefen um 1700 manche Stangen praktisch gerade, während um 1750 andere bereits die Einwärtsbiegung des modernen Bogens besaßen. Der kürzere alte Bogen wurde gewöhnlich für Tanzmusik benutzt und mit einem besonderen Griff, später als »französisch« bezeichnet, gehalten. Bei ihm faßte man den Bogen nahe am Frosch so, daß der Daumen von unten an den Bezug, die ersten drei Finger über die Stange griffen; der

Kleinfinger wurde oft hinter der Stange abgespreizt. Dieser Bogengriff ergab einen rhythmisch bestimmten, akzentuierten Strich, wie er sich besonders zur Tanzmusik eignete; hierfür war er vom 16. bis ins frühe 18. Jahrhundert in allen Ländern üblich. Für das Sonatenspiel kam in Italien der französische Griff um 1650 außer Gebrauch, hielt sich in Frankreich aber bis weit ins 18. Jahrhundert. Bei dem für das Sonatenspiel bestimmten längeren Bogen wurde gewöhnlich der »italienische« Griff angewendet, das Urbild der heutigen Bogenhaltung, der schon im 16. Jahrhundert vorkam und nach 1650 immer beliebter wurde. Bei ihm griff der Daumen nicht unter den Bezug, sondern unmittelbar an die Stange; die übrigen Finger lagen auf dem Bogen, der meistens 2,5 bis 7,5 cm oberhalb des Frosches erfaßt wurde. Die Tonstärke regelte dabei der Druck des Zeigefingers, der die Bogenstange im ersten oder später, als mehr Kraft benötigt wurde, im zweiten oder sogar dritten Gelenk berührte (vgl. die Beschreibung des Bogengriffs durch L. Mozart, der als erster auch auf den Zusammenhang von Tonstärke und Strichgeschwindigkeit hinweist).

d. Der Bogenstrich. Das Non-Legato

Der Bogen wurde wie heute im rechten Winkel zur Saite geführt. Sein Abstand vom Steg bestimmte Stärke und Qualität des Tones. Die Bogenbewegung erfolgte bei raschen Einzelstrichen durch Handgelenk und Unterarm (»from the joints of the wrist and elbow in playing quick notes«, Geminiani); bei Ganzbogenstrichen war in geringem Maße auch der Oberarm beteiligt. Die Finger wurden weniger als heute gebraucht, da die Spieler nicht, wie heute, um ein gleichmäßiges Legato mit möglichst unmerklichem Strichwechsel bemüht waren und den Eigenschaften des alten Bogens ein deutliches Non-Legato entsprach. Nach L. Mozart muß jeder Ton mit einer »kaum merklichen Schwäche« beginnen und enden. Das hat seinen Grund in der gegenüber dem heutigen Bogen größeren Nachgiebigkeit der Stange und dem deshalb erforderlichen allmählichen Aufsetzen der Bogenhaare. Daraus ergibt sich ein artikuliertes Non-Legato, das bei raschen Strichen feinste Abstufungen ermöglichte, da der alte Bogen an der Spitze nicht das Gewicht und die Schwungkraft des modernen besaß und besonders im oberen Drittel zum Anhalten neigte. Der rechte Ellbogen wurde ungezwungen gehalten, weder so eng am Körper wie im 19. Jahrhundert, noch so hoch wie heute. Ebenso war der Bogengriff gegenüber heute lockerer und der Ansatz weniger fest, obgleich die besten Geiger für einen männlichen Ton eintraten, den auch L. Mozart von Anfang an verlangt.

e. Bogenführung. Die Regel vom Abstrich

In der Bogenführung sind die Regeln über Ab- und Aufstrich enthalten. Grundsätzlich entspricht der betonten Note der betonte Bogenstrich, also der Abstrich, der von Natur nachdrücklicher ist als der

Aufstrich. Normalerweise wird daher Abstrich auf der ersten (betonten) Note eines Taktes genommen, außer wenn dieser mit einer Pause beginnt. Dies ist der Grundsatz der sogenannten Regel vom Abstrich. Um den Tänzern die erste Zählzeit scharf zu markieren, wurde diese Regel, mit der bereits die Violentraktate des 16. Jahrhunderts rechnen (z. B. Ganassi), zweifellos schon früh von den Geigern befolgt. Daß sie vor allem bei ihnen Geltung habe, erwähnt Riccardo Rognoni (1592). Beispiele dafür bringen zahlreiche Theoretiker, unter ihnen Francesco Rognoni Taeggio (Selva de varii passaggi, Mailand 1620), Marin Mersenne (Harmonie universelle, Paris 1636) und Georg Muffat (Florilegium secundum, Passau 1698), der ausführlich die französische Praxis unter Jean-Baptiste Lully überlieferte. Über die Strichfolge gibt gelegentlich die Bezeichnung wichtigen Aufschluß, wie in Gasparo Zannettis ›Il scolaro‹ (Mailand 1645), wo Buchstaben zur Unterscheidung von Abstrich (T) und Aufstrich (P) dienen. Die gleichen Prinzipien erhalten sich, wenn auch Geminiani sie z. T. verwirft, im 18. Jahrhundert und sind in ihren Spuren noch heute zu verfolgen.

Wird ein Takt mit Abstrich begonnen, so ergibt sich bei einer geraden Zahl von abwechselnd mit Ab- und Aufstrich gespielten Noten zwangsläufig wieder Abstrich für die erste Note des folgenden Taktes. Bei einer ungeraden Zahl von Noten, wie häufig im Dreierrhythmus, wird der Grundregel vom Abstrich durch eine besondere Strichverteilung entsprochen, indem Noten gebunden oder portato gespielt werden können (siehe Beispiel 2) oder je zwei Ab- oder Aufstriche auf-

(2)

einander folgen können, entweder an verschiedener Strichstelle oder indem der Bogen von der Saite abgehoben und zurückgeholt wird (»zurückgeholter Bogen«). Diese Anpassungen an die Regel waren abhängig vom Zeitmaß, da Bindungen leichter im schnellen Tempo ausführbar sind, das Zurückholen des Bogens dagegen bequemer im langsamen ist. Zuweilen erfolgt die Bogeneinteilung so, daß sich für die erste Zählzeit jedes zweiten Taktes Abstrich ergibt.

f. Stricharten

Die jeweilige Strichart richtet sich nach Tempo und Charakter der Musik. So wirken z. B. schnelle Noten in Einzelstrichen brillanter als bei gruppenweiser Bindung. Früher wurde mehr als heute der Einzelstrich gepflegt, der durch dynamische Abstufungen sehr wandlungsfähig war. Während er heute, wenn nicht anders vorgeschrieben, gewöhnlich gleichmäßig ausgehalten wird, war vor 1750 der unnuancierte Strich eher Ausnahme als Regel. Eine typische Verzierung für lange Noten bildete z. B. das »Anschwellen«, die »messa di voce«

modernen Duosonate ansprechen. Die von allen zweideutigen Werken bereinigte Neue Ausgabe sämtlicher Werke (Serie 8, Werkgruppe 23, 2 Bände, herausgegeben von Eduard Reeser, Kassel 1964 und 1965) enthält sechsundzwanzig Sonaten, die die Entwicklung vom frühen Typ der »begleitenden« Violine zur Spätform der instrumentalen Gleichberechtigung beleuchten. Sie zerfallen in drei Gruppen: die Kindheitswerke (KV 6–9 und 26–31) aus den Jahren 1763–1766, die Sonaten der Frühreife (KV 296 und KV 301–306 = 293a–d, 300c und 300l), in Mannheim und Paris 1778 komponiert, und schließlich der Vollreife (KV 378 = 317d, 379 = 373a, 376 = 374d, 377 = 374e, 380 = 374f, 454, 481, 526, 547) aus den Salzburger und Wiener Jahren 1779–1787. Während die Erstlingswerke noch im Banne von J. Schobert und J. Chr. Bach stehen, zeigen die Sonaten vom Jahre 1778 die Hand des jungen Meisters. Seinem Brief vom 6. Oktober 1777 kann man entnehmen, daß er sich durch die Klavier-Violinsonaten von Joseph Schuster anregen ließ, die er »nicht übel« fand. Wichtig ist, daß er das Prinzip der »begleitenden« Violine fallen läßt und jetzt von »Clavier duetti mit violin« spricht (Brief vom 14. Februar 1778). Damit ist die Grundlage für die Weiterentwicklung der Violinsonate geschaffen. Zunächst hält Mozart an der zweisätzigen Form fest (im Anschluß an J. Chr. Bach), während seine gleichzeitigen Klaviersonaten dreisätzig sind. Man vergleiche die erregte Stimmung des Pariser »Sturm und Drang« in der Violinsonate *e* KV 304 = 300c mit der ihr verwandten Klaviersonate *a* KV 310 = 300d. Zum Prinzip der dialogisierenden Gleichberechtigung gesellt sich in den Sonaten der Vollreife das konzertante Element. Die Form wird zur Dreisätzigkeit ausgeweitet, beide Instrumente werden virtuos ausgenutzt. Es herrscht, wie Abert sagt, »eine vollendete Harmonie zwischen dem poetischen und dem konzertant-virtuosen Element«. Die Bedeutung dieser Sonaten entging den Zeitgenossen nicht, wie im ›Magazin der Musik‹, Band 1 (herausgegeben von Carl Friedrich Cramer, Hamburg 1783, S. 485) zu lesen ist: »Diese Sonaten sind ... reich an neuen Gedanken und Spuren des großen musikalischen Genies des Verfassers, sehr brillant und dem Instrument angemessen. Dabei ist das Accompagnement der Violine mit der Clavierpartie so künstlich verbunden, daß beide Instrumente in beständiger Aufmerksamkeit erhalten werden, so daß diese Sonaten einen ebenso fertigen Violin- als Clavierspieler erfordern« (zitiert in Otto Jahn-Hermann Abert, W. A. Mozart, Band 1, Leipzig [7]1955, S. 746).

Eine wirkliche »Konzertsonate« war auch die für die Geigerin Regina Strinasacchi komponierte Sonate *B* KV 454 (1784), bis heute eines der beliebtesten Werke dieser Gattung. Für den Geiger weniger dankbar, doch inhaltlich nicht minder bewundernswert, ist die Sonate *Es* KV 481 (1785); die enharmonischen Kühnheiten im Adagio sind einzigartig. Aus solchen Quellen schöpfte Beethoven seinen Variationsstil, Schubert seine Harmonik. Dem ›Don Giovanni‹-Jahr

(< >), oft auch das Vibrato. Zur Zeit L. Mozarts gab es, unter dem Begriff »Abteilungen« zusammengefaßt, verschiedene Nuancierungen des Bogenstrichs mit der dynamischen Wirkung von »messa di voce«, »crescendo«, »diminuendo« und doppelter »messa di voce«. Den unnuancierten Strich erwähnt L. Mozart nur zusätzlich (5. Hauptstück, § 9) und bezeichnet ihn als »sehr nützlichen Versuch«, den Bogen vollkommen beherrschen zu lernen. Bindungen von zwei oder mehr Noten kommen schon früh vor, wurden jedoch zunächst sparsam angewendet. Im frühen 17. Jahrhundert finden sich in Schulwerken (Rognoni Taeggio) schon Bindungen bis zu fünfzehn Noten.

Nach 1600 setzte eine sehr beträchtliche Vermehrung der Stricharten in den vielfältigsten Kombinationen von Bindungen und Einzelstrich ein. Weil die Grundstrichart zunächst ein (nach heutigen Begriffen) Non-Legato war, mußten für ein weniger ausgeprägtes Legato, für das tatsächliche Détaché, vor 1750 im allgemeinen identisch mit »staccato« oder »spiccato«, besondere Anweisungen gegeben werden durch ausgeschriebene Vortragsbezeichnungen oder durch Zeichen wie Punkt (·) oder senkrechter Strich (|). Diese Zeichen über oder unter Einzelnoten deuteten an, daß im mäßigen Zeitmaß Strichdauer und Pause etwa gleich lang waren, wobei allerdings in der Regel der Punkt einen geringeren Grad der Strichtrennung ausdrückte als der Stakkatostrich. Die gleichen Unterschiede gelten für die allgemein »gebundenes Stakkato« genannten, gruppenweise unter einer Bindung zusammengefaßten Noten mit Punkt oder Strich, bei denen der Bogen nach jeder Note zum Stillstand kommt. Die einzelne Stakkatonote (ohne Bindung) wurde durch einen beherrschten, von der Saite wegschnellenden Strich im unteren Teil des Bogens hervorgebracht, der nur im mäßigen oder langsamen Tempo möglich war. In lebhafteren Zeitmaßen ähnelte eine sehr rasche Strichart in der Bogenmitte stark dem heutigen Sautillé, wurde jedoch mit dem alten Bogen seiner besonderen Wirkungsweise wegen, ohne ihn von der Saite wirklich abzuheben, ausgeführt. Der Vorrat an Stricharten, die als »gebundenes Stakkato« zusammengefaßt werden können, war sehr beträchtlich und nahm nach 1650 schnell zu. Im 18. Jahrhundert wurden Noten mit Stakkatopunkten unter Bindebogen, wie sie gewöhnlich im Andante oder Adagio vorkommen, mit dem Bogen an der Saite gespielt, eine Abart von gebundenem Stakkato, die oft

(3)   (4)

»Portato« genannt wird (siehe Beispiel 2). Noch häufiger begegnen stakkierte Noten unter Bindebogen im schnellen Tempo und werden dann mit abgehobenem Bogen gespielt. L. Mozart bringt viele Beispiele für diese gebundenen Stakkatostricharten einschließlich des heute seltenen abgehobenen Stakkatos in aufeinander folgendem Ab- und Aufstrich (siehe Beispiel 3) und längeren Notenreihen (siehe Beispiel 4) auf leicht abgehobenem Aufstrich (»in geschwinder Erhebung«). Ähnliche Beispiele, Bindungen bis zu vierundzwanzig Noten enthaltend, finden sich schon vor 1700 bei J. J. Walther. Wiederholte Noten unter Bindebogen, sogenanntes gebundenes Tremolo, können verschiedene Grade von Stakkierung erfordern. Bei der Bezeichnung mit Punkten oder vertikalen Strichen spricht man von einem »stakkiert-gebundenen Tremolo«, einer Art weniger getrenntes Portato (siehe Beispiel 5). Ohne besondere Bezeichnung heißt diese Strichart »legato-gebundenes Tremolo«, bei dem nicht eine deutliche Trennung der Noten erfolgt, sondern der Bogen, ohne zum Stillstand zu kommen, eine der Zahl der Noten entsprechende Reihe von Impul-

(5)　　　　　　　　(6)

sen (Druckveränderungen) empfängt (siehe Beispiel 6). Andere gebundene, jedoch nicht stakkierte Stricharten sind das »Ondeggiando« (»ondulé«, siehe Beispiel 7), das durch ein zwischen zwei Saiten abwechselndes wellenförmiges Auf- und Abbewegen des Bogens zustande kommt und deshalb auch mit einer Wellenlinie bezeichnet wird; die »Bariolage« (siehe Beispiel 8), die durch den Wechsel zwi-

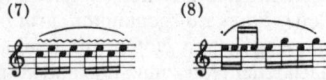

(7)　　　　　　　　(8)

schen leerer und gegriffener Saite charakterisiert ist und sowohl gebunden wie mit Einzelstrichen ausgeführt werden kann. Schließlich gibt es vielerlei Arten von gemischten Stricharten, die in Figurationen alle Erscheinungsformen vereinen, wofür L. Mozart viele Beispiele anführt. »Col legno«, »sul ponticello«, »sulla tastiera« und »glissando« waren im 17. Jahrhundert bereits bekannt, kamen aber vor 1800 in der Praxis selten vor. Ein Tremolo im Sinne von wiederholten Noten (der Fachausdruck bedeutet ebenso Triller wie Vibrato) kann mit dem Bogen individuell behandelt werden. Ursprünglich wurde diese Strichart in rhythmisch genau festgelegter Einteilung ausgeführt (rhythmisches Tremolo), wie in Monteverdis »stile concitato«. Das moderne rasche (unrhythmische) Tremolo ist vor 1800 selten.

g. Pizzikato

Das Pizzikato muß auf der Violine von Anfang an bekannt gewesen sein, denn für die Viole erwähnt es Ganassi schon im 16. Jahrhundert. Monteverdi gibt die Anweisung, die Saite, abweichend vom heutigen Gebrauch, mit zwei Fingern zu zupfen (»si strappano le corde con duoi diti«). Eine primitive Art von Pizzikato mit der linken Hand erwähnt John Playford 1669, und J. J. Walther verlangt 1688, daß ganze Stücke »pizzicato« gespielt werden. Zum Zupfen der Saite wurde der Daumen oder Zeigefinger benutzt, doch zogen um 1750 die führenden Geiger den Zeigefinger vor.

h. Mehrgriffiges Spiel

Bei den auf der Violine ausführbaren Zusammenklängen sind zu unterscheiden Doppel-, Tripel- und Quadrupelgriffe, die in neuerer amerikanischer Terminologie unter dem Begriff »multiple stops« zusammengefaßt werden. Ihre Notierung ist bis mindestens 1800 nicht eindeutig, und nur selten sind Tripel-, nie Quadrupelgriffe, auch wenn die Schreibweise darauf schließen ließe, als gleichzeitig erklingend aufzufassen. Drei- und vierstimmige Akkorde sind in großen Notenwerten geschrieben, um den harmonischen Verlauf und die Stimmführung deutlich zu machen. Die zeitgenössischen Anweisungen stimmen darin überein, daß normalerweise drei- und vierstimmige Akkorde schnell arpeggiert wurden, wobei man mit der tiefsten Note begann und die obere aushielt. Lag die Melodieführung in der Mittel- oder Unterstimme, so gab es verschiedene Möglichkeiten, diese durch Aushalten hervorzuheben. Auf jeden Fall unterschied sich das mehrgriffige Spiel vor 1750 grundsätzlich von der heutigen Ausführung, bei der im allgemeinen der Akkord so gebrochen wird, daß die beiden oberen Noten zum Ausklingen kommen (siehe Beispiel 22). Manchmal bedeutet eine Reihe von fortschreitenden Akkorden ein fortgesetztes Arpeggieren (wie in Beispiel 21 von Geminianis ›The Art of Playing on the Violin‹). Entweder wird es durch den Zusatz »arpeggio« gefordert oder die genaue Ausführung der Arpeggien, wie in Bachs Chaconne, durch ein ausgeschriebenes »Modell« von einigen Takten festgelegt. Über die offensichtlichen Schwierigkeiten bei der Ausführung von Tripel- und Quadrupelgriffen hinaus ergeben sich beim mehrgriffigen Spiel besonders die zwei Probleme, ob Noten in jedem Fall ihrem Wert entsprechend auszuhalten sind (siehe Beispiel 9) oder Bindungen geteilt werden dürfen, wie es besonders bei Reihen von Vorhalten naheliegt (siehe Beispiel 10). Da die Anweisungen darüber nichts enthalten, muß jeder schwierige Fall seinen Problemen entsprechend gelöst werden.

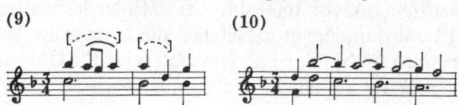

i. Der »Bach-Bogen«

Der sogenannte »Bach-Bogen«, eine Erfindung des 20. Jahrhunderts, besitzt eine stark gekrümmte Stange, deren Entfernung von den Bogenhaaren am höchsten Punkt 10 cm beträgt. Durch eine mit dem Daumen bediente Vorrichtung kann der Geiger die Bogenhaare anspannen, wenn er auf nur einer Saite spielen will. Wird der Bezug gelockert, läßt er sich mit allen Saiten in Berührung bringen, so daß Tripel- und selbst Quadrupelgriffe gleichzeitig ausgehalten werden können. 1904 stellte Arnold Schering die Theorie eines speziellen »Bach-Bogens« auf, die er allerdings 1920 einschränkte. Schering nahm an, daß mit einem auswärts gekrümmten Bogen einzelne Saiten gespielt werden konnten, indem der Daumen unter den Bezug griff und ihn unter Spannung setzte und daß bei nachlassendem Daumendruck alle Akkorde einschließlich Quadrupelgriffe wie geschrieben ausgehalten werden konnten. Schering stützte sich in dieser Annahme auf Muffats (1698) Beschreibung der alten französischen Bogenhaltung (mit Daumengriff unter die Bogenhaare). Da diese für einen geraden Tanzbogen gilt, bei dem der Bezug die Bogenstange berühren müßte, wenn Tripel- oder Quadrupelgriffe gleichzeitig zum Erklingen gebracht werden sollten, wird Scherings Irrtum deutlich. Bezeichnenderweise kommt in Zusammenhang mit Muffats Ausführungen auch keinerlei mehrgriffiges Spiel vor. In Wirklichkeit wurde der Daumengriff unter den Bezug bei polyphonem Spiel nicht angewendet und in Frankreich aufgegeben, als man zum italienischen Sonatenstil überging, der auch Mehrfachgriffe einbezog; zudem schrieben die Italiener des späten 17. und 18. Jahrhunderts ihre Tripel- und Quadrupelgriffe für einen grundsätzlich geraden Bogen, der auf keinen Fall mit dem Daumen unter den Haaren gehalten wurde. Selbst in Deutschland waren im 18. Jahrhundert keine Bögen bekannt, die genügende Auswärtskrümmung besaßen, um alle vier Saiten zu erfassen. Dazu hätte der Steg sehr schwach gewölbt sein müssen, wodurch wiederum das Spiel auf einer Saite behindert worden wäre. Daß es schließlich anatomisch unmöglich ist, den Daumengriff unter der notwendigen Kontrolle zu lockern und anzuspannen, wird besonders deutlich, wenn Scherings Theorie praktisch verwirklicht werden soll. Der Bogen mit extremer Stangenbiegung und einer durch den Daumen regulierten Vorrichtung zum Spannen und Lockern des Bezuges während des Spiels hat keinerlei Ähnlichkeit mit Muffats geradem und einfachem Tanzbogen.

j. Grifftechnik, einschließlich Ausdehnen und Zusammenziehen
Über die Grifftechnik vor 1600 sind keine Einzelheiten bekannt. Da im frühen 17. Jahrhundert grundsätzlich die leere Saite benutzt wurde, muß das auch vorher der Fall gewesen sein. Ihr Gebrauch erklärt sich daraus, daß der klangliche Unterschied zwischen leerer und gegriffener Saite geringer als heute war und der ziemlich starke Hals der alten Violine das Aufsetzen des 4. Fingers (Alternativgriff zur leeren Saite) auf den tiefen Saiten erschwerte. Erst im 18. Jahrhundert vermieden anspruchsvolle Geiger die leere Saite der ungleichen Klangfarbe wegen. Wie bis heute üblich, erlernte der Schüler den Fingersatz an Tonleitern, unter denen mindestens vom 18. Jahrhundert an *G*-dur bevorzugt wurde. Lange Zeit beschränkten sich Anfänger und

Liebhaber auf die 1. Lage und das Ablangen eines Tones auf der *E*-Saite (4. Finger), so daß der Umfang von der leeren *G*-Saite bis zum *c'''* reichte (siehe Beispiel 11). Bei chromatischen Tonfolgen glitt meist der Finger zu der betreffenden Note (siehe Beispiel 12), doch findet sich in Geminianis Schule bereits Fingersatz-Chromatik bei Skalen, ein besonderer Ausnahmefall, der schon die Praxis des 20. Jahrhunderts vorausnimmt (siehe Beispiel 13). Spezielle Finger-

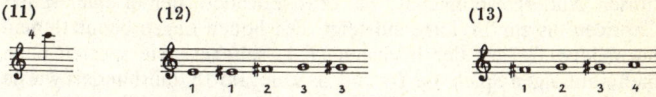

(11)   (12)   (13)

sätze ergeben sich durch die vor allem in Frankreich übliche Benutzung des Daumens bei Doppelgriffen (siehe Beispiel 14) und für die Ausführung des verminderten Quintintervalls bei der von L. Mozart (8. Hauptstück, 3. Abschnitt, § 15) beschriebenen »Überlegung« (siehe Beispiel 15).

Schon in den Violenschulen des 16. Jahrhunderts ist bestimmten Fingersätzen zu entnehmen, daß Ausdehnen und Zusammenziehen der Hand bekannt waren. In der Violintechnik erfuhr beides eine außerordentliche Entwicklung, die um 1750 einen sehr ausgeklügelten Stand erreichte und, wie L'Abbé le fils ausdrücklich feststellt, das Erreichen einer benachbarten Lage ohne förmliche Lagenwechselbewegung der Hand ermöglichte (siehe Beispiel 16). Ebenso diente das

(14)   (15)   (16)

"le pouce"

Ausdehnen der Hand zur besseren Verbindung von Intervallen und Doppelgriffen sowie deren figurativer Auflösung auf zwei benachbarten Saiten, beim Unisono, bei Nonen, Dezimen, Undezimen und Duodezimen. Auf der Vorliebe für Enggriffe beruht Geminianis chromatischer Fingersatz.

k. Lagenspiel und Lagenwechsel

Leopold Mozart gibt drei Gründe für das Spiel in höheren Lagen an, »Notwendigkeit, Bequemlichkeit und Zierlichkeit«; das Lagenspiel sei erforderlich, um den Umfang zu erweitern und gewisse Doppelgriffe zu ermöglichen, manche Passagen zu erleichtern und um einheitlichen Klangcharakter und Kantabilität auf einer Saite zu gewährleisten. Es gibt keine Belege in praktischer Musik oder Schulen dafür, daß vor 1600 die 1. Lage überschritten worden wäre, doch lassen verschiedene bildliche Darstellungen aus dem 16. Jahrhundert vermuten, daß damals auch schon die 3. Lage benutzt worden sein könnte. Nach 1600 setzt eine rasche Entwicklung ein. Monteverdi und Mersenne verlangen die 4. Lage, Marco Uccellini geht bis zur 6., Biber und J. J. Walther gelegentlich bis zur 7., doch wurden in Italien die 3. oder 4. Lage im allgemeinen nicht überschritten. So gehen z. B. die meisten Kompositionen Corellis nicht über die 3. Lage hinaus. Um 1750 war in Italien oder Deutschland für einen guten Geiger die 7. Lage die oberste Grenze, aber in besonderen Fällen forderten Virtuosen Außergewöhnliches, wie etwa Locatelli, der in einer seiner Capricen bis zur 14. Lage aufsteigt. Die hohen Lagen benutzte man normalerweise auf der höchsten (*E*-), seltener, wie speziell beim mehrstimmigen Spiel, auf *D*- und *G*-Saite. Im 18. Jahrhundert wurde die heutige »halbe« Lage bekannter (siehe Beispiel 17) und ebenso die ziemlich vernachlässigte 2. mehr und mehr berücksichtigt (vgl. den Brief von Giuseppe Tartini an Maddalena Lombardini-Sirmen, 1760). Über den Vorgang beim Lagenwechsel geben die Schulen im einzelnen keinen Aufschluß, doch empfehlen L. Mozart u. a. als vorteilhaft, den Lagenwechsel bei leeren Saiten und wiederholten oder punktierten Noten auszuführen. Eine feste Regel kann jedenfalls für den Fingersatz beim Lagenwechsel kaum bestanden haben. Der Fingersatz 1234–1234 bedeutet Lagenwechsel mit dem 1. Finger und daher starkes Verändern der Handstellung, während bei den Fingersätzen 12–12 oder 23–23 der Lagenwechsel mit dem 1. bzw. 2. Finger ausgeführt wird, so daß sich für die Hand nur kleinere Bewegungen ergeben. Da weite Lagenwechsel abwärts wegen der verhältnismäßig unsicheren Haltung des Instruments gewisse Schwierigkeiten bereitet haben müssen, bildete sich eine spezielle Technik heraus, durch gewandte Manipulation mit Daumen, Zeigefinger und Handgelenk abwärts zu »kriechen«, womit jedoch die Virtuosen des 18. Jahrhunderts nicht mehr auskommen konnten. Die Entwicklung der Grifftechnik wirkte sich daher auf die Geigenhaltung aus. 1756 bemerkt L. Mozart, daß eine Violinhaltung, an der das Kinn nicht beteiligt ist, zwar gut aussieht, für den Spieler aber »schwer und ungelegen« ist, und empfiehlt deshalb das bequeme und sichere Auflegen des Kinnes. Geminiani gehört zu den wenigen, die besondere Übungen für den Lagenwechsel ab- und aufwärts bringen (siehe Beispiel 18).

(17)   (18)   (19)

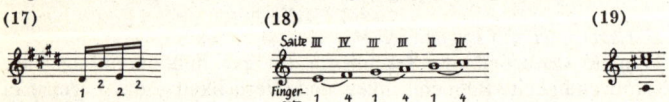

l. Flageolett. Kombinationstöne

Flageoletts, natürliche wie künstliche, wurden erstmals im 18. Jahrhundert hauptsächlich in Frankreich, verwendet. Jean-Joseph de Mondonville stellte um 1738 die natürlichen Flageoletts zusammen; 1761 hat L'Abbé le fils praktisch alle künstlichen entdeckt. Durch Mischen von natürlichen und künstlichen Flageoletts erzielte L'Abbé diatonische und chromatische Skalen, wagte sich sogar an Flageolett-Triller und -Doppelgriffe und gibt als Beispiel ein ausschließlich in Flageoletts geschriebenes Menuett. Dennoch kann den Flageoletts keine besondere Bedeutung beigemessen worden sein. Geminiani erwähnt sie nicht, und L. Mozart billigt sie nur in Stücken, die sich durchgehend ihrer bedienen. Das natürliche Flageolett in der Oktave der leeren Saite, heutzutage durchaus gebräuchlich als Ersatz für den festgegriffenen Ton mit dem 4. Finger in der 4. Lage, kommt vor 1750 nur selten vor.

Tartini wurde Entdecker (oder Mitentdecker?) des Phänomens der Differenztöne, die er »dritte Töne« nannte und die, ihm folgend, auch L. Mozart erwähnt. Werden in Beispiel 19 die oberen Töne fest und rein als Doppelgriff gespielt, ist schwach, aber deutlich der Differenzton (die schwarze Note) zu hören. Im 19. Jahrhundert stellte Hermann von Helmholtz die genauen wissenschaftlichen Zusammenhänge zwischen den Differenztönen und ihrem Ursprung fest: die Frequenz (Tonhöhe) des »dritten Tones« ergibt sich aus der Differenz der Frequenzen der Ausgangstöne.

3. Der Klang der Violine vor 1750. Der Dämpfer

Nur mutmaßlich kann auf den Klangcharakter der Violine vor der Mitte des 18. Jahrhunderts geschlossen werden. Selbstverständlich unterschied er sich vom heutigen schon wegen der geringeren Saitenspannung des überwiegend aus Darm gefertigten Bezuges sowie wegen der abweichenden Technik und eines völlig anderen Ausdrucksideals. Dazu kamen vor 1750 ausgesprochene Unterschiede im Klang der Violinen selbst. Da in der Regel in Italien und Deutschland die Violinen stärker bezogen und wahrscheinlich höher gestimmt waren als in Frankreich, mußte sich schon deshalb der Sonatenstil vom Tanzstil unterscheiden, anders ausgedrückt, der Ton eines Dorffiedlers war ein wesentlich anderer als der eines Corelli, Biber oder Vivaldi, die Instrumente von Amati, Stainer oder Stradivari spielten. Der alte Violinton wurde manchmal modifiziert durch den Dämpfer, den erstmals Mersenne beschreibt (1636) und der im 17. Jahrhundert gelegentlich in der Ensemblemusik verlangt wird, in der Solomusik vor 1700 merkwürdigerweise aber unbekannt ist.

In alten Quellen wird der Violinton zunächst im Zusammenhang mit der Viole beschrieben und im Vergleich zu dieser als kraftvoll, durchdringend und bestimmt betrachtet. Seiner Helligkeit und der Fähigkeit zu rhythmischer Artikulation wegen war er naturgemäß besonders geeignet für die Tanzmusik. Im Vergleich zu heute war jedoch der alte Violinton weniger intensiv, reiner, weicher und von geringerem Volumen, muß auch wegen des sparsamen Vibratos transparenter gewesen sein. Zunächst war der Umfang der Violine verhältnismäßig begrenzt, und seltener als heute wurden die hohen

Register der *E*-Saite eingesetzt, noch seltener die *G*-Saite, besonders in hohen Lagen, die, solange sie nur aus Darm hergestellt wurde (die Silberbespinnung kam erst um 1700 auf), im Klang unergiebig war. Klangunterschiede entstanden in der frühen Zeit auch durch die differierende Tonhöhe. Da es jedoch keine Standardhöhen (wie heute $a' = 440$) gab, kann dieses Problem nicht eingehend behandelt werden.

Die Spieltechnik trug ebenfalls zur Veränderung des Klanges bei. Im Vergleich zu heute wirkte die linke Hand weniger, die Bogenhand mehr am ausdrucksvollen Spiel mit. Das ornamental eingesetzte Vibrato war nicht so expressiv wie das moderne ständige Vibrato, doch ermöglichte der nuancierte Bogenstrich mehr Abstufungen als die heutige typische gleichmäßige Strichart, und das artikulierte Non-Legato war abwechslungsreicher als das moderne »nahtlose« Legato. Weiter wurde der Violinton vor 1750 gelegentlich beeinflußt durch die Scordatura, die stärkere Betonung der akzentuierten Taktteile, den Gebrauch von »notes inégales« und doppelt punktierten Noten in gewissen Situationen sowie die übliche »messa di voce« (mit Vibrato) auf langen Notenwerten. Die heutige Violine hat im Vergleich zur alten an Tonfülle, in mancher Hinsicht auch an Umfang und Ausdruck gewonnen, doch an Süße, Nuancierung und natürlicher Artikulationsfähigkeit viel eingebüßt.

II. Das Violinspiel vom Aufkommen des Tourte-Bogens bis zur Gegenwart

1. Allgemeiner Überblick

In der Musikgeschichte sind immer Beziehungen zwischen Komponisten und Interpreten zu beobachten. Manchmal ist der Virtuose dem Komponist technisch voraus, wie im Falle von Niccolò Paganini, manchmal überschreitet der Komponist den technischen Horizont der Ausführenden wie im Falle der »unspielbaren« Konzerte von Johannes Brahms, Peter I. Tschaikowsky und Arnold Schönberg. In der Mitte des 18. Jahrhunderts war die Violintechnik genügend entwickelt, um dem Spielbedürfnis des Rokoko und dem ornamentalen Stil eines Giuseppe Tartini, Pietro Nardini und Johann Stamitz zu genügen, aber das weit ausschwingende Cantabile des reifen klassischen Stiles (Joseph Haydn, Wolfgang Amadeus Mozart) verlangte mit so charakteristischen Merkmalen wie dem langen Crescendo und dem Sforzando eine neue Technik. Um 1780 war der moderne Bogen Tourtes das Ergebnis einer neuen musikalischen Situation, aus der heraus Michel Woldemar um 1800 den Bogen L. Mozarts und Geminianis als unzulänglich für die »moderne« Musik« bezeichnen mußte. Tourte führte den neuen Bogen mit konkaver Stange ein, der einen kraftvolleren Strich und das »martelé« ermöglichte, wie es das Sforzando und eine erweiterte Technik des rechten und linken Armes erforderten. Damit war die Violine nach 1800 in der Lage, mit ausstrahlenderem Ton dem stärker besetzten Orchester zu entsprechen und die großen Säle zu füllen, die für das öffentliche Konzert des 19. Jahrhunderts bezeichnend sind.

Die weitere Entwicklung des Violinspiels hatte ihren Brennpunkt in der Person von Giovanni Battista Viotti, dem »Vater des modernen Violinspiels«. Von Gaetano Pugnani in der klassischen italienischen Tradition erzogen, kam er 1782 nach Paris und unterrichtete oder beeinflußte dort die Gründer der französischen Violinschule (Pierre Baillot, Pierre Rode und Rodolphe Kreutzer), von denen stärkste Anregungen auf das Violinspiel des 19. Jahrhunderts ausgingen. Viottis Cantabile beruhte auf Tartinis Grundsatz »per ben suonare bisogna ben cantare«. Ebenso war Viotti einer der ersten, der die spezifische Schönheit der *G*-Saite, einschließlich ihrer hohen Lagen, würdigte. Seine Konzerte vereinigen den singenden Stil, die Brillanz des Passagenwerks und solche speziellen Stricharten wie den »Viottistrich« (siehe unten). Außerdem überzeugte Viotti die Pariser von der Schönheit der Stradivari-Violine und hat vielleicht Tourte bei der Entwicklung des modernen Bogens unterstützt.

Unter der französischen Revolutionsregierung gab das Pariser Konservatorium, das die vorbildliche Pflegestätte des Violinspiels wurde, Unterrichtswerke in Auftrag, deren erste Jean-Baptiste Cartiers ›L'Art du Violon‹ (Paris 1798) und die ›Méthode de violon‹ von Baillot, Rode und Kreutzer (angenommen 1802, veröffentlicht 1803?) waren. Während Cartier im Text die wichtigsten älteren Schulen kompiliert, besteht der Hauptteil seines Werkes aus einer umfangreichen und sehr wertvollen Sammlung von etwa 154 Stücken alter italienischer, französischer und deutscher Meister, darunter Bachs Fuge *C* für Violine allein und Tartinis ›Teufelstriller-Sonate‹. Die ›Méthode‹ von Baillot, Rode und Kreutzer besaß für einige Jahrzehnte höchste Geltung, wurde aber dreißig Jahre später überholt durch die bedeutend erweiterte, von Baillot allein verfaßte ›Art du violon‹ (Paris 1834), die den Stand der Pariser Schule zusammenfaßt und vielleicht das einflußreichste Unterrichtswerk des 19. Jahrhunderts ist. Baillots Methode wurde fortgeführt von seinem Nachfolger Jean Delphin Alard, Lehrer von Pablo de Sarasate und gleichfalls Verfasser einer Schule. Ebenso repräsentieren Rodes und Kreutzers berühmte Etüden die methodischen Prinzipien des französischen Violinstils.

Zur gleichen Zeit wurde die italienische Schule zum virtuosen Prunk Lollis und seines Schülers Giovanni Mane Jarnowick (Giornovichi) hingezogen. Bartolommeo Campagnoli, ein Schüler Nardinis, faßte die italienische Violinmethode in Etüden und einem wichtigen ›Metodo per violino‹ (Mailand? 1797) zusammen. Das tatsächliche

Ende der italienischen Schule war jedoch Paganini, der Virtuose par excellence, der sowohl durch die technische Perfektion und die Verve seines Spiels als auch durch die Ausstrahlung seiner hypnotisierenden Persönlichkeit die Hörer in hysterischen Enthusiasmus versetzte. In seinen Kompositionen, einschließlich der vierundzwanzig Capricen und der Konzerte, setzte Paganini in virtuoser und oft neuer Manier praktisch alle bekannten technischen Künste ein, Fingersatz-Oktaven, Glissandi, Flageoletts aller Art, Pizzikato von rechter und linker Hand, Oktaventriller, Spiel auf der *G*-Saite allein (seine Spezialität), mehrstimmiges Spiel, Ausdehnen und Zusammenziehen der linken Hand, die Scordatura; Stakkato, Ricochet und zusammengesetzte Stricharten aller Kategorien gehörten zu seinem technischen Repertoire.

Paganini und Baillot stellten die technische Norm für das frühe 19. Jahrhundert auf. Trotz der Neigung zur Bravour (typische Erscheinungen sind »Air varié«, »Étude« und »Caprice«) wurde die klassische Tradition von den Franzosen nicht vernachlässigt. Baillots Schule enthält u. a. viele genau bezeichnete Beispiele aus Haydns Quartetten sowie Konzerten Viottis und ist zugleich ein Musterbeispiel gallischer Empfindung, wenn Baillot z. B. schreibt, ein wirklicher Künstler wolle lieber verstanden als gerühmt sein, »un sourire, une larme, lui en disent assez«. Eine ähnlich bedeutende Geigerschule wie die Pariser, und gleich dieser auf Viotti zurückgehend, gründete in Brüssel Charles-Auguste de Bériot (1843). Unter seinen Nachfolgern waren Hubert Léonard, der bei dem Baillot-Schüler François Antoine Habeneck in Paris studiert hatte, Henri Vieuxtemps, der Schüler Bériots, Henryk Wieniawski, der gefeierte polnische Geiger aus der Schule von Lambert-Joseph Massart in Paris, und Eugène Ysaÿe, Schüler von Vieuxtemps und Wieniawski, einer der größten Geiger aller Zeiten, dessen Bogenführung, Temperament und kostbarer Ton sagenhaften Ruf erlangten. Die Schattenseite der technischen Virtuosität im frühen 19. Jahrhundert darf nicht unerwähnt bleiben. Bériot schreibt im Vorwort seiner ›Méthode de violon‹ (Paris 1858): »La fièvre du mécanisme, qui, dans ces dernières années, s'est emparée du Violon, l'a souvent détourné de sa mission véritable, celle d'imiter les accents de la voix humaine, noble mission qui lui a valu la gloire d'être appelé le roi des instruments«. Diese Gedanken, zweifellos eine Reaktion auf das von Paganini entfachte »technische Fieber«, wurden von anderen geteilt, besonders in Deutschland, wie z. B. von Louis Spohr, Ferdinand David und Joseph Joachim.

Die Deutschen waren im allgemeinen konservativer in Fragen der Technik und strenger in den musikalischen Ansprüchen als die Franzosen, deren künstlerische Maßstäbe auf technische Leichtigkeit, Eleganz und Vorstellungskraft ausgingen. Spohr bestaunte zwar die zuverlässige Intonation eines Paganini oder Ole Bull, hatte aber keinen Sinn für »Kindereien« wie deren künstliche Flageoletts, das starke

Vibrato, springenden Bogen und das Spiel ausschließlich auf der *G*-Saite. Spohr schrieb selbst eine ›Violinschule‹ (Kassel 1832), und wenigstens eins seiner Konzerte (Nr. 8, die »Gesangsszene«) wird heute noch gespielt. David, ein Schüler Spohrs, war die Seele des Leipziger Konservatoriums. Mendelssohn suchte seinen Rat bei der Komposition des Violinkonzerts, das David zur Uraufführung brachte. Mit seiner ›Hohen Schule des Violinspiels‹ (Leipzig o.J. [1867–1872]), einer Sammlung von Meisterwerken des 17. und 18. Jahrhunderts, lieferte David einen wichtigen Beitrag zum violinistischen Repertoire. Joachim studierte zuerst bei Joseph Böhm in Wien, dann bei David in Leipzig. Hervorragend begabt und vorzüglich ausgebildet, war er, was leider nicht selbstverständlich ist, gleich groß als Musiker wie als Geiger. Er erweckte Bachs Solosonaten und Beethovens Konzert wieder zum Leben und studierte in Leipzig das Mendelssohn-Konzert unter Leitung des Komponisten. Vertrauter Berater bei der Komposition von Brahms' Violinkonzert, gründete Joachim das seinen Namen tragende berühmte Streichquartett und wurde der erste Direktor der 1869 eröffneten Berliner Hochschule für Musik. Aus seinen Kadenzen und Ausgaben von Werken wie den Konzerten Mendelssohns und Beethovens ist viel über die Technik des 19. Jahrhunderts und die implizierten Ansichten über den Ausdruck zu entnehmen (einschließlich absichtlichem portamento beim Lagenwechsel). Mit David gehörte Joachim zu den hervorragendsten Vertretern der »noblen, mehr künstlerischen Richtung« (Leopold Auer, Violin Masterworks and their Interpretation, New York 1925), die um die Mitte des 19. Jahrhunderts sich anbahnte.

Obwohl so große Geiger wie Joachim und Ysaÿe einen sehr individuellen Violinstil vertraten, wurde die scharfe Unterscheidung in Geigerschulen im Laufe des 19. Jahrhunderts weniger klar. Eine unglaubliche Vermischung der verschiedensten Methoden ging darauf aus, unter hervorragenden Lehrern aus verschiedenen Stilrichtungen das Beste auszuwählen, ein Vorgang, der über lange Zeit zu verfolgen ist. Die alte italienische Methode wurde mit den neuen Grundsätzen der französischen und belgischen Schule verbunden, die wiederum auf die verschiedenen Geigerzentren in Wien, Prag, Leipzig und Budapest ausstrahlten. Ein Beispiel dafür nach Herkunft und Ausbildung ist Auer, der dem Können seiner Schüler (Jascha Heifetz, Mischa Elman, Nathan Milstein, Efrem Zimbalist u.a.) nach als der erfolgreichste Lehrer neuerer Zeit gelten kann. Auer war Ungar und wurde am Budapester Konservatorium von Ridley Kohné nach Alards ›École de violon‹ unterrichtet, ein Beweis, daß, wie Auer sagt, für jeden Geiger damaliger Zeit das Pariser Konservatorium richtungweisend war. Später studierte Auer in Wien bei Jakob Dont, einem Schüler des Ungarn Böhm, und beendete seine technische Ausbildung in Hannover bei Joachim (1863–1865). 1868 wurde Auer als Nachfolger Wieniawskis an das Petersburger Konservatorium berufen. Auers grundlegende Schulung war in ihrem Ursprung französisch, und Petersburg setzte mit ihm seine französische Tradition fort, die schon seit Rode und Vieuxtemps datierte und über Böhm, der bei Rode in Petersburg studiert hatte, auch bis zu Auers Lehrer Dont fortwirkte. Die entscheidende Bedeutung der französisch-belgischen Tradition, neben der allerdings auch noch andere Einflüsse sich geltend machten, ist offensichtlich. Erklärt sie die Technik der Zeit und zugleich auch ihre Grenzen, so wird auch verständlich, warum Auer das Violinkonzert Tschaikowskys, das ursprünglich ihm gewidmet sein sollte, als unspielbar bezeichnete, weshalb es dann Adolf Brodsky, seinem ersten Interpreten, zugeeignet wurde. Obgleich Auer ein großer Lehrer war, begründete er keine eigentliche Schule und vertrat nach persönlicher und seiner Schüler Aussage auch keine eigene Methode. Seine pädagogische Bedeutung beruhte z. T. auf der Fähigkeit, den Individualitäten seiner Schüler das Beste abzugewinnen. Aus diesem Grund bestand die »russische« Schule im wesentlichen aus einem hervorragenden Lehrer und einer Gruppe von Schülern, unter denen einige ganz außergewöhnliche Begabungen waren. Otakar Ševčík dagegen wies, hauptsächlich in Prag, aber auch in Kiew und Wien lehrend, der Violinpädagogik neue Wege. Er baute die Grundtechnik nach einer völlig neuen Methode auf, die sich im Gegensatz zum vorher üblichen diatonischen des Halbtonsystems bedient und in zahllosen Abwandlungen der gesamten Technik von linker und rechter Hand zugrunde gelegt wird. Ihre Einführung und schrittweise Aufnahme bewirkte eine bedeutende allgemeine Leistungssteigerung und hob das Können des Durchschnittsgeigers beträchtlich. Es ist umstritten, ob Ševčík ebenso wie an technischen Fragen an musikalischen interessiert war, denn obgleich er manchen Virtuosen heranbildete, darunter Jan Kubelik, hat es keiner von ihnen zu der überragenden Erscheinung eines Heifetz gebracht. Vom technischen Standpunkt aus betrachtet, sind dennoch Ševčíks Leistungen höchst bedeutungsvoll, und jeder Geiger ist ihm verpflichtet.

Vorbilder für die jungen Geiger des frühen 20. Jahrhunderts waren die großen Virtuosen ihrer Zeit, vor allem Ysaÿe und Kreisler. Fritz Kreisler, der in Wien bei Auer und Joseph Hellmesberger, in Paris bei dem Kreutzer-Schüler Massart studiert hatte, war in seinen musikalischen Vorstellungen trotz des beträchtlichen Unterschieds im Musizierstil stark von Joachim beeinflußt, doch zum eigentlichen Ideal wurde ihm Ysaÿe. Kreislers Spiel war einzigartig und sein Ton vielleicht am höchsten geschätzt in neuerer Zeit. Mit dem Vibrato auf schnellen Noten wie in Kantilenen begründete er die seither allgemeine Praxis des kontinuierlichen Vibratos. Geigern und Publikum hat er sich unvergeßlich gemacht durch seine ins Repertoire eingegangenen kurzen, äußerst wirkungsvollen und echt geigerischen Stücke, die er arrangierte oder selbst schrieb, manchmal unter dem Namen klassischer Komponisten. Seine Interpretation der großen Konzerte, besonders der von Beethoven und Brahms, zu denen er Kadenzen schrieb, gehörte zu den größten Erlebnissen. Kreisler, den mehr das Musikalische als das Technische interessierte, beeinflußte das Repertoire beachtlich, hatte aber wenig Neigung für »moderne« Musik. Dagegen setzte sich Joseph Szigeti, ein Schüler von Jenő Hubay in Budapest, ebenso wie für die Klassiker lebhaft für zeitgenössische Komponisten ein, die er, wie z. B. seinen Freund und Landsmann Béla Bartók, mehrfach zu neuen Werken anregte.

Im Laufe des 20. Jahrhunderts traten einige ausgezeichnete Violinpädagogen hervor, unter ihnen Carl Flesch. Ausgebildet in Wien und Paris, offenbarte Flesch schon früh seine Lehrbegabung in den ›Urstudien‹ (Berlin 1910), die mit ihrer klar durchdachten Lösung der grifftechnischen Grundprobleme geradezu umstürzend wirken mußten. Sein maßgebendes Werk wurde ›Die Kunst des Violinspiels‹ (2 Bände, Berlin 1923 und 1928), die unter dem Gesichtspunkt höchster musikalischer Ideale eine systematische Einführung in den Unterricht mit der Erörterung spielpraktischer Fragen verbindet. Fleschs Schüler Max Rostal hat die Tradition seines Lehrers in London und auf dem Festland weitergeführt. In Frankreich leistete mit ›La technique supérieure de l'archet‹ (Paris 1916) Lucien Capet einen wichtigen Beitrag zur Bogenführung. In Rußland wurden Auers Erfolge fortgesetzt durch Pjotr Stoljarskij und in neuerer Zeit durch einen weltbekannten Virtuosen wie David Oistrach. Die Violinpädagogik der USA geht von einer Synthese europäischer Methoden aus. Zu ihren erfolgreichsten Vertretern gehören Louis Persinger, der Lehrer von Yehudi Menuhin und Isaac Stern, der auch bei N. Blinder studierte, sowie der in Persien geborene, in Moskau und Paris ausgebildete Ivan Galamian, heute vielleicht der einflußreichste Lehrer der USA und Verfasser eines bedeutenden theoretischen Werkes (Principles of Violin Playing and Teaching, Englewood Cliffs, New Jersey, 1962).

Seit dem Ersten Weltkrieg verlagerte sich in den Konzertprogrammen das Gewicht von »kleinen Stücken« zu klassischen und modernen Sonaten. Der sehr auffällige Wandel im Klangcharakter der Violinmusik wurde vor allem durch die Komponisten veranlaßt, unter denen Claude Debussy und Maurice Ravel den Streichern impressionistische Klangwirkungen durch Dämpfung, Tremoli und Flageoletts abgewannen. Seit 1918 setzten Komponisten wie Igor Strawinsky, Bartók, Paul Hindemith, Schönberg, Alban Berg und Anton Webern noch überraschendere Spezialeffekte ein. Während Strawinsky die Violine oft wie ein Schlaginstrument behandelt, ist Bartók besonders einfallsreich im Erfinden neuer Klänge (z. B. des aufprallenden Pizzikatos) oder neuartiger Behandlung alter Techniken, unter ihnen das Glissando in melodisch-struktureller Bedeutung (4. Streichquartett). Ebenso nützt Bartók den Kontrast von Vibrato und vibratolosen (»weißen«) Tönen bewußt aus. Zwölftonmusik stellt den Geiger vor schwierige Intonationsprobleme, die mit einer auf die Akkordfolge tonaler Musik eingestellten Lagentechnik oft nicht zu lösen sind. Bei atonaler Musik ist die absolute Genauigkeit der Intonation z.T. nur zu erlangen durch höchste Konzentration auf das Gehör oder auch durch die Gewandtheit im Ausdehnen und Zusammenziehen der Hand, um derartige Schwierigkeiten zu überwinden, wie sie etwa das mehrgriffige Spiel in Schönbergs Violinkonzert bietet. Serielle Komponisten haben ebenso zur Bereicherung der Klangeffekte auf der Violine viel beigetragen. Zu den bemerkenswertesten Zügen von Schönbergs Streichtrio gehören extreme Klangwirkungen wie z.B. »col legno sul ponticello« und zahlreiche Flageoletts. Der schnelle Wechsel solcher und ähnlicher Effekte ist oft ein Prüfstein für die geistige und technische Beweglichkeit des Spielers, die nur durch ein Spezialstudium zu erreichen ist. Manche Geiger haben sich deshalb vorzugsweise auf zeitgenössische Musik verlegt (z.B. Louis Krasner, R. Gross). Das moderne Violinspiel ist ebenso bezeichnet durch den Gebrauch der höchsten Lagen auf allen Saiten. Heutige Geiger, insbesondere die jungen, lehnen allgemein den gleitenden Lagenwechsel ab und suchen ihn durch einen Fingersatz auszuschalten, der sich sowohl der Weit- wie der Enggriffe bedient, doch wird das expressive Portamento, besonders aufwärts, als Spezialeffekt noch gebraucht. Fingersätze und gelegentlich auch der Lagenwechsel sind heute häufiger veranlaßt durch den Wunsch nach charakteristischer Phrasierung als durch die technische Bequemlichkeit mancher älterer Fingersätze. Das Streben nach einem stärkeren und volleren (»russischen«) Ton, charakteristisch für die Auer-Schule, hat die heutigen Geiger zu stärkerer Spannung von Instrument und Bogen, festerem Bogengriff, Spiel in hohen Lagen (vor allem auf der *G*-Saite) und breiterem sowie intensiverem Vibrato veranlaßt.

2. Technische Entwicklung

a. Haltung des Instruments
Im späten 18. Jahrhundert gab die meist übliche Haltung mit dem Kinn dem Instrument mehr oder weniger Sicherheit. Dabei konnte das Kinn etwas rechts (Tartini) oder links (Viotti) vom Saitenhalter aufgelegt werden. Um dem Instrument einen besseren Halt zu geben, erfand Spohr den »Geigenhalter« (um 1820), der, wie die Abbildungen in seiner ›Violinschule‹ (Kassel 1832) zeigen, unmittelbar über dem Saitenhalter angebracht war und in dieser Mittelstellung laut Spohr der Bogenführung mehr »Freiheit und Regelmäßigkeit« gab. Baillot empfiehlt (1834), das Kinn auf der linken Seite, wie es seither allgemein üblich geworden ist, nicht auf den Saitenhalter aufzustützen. Zu größerer Sicherheit und Bequemlichkeit wurden später Schulterkissen und andere Stützen zwischen Schulter und Violine benutzt. Diese Hilfsmittel sind umstritten, da der starre Halt des Instruments der linken Hand wohl Unabhängigkeit gibt, aber zu Verkramp-

fung und Schmerzen im Nacken führen kann. Einige der besten heutigen Geiger halten daher die Violine nur dann mit dem Kinn, wenn es, wie beim Lagenwechsel abwärts, unbedingt erforderlich ist, andere (wie z. B. Milstein) lehnen ein Schulterkissen ab, weil es den Ton dämpft. Die Violine wird horizontal gehalten, etwas höher als früher, und, abhängig von der Stellung des Bogenarms, leicht nach rechts geneigt. Wird der rechte Arm (wie im 19. Jahrhundert) näher an den Körper gebracht, so muß die Violine stärker geneigt werden, um das Spiel auf der G-Saite zu erleichtern, bei der heute üblicheren, vom Körper mehr entfernten Armhaltung umgekehrt. Um die günstigste Grundstellung der linken Hand in der ersten Lage zu ermitteln, bediente man sich noch lange Zeit des Geminiani-Griffes (siehe Beispiel 1). Beim Lagenwechsel nach oben rückt der Daumen mehr unter den Violinhals.

b. Haltung von Bogen und rechtem Arm

Um 1800 war der alte französische Bogengriff völlig überholt, und die italienische Methode mit Daumen und übrigen Fingern an der Stange wurde Ausgangspunkt für die weitere Entwicklung. Obwohl es Anzeichen dafür gibt, daß, wie gelegentlich von Paganini, der Daumen einige Centimeter oberhalb des Frosches zugriff, war es das Übliche, den Daumen an diesen zu stützen. Zuverlässigkeit und Kraft des Bogengriffes hängen ab von der Stellung des Daumens gegenüber den anderen Fingern und vom »Druckpunkt« des Zeigefingers. Der alte deutsche Bogengriff war verhältnismäßig lose. Bei der von den Franzosen und Belgiern bevorzugten Haltung stand der Daumen gegenüber dem Mittelfinger oder zwischen zweitem und drittem, der Zeigefinger lag mit der Mitte des zweiten Gliedes auf, die Fingerstellung war ziemlich eng. Im 20. Jahrhundert werden noch festere Bogengriffe gebraucht, bei denen der Angriffspunkt des Daumens unter dem dritten oder vierten Finger liegt und der Zeigefinger eine entsprechende Stellung erhält (z. B. bei Tossy Spivakovsky), doch sind diese Griffe für die meisten Geiger nicht vorteilhaft. Der kleine Finger hat die Aufgabe, das Bogengewicht beim Spiel in der unteren Bogenhälfte auszubalancieren. Während im 18. Jahrhundert der rechte Arm frei vom Körper gehalten wurde, brachte man ihn im 19. Jahrhundert näher an diesen heran. Wie Spohr ausführt, muß beim Spiel am Frosch das Handgelenk »hoch, der Ellbogen aber tief und möglichst nahe an den Körper gehalten werden«. Im 20. Jahrhundert wird der Ellbogen freier vom Körper gehalten, so daß beim Spiel am Frosch das Handgelenk weniger gehoben werden muß. Diese Haltung des rechten Armes bewirkt auch eine stärkere Einwärtsdrehung (Pronation) der Hand. Armhaltung und Bogengriff sind von Dynamik und Strichart (Détaché oder Stakkato) abhängig.

c. Der Bogenstrich

Der Bogen wird im rechten Winkel zu den Saiten geführt, näher am Steg für stärkeren Ton und entfernter im Piano. Mit dem Aufkommen des Tourte-Bogens verschwindet die für den Ansatz des alten Bogens charakteristische »kaum merkliche Schwäche« (L. Mozart); die Tonbildung setzt plötzlicher ein, im festen Angriff, wie es zuerst der Violinstil Viottis zeigt. Der Non-Legato-Strich des alten Bogens ist ersetzt durch ein »nahtloses« Legato, ein Ideal, das durch einen möglichst unhörbaren Strichwechsel begünstigt wird, zu dem (speziell am Frosch) Fingerbewegungen beitragen, wie sie von der französisch-belgischen Schule gepflegt wurden (vgl. die Spezialübungen in Fleschs ›Urstudien‹). Ebenso sind die Finger mehr als früher beteiligt bei Stricharten wie dem zu Sforzatoeffekten dienenden Martelé. Beim Ganzbogenstrich wirken Finger, Handgelenk und Oberarm zusammen; er ist deshalb bevorzugte Grundübung und geeignet, Auf- und Abstrich einander anzugleichen sowie nuancierte oder gleichmäßig getragene Stricharten zu üben. Während im 19. Jahrhundert der Oberarm weniger an der Bogenführung beteiligt war, ist heute das Schultergelenk wichtig für den tonlichen Ausgleich (Kreisler, Heifetz, Szigeti). Vor 1750 wurde gewöhnlich für ein più f der Druck des Zeigefingers auf die Stange verstärkt, wie es auch heute noch üblich ist, doch benutzen manche Geiger auch den zweiten (Mittel-)Finger, der, dem Angriffspunkt des Daumens gegenüberliegend, einen »circle of pressure« (Stern) bildet. Erhöhte Bogengeschwindigkeit (von L. Mozart erstmals erwähnt) bietet eine andere Möglichkeit, den Ton zu verstärken. Gesteigerter Druck wird ebenso dem Bogen verliehen durch ein leichtes Spreizen der Finger, Pronation der Hand, die den Bezug in voller Breite mit der Saite in Berührung bringt, sowie durch eine stärkere Bogenspannung (Kreisler).

d. Bogenführung

Die alte Regel über den Abstrich hat insofern noch Gültigkeit, als dieser für die betonte (insbesondere die erste) Zählzeit des Taktes gebraucht wird, doch befolgt man sie nicht mehr so streng wie früher, da manche spezielle Stricharten von ihr abweichen. So wird in Beispiel 20 auf die normale Strichfolge Ab-Auf verzichtet, um den kur-

(20)

zen Noten mehr Klarheit zu geben. Ebenso kann man in besonderen Fällen eine Folge von wiederholten Auf- oder Abstrichen anwenden. Zwei hauptsächliche Entwicklungsstufen sind zu unterscheiden: die »Einteilung des Bogens«, ein Begriff, der sich im 19. Jahrhundert auf den Gebrauch der verschiedenen Bogenteile in verschiedenem Tempo bezieht (halber, ganzer Bogen, obere Bogenhälfte, oberes Drittel usw., im Adagio, Moderato, Allegro usw.), und die Vereinheitlichung der Bogenführung, einer der größten Fortschritte der französischen Schule, gleich wichtig für das Orchester- wie das Solospiel.

e. Stricharten

Seit dem 17. Jahrhundert galt der Bogen als die »Seele« der Violine, und dieses Glaubensbekenntnis ist mit einförmiger Regelmäßigkeit auch während des 19. Jahrhunderts wiederholt worden. Die sehr zahlreichen Stricharten, die hier nicht im einzelnen beschrieben werden können, unterscheiden sich von den älteren vor 1750 teils auf Grund der anderen Wirkungsweise des modernen Bogens, teils, weil im Gegensatz zu früher die dynamische Nuancierung nach 1800 für unabhängig von der Bogenführung gehalten wurde. Die außerordentliche Vielfalt der Stricharten beruht auf der Verbindung ihrer Grundtypen. Abgesehen von Strichlänge oder -stelle sowie aber beabsichtigten Dynamik sind die Grundstricharten folgende: α. 1 Note auf 1 Strich; β. 2 oder mehr Noten auf 1 Strich, gebunden oder getrennt; γ. der Bogen bleibt an der Saite oder wird abgehoben, letzteres in kontrollierter oder unkontrollierter Bewegung. Zur Bezeichnung der verschiedenen Stricharten haben sich viele Fachausdrücke eingebürgert, von denen manche irreführend sind. So wird in der heutigen Terminologie die Grundstrichart α allgemein Détaché genannt, eine Bezeichnung, die sich lediglich auf einen weichen Strichwechsel bezieht und nicht die Bedeutung des »détaché« im Sinne des 18. Jahrhunderts berücksichtigt. Mehrere Arten von Détaché lassen sich unterscheiden, z.B. »artikuliertes Détaché« (𝄐) und »détaché porté« (𝄐), beides breite Stricharten, die erste mit Abstufungen, wie in der Bezeichnung angedeutet. Das einfache Martelé ist ebenfalls ein Einzelstrich, der, in ursächlichem Zusammenhang mit dem modernen Bogen stehend, durch einen plötzlichen, energischen Druck der Hand auf den Bogen, die sofort wieder entspannt wird, zustande kommt. Die Grundstrichart β schließt Abwandlungen aller Art ein, von der einfachen Bindung zweier oder mehrerer Noten bis zum Stakkato, unter dem die moderne Praxis eine Reihe von Martelés auf einem Bogenstrich versteht. Wie im mäßigen Tempo ist das Stakkato auch in schneller Bewegung ausführbar, wird dann aber mit dem angespannten Arm hervorgebracht (Bezeichnung: 𝄐). Beim genauso bezeichneten fliegenden Stakkato (»staccato volante«) wird der Bogen nach jeder Note von der Saite abgehoben. Von der Grundstrichart γ schließen die springenden Stricharten das durch Handgelenk und Finger regierte kontrollierte Spikkato und das Sautillé ein, das in schneller Bewegung in der Mitte des Bogens zustande kommt, kaum von der Saite springt und unbeeinflußt vom Spieler allein die Elastizität der Stange ausnutzt. Ricochet ist eine geworfene Strichart, bei der auf einem Strich eine bestimmte Anzahl rhythmisch präziser Aufprallvorgänge erfolgt.

Da die Bezeichnung der Stricharten nicht vereinheitlicht ist, bestehen große Unterschiede zwischen der modernen Terminologie und der vor 1750, als z. B. Détaché, Stakkato und Spikkato gleich bedeutend für einen je nach Tempo und Umständen liegenden oder springenden Détachéstrich waren. Problematisch ist auch die moderne Notation, die weniger klar als die moderne Terminologie ist. Der spezifische Marteléstrich wird z. B. oft durch einen Punkt über der Note bezeichnet und dementsprechend das moderne Stakkato (= gebundenes Martelé) durch Punkte über den Noten unter einem Bindebogen angedeutet. Nichtsdestoweniger werden für dieselbe Strichart keilförmige Zeichen (▼) gebraucht, wenn diese heute auch häufiger als Punkte Spikkato oder Sautillé bedeuten, so daß sie oft nur durch einen erklärenden Fachausdruck oder dem Zusammenhang nach unterschieden werden können.

Manche dieser Stricharten ergeben sich bei einzelnen Geigern ganz natürlich, während sie von anderen sehr schwer auszuführen sind, wie z. B. das moderne feste Stakkato. So beherrschte es Wieniawski hervorragend, und Spohrs Stakkato entzückte Mendelssohn, doch war Spohr voreingenommen gegen den von den Franzosen kultivierten springenden Bogen. Von speziellen Stricharten sind noch zu erwähnen Bariolage, rhythmisch freies Tremolo »col legno«, »sul ponticello« und »sulla tastiera«, die alle in moderner Musik häufig zu besonderen Effekten benutzt werden. Andere Stricharten schließen einen gesonderten kurzen Strich am Frosch oder an der Spitze in der gleichen Richtung an, um rhythmische Figuren wie 𝆕 auszuführen. Daß andere Stricharten ihren Namen von ihrem Erfinder erhalten haben, belegt als berühmtes Beispiel der »Viottistrich«, eine synkopierte, mit rhythmischem Akzent verbundene Strichart: ♫♫♫♫ .

f. Pizzikato

Das späte 18. Jahrhundert behielt den normalen Gebrauch eines gelegentlichen Pizzikatos mit der rechten Hand bei. Seltener waren das erst von Paganini populär gemachte Pizzikato mit der Linken und der besondere Effekt des Pizzikato bei gedämpfter Violine (Georg Simon Löhlein). Beim üblichen rechtshändigen Pizzikato wurde der Zeigefinger bevorzugt, wobei der Daumen sich von unten an das Griffbrett stützte, doch hielt man nach Möglichkeit die Violine wie eine Gitarre und zupfte die Saite mit dem fleischigen Teil des Daumens (Baillot). Hector Berlioz regte an, das Pizzikato mit dem Mittel- (zweitem) Finger auszuführen; zur Erleichterung schneller Passagen wurde bisweilen auch zwischen erstem und zweitem Finger abgewechselt. Ebenso wie gelegentlich Kantilenen von linkshändigem Pizzikato begleitet wurden, kam es manchmal zum alternierenden Gebrauch von Pizzikato rechts und links. Im 20. Jahrhundert tauchen neue Arten von Pizzikato auf, für die, wie schon erwähnt, Bartók eine besondere Erfindungsgabe besaß. Neben dem Pizzikato mit aufschlagender Saite

(Bezeichnung: ♪) verlangt er »pizzicato sul ponticello«, »pizzicato glissando«, »pizzicato« auf Flageoletts und Pizzikatoakkorde. Diese werden normalerweise nach oben, bei Wiederholungen im schnellen Tempo aber abwechselnd auch in umgekehrter Richtung ausgeführt und können sogar in Sechzehnteln als »tremoli pizzicati« vorkommen. (Weitere Beispiele bei Alexander Glasunow, Sergej Prokofjew und Ravel.)

g. Mehrgriffiges Spiel
Die Möglichkeiten der Mehrfachgriffe wurden im 19. und 20. Jahrhundert erheblich erweitert, indem man in bisher ungekanntem Umfang die Dehnungs- und Kontraktionsfähigkeit der Hand einsetzte. So soll Paganini ein Quadrupelgriff über drei Oktaven gelungen sein (siehe Beispiel 21), der für die meisten Geiger unerreichbar ist. Viele andere Griffkombinationen finden sich im 20. Jahrhundert bei Komponisten wie Schönberg und Bartók. Vorrangig beschäftigte die Geiger das Problem der Ausführung von Tripel- und Quadrupelgriffen mit dem wenig nachgiebigen modernen Bogen. Unter Aufgebot von

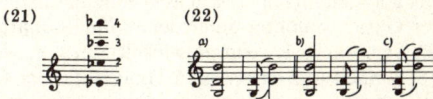

ungewöhnlicher Kraft konnte Paganini drei Saiten gleichzeitig anstreichen, wie es heute bei Spivakovsky zu beobachten ist. Baillot empfahl bei Tripelgriffen Spiel am Frosch mit starkem Druck auf die mittlere der drei Saiten, das jedoch auf Akkorde im Forte begrenzt ist. Ole Bull bevorzugte einen flachen Steg, konnte mit diesem aber D- und A-Saite einzeln nicht stark anstreichen. Folgen von Tripel- und Quadrupelgriffen wurden, wenn es das Tempo zuließ, mit fortgesetzten Abstrichen ausgeführt, in schnellerer Bewegung mit abwechselndem Ab- und Aufstrich. Bei einem normal gewölbten Steg war es im 19. Jahrhundert üblich, drei- und vierstimmige Akkorde derart zu brechen, daß je zwei Noten ausgehalten wurden. Beispiel 22 zeigt die typischen Ausführungsmöglichkeiten: a. das Brechen von Tripelgriffen nach Auer und Flesch, bei b. und c. Quadrupelgriffe nach Auer bzw. Flesch.

h. Fingersatz. Lagenwechsel und Lagenspiel. Portamento
Der Fingersatz ist (nach Auer) individuell bedingt und abhängig von Größe, Proportion und Kraft der Hand. Baillot unterscheidet den allgemein sichersten, den bequemsten und den Fingersatz im Dienst des Ausdrucks. Für letzteren führt er als Beispiel R. Kreutzer an, dessen typische Lagenwechsel auf Brillanz zielten, während Rode mit dem Spiel auf einer Saite »ports de voix« in der Kantilene und eine bestimmte einheitliche Klangfarbe kultivierte. Wenn Auer von

»rhythmischen Fingern« spricht, so bezieht sich das auf die Notwendigkeit, Fingersatz und Lagenwechsel der Phrasierung anzupassen. Des individuellen Charakters aller Fingersätze wegen kann hier nur allgemein über sie gesprochen werden. Ein besonderer Fall ist der Fingersatz bei chromatischen Skalen, die bis ins 20. Jahrhundert meist durch ein Gleiten des Fingers von einem Ton zu seiner chromatischen Veränderung ausgeführt wurden, während man heute die Fingersatz-Chromatik bevorzugt, bei der jeder Halbton mit einem anderen Finger gegriffen wird (siehe Beispiel 13). Diese Technik, die früher schon von Joseph Achron, gelegentlich auch von de Bériot und Spohr, sogar schon von Geminiani (1751) vertreten wurde, hat sich seit Flesch (1923) allgemein eingeführt, da sie Sauberkeit, Schnelligkeit und Intonationssicherheit begünstigt. Grundlage aller Violinpraxis ist das Skalenspiel mit seinen zahllosen Abwandlungen, das nach der Erweiterung des Umfangs auf mehr als 4½ Oktaven (Baillot) das Fingersatz-Problem bei hohen Lagen in den Vordergrund rückte. Bis ins 19. Jahrhundert ordnen die Schulen Übungsstücke und Skalenstudien meist in der Reihenfolge der Lagen an, doch wird heute mehr Bedeutung den geraden Lagen (2, 4, 6 usw.) und der halben zugemessen. Einer der Gesichtspunkte, unter denen im 19. Jahrhundert Lagenspiel und Lagenwechsel weiterentwickelt wurden, war die Entdeckung der Schönheit und besonderen Tonqualität der *G*-Saite, vor allem in den hohen Lagen. Nachdem Viotti in seinen Konzerten Nr. 7, 8 und 9 auf der *G*-Saite die 9. und 10. Lage einsetzte, war es bis zum Spiel eines ganzen Stückes auf der *G*-Saite allein, wie es durch Paganini berühmt wurde, nur noch ein Schritt. Francesco Galeazzi hatte schon in seinen ›Elementi teorico-pratici di musica‹ (Band 1, Rom 1791) dafür ein Beispiel in einem Menuett gegeben, das auf der *G*-Saite bis zur 9. Lage führte. Daß Baillot, der nach Paganini den Umfang der *G*-Saite mit zwei Oktaven festlegte, das Adagio *Es* aus Bachs Sonate *c* für Violine und Cembalo ausschließlich auf der 4. Saite spielte, beweist das Verlangen nach Ausdruck in einer besonderen Klangfarbe.

Zur Steigerung des Ausdrucks trug ebenso das für das 19. und 20. Jahrhundert charakteristische, der Gesangstechnik folgende Gleiten mit einem Finger (»portamento«) bei. Fingersätze von Geigern

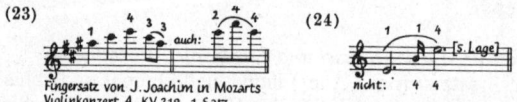

wie Baillot und Joachim zeigen, daß sie nicht zufällig gewählt wurden (siehe Beispiel 23), und noch in neuerer Zeit sollen Ysaÿe und Kreisler mit ähnlichen Effekten geglänzt haben. Daß mit dem gleitenden Lagenwechsel aber auch Mißbrauch getrieben wurde, bezeugt Spohr an dem Beispiel seiner Schule (siehe Beispiel 24). Zum Fingersatz über den Noten sagt er, der Lagenwechsel müsse so schnell ausgeführt werden, daß keine »Lücke« zwischen Ausgangs- und Zielton zu bemerken sei, zu dem von manchen Spielern angewandten Fingersatz unter den Noten, daß er des unvermeidlichen Heulens wegen als fehlerhaft verworfen werden müsse. Expressives Gleiten beim Lagenwechsel war also ein anerkanntes Mittel des Ausdrucks, ist es unter bestimmten Umständen auch heute und wurde von den größten Geigern in den bedeutendsten Konzerten eingesetzt (einschließlich Beethoven-, Mendelssohn- und Brahms-Konzert; vgl. Joachims Fingersätze). Da im 20. Jahrhundert die Abneigung gegen den expressiven romantischen Stil dazu führte, das alte Portamento zu verwerfen, entwickelten sich verschiedene neue Methoden des Lagenwechsels (vgl. Flesch). Am wichtigsten wurde dabei die Ausnutzung von Ausdehnen und Zusammenziehen der Hand, um, wo immer möglich, Gleitvorgänge auszuschalten und sich der Fesseln alter Lagenregeln zu entledigen. Wie die älteren Beispiele Geminianis und Paganinis erkennen lassen, war das an sich nichts Neues; besonders auffällig ist die ungewöhnliche Streckfähigkeit von Paganinis Hand, mit der auch seine Fingersatz-Oktaven und Triller rechnen (vgl. Beispiel 23). Im 20. Jahrhundert begann man, das Ausdehnen der Hand systematisch auf die Mehrfachgriffe in zeitgenössischer Musik, wo es manchmal geradezu unumgänglich ist, anzuwenden und das Lagenspiel in verschiedenster neuartiger Weise zu lösen. Aus der Handstellung der 5. Lage wird z.B. gleichzeitig ohne Positionsveränderung in der 4. und 6. gespielt, was dem Ablangen oder Zurückgreifen in eine neue Lage gleichkommt. Sol Babitz (Principles of Extensions, New York 1947) und Galamian (1962) haben besondere Aufmerksamkeit dem »creeping«-Fingersatz gewidmet, bei dem auf ein Ausdehnen oder Zusammenziehen der Hand eine Angleichung der Handstellung folgt (siehe Beispiel 16). Diese Technik findet sich gelegentlich schon im 18. Jahrhundert bei L'Abbé le fils, während noch früher Geminiani eine andere Methode des »Kriechens« durch Fingerwechsel auf einer Note entwickelte. Ausdehnen und Zusammenziehen der Hand bieten ferner ein zusätzliches Hilfsmittel bei Skalen und Arpeggien im Lagenspiel, dem Zentralgebiet violinistischer Praxis.

i. Flageolett

Im 19. Jahrhundert gab Paganini dem Flageolettspiel neuen Antrieb, während Spohr künstliche Flageoletts als »untauglich« ablehnte, da sie sich zu stark von den anderen Tönen unterscheiden. Der immer häufigere Gebrauch der Flageoletts wurde von Karl Wilhelm Ferdinand Guhrs Buch ›Über Paganinis Kunst die Violine zu spielen‹ (Mainz 1829) vorangetrieben, das tatsächlich noch über die Anwendung in Paganinis veröffentlichten Kompositionen hinausgeht. Obwohl Guhr schreibt, daß er sich allein mit dem befaßt, »was Bezug auf die Eigentümlichkeit des Paganinischen Spiels hat«, bringt er nicht nur das künstliche Flageolett auf der Quinte, sondern auch auf der Oktave, Doppelflageoletts (gelegentlich auch doppelte künstliche, die alle vier Finger heranziehen) und Flageolett-Triller, und erzielt mit Hilfe von natürlichen und künstlichen Flageoletts diatonische und chromatische Flageolettskalen. Guhrs Notation der Flageoletts nach dem tatsächlichen Klang wurde jedoch als unpraktisch nur von wenigen befolgt. Baillot erwähnt 1834 Guhr und übernimmt viele seiner Erkenntnisse. Neuere Komponisten haben ausgiebig Gebrauch von den Flageoletts gemacht, doch ist es kaum möglich, den von Guhr zusammengestellten neue hinzuzufügen. Immerhin ist Strawinskys Glissando in natürlichen Flageoletts (›L'oiseau de Feu‹) bemerkenswert.

III. Vibrato

1. Ausführung und Unterschiede

Zweifellos dem der Singstimme nachgebildet, wird das Violin-Vibrato durch eine wiegende Bewegung des Fingers auf der Saite erzeugt, die abwechselnd in der Richtung vom Steg zum Sattel und umgekehrt ein geringes Abweichen von der Tonhöhe der gegriffenen Note bewirkt. Der Finger kann die Bewegung allein ausführen (Finger-Vibrato), doch wird gewöhnlich das Vibrato durch Bewegung des Handgelenks, eine ausgeprägtere Art auch mit dem Unterarm hervorgebracht. Ursprünglich und weit bis ins 19. Jahrhundert wurde das Vibrato mit leichtem Abweichen von der Tohnhöhe nach oben und unten ausgeführt, so daß von einem »Vibrato auf drei Noten« gesprochen werden kann. Seit Ysaÿe haben manche Geiger das Vibrato auf »zwei Noten« vertreten (zwischen Hauptnote und ihrer Erniedrigung), da das Vibrato nach oben zu aufdringlich in der Klangfarbe und zu hoch wirkt, doch wird heute sowohl das Vibrato auf drei Noten (Flesch, Kreisler) wie das auf zwei Noten (Ysaÿe, Galamian) empfohlen. Ebenso ist zu unterscheiden zwischen dem heutigen ständigen Vibrato und dem älteren, das nur gelegentlich als Verzierung, besonders in Kantilenen und auf ausgehaltenen Noten, angewandt wird. In nichts anderem zeichnet sich die Persönlichkeit eines Geigers so deutlich ab wie in dem ganz individuell wandlungsfähigen Vibrato. Es überrascht daher nicht, daß es zum Kennzeichen des Solisten wurde, lange bevor es weitere Verbreitung auch beim Orchesterspiel fand.

2. Geschichte und Anwendung

Ein Vibrato kannten schon die Violenspieler des 16. Jahrhunderts (Ganassi). Martin Agricola erwähnt in ›Musica instrumentalis deudsch‹ (Wittenberg 1545) eine Art Vibrato auf der Rebec oder alten Violine. Näher beschrieben wurde es im 17. Jahrhundert durch Mersenne (1636) als »verre cassé«, durch Roger North (Memoires of Musick, entstanden um 1695, veröffentlicht London 1846) als »a gentle and slow wavering«, und von Daniel Merck (Compendium musicae instrumentalis chelicae, Augsburg 1695). J. J. Walther deutet seinen ausdrücklichen Gebrauch als gelegentliche Verzierung durch ein Zeichen (m) an. Thomas Mace beschreibt in ›Musick's monument‹ (London 1676) das Lauten-Vibrato unter dem lautmalerischen Namen »sting« (Stich). Um den Ausdruck zu verstärken, war das ornamentale Violin-Vibrato im allgemeinen von einem Schweller (< >) begleitet. Violen- und Lautenspieler pflegten zwei Arten von Vibrato, das echte mit einem Finger und das »close shake« mit zwei Fingern. Bei letzterem wird ein Finger auf den Bund aufgesetzt, der Nachbarfinger schlägt in schneller Bewegung beim Griffinger auf (daher die Bezeichnung »close shake« = enger Triller). Dieser Effekt ist kein echtes Vibrato, sondern eine Abart des Trillers.

Obwohl Geminiani 1751 eine Art Vibrato beschreibt, die dem Prinzip nach ein kontinuierliches darstellt, war das ornamentale Vibrato der vorherrschende Typ des 18. Jahrhunderts, eine von Bogennuancen begleitete Verzierung, die u. a. L. Mozart und Tartini besprechen. Ihnen und anderen Quellen zufolge wurde das Vibrato durch kleinere Bewegungen der Hand erzeugt als heute, doch gab es beträchtliche Abstufungsmöglichkeiten. Mozart und Tartini kennen für verschiedenen Ausdruck verschieden schnelles Vibrato einschließlich des beschleunigenden Vibratos, wie es hauptsächlich bei Kadenzen üblich war. Zusätzlich beschreibt Tartini einen Triller, der durch eine vibratoähnliche Handbewegung zustande kommt (Vibrato-Triller).

Im 19. Jahrhundert behielt die deutsche Schule das alte ornamentale Vibrato bei, während die Italiener und noch mehr die Franzosen es ausgeprägter und häufiger anwandten, ohne daß man schon von einem kontinuierlichen Vibrato sprechen könnte. Wieniawski z. B. steigerte das Vibrato, das nun »französisches« hieß, und fand Nachahmer in Vieuxtemps und nach diesem in Ysaÿe, der sein glänzendster Vertreter wurde. Ernest Bloch, Ysaÿes Schüler, beschreibt dessen Vibrato als ganz einzigartig: »The finger that kept the note was absolutely steady, immobile, and thus, in perfect pitch, and the vibrato came from the other fingers that were not playing; thus, he gave a life to each note, which was incomparable, and had nothing in common with what he called ›le vibrato de trois notes‹, which he hated as much as I do«. Die Deutschen lehnten das intensive, quasi-kontinuierliche französische Vibrato, dessen Wirkung gelegentlich noch durch ein »Bogenvibrato« gesteigert werden konnte (Baillot), ab. Nach Spohrs und Joachims Anschauung erhöhte das Vibrato den Ausdruck der Kantilene, sollte aber nicht auf andere Stellen angewendet werden.

Ob beim Orchesterspiel, besonders in Deutschland und England, vor dem 20. Jahrhundert Vibrato gebraucht wurde, ist zu bezweifeln. Um 1920 begannen jedenfalls Dirigenten das Vibrato zu fordern, und heute charakterisiert das kontinuierliche Vibrato genauso den Ton des Orchesters wie den des Solisten.

Im 20. Jahrhundert ist das kontinuierliche Vibrato voll entwickelt, und zwar ist es breiter und intensiver geworden (Kreisler war offensichtlich der Erste, der sowohl langsame wie schnelle Noten mit Vibrato spielte). Es bildet einen so selbstverständlichen Bestandteil der Violintechnik, selbst bei Fingersatz-Oktaven, daß ein Ton ohne Vibrato heute als besonderer Effekt betrachtet und deshalb durch die Vorschrift »non-vibrato« ausdrücklich bezeichnet wird (z.B. bei Bartók). Dennoch gibt es Geiger, die das ständige Vibrato ablehnen, da es, ungeschickt eingesetzt, monoton werden muß. Auer z.B. vertrat ein mäßiges Vibrato und nur auf ausgehaltenen Noten. Auf jeden Fall kann der moderne Geiger eine Vielfalt von Vibratotypen in den Dienst des Ausdrucks stellen, und es ist Sache seines persönlichen Geschmacks und Stilempfindens, welche Wirkung er mit dauerndem Vibrato, Vibrato auf zwei oder drei Noten oder den vielen Varietäten erzielt, die von ihm je nach ihrer Intensität, Schnelligkeit und Breite unterschieden werden müssen. (Bezeichnungen für Vibrato sind: »Tremolo«, »Ondeggiamento«, »Bebung«, »flatté«, »ballançant«, »tremblement«, »tremblement serré«.)

ALFRED BERNER
Viola

I. Definition und Frühgeschichte

Viola ist die Bezeichnung für einen Instrumententypus, der nach der Systematik Erich M. von Hornbostels und Curt Sachs' (in: Zeitschrift für Ethnologie 46, 1914, 553 ff.) den Kasten-Halslauten zugehört, d. h. in seiner Grundform aus einem Zargencorpus mit angesetztem oder angeschnitztem Halse besteht. Die Etymologie des Wortes ist umstritten. Seine Ableitung von lateinisch »vitulari« = einen Siegesgesang anstimmen, jubeln, wird heute auch von der Sprachwissenschaft abgelehnt. Die Musikwissenschaft sieht in dem althochdeutschen »fidula« das Ursprungswort und beruft sich dabei auf organologische Zusammenhänge. Von der Romanistik wird auch diese Wortverwandtschaft angezweifelt oder verworfen und durch Annahme einer onomatopoetischen Bildung des Wortes Viola ersetzt. So sehen u. a. O. Bloch und Walther von Wartburg (Dictionnaire étymologique de la langue française, Paris [4]1964, S. 674) »dans l'ancien provençal viola un dérivé du verbe violar ›jouer de la vielle‹, et celui-ci est né d'une onomatopée reproduisant l'impression acoustique de la vielle«. Im Provenzalischen ist das Wort »viola« oder »viula« seit dem 12. Jahrhundert zu finden und hat sich von hier aus zu »vielle« und »viole« mit den Verbalformen »vieller« und »violer« im französischen und zu »vihuela« im spanischen Sprachgebiet umgebildet, während das Italienische die Form »viola« übernommen hat. Ungeachtet der philologischen Bedenken hat die Musikinstrumentenkunde weiterhin die Begriffe Fidel und Viola bzw. Vielle für das Mittelalter bis ins 15. Jahrhundert als germanische bzw. romanische Namensform desselben Instrumententyps aufgefaßt und spricht im Deutschen auch dort von Fidel, wo Quellen wie Hieronymus de Moravia und Elias Salomo, beide im 13. Jahrhundert in Frankreich lebend, in ihren Traktaten von »viella« reden. Diese synonyme Verwendung ist jedoch auch aus organologischen Gründen abzulehnen. Während die

Bezeichnung Fidel in ihrer Anwendung so variabel ist, daß sie als Formbegriff mehrdeutig bleibt und die Worte Fidel und fideln vom 16. Jahrhundert an in pejorativem Sinne gebraucht werden, dienen Vielle, Viole oder Viola zur Benennung eines hochentwickelten Instrumententyps, der im Mittelalter eindeutig durch die Kriterien eines in der Grundform annähernd ovalen Zargencorpus mit flachem Boden und flacher Decke, eines deutlich abgesetzten Halses und einer Wirbelplatte mit Sagittalwirbeln für mehrere Saiten bestimmt wird. Wie weit die im 16. Jahrhundert klar hervortretenden Unterschiede zwischen Viola da braccio und Viola da gamba schon in gewissen Differenzierungen der mittelalterlichen Viellen vorbereitet sind, bedarf noch eingehender ikonographischer Untersuchung. Nicht zu übersehen sind jedenfalls Formunterschiede, wie sie z. B. die Instrumente in der um 1320 in Zürich entstandenen Manessischen Handschrift gegenüber den der gleichen Epoche angehörenden Darstellungen von Cenni di Pepo, genannt Cimabue, und Giotto di Bondone zeigen.

II. Das 16. Jahrhundert

Die Entwicklung zur Violenform der Neuzeit setzt im ausgehenden 15. Jahrhundert in Italien ein und führt im 16. Jahrhundert zu einer Konzentration des mittelalterlichen Formenreichtums auf drei Typen, von denen sich jeder wiederum zu einer Familie von Instrumenten verschiedener Größe und Stimmlage ausweitet. Als erster ist die Lira da braccio zu nennen, die trotz ihres besonderen Namens entwicklungsgeschichtlich dem Kreise der Violen zugehört und darum auch wiederholt unter der Bezeichnung »viola« auftritt. In nächster Verwandtschaft zu ihr steht die Viola da braccio-Familie, in der die im 16. Jahrhundert geschaffene Violine nach und nach zum vornehmsten Vertreter aufrückt (vgl. dazu den Artikel ›Violine‹). Dritter Typus der neuen, in die Zukunft weisenden Instrumentenformen ist die Viola da gamba. Eine exakte Darstellung der Entstehung dieser drei Typen zu geben, stößt auf mannigfache Schwierigkeiten. Die Musikinstrumente selbst als wichtigste Quelle fallen für das 15. Jahrhundert völlig aus und sind auch für das beginnende 16. Jahrhundert nur in wenigen Exemplaren erhalten. So muß sich die Musikinstrumentenkunde vornehmlich auf Bild- und Schriftdokumente stützen, um die Wege zu finden, die vom Mittelalter in die Neuzeit führen, denn die »Verhältnisse im Instrumentenwesen sind um 1500 völlig revolutionär« (Curt Sachs, Handbuch der Musikinstrumentenkunde, Leipzig [2]1930, S. 200).

Sprachlich ist festzustellen, daß die Bezeichnung »viola« sich immer stärker durchgesetzt hat und seit dem 15. Jahrhundert auch außerhalb Italiens zum vorherrschenden Terminus geworden ist. Daneben behauptet sich die französische Variante »viole«, während der Name »vielle« auf die Drehleier übergegangen ist, oft in der Verbindung »vielle à roue«. Im spanischen Sprachraum bleibt es überwiegend bei der Bezeichnung »vihuela« zum Unterschied von dem gezupften Instrument mit den Zusätzen »de arco« oder »de brazo«. Wenn im Deutschen in gleicher Bedeutung von »Geigen« gesprochen wird, wie bei Martin Agricola (Musica instrumentalis deudsch, Wittenberg 1528) und Hans Gerle (Musica Teusch, Nürnberg 1532), so beruht dies auf dem in der Reformationszeit aufkommenden Wunsche nach eigensprachlicher volkstümlicher Verständlichkeit.

Gemeinsam ist den Instrumenten der Viola da gamba- und Viola da braccio-Familie die durch Einwärtsbiegen der Zarge im Mittelteil erreichte Gliederung des Corpusumrisses in Ober-, Mittel- und Unterbügel, die Wölbung der Decke und die obere Saitenbefestigung an Flankenwirbeln in einem Wirbelkasten. Die Einziehung des Mittelteils, die eine endgültige Trennung von der mittelalterlichen Indifferenz zwischen Streich- und Zupfinstrumenten bedeutet und dem Spiel auf der Einzelsaite freiere und leichtere Entfaltungsmöglichkeit gibt, zeigt den Beginn neuer musikalischer Anforderungen an. Da die Lira da braccio diese Entwicklung nur langsam und zurückhaltend mitmacht, stehen sich dem organologischen Befunde nach zwei Arten des Streichinstrumentenspiels gegenüber, das konservative bordunierende Spiel auf der Lira da braccio und das neue bewegliche Spiel auf den Einzelsaiten der Violen, das sie in den Mittelpunkt des instrumentalen Musizierens zu rücken beginnt. Damit wird die Übernahme der Flankenwirbel, wie sie bei den Lauten und an Streichinstrumenten der Rebec-Geigengruppe gebräuchlich waren, als eine aus der Praxis gefundene Verbesserung verständlich. An äußeren Unterschiedsmerkmalen zwischen den Violenfamilien entwickeln sich folgende: Die Viola da gamba erhält einen zum Halsansatz spitz zulaufenden Oberbügel, flachen Boden mit einer dachförmigen Abknikkung im Oberteil, Verbindung der Decke und des Bodens mit den Zargen ohne Randüberstand, einen Bezug von meist sechs Saiten, seltener fünf oder sieben, und sieben Bünde auf dem Halse, die Viola da braccio einen Oberbügel mit runden Schultern, auf dem der Hals fast rechtwinklig aufsitzt, gewölbten Boden, der ebenso wie die Decke mit Randüberstand auf die Zargen geleimt ist, einen Bezug, der, abgesehen von Sonderformen, immer vier Saiten umfaßt, und einen bundfreien Hals. Der Einschnitt der Mittelbügel wird bei den Violen da braccio durch mehr oder weniger spitz herausspringende Ecken betont, auf die die Violen da gamba in der Regel verzichten. Der Saitenhalter ist mit einer Drahtschlinge an einen Knopf gehängt, dessen Zapfen durch die Zarge in den Unterklotz gesteckt wird; die Violen da gamba bevorzugen für seine Befestigung einen Pflock, der in Unterzarge und -klotz eingelassen ist. Bei der Viola da gamba erfordern die größere Saitenzahl und die sieben (seltener acht), die

Halbtonschritte bis zur Quinte markierenden Bünde einen längeren, breiteren und flacher gerundeten Hals als bei der Viola da braccio-Familie, die einen kräftigeren, kurzen und auf der Rückseite voll gerundeten Hals aufweist. Auch das Innere des Corpus zeigt Unterschiede, die vornehmlich durch andersartige Bearbeitung und Stabilisierung des flachen Bodens bei der Viola da gamba bedingt sind (siehe den Artikel ›Streichinstrumentenbau‹). Von größter Wichtigkeit ist die verschiedenartige Bogenführung, untergriffig bei den Violen da gamba, obergriffig bei den Violen da braccio.

Merkwürdigerweise treten in den ersten theoretischen Werken, die im 16. Jahrhundert Streichinstrumente behandeln, also bei Sebastian Virdung (Musica getutscht, Basel 1511) und bei Agricola (1528), diese weder in der Lira- noch in einer der Violenformen auf, sondern in einer in der Praxis nachweisbaren Gestalt eines Zargencorpus mit Saiten, die an einem Querriegel befestigt sind und ohne Steg zum Wirbelkasten führen. Diese Darstellung läßt sich nur dadurch erklären, daß die Laute das dominierende Vorbild war, an das man sich bewußt oder aus mangelnder Vertrautheit mit der neuen Form anlehnte, zumal Laute und Viola nicht nur in der praktischen Verwendung, sondern auch in Stimmung und Tabulatur weitgehende Gemeinsamkeit aufwiesen. So wird in Deutschland zur Notation zunächst die deutsche Lautentabulatur verwendet. Agricola kennt bereits einen chorischen Ausbau in Diskant, Alt, Tenor und Baß, jedoch haben das Alt- und das Tenor-Instrument stets die gleiche Stimmung, so daß der in jener Zeit übliche Bau der Instrumente in drei Stimmlagen auch hier beibehalten wird. Seine »dreierley art der Geigen« bestehen aus einem Chor fünf- bis sechssaitiger, einem Chor viersaitiger und einem Chor dreisaitiger Instrumente, alle von der gleichen, oben beschriebenen Grundform. Im Mittelpunkt steht die Gruppe der viersaitigen Instrumente, »die ander art auff grosse odder cleine Geigen«. Der Chor setzt sich zusammen aus: Diskant (sieben Bünde) g, c', f', a'; Alt-Tenor (sechs Bünde) c, f, a, d'; Baß (sieben Bünde) G, c, f, a. Dieser Kern aus zwei Quarten + Terz wird auf der ersten Art der »grossen Geigen« durch zusätzliche Besaitung zur Höhe ausgedehnt zu einem Chor aus: Diskant f, a, d', g', c''; Alt-Tenor c, f, a, d', g'; Baß G, c, f, a, d', g'. Beide Gruppen sondern sich in ihrer Stimmung streng von der dritten Gruppe ab, den »kleinen Geigen, welche nůr mit dreien Seyten bezogen, vnd die quint Voneinander gestymmet werden«. Sie sind bis auf kleine, aber nicht unwichtige Verschiedenheiten im Ober- und Unterbügel wie die vorigen dargestellt. Die fünf Bünde auf dem Halse sind als Übungshilfe gedacht und können später entfernt werden; denn diese Instrumente sind »gemenlich one bünd erfunden«. Mit den Stimmungen Diskant g, d', a', Alt-Tenor c, g, d', Baß F, c, g sind sie ein Bindeglied für die Übertragung der Quintenstimmigkeit des Rebec auf ein Zargeninstrument. Obwohl der Terminus Viola aus dem Streben nach rein deutscher

Ausdrucksweise niemals vorkommt, handelt es sich bei Agricolas »dreierley art der Geigen« um die Gegenüberstellung einer im Entstehen begriffenen Viola da gamba-Familie in der ersten und zweiten Art und einer Viola da braccio-Familie in der dritten Art. Wesentlich mehr als veränderte Stimmungen für die »grossen Welschen geigen«, also einen Diskant in *g, h, e', a'*, zu dem er zur Ausdehnung nach der Höhe noch eine Saite auf *d''* empfiehlt, einen Alt und Tenor in *c, e, a, d'* und einen Baß mit der von ihm empfohlenen Stimmung in *F, A, d, g, h,* »Drauff die griffe sein nahn gestelt, Welchs eim Geiger nicht vbel gfelt«, hat der Verfasser in der 4. Auflage seines Werkes von 1545 nichts hinzuzufügen. Doch berücksichtigt er jetzt nicht nur praktische Erfordernisse für die Stimmung, sondern gibt auch Anweisungen zur Abmessung und Anbringung der Bünde auf dem Halse. Ein weiteres Zeugnis für die Entwicklung der Violen war mit der Schrift ›Musica Teusch auf die Instrument der grossen und kleinen Geygen auch Lautten‹ 1532 in Nürnberg erschienen, deren Verfasser Gerle gleichzeitig Musiker und Instrumentenmacher war. Getreu dem Titel seines Werkes spricht er ebenso wie Agricola nicht von Violen, sondern von »Geygen«. Ihr fünfsaitiger Bezug mit den tiefsten Saiten *d* im Diskant, *G* im Alt-Tenor und *D* im Baß hat die Intervallfolge 4–3–4–4. Durch eine sechste Saite wird der Umfang um jeweils eine Quarte zur Tiefe erweitert. Von italienischer Seite kommt fast gleichzeitig durch Giovanni Maria Lanfranco in seinen ›Scintille di Musica‹, Brescia 1533, ein Beitrag ›Dei Violoni da tasti: & da Arco‹, womit große Violen mit Bünden gemeint sind. Seine Bemerkung: »Ma poscia, che dal Violone al Liuto altra differenza non ui e: se non chel Liuto ha le chorde geminate: & il Violone semplici«, während sie in der Stimmung einander entsprächen, unterstreicht die Verwandtschaft beider Instrumente. Mit der 1542 und 1543 in Venedig erschienenen Schrift ›Regola Rubertina‹ (zwei Bände) des Silvestro Ganassi dal Fontego liegt schließlich eine Violen-Schule vor, die nicht nur über Größen und Stimmungen der Instrumente, sondern auch über ihre Haltung, die Einrichtung der Bünde, Fingersatz und Bogenführung alles Grundlegende sagt. Ganassi notiert im Sinne der italienischen Lautentabulatur auf sechs Linien, die den sechs Saiten der Viola da gamba entsprechen, wobei die tiefste Saite die oberste Linie ist. Durch die Ziffern 1 bis 7 werden auf jeder Saite die in Halbtonschritten bis zur Quinte führenden Bünde bezeichnet. Die Stimmung der Instrumente ist veränderlich. Sie wird gemäß den Abständen der drei Stimmlagen zueinander in vier Gruppen unterteilt, bei denen wiederum zwischen einer Stimmung für die »proprieta de be quadro ♮«, die »proprieta de be mole ♭« und die »proprieta de musica finta«, das ist einer Transposition mit Einbeziehung chromatischer Töne, unterschieden wird. In der ersten Gruppe lautet die Stimmung für die

	proprieta de be quadro ♮ und de be mole♭			proprieta de musica finta		
(Saiten)	Baso	Tenor	Sopran	Baso	Tenor	Sopran
baso	D	G	d	C	F	c
bordon	G	c	g	F	B	f
tenor	c	f	c'	B	es	b
mezana	e	a	e'	d	g	d'
sotana	a	d'	a'	g	c'	g'
canto	d'	g'	d''	c'	f'	c''
(Umfang)	$(-a')$	$(-d'')$	$(-a'')$	$(-g')$	$(-c'')$	$(-g'')$

Dieser Gruppe mit den Stimmlagen auf *D, G, d* bzw. *C, F, c* folgt eine zweite mit dem Tenor »in quinta sopra il basso«, also mit einer Verschiebung der Mittelstimme auf *A* bzw. *G* in der »musica finta«. Die dritte Gruppe hat nur Quartenabstände zwischen den Stimmlagen, in der »musica finta« also die Grundtöne *C, F, B*, was zu der Sopranstimmung *B, es, as, c', f', b'* führt. Darum wird hier noch eine andere Art genannt, bei der durch Hinaufrücken des Basses auf *E, A, d, fis, h, e'* der Tenor auf *A* und der Sopran auf *d* verbleiben können. Bei der vierten Gruppe handelt es sich um die um eine Quarte tiefer liegende Stimmung, wie sie auch Gerle für ein sechssaitiges Instrument anführt. Daß sie als »Modo de sonar una quarta piu alta« bezeichnet wird, ist eine den Saitenbenennungen und der Tabulatur angepaßte Ausdrucksweise, wonach die übliche Saitenstimmung nun um eine Quarte höher rückt, also der Basso zum Bordone wird, dieser zum Tenor usw., während die neu hinzutretende tiefe Quarte als Basso auf die höchste Linie kommt. Eine der ersten Gruppe bei Ganassi entsprechende Stimmung für Diskant und Baß nennt auch Diego Ortiz in seinem ›Trattado de Glosas sobre Clausulas y otros generos depuntos en la Musica de Violones nueuamente puestos en luz‹ (Rom 1553). Für die Mittellage wird durch den Satz ». . . por que el suprano se ha de templar octaua del baxo y el tenor y contralto diapente« die Alt-Tenor-Stimmung *A, d, g, h, e', a'* bezeugt. Das im gleichen Jahre in spanischer und italienischer Ausgabe erschienene Werk verwendet in der spanischen Einleitung an die Leser nur den Terminus »vihuela d'arco«. Unterschiede zwischen der italienischen und französischen Viola betont Philibert Jambe de Fer in seinem ›Epitome Musical‹ (Lyon 1556): »La Viole à l'vsage de France n'a que cinq cordes, & celle d'Italie en à six, la viole Frãçoise s'accorde à la quarte de corde en corde sans exception aucune.« Seinen Angaben ist folgende Stimmung zu entnehmen: Dessus (Diskant) *e, a, d', g', (c'')*; Taille (Alt-Tenor) *(H), e, a, d', g'*; Bas (Baß) *E, A, d, g, (c')* (die eingeklammerten Töne fehlen im Notenbeispiel). Notiert wird hier im Sinne der französischen Lautentabulatur, bei der die oberste Linie auch der höchsten Saite entspricht, jedoch abweichend von der französischen Lautenpraxis mit Bezifferung der Bünde. 130 Jahre später beschreibt

Jean Rousseau in seinem ›Traité de la viole‹ (Paris 1687, S. 19) diese Instrumente als »fort grandes, leur usage estoit d'accompagner: le chevalet estoit fort bas & placé au dessous des oüyes, le bas de la touche touchoit à la table, les chordes estoient fort grosses. ... La figure de cette Viole aprochoit fort de la Basse de Violon«. Nach diesen Quellen ist um die Mitte des 16. Jahrhunderts unter Viola und Violone (italienisch), Vihuela d'arco und Violon (spanisch, aber nicht französisch Violon!), Viole (französisch) und Großer und (mit gewisser Einschränkung) Kleiner Geige (deutsch) vornehmlich die jeweils in drei verschiedenen Größen und Stimmlagen verwendete Gambenfamilie zu verstehen, von der Jambe de Fer sagt: »Les Italiens les appellent viole da gambe par ce qu'elles se tiennent en bas, les vns entre les iambes, les autres sur quelque siege, ou escabeau, autres sus les genoux.«

Einer Darstellung der Anfänge des Gambenbaues müssen noch zahlreiche Einzeluntersuchungen vorangehen, um Zuschreibungen und Datierungen der erhaltenen Instrumente zu prüfen und gegebenenfalls zu berichtigen. So ist Antonio Ciciliano, von dem Wien aus der Estensischen Sammlung auf Schloß Catajo ein Terzett aus Baß-, Alt-Tenor- und Diskant-Gambe, Brüssel und Modena Einzelinstrumente besitzen, nicht, wie Willibald Leo von Lütgendorff (in: Die Geigen- und Lautenmacher, Frankfurt/Main [5 und 6]1922) und andere Handbücher auf Grund falscher Zettel in nur teilweise echten Chitarroni angenommen haben, ein Meister des 17. Jahrhunderts, sondern gehört in die Frühzeit des 16. Jahrhunderts. Sibyl Marcuse (Musical Instruments at Yale, Ausstellungskatalog 1960) weist auf den Zusammenhang der Signatur einer Baßgambe im Museum der Yale University, New Haven, »Batista fiol de Antonio Cicilian in Venetia« mit der Bemerkung Ganassis im 2. Buch, Kapitel XX der ›Regola Rubertina‹ (Venedig 1543) hin »Messer Ioãbattista Cicilian ... peritissimo ... del violon«. Ihrer Datierung dieses Instruments auf die Mitte des 16. Jahrhunderts hat sich im Katalog der Exposição internacional de instrumentos antigos, Lissabon 1961, auch Brüssel (Musée Instrumental du Conservatoire Royal) für seine beiden aus der Sammlung des Comte Pietro Correr stammenden und »Batista Fiel detto Anto Cicilian in Vª.« signierten Baßgamben angeschlossen (Brüsseler Katalog-Nr. 1425/1426). Für die von Antonio Ciciliano, dem Vater Giovanni Battistas, gebauten Violen wäre demnach das erste Viertel des 16. Jahrhunderts als Entstehungszeit anzusetzen, was dem archaischen Charakter ihrer Form durchaus entspricht. Ihre Merkmale sind ein Boden, der im Oberbügel erheblich länger als die Decke ist, so daß sich die Oberzargen schräg nach vorn neigen. Dadurch, daß sie vom Halse her im spitzen Winkel nahezu geradlinig abfallen, erhält der Oberbügel die Grundform eines Dreiecks, während der breite Unterbügel mit seinen aus flächiger Basis fast parallel aufsteigenden Zargen wie aus einem Rechteck entwickelt zu sein scheint. Diese kubusartigen Grundformen haben bei Giovanni Battista Ciciliano bereits stärker geschwungene Umrißlinien erhalten. Zwischen den Arbeiten der beiden Ciciliano steht entwicklungsmäßig eine Diskantgambe des aus Bergamo stammenden und gleichfalls in Venedig wirkenden Francesco Linarolo in der Wiener Sammlung alter Musikinstrumente des Kunsthistorischen Museums (Katalog-Nr. C [Catajo] 75, und nicht das irrtümlich im Katalog von Julius Schlosser unter C 71 gezeigte Instrument). Noch vor der Mitte des 16. Jahrhunderts müssen die für die spätere Zeit typischen ausgeglichenen Formen der Viola da gamba erreicht worden sein, wenn als gesichert angesehen werden darf, daß die Baß-Viola da gamba, die sich unter Katalog-Nr. 1427 im Brüsseler Museum befindet, von Kaspar Tieffenbrucker für Franz I., König von Frankreich († 1547), hergestellt worden ist. Neben dieser Entwicklungslinie findet sich jedoch noch eine andere Form der Gambe mit völlig eckenlosem, gitarreähnlichem Corpusumriß. Da begründete Zweifel bestehen, daß ein mit »Hanss Vohar« signiertes Instrument dieser Art, wie bisher angenommen, bereits dem 15. Jahrhundert zugehört, ist ein unmittelbarer Anschluß an die mittelalterliche Viellenform nicht gegeben. Während Gerald R. Hayes (Musical Instruments and their Music, Band 2: The Viols and Other Bowed Instruments, London 1930) der Meinung ist, »in the fifteenth and early sixteenth centuries, the prevailing fashion seems rather to have been against corners and toward a flowing guitar-like outline«, taucht nach Walter Senn (Eine »Viola da gamba« von Stephanus de Fantis 1558, in: Collectanea Historiae Musicae, Band 2, Florenz 1957) diese Form »als ein in den zeitgenössischen theoretischen Werken nicht belegter Sondertypus der Gambenfamilie auf, der vereinzelt noch bis ins 18. Jahrhundert lebendig bleibt«. Neben einer Viola da gamba des in Cremona tätigen Stephanus de Fantis vom Jahre 1558, die gewölbten Boden hat, weist er noch zehn in die zweite Hälfte des 16. Jahrhunderts gehörige Gamben mit eckenlosem Corpusumriß nach, von denen mehrere in späterer Zeit als Violoncelli eingerichtet worden sind. Eine weitere Sonderform, die später das Standardmodell der Viola di bardone geworden ist (siehe unten), entwickelte sich vornehmlich in England. Hayes führt als eines der ältesten Instrumente dieser Art eine Alt-Tenor-Viola da gamba von John Strong, Somerset, an, einem Meister des 16. Jahrhunderts, nicht, wie bisher irrtümlich angenommen, des 17. Jahrhunderts. Als Gambe ist dieses Modell im 17. Jahrhundert gelegentlich von Ernst Busch, Nürnberg, und Joachim Tielke verwendet worden. In vielen Einzelheiten haben sich die Meister auch in der folgenden Zeit nicht auf feste Formen und Modelle beschränkt. Der Platz für die Schallöcher in der Decke muß, den Bildbelegen folgend, zunächst ebenso frei gewählt worden sein wie ihre Form. Die schon im Titelbild von Ganassis ›Regola Rubertina‹ sichtbaren C-Löcher in der Höhe des Mittelbügels setzen sich zwar im Laufe der Zeit als gebräuchlichste Art durch, ohne jedoch zu einem verbindlichen Kriterium für Gamben zu werden. Ebenso ist es mit der Rosette in der Decke, die als Verwandtschaftsmerkmal zu den Lauten gelegentlich in den Gambenbau übernommen wird, hier jedoch, sofern nicht Resonanzsaiten verwendet werden (siehe unten), nur schmückende Eigenschaft hat. Als Bekrönung dient in der Frühzeit eine an den Seiten flache Schnecke mit breiter Mittelkehle. Später wird sie sehr oft durch einen Kopf ersetzt oder sie nimmt die klassische Form der Violinschnecke an.

Weitaus kürzer, nur in den Schlußkapiteln 22 und 23 des zweiten Buches, werden die »Viole con quattro corde sole« und »con tre corde« bei Ganassi behandelt. Die Stimmung der viersaitigen Instrumente entspricht mit *g, h, e', a'* für den »Canto«, *c, e, a, d'* für den »Tenor« und *F, A, d, g* für den »Basso« den von Agricola 1545 genannten »grossen Welschen geigen«. Ob es sich bei diesem Typ um Violen da gamba oder da braccio handelt, ist nicht ersichtlich. Die enge Nachbarschaft zu den dreisaitigen Instrumenten legt es nahe, sie als Sopran-, Alt- und Tenor-Violen anzusprechen, die in Armhaltung gespielt werden. Andererseits ist die Haltung keineswegs verbindlich, und es besteht durchaus die Möglichkeit, daß die beiden Oberstimmen in Arm-, das tiefste Instrument in Kniehaltung gespielt wurden. Demgegenüber werden die dreisaitigen Instrumente mit ihrer schon 1528 bei Agricola genannten Quintenstimmung von Ganassi als »viola da brazo senza tasti« bezeichnet. Jambe de Fer kennt sie bereits als »Violon« mit vier Saiten »en forme de corps plus petit, plus plat, & beaucoup plus rude en son, il n'a nulle taste«, in deren Spiel es zwischen Franzosen und Italienern keinen Unterschied gäbe. »L'Italien l'apelle Violon da braccia ou violone, par ce qu'il se soustient sus les bras, les vns auec escharpe, cordons, ou autre chose.« Doch gelten sie als Instrumente minderen Ranges, während die Bundinstrumente die feinere Kategorie bilden. Mit der Verwirrung und Unsicherheit, die auch heute noch mit dem Namen Viola verbunden ist (Gambe oder Bratsche), setzt sich schon 1592 Lodovico Zacconi im Kapitel 57 des 4. Buches seiner ›Prattica di musica‹ auseinander, wenn er feststellt: »Questo nome ch'abbraccia due cose, & che ha bisogno di esser diuiso & distinto: non è altro che il nome della Viola: trouandosi la Viola da braccio, & la Viola da gamba.« Wie seine Vorgänger spricht er der Viola da gamba die größere Feinheit und Vollkommenheit zu. In seinen Stimmungsangaben und seiner Tafel mit den Tonumfängen einzelner Instrumente stellt Zacconi dem Umfang der »Violini« von *g-h''* die »Viole Canto« *A-e''* (in der Tafel irrtümlich *F-c''*), »Tenore« *D-a'* und »Basso« *G₁-d'* gegenüber mit den Saitenstimmungen *A, d, g, h, e', a'* für den Canto, *D, G, c, e, a, d'* für den Tenor und *G₁, C, F, A, d, g* für den Baß. Für die Violen da braccio, die in der Tafel nicht gesondert aufgeführt werden, ist aus Zacconis Erläuterungen auf die Stimmung *F, c, g, d'* mit Griffen bis *a'* und *B₁, F, c, g* mit Griffen bis *d'* zu schließen, was einer Tenor-Bratsche und einem tiefen Violoncello entspräche. Die Violen, gleich welcher Bauweise und Stimmung, werden also als Instrumente tiefer Lagen zusammengefaßt, während die Violine als hohes Instrument eine isolierte Stellung bezieht, eine Rangordnung, die sich von Italien ausgehend in dieser Form bis zur Gegenwart im allgemeinen Musikbewußtsein erhalten hat. Gibt Zacconi den Violen da gamba noch einen Vorrang vor den Violen da braccio, so ändert sich dies im Italien des 17. Jahrhunderts bald. Die Viola da gamba tritt dort ganz in den Hintergrund. Ihre äußere Form und die Quartenstimmung leben nur noch im Kontrabaß weiter, und die großen Zentren des Geigenbaues, allen voran Cremona, widmen sich vor allem der Violine und der Familie der Viola da braccio, also Bratsche und Violoncello. Die Viola da gamba findet ihre Pflegestätte in Deutschland, Frankreich, den Niederlanden und England.

III. Das 17. Jahrhundert

1. Deutschland

Auch Michael Praetorius gliedert im 2. Band seines ›Syntagma musicum‹ (Wolfenbüttel 1619), Kapitel 20, den Begriff Viola in »1. Viole de gamba: 2. viole de bracio, Oder de brazzo«. Die Überschriften über den Stimmungstabellen Seite 25 »Viole de Gamba. Violen« und Seite 26 »Viole de Braccio. Geigen« lassen darauf schließen, daß im Deutschen die Verwendung des Wortes Viola ohne weiteren Zusatz auf die Gambe bezogen wurde. Von den zahlreichen Stimmungen sind die für Canto, Alt-Tenor und Klein-Baß unter Ziffer 4 und 5 angegebenen lediglich historische Rückblicke auf die vier- bzw. dreisaitigen Instrumente bei Agricola. Die jeweils unter Ziffer 1 zu findende Stimmung aller drei Instrumente entspricht der von Zacconi genannten und muß als Hauptstimmung angesehen werden. Damit ist die Normallage der Viola da gamba auch bei Praetorius um eine Quarte bzw. Quinte tiefer gerückt als bei Vorgängern, die, wie Ganassi, eine tiefe Stimmung nur als Sonderfall behandeln. Sie findet sich gleichfalls im Traktat des Pedro Cerone, ›El Melopeo y Maestro‹ (Neapel 1613), mit dem »Baxo« auf G_1, dem »Tenor« auf D und dem »Tiple« auf G. Darüber hinaus wird bei Praetorius der Chor um eine »Groß-Baß Viol de Gamba« erweitert, die als fünfsaitiger Kontrabaß in Quarten gestimmt ist. E_1, A_1, D, G, c, oder auch noch mit einer 6. Saite in f auftritt. Auch eine in der tieferen Oktave zur Alt-Tenor-Gambe stehende Stimmung nennt Praetorius für dieses Instrument. Für seine »Gar groß Baß-Viol« mit der Besaitung D_1, E_1, A_1, D, G, deren aus der ›Sciagraphia‹ Tafel V als »Groß Contra-Bas-Geig« zu entnehmende Maße von etwa 220 cm Gesamtlänge, 147 cm Corpuslänge und 125 cm schwingender Saitenlänge die Dimensionen großer Kontrabässe übertreffen, ist kein erhaltenes Exemplar nachzuweisen.

Nach den Ausführungen des Praetorius (Seite 46) dürfte es sich auch um zwei Unica gehandelt haben, die als Subbässe mit den normalen Großbässen als Mittelstimme und dem Kleinbaß als Oberstimme zu einem Chor verbunden werden könnten. Da dies aber »gar zu sehr in einander summet vnd murmelt«, sei es besser, sie als suboktavierende Baßstimmen zu den Gamben der mittleren und oberen Lage treten zu lassen. Wird die Bildung des Viola da gamba-Chores auch hier von der Tendenz zur Tiefe beherrscht, so entwickelt der Viola da braccio-Chor mit der »Klein Discant Geig« in c', g', d'', a'' über die Violine hinaus den Weg zur Höhe. Das Instrument der Bratschenstimmung c, g, d', a' ist bei Praetorius bereits »Tenor Viol«, und für die »Baß Viol de Braccio« wird nicht nur C, G, d, a (Violoncello), sondern auch F, c, g, d' als Besaitung angegeben, obwohl das in der ›Sciagraphia‹ auf Tafel XXI, Ziffer 6, wiedergegebene Bild einer »Bas-Geig de bracio« mit etwa 126 cm Gesamtlänge, 82 cm Corpuslänge und 70 cm schwingender Saitenlänge den Dimensionen eines großen Violoncello entspricht. Als fünfsaitiges Instrument soll es möglicherweise auch ein Beispiel für den »Groß Quint-Baß« geben, der mit seiner Stimmung F_1, C, G, d, a ein Gegenstück zu den Gambenbässen bildet.

2. Frankreich

In Frankreich entsprechen den Begriffen Viola da gamba und Viola da braccio die Bezeichnungen Viole und Violon. Eine Entwicklung zu den tiefen Lagen hat die Viole nicht mitgemacht. Marin Mersenne knüpft im 4. Buche des 3. Bandes seiner ›Harmonie universelle‹ (Paris 1636) unmittelbar an die Darstellung des fünfsaitigen, durchweg in Quarten gestimmten Instruments an, wie sie von Jambe de Fer gegeben wird, ohne dabei allerdings dessen Namen zu nennen. Dann geht er über zu den »Violes à six chordes dont on vse maintenant« und nennt folgende Stimmungen und Gruppierungen:

Dessus:	d,	g,	c',	e',	a',	d''
Haute-Contre:	c,	f,	b,	d',	g',	c''
Haute-Contre und Taille }	A,	d,	g,	h,	e',	a'
Taille:	G,	c,	f,	a,	d',	g'
Basse:	D,	G,	c,	e,	a,	d'

also einen Chor auf D-A-d, oder durch Trennung von Haute-Contre und Taille auf D-G-c-d. Obwohl man die Viole auch auf mehrere andere Arten stimmen könne, habe sich die Stimmung in den Intervallen 4-4-3-4-4 aus der Praxis als die beste und zweckmäßigste erwiesen. Dem Chor der Violes steht ein Chor der Violons gegenüber, dessen Aufbau in der Quintenreihe B_1, F, c, g, d', a', e'' zwischen

135

einem Basse auf B_1 (Violoncello) und einem Dessus auf g (Violine) die Mittelstimmen »la Haute-contre, la Taille & la Cinquiesme partie« vorsieht. Aus dem von Mersenne gegebenen Beispiel einer ›Fantaisie à 5. composée par le Sieur Henry le Ieune‹, worin die »Cinquiesme«-Stimme im Umfange $c'\text{-}e''$ vom Dessus und die »Havte-Contre«-Stimme $a\text{-}a'$ ebenso wie die »Taille«-Stimme $c\text{-}f'$ von einer Bratsche auf c ausgeführt werden können, ist zwar nicht ersichtlich, daß der Aufspaltung der Stimmen auch immer andere Instrumente entsprochen haben, doch läßt sich den Angaben über die Größenverhältnisse der Violons auf Seite 180 des 4. Buches entnehmen, daß Haute-Contre und Taille als Alt- bzw. Tenor-Bratsche auf c bzw. F voneinander unterschieden wurden. So muß die Zusammensetzung der »24 Violons du Roy« aus »six Dessus, six Basses, quatres Haute-contres, quatre Tailles & quatre Quintes«, wie sie Mersenne angibt, folgende gewesen sein: 6 (erste) Violinen, 6 Violoncelli, 4 Alt-Bratschen, 4 Tenor-Bratschen und 4 (zweite) Violinen. Mersenne spricht von ihrem Spiel und dem Effekt der Instrumente in geradezu enthusiastischen Worten, die darin gipfeln, daß die Hörer gezwungen seien zu bekennen, »que le Violon est le Roy des instrumens« (S. 177), ein bemerkenswerter Satz zu einer Zeit, in der das Gambenspiel seine größte Blüte entfaltete, als dessen bedeutendste Vertreter damals André Maugars und Nicolas Hotman die Reihe der großen Gambenvirtuosen und -komponisten in Frankreich eröffneten. Hotman war Lehrer von Sainte-Colombe, dem Jean Rousseau 1687 seinen ›Traité de la viole‹ widmete. Ausgehend von der Basse de Viole auf $D,$ deren Stimmung in 4-4-3-4-4 trotz abweichender Arten, die es außerhalb Frankreichs gäbe, als die passendste angesehen wird, baut Rousseau, auch hierin Mersenne folgend, Taille, Haute-Contre und Dessus auf $G,$ c und d auf. Die Verteilung D (Basse), A (Taille und Haute-Contre), d (Dessus) gilt ihm als ältere italienische Praxis. Sainte-Colombe spricht er das Verdienst zu, eine siebente Saite (A_1) hinzugefügt und den Gebrauch silberumsponnener Saiten in Frankreich eingeführt zu haben. Am Bau der Instrumente rühmt Rousseau, daß trotz des bequemeren englischen Modells »les Faiseurs d'Instruments François ont donné la derniere perfection à la Viole, lors qu'ils ont trouvé le secret de renverser un peu le Manche en arriere, & d'en dimünier l'espaisseur; car par ce moyen les Maistres qui joüent de cet Instrument executent avec beaucoup plus de facilité«. Zur Erläuterung der Griffe dient auch bei ihm die französische Lautentabulatur, neben der jedoch wie schon bei Mersenne für Beispiele die mensurale Notation verwendet wird. Mit Sainte-Colombes Schüler Marin Marais erreichte das Gambenspiel in Frankreich seinen kompositorischen und virtuosen Gipfel.

3. England

In England sind in dem großen Musikinstrumentenbestand Heinrichs VIII. laut Inventarverzeichnis von 1547 unter anderem »XIX Vialles greate and small« nachzuweisen. Für die im Violenconsort der Elisabethanischen Zeit gebrauchten Instrumente hat G. Hayes aus den zahlreich veröffentlichten Musikwerken dieser und der nachfolgenden Periode als gleichbleibende Stimmung Treble d, g, c', e', a', d''; Tenor G, c, f, a, d', g'; Baß D, G, c, e, a, d' festgestellt, was durch John Playfords ›A Breefe Introduction to the Skill of Musick‹ (London 1654) bestätigt wird. Einen Satz von je zwei dieser Instrumente benötigte man, um allen Anforderungen der »Consort Musick« zu entsprechen. Neben diesen Ensemble-Instrumenten entwickelte sich noch eine ausgesprochene Solo-Baßgambe in zweifacher Form, als Division Viol und als Lyra Viol. Gegenüber dem größeren Consort-Baß, von dem Thomas Mace in ›Musick's Monument‹ (London 1676) sagt: »Let your Bass be Large«, haben die Solo-Instrumente ein schlankeres Corpus. »A Viol for Division; should be of something a lesser size than a Consort Bass; that so the Hand may better command it«, schreibt Christopher Simpson in seiner ausdrücklich dieser Form der Baßgambe und ihrem Spiel gewidmeten Anleitung ›The Division-Viol‹ (London 1665), der zweiten Auflage seiner 1659 mit dem Titel ›The Division-Violist‹ erschienenen Arbeit. Die Stimmung bleibt die der Baßgambe, doch wird der Umfang über a' auf dem siebenten Bund der obersten Saite bis zur Oktave d'' ausgedehnt. Neben dem Instrument mit Gambencorpus zeigt Simpson auf einer Bildtafel auch ein solches mit Violoncellocorpus. Da Erläuterungen dazu fehlen, muß man annehmen, daß solche Mischungen zwischen der Viola da gamba- und Viola da braccio-Familie nicht ungewöhnlich waren. Auch die Lyra Viol ist kein von der Gambenform abweichendes Instrument. J. Playford hat dies dadurch ausgedrückt, daß er dem Titel seiner ›Musick's Recreation on the Lyra Viol‹ von 1652 in neuen Ausgaben von 1661 und 1682 die Formulierung gibt »on The Viol, Lyra way«. Das Charakteristikum dieses im Corpus noch kleiner als die Division Viol gehaltenen Instruments ist seine wechselnde Stimmung, die neben der gewöhnlichen 4-4-3-4-4 Folge noch zahlreiche Varianten mit Bezeichnungen wie »Harp-way sharp« in der Intervallfolge 4-5-4-3-3 (D, G, d, g, h, d'), »Harp-way flat« (D, G, d, g, b, d') oder dem von Tobias Hume gebrauchten »Bandora Set« (nach Hayes C, F, c, f, a, d') aufweist. Diese Stimmungen werden nur als Intervalle durch die Griffzeichen der französischen Lautentabulatur vorgeschrieben und sind transponierbar. Die vielfach anzutreffende Ableitung der Lyra Viol von der Lira da gamba kann sich also nicht auf die Form, sondern nur auf die Einstimmung, Verwendung und Spielweise beziehen. Als Vermittler zwischen Italien und England gilt dafür Alfonso (II) Ferrabosco. Die verschiedenen Stimmungen ermöglichen viele Akkorde und Doppelgriffe sowie ein Mitschwingen leerer Saiten ähnlich dem von Aliquotsaiten; der Steg mußte dazu eine stärkere Rundung haben als bei der Viola da gamba (Nathalie Dolmetsch, The Viola da gamba. Its Origin and History, its Technique and Musical Resources, London 1962). Bei Praetorius, wo das Instrument als »Viol Bastarda« auftritt, finden sich dafür folgende Tonhöhen:

C,	G,	c,	e,	a,	d'	= 5 4 3 4 4	
A_1,	E,	A,	e,	a,	d'	= 5 4 5 4 4	so auch bei
A_1,	D,	A,	d,	a,	d'	= 4 5 4 5 4	A. Ferrabosco
A_1,	D,	G,	d,	g,	d'	= 4 4 5 4 5	

Diese zwei Oktaven überschreitenden Stimmungen und die tiefste Saite auf A_1 machen es allerdings unwahrscheinlich, daß sie einer besonders kleinen Baßgambe aufgezwungen wurden. Nach den in der ›Sciagraphia‹ Tafel XX festzustellenden Maßen liegt die Viola bastarda mit etwa 126 cm Gesamtlänge, 72 cm Corpuslänge und 71 cm schwingender Saitenlänge auch nur wenig unter der Baßgambe, für die dort entsprechende Werte von etwa 133, 76 und 73 cm zu finden sind. Trotz gleichen Stimmungsprinzips unterscheidet sich also die englische Lyra Viol in Format und Höhenlage von der Viola bastarda. Wenn Praetorius zu dieser Bezeichnung meint: »Weiß nicht, Ob sie daher den Namen bekommen, daß es gleichsam eine Bastard sey von allen Stimmen«, so kann man seiner Vermutung nur recht geben. Die Vermischung von Quinten- und Quartenschritten in der Stimmung eines Instruments mußte in Anbetracht dessen, daß beide Intervalle Kriterien für die Zugehörigkeit zur Bratschen- bzw. Gambenfamilie bildeten, als eine Bastardisierung angesehen werden.

IV. Violen mit Aliquotsaiten: Viola di bardone; Viola d'amore

Bereits Praetorius spricht bei der »Viol Bastarda« von Stahl- oder Messingsaiten unterhalb des Darmsaitenbezuges, allerdings nicht als regulärer Einrichtung, sondern als einer besonderen englischen Erfindung. Die Einführung sympathetischer Saiten wird auf die Bekanntschaft mit orientalischen Instrumenten zurückgeführt wie die »sârangî«, eine indische Streichlaute, die außer ihren drei oder vier Spielsaiten noch elf bis vierzehn Resonanzsaiten hat. Die sich um 1600 rege entwickelnden Handelsbeziehungen Englands nach Ostindien mögen eine gewisse Anregung zu solchen Saitenkombinationen gegeben haben. Es darf aber nicht übersehen werden, daß sich auch im abendländischen Instrumentarium durch klangverstärkende oder -verändernde Doppelbezüge im Unisono oder in der Oktave und durch das Prinzip der Bordunsaiten gewisse Voraussetzungen für die Verwendung eines zweiten Bezuges als sympathetischer Aliquotsaiten gebildet hatten. Die Bemerkungen bei Praetorius, bei Mersenne in seinen ›Cogitata Physico Mathematica‹ von 1644 und später bei Playford zwingen zu der Annahme, daß die erste Verbindung von Spiel- und Resonanzsaiten an der Viola bastarda bzw. der Lyra Viol stattgefunden hat, wenn sie auch nach Playfords Bemerkung von 1661, »but time and disuse has set them aside«, zunächst nur ein vorübergehender Versuch geblieben zu sein scheint. Als sein Urheber gilt der sonst wenig bekannte Daniel Farrant. Daß sich des Praetorius' Bemerkung bei den Violen da braccio Kapitel XXII, Seite 48 (»daß wenn sie mit Messings- vnd Stälenen Saiten bezogen werden, ein stillen vnd fast lieblichen Resonantz mehr, als die andern, von sich geben«), auf mitschwingende Saiten bezieht, ist in dieser Verbindung unwahrscheinlich, obwohl seine Behauptung für direkt angestrichene Stahlsaiten vom Klang her unverständlich wäre. Während aus der ersten Hälfte des 17. Jahrhunderts nur einige literarische Belege über Instrumente mit resonierenden Saiten in England bekannt sind, hat dieses Klangprinzip in der 2. Hälfte des Jahrhunderts vornehmlich in Deutschland in zweifacher Art Gestalt gewonnen, als Viola di bardone und als Viola d'amore, die erstmalig Daniel Speer in seinem ›Grund-richtigen . . . Unterricht der Musicalischen Kunst‹ (Ulm 1687) beschreibt. Danach hatte erstere Messingwirbel und »einen zimlich breiten Hals, welcher hinten her, wo man den Daumen hält, auch hol ist, . . . in welcher Höle messerne und stählerne Saiten aufgespannet seyn, die mit dem Daumen hinten tractiert werden«. Darüber hinaus werden auch neben dem oberen Saitenbezug, der dem einer Viola da gamba entspricht, noch »zur rechten Seiten auf dieses Instruments Decken, . . . Lauten-Saiten gezogen und zuweilen mit dem kleinen Finger der rechten Hand berühret, so gleichsam im Gethöse ein Echo vorstellet«. Ein in Bau und Spieltechnik so kompliziertes Instrument hat offenbar nur geringe Verbreitung gefunden. Speer selbst kann nur einen Spieler und einen »Geigenmacher«, Adam Beßler in Eperies (Ungarn), dafür namhaft machen. Auch spätere Schriften zeigen sich über dieses Instrument wenig unterrichtet, wenn sie, wie Joseph Friedrich Bernhard Caspar Majer in seinem ›Museum Musicum‹ (Schwäbisch Hall 1732, 2. Auflage Nürnberg 1741) die legendäre Ableitung seines Namens von französisch »Pardon« weitergeben. Der Name Viola di bardone oder bordone dürfte vielmehr seinen Ursprung darin haben, daß die mitschwingenden Saiten als Bordune aufgefaßt wurden. Seine spätere Umbildung zu »Baryton« ist darum zwar der Stimmlage angemessen, dennoch ein sprachliches Mißverständnis, aus der Unkenntnis der Frühgeschichte des Instruments erklärbar, dessen Entstehung z. B. Ernst Ludwig Gerber (Historisch-Biographisches Lexicon der Tonkünstler, Leipzig 1790, »VI. Instrumenten=Register«) erst »ums Jahr 1700« ansetzt. In ihren Maßen entspricht die Viola di bardone etwa der Baßgambe, im Corpusumriß folgt sie einer schon Ende des 16. Jahrhunderts nachweisbaren Sonderform der Viola da gamba (siehe oben): Unter dem durch Ecken abgesetzten Oberbügel verlaufen die Zargen in einem S-förmigen Mittelbügel, der teils unmittelbar, teils mit nur leicht betonten Ecken oder tieferen Einkerbungen in den breiten und unten flachen Unterbügel übergeht. Die Decke hat meist beidseitig gedoppelte flammenförmige Schallöcher und eine Rosette in der Mitte des Oberbügels. Die in der Regel an einem schräggestellten Querriegel oder an Einzelklötzchen auf der Decke befestigten Aliquotsaiten werden teils unterhalb des Griffbretts, teils seitlich davon durch einen kastenartigen Hals geführt, der auf der Rückseite offen ist, um das Zupfen mit dem Daumen der linken Hand zu ermöglichen. Unter den wenigen aus dem 17. Jahrhundert bekannten Instrumenten sind auch Werke von Joachim Tielke, Hamburg, aus den Jahren 1686 und 1687 zu finden, die neben sechs Streichsaiten zweiundzwanzig bzw. elf Resonanz- oder Zupfsaiten aufweisen. Andreas Lidl aus Wien hat nach Gerber (auch in: Neues historisch-biographisches Lexikon der Tonkünstler, Leipzig 1812–1814, irrtümlich mit Vornamen Anton) die Metallsaiten auf siebenundzwanzig vermehrt und chromatisch gestimmt, während sein Zeitgenosse Karl Franz, längere Zeit Musiker beim Fürsten Nikolaus Joseph Esterházy, ein Instrument mit sieben Streichsaiten und sechzehn Drahtsaiten gespielt hat. Joseph Haydn begnügt sich in seinen Barytontrios mit neun Metallsaiten in der Stimmung *A, d, e, fis, g, a, h, cis', d'*. Da für diese Lage und den Umfang der gestrichenen Saiten Instrumente großer Mensuren nicht erforderlich waren, sind aus der 2. Hälfte des 18. Jahrhunderts auch Ausführungen ungefähr im Format der Alt-Tenor-Gambe zu finden. Nach dem ersten Viertel des 19. Jahrhunderts verschwindet das Instrument aus dem Musikleben.

Stärkere Verbreitung hat die Viola d'amore gefunden, obwohl sie für Frankreich zunächst durch J. Rousseau abgelehnt wird. Aus seiner Erklärung (S. 22), »l'on voit encore aujourd'huy une espece de Dessus de Viole montez de chordes de laton, qu'on appelle Viole d'Amour: mais il est certain que ces chordes font un meschant effet sous l'Archet, & qu'elles rendent un Son trop aigre«, kann man auf Instrumente mit reiner Metallbesaitung schließen. Auch die Ausdrucksweise Speers, »Viol de l'Amor, welche theils mit stählernen Saiten doppelt in unisono bezogen wird, theils auch därmerne Saiten hat«, läßt für die Besaitung verschiedene Möglichkeiten offen. Das Corpus der Viola d'amore entspricht dem einer Diskant-Gambe mit einer Zargenhöhe zwischen 5 bis 7 cm. Die Gesamtlänge des Instruments liegt zwischen 75 und 80 cm, die Corpuslänge beträgt etwa 40 cm. Der flache Boden mit seiner Abdachung zum Halse und die Decke sind meist ohne Randüberstand den Zargen aufgeleimt. Allerdings sind Maße und Beschreibungen nur mit dem Vorbehalt zu geben, daß sich Normen für dieses Instrument überhaupt nicht festlegen lassen. Als ausgesprochenes Soloinstrument behält es auch im Bau seine Individualität und bildet neben der schlichteren Gambenform ein großes Modell mit vielfach geschweiftem Corpusumriß aus. Häufig ist in der Decke eine Rosette, der eine für die Resonanzsaiten günstige akustische Wirkung zugeschrieben wird. Die Schallöcher haben meist Flammenform, und der Wirbelkasten wird gern mit einem Köpfchen bekrönt, welches oft als Symbol der blinden Liebe das eines Engels (Cupido) mit verbundenen Augen ist. Der Saitenbezug schwankt zwischen vier bis sieben Spielsaiten und der ihnen meist entsprechenden Zahl von Resonanzsaiten. Eine Sonderform, das Englische Violet, hat die doppelte Anzahl von Resonanzsaiten, so daß bei sieben Spielsaiten insgesamt einundzwanzig Saiten aufgezogen sind. Der dafür benötigte lange Wirbelkasten führt zu einer Gesamtlänge dieses Instruments von über 90 cm. Die Anlage der Resonanzsaiten ist verschieden. Meist sind sie an Knöpfen in der Unterzarge oder an einem Querriegel auf der Decke befestigt und werden unterhalb des Griffbrettes durch den ausgehöhlten Hals entweder (nach Definitionen von Curt Sachs) vorderzügig, d. h. direkt, oder hinterzügig, d. h. über die Rückseite des Wirbelkastens, zu den Wirbeln geführt. Ihre Stimmung ist diatonisch. Der Stimmungsumfang einer Viola d'amore mit sieben Spielsaiten überschreitet zwei Oktaven, im häufig gewählten *D*-Akkord: *A, d, a, d', fis', a', d''*. Doch wird die Stimmung je nach Bedarf gewechselt, und wenn Speer 1687 von der Viola d'amore sagt, »und in viel verstimmten Sachen gebraucht wird«, so drückt es Leopold Mozart in seiner ›Violinschule‹ (Augsburg 1756) mit den Worten aus: »Dieses Instrument leidet viele Verstimmung.« Seine große Zeit endete mit dem 18. Jahrhundert; wie Heinrich Christoph Kochs ›Musikalisches Lexikon‹ 1802 feststellt, »scheint dieses Instrument, welches vor diesem in den feinern Zirkeln der Liebling unter den Bogeninstrumenten war, ganz außer Gebrauch zu kommen«. Eine gelegentliche Verwendung in Giacomo Meyerbeers ›Hugenotten‹ (1836) änderte daran nichts.

V. Das 18. Jahrhundert

Das Spiel auf bundfreiem Hals mit obergriffiger Bogenführung auf den ihrer Bauart nach zu stärkerer Tonabstrahlung geeigneten Instrumenten der Viola da braccio-Familie rückte im 18. Jahrhundert, gefördert durch den italienischen Einfluß, in den Mittelpunkt des Musizierens. Vom Gambenchor behauptete sich nur der Baß noch einige Jahrzehnte als Continuo- und Soloinstrument. Im Jahre 1740 widmete ihm der Doktor der Rechte Hubert Le Blanc eine Verteidigungsschrift ›Défense de la Basse de Viole contre les Entréprises du Violon et les Prétentions du Violoncel‹, und 1782 bzw. 1787 starben mit Jean-Baptiste-Antoine Forqueray und Karl Friedrich Abel die letzten in ganz Europa anerkannten Virtuosen auf diesem Instrument. Eine noch um die Mitte des Jahrhunderts in Frankreich aufgekommene und dort namentlich durch Paul-François Grosset und Louis Guersan gebaute Kleinform von etwa Violingröße, der fünfsaitige Pardessus de viole in der Stimmung *g*, *c'*, *e'*, *a'*, *d''*, hat als Saloninstrument der Damen nur sehr kurze Lebensdauer gehabt.

Innerhalb der Viola da braccio-Familie führte, wie Heinrich Besseler dargelegt hat, der Übergang vom fünf- zum vierstimmigen Streichersatz zu allmählichem Verschwinden des Tenorinstruments mit seiner durchschnittlichen Gesamtlänge von 75 cm. Italien, das mit der 1690 von Antonio Stradivari gebauten sogenannten »Viola medicea« noch ein hervorragendes Beispiel der Viola tenore geliefert hat, geht in der Begrenzung auf ein Altinstrument voran, während namentlich in Deutschland die Zwischenstufe zur Baßlage und diese selbst durch die Viola da spalla, die Viola pomposa und das Violoncello piccolo vorerst noch verschiedene Abwandlungen erfahren (siehe den Artikel ›Violoncello‹). Nachdem mit der Viola d'amore eine Gambenform zum Arminstrument geworden war, traten Ende des 17. Jahrhunderts auch Diskant- und Alt-Violen dieser Bauform, aber mit niedriger Zarge und ohne Bünde als Violen da braccio auf, wie umgekehrt die Verwendung der Violoncelloform als Gambe schon vorher zu finden war (siehe oben Simpson). Für solche Mischformen dürfte einmal der Wunsch maßgeblich gewesen sein, jedes Instrument in der ihm angemessenen Haltung zu spielen, also kleine in Armhaltung, große in Kniehaltung, wie es bei der Viola da braccio-Familie von Anfang an allein möglich war. Analog den Entwicklungen anderer Instrumente ist darin aber auch die Absicht zu erkennen, den Gambenchor zu einem ausdrucksfähigeren Klangkörper umzugestalten, ohne die Grundform der Instrumente aufzugeben. Der in Hamburg wirkende Tielke stellte nicht nur solche Armviolen her, sondern gab seit 1685 seinen Gamben auch statt des flachen einen leicht gewölbten Boden. Scharf zu trennen von Originalen dieser Art sind die durch spätere Eingriffe und Umarbeitungen entstandenen Zwitterformen, die auf den Umbau von Violen d'amore zu Bratschen, von Violen di bardone zu Gamben, von Baßgamben zu Violoncelli, von Diskantgamben durch Verminderung der Zargenhöhe zu Violen da braccio u.a. zurückgehen. Teilweise schon Ende des 18. Jahrhunderts vorgenommen, haben sie dazu beigetragen, das Bild zu verunklären und die eindeutige Zuordnung mancher Instrumente zu erschweren.

VI. Die Bratsche und die Reformen im 19. und 20. Jahrhundert

Durch das Zurücktreten der Gambenformen (einzig der Kontrabaß hat noch den Corpusumriß und die Quartenstimmung bewahrt) bezieht sich seit dem Ende des 18. Jahrhunderts in der Musikpraxis der

Terminus Viola zunächst immer auf das Altinstrument der klassischen Streicherbesetzung. Seltener ist dafür die von der Stimmlage ausgehende Bezeichnung Alto. Im deutschen Sprachgebrauch wird der aus da braccio eingedeutschte Name Bratsche bevorzugt. Die durchschnittlichen Maße dieses Instruments betragen 65 cm für die Gesamtlänge, 39 cm für die Corpuslänge und 35–36 cm für die schwingende Saitenlänge. Abweichende Mensuren sind jedoch gerade bei der Bratsche häufig festzustellen, um ihren Klang je nachdem in der höheren oder tieferen Lage günstig zu beeinflussen. Das für den Tonumfang zu kleine Corpus kritisierte zuerst 1819 der Physiker Félix Savart in seinem ›Mémoire sur la construction des instrumens à chordes et à archets‹. Das Problem, die Bratsche durch Vergrößerung ihrer Dimensionen im Klangvolumen zu erweitern oder im Bedarfsfalle durch ein tiefer liegendes größeres Instrument zu ersetzen, hat bis in die Gegenwart Musiker, Akustiker und Geigenbauer beschäftigt. 1833 baute der Pariser Musiker B. Dubois einen »Violen-Tenor«, ein nach Georg Kinsky »laienhaft gearbeitetes Versuchsinstrument in Form einer vergrößerten Bratsche« mit der Stimmung G, d, a, e' (Musikhistorisches Museum von Wilhelm Heyer, Katalog, Band 2: Zupf- und Streichinstrumente, Köln 1912, S. 545). 1855 entstand durch Jean-Baptiste Vuillaume in mehreren Exemplaren ein »Contralto«, an Länge der Bratsche ungefähr gleich, aber mit 29,5 cm im Oberbügel und 36,5 cm im Unterbügel von nahezu doppelter Breite. 1876 ließ Hermann Ritter durch Karl Adam Hörlein in Würzburg eine »Viola alta« bauen, die in der üblichen Bratschenstimmung mit 48 cm Corpuslänge im Verhältnis 4:3 zur Violine stand. Richard Wagner und nach ihm Richard Strauss äußerten sich zustimmend zu diesem im Format der alten Viola tenore entsprechenden Instrument, unter Hans von Bülow wurde es auch ins Orchester aufgenommen. 1898 fügte Ritter eine fünfte Saite auf e'' hinzu. In der Absicht, ein Streichquartett mit Instrumenten zu schaffen, deren Proportionen den Quint- bzw. Oktavabständen ihrer Stimmlage entsprächen, entwickelte er 1905 mit dem Nachfolger Hörleins, dem Geigenbauer Philipp Keller, eine in Kniehaltung zu spielende »Viola tenore« von 72 cm Corpuslänge in der Stimmung G, d, a, e' sowie eine »Viola bassa« als Violoncello. Mit Arminstrumenten dieser Stimmung versuchte auch 1901 Heinrich Dessauer in Linz eine Bratschenreform und später Johann Reiter in Mittenwald, der eine »Oktavgeige« von 42 cm Corpuslänge herstellte. Mehr Erfolg hatte Alfred Stelzner, Wiesbaden, mit seiner 1891 gebauten »Violotta« von 71,5 cm Gesamtlänge und 41 cm Corpuslänge, ebenfalls G, d, a, e' gestimmt. Max von Schillings, Felix Draeseke u. a. haben dieses Instrument in ihren Kompositionen verwendet. Der um 1900 von Valentino de Zorzi in Florenz herausgebrachte »Controviolino« in der Unteroktave zur Violine und die von Hiller 1926 mit Bratschenbesaitung eingerichtete und in Kniehaltung zu spielende »Viola nuova« sind erfolglose Versuche geblieben. Bekannter geworden sind die Arbeiten des Frankfurter Geigenbauers Eugen Sprenger durch sein »Violoncello tenore« von 1922 in verdoppelter Violinmensur mit der Gesamtlänge von 116 cm und durch seine Bratsche von 1930 mit der normalen Gesamtlänge von 66 cm, aber einem durch größere Breite und zur Mitte erhöhte Zargen um ein Drittel erweiterten Corpusvolumen.

Die Wiederbesinnung auf das historische Instrumentarium hat auch zur Renaissance der Viola da gamba, Viola d'amore und Viola di bardone (Baryton) geführt, die schon vor 1900 durch Paul de Wit in Deutschland, Edward John Payne und Arnold Dolmetsch in England und Jules Delsart in Frankreich gefördert wurde. Dem Neubau dieser Instrumente widmet sich der Geigenbau in zunehmendem Maße, teils durch Kopieren alter Meisterstücke, teils auch mit eigenen Entwürfen.

ALFRED BERNER
Violoncello

Die Zusammensetzung der augmentativen Form »Violone« mit dem Diminutivsuffix »cello« ist eine erst in der zweiten Hälfte des 17. Jahrhunderts zu findende Namensbildung. Georg Kinsky (Musikhistorisches Museum von Wilhelm Heyer, Katalog, Band 2: Zupf- und Streichinstrumente, Köln 1912, S. 557) glaubt in dem Wort »Violoncino«, das in einem von ihm nicht näher bezeichneten Druck von 1641 und in dem 1660 in Venedig erschienenen Werk von Domenico Freschi ›Messa a 5. e Salmi a 3. e 5. con tre stromenti‹ op. 1 vorkommt, eine ältere Form dieses Namens sehen zu können, für dessen erstes Auftreten er die 1665 ebenfalls in Venedig veröffentlichten ›Sonate a 2. & a 3. Con la parte del Violoncello a beneplacido‹ op. 4 des Giulio Cesare Arresti nennt. Vor 1680 schrieb Domenico Gabrielli in Bologna ›Ricercari per violoncello solo‹.

Das Instrument selbst ist bereits Mitte des 16. Jahrhunderts entstanden, dadurch daß auch die Viola da braccio-Familie im Zuge der Ausweitung einzelner Instrumentengattungen zu Chören von vier bis acht verschiedenen Stimmlagen ihren Bereich mit einem nur in senkrechter Stellung zu spielenden Instrument, dem »Basso di Viola da braccio« (italienisch), »Basse de violon« (französisch), »Baß Viol de Braccio« (deutsch), zur Tiefe ausdehnte. Für Haltung und Spielweise war das Vorbild durch die Viola da gamba gegeben, die Form wurde durch Vergrößerung der c- oder F-Viola da braccio gewonnen, und Stimmlage und Stimmung entsprachen der Fortsetzung der absteigenden Quintenreihe g-c-F mit der tiefsten Saite auf B_1. Nach diesem System gliedert schon Philibert Jambe de Fer in seinem ›Epitome Musical‹, Lyon 1556, »L'accord & ton du Violon«, und auch die Ausführungen in Kapitel 56 des 4. Buches von Lodovico Zacconis ›Prattica di musica‹, Venedig 1592, beziehen sich auf ein B_1-Instrument, das den Baß zu der Tenor-Viola da braccio auf F bildet. Während Italien, Spanien und Frankreich diese Stimmung in der ersten Hälfte des 17. Jahrhunderts noch beibehielten, die sich unverändert bei Pedro Cerone, ›El Melopeo y Maestro‹, Neapel 1613, und Marin Mersenne, ›Harmonie universelle‹, Paris 1636, findet, ist sie im ›Syntagma Musicum‹, Band 2 (Wolfenbüttel 1619) des Michael Praetorius in C, G, d, a abgeändert und mit der um eine Quarte höheren Lage F, c, g, d' als Stimmung für den »Baß Viol de Braccio« zusammengefaßt. Wenn Praetorius einen noch darunter liegenden fünfsaitigen »Groß Quint-Baß« F_1, C, G, d, a nennt und damit für die tiefen Violen da braccio einen Chor von Streichinstrumenten auf F_1-C-F-c aufstellt, so wiederholt sich darin die auch im Blasinstrumentarium wahrnehmbare Tendenz, die Stimmlagen nicht nach einem konsequent eingehaltenen Intervall, sondern nach dem Prinzip der Oktavierung anzuordnen.

Entsprechend seiner tiefen Lage auf B_1 hatte das in Italien entwikkelte Modell größere Mensuren. Als sein Schöpfer gilt Andrea Amati, der Begründer des Geigenbaues in Cremona. Mit den von ihm an Karl IX. von Frankreich gelieferten Streichinstrumenten müssen auch seine Violon-Bässe (Violoncelli) dorthin gekommen sein. Bis 1701 baute auch Antonio Stradivari das große Modell mit einer Corpuslänge von etwa 80 cm. Daß aus den folgenden Jahren bis 1707 kein Violoncello von seiner Hand existiert, wird mit der neuen Verwendung des Instruments in Verbindung gebracht, die ihn zur Umstellung auf die kleinere Form veranlaßte. Erst mit erheblichem Zeitabstand zu den Wünschen der musikalischen Praxis ist also, von Stradivari maßgeblich beeinflußt, das Modell entstanden, auf das sich die Verkleinerungssilbe »cello« bezieht. Es erhielt bei einer Corpuslänge von etwa 75 cm die Gesamtlänge von etwa 120 cm und eine schwingende Saitenlänge zwischen 68 und 70 cm. Der in seinem Buch ›Das Neu-Eröffnete Orchestre‹ (Hamburg 1713) den Neuerungen auf dem Gebiet der Musikinstrumente so aufgeschlossene Johann Mattheson preist es mit der Formulierung: »Der hervorragende Violoncello« (S. 285). Wenn er es aber in einem Atem mit der »Viola di Spalla, oder Schulter-Viole« nennt, so zeigt diese Verbindung, daß der Wunsch nach einem Baßinstrument, »worauff man mit leichterer Arbeit als auff den grossen Machinen allerhand geschwinde Sachen, Variationes und Mannieren machen kann«, nicht nur vom Violoncello erfüllt wurde. Ein Vorläufer der Viola da spalla war die von David Speer in seinem ›Grund-richtigen ... Unterricht der Musicalischen Kunst‹ (Ulm 1687) beschriebene Fagott-Geige, ein verhältnismäßig kleines Instrument mit dicken, übersponnenen Saiten, in der Unteroktave zur Bratsche gestimmt, »welche Saiten hernach im Streichen schnurren, und werden solche Violen um dieser schnurrenden Saiten halben, Violae di Fagotto tituliert«. Es handelte sich also um ein geschultertes Violoncello, das nicht nur im ›Museum Musicum‹ des Joseph Friedrich Bernhard Caspar Majer (Schwäbisch Hall 1732), sondern auch noch in der ›Violinschule‹ von Leopold Mozart (Augsburg 1756) genannt wird, bei letzterem als Zwischengröße zwischen Bratsche und »Handbaßel«. Wenn Sébastien de Brossard in seinem ›Dictionnaire de musique‹ (Paris 1703) für Frankreich definiert: »Violoncello. C'est proprement nôtre Quinte de Violon, ou une Petite Basse de Violon à cinq ou six Chordes«, so wird die Eindeutigkeit des Begriffes Violoncello für die Zeit um 1700 überhaupt in Frage gestellt. Jedenfalls hat sich der Übergang vom »Basso di Viola da braccio« zum Violoncello keineswegs in gerader Linie vollzogen, und auch Johann Sebastian Bach hat in ihm nicht die einzige Lösung gesehen, vielleicht beeinflußt durch die noch wenig entwickelte Technik auf diesem Instrument. Für das von ihm geforderte Instrument mit einer fünften Saite auf *e'* gibt Ernst Ludwig Gerber (Historisch-Biographisches Lexicon der Tonkünstler, Leipzig 1790, Spalte 90) die Begründung: »Die steife Art womit zu seiner Zeit die Violonzells behandelt wurden, nöthigten ihn, bey den lebhaften Bässen in seinen Werken, zu der Erfindung, der von ihm sogenannten Viola pomposa, welche bey etwas mehr Länge und Höhe als eine Bratsche, zu der Tiefe und den vier Saiten des Violonzells, noch eine Quinte, *e*, hatte, und an den Arm gesetzt wurde; dies bequeme Instrument setzte den Spieler in Stand, die vorhabenden hohen und geschwinden Paßagien, leichter auszuführen.« Die Spielweise dieses Instruments ist allerdings eine noch immer offene Frage der Aufführungspraxis, zumal es in Notierung und Umfang von Bach nicht einheitlich behandelt wird. Instrumente mit Gesamtlängen von 75–78 cm und Corpuslängen von 45–47 cm wären ähnlich der Viola da spalla auch in Armhaltung spielbar. Entscheidend ist die Zargenhöhe, die bei 8 oder 9 cm auf ein Spiel in Kniehaltung deutet, wie es nach der bei Bach selbst zu findenden Bezeichnung Violoncello piccolo ebenfalls vertretbar wäre.

Vergleiche zwischen Violoncelli des 18. Jahrhunderts, deren Maße noch original, d. h. vor allem durch keinen neuen Hals verändert worden sind, zeigen starke Uneinheitlichkeiten in den Mensuren. Dies änderte sich im Laufe des 19. Jahrhunderts, doch bleibt gegenüber der jetzt einheitlichen Mensur der Violine beim Violoncello noch immer eine gewisse Variabilität der Maße bestehen.

KURT STEPHENSON
Violoncellomusik

I. Kammermusik. – II. Konzertmusik

I. Kammermusik

Die Verzierungspraxis des älteren Sonatenspiels löste auch die Violoncellopartien von der Streichbaßfunktion zu solistischer Entwicklung, zuerst nachweisbar bei den Komponisten an S. Petronio zu Bologna, unter obligater Verwendung in verschieden besetzten Basso continuo-Ensembles, auch für zwei Violoncelli, in Sonaten für Violoncello mit Basso continuo, frühzeitig auch in Werken für das Violoncello allein, so von Domenico Gabrielli (Ricercari vor 1680) und Giuseppe Jacchini (Solo-Sonaten um 1700). Seitdem behaupteten Pietro Giuseppe Gaetano Boni (Sonate per camera op. 1, Rom 1717, Sonate op. 3, Rom 1741), Salvatore Lanzetti (Sonaten und Soli seit 1736), Jean-Baptiste Canavas (Sonaten, Paris 1767 und 1773) mit anderen den Anschluß der Violoncellokompositionen an die altitalienische Kammerkunst. Unter den Werken deutscher Musiker nehmen die Suiten Johann Sebastian Bachs für das Violoncello allein, die aus seiner Köthener Zeit stammen, eine Sonderstellung in der bis heute fortgeführten Gattung ein. Im Übergang zur neuen kammermusikalischen Sonatenkunst wurde das Instrument nur wenig mit Solo-Aufgaben bedacht, im Mannheimer Kreis durch Johann Stamitz (sechs Soli), Carl Stamitz (Duette mit der Violine), Anton Filtz (drei Sonaten op. 5). Luigi Boccherini mit über dreihundert kammermusikalischen Werken, Jean-Pierre und Jean-Louis Duport und Bernhard Romberg bahnten den Weg zu freier Mitsprache des Violoncello in den Streichergruppen, mit brillanten Wirkungen als virtuosem Selbstzweck. Daneben entwickelte Joseph Haydn seine kammermusikalischen Violoncellopartien seit 1771 (Streichquartette op. 17 und 20) schrittweise zu künstlerischer Gleichberechtigung, unter zunehmender Beteiligung am Themenvortrag und Motiv-Aufschluß. Wolfgang Amadeus Mozart gelang darüber hinaus die werkgerechte Einordnung virtuoser Violoncellostimmen in den sogenannten »preußischen« Streichquartetten (KV 575, 589 und 590, 1789/90) für den Liebhabervioloncellisten Friedrich Wilhelm II., dem Haydn schon sein op. 50 (Hob. III: 44–49) 1787 gewidmet hatte. Für den König komponierte auch Ludwig van Beethoven 1796 die beiden Violoncellosonaten op. 5, noch mit übergewichtigem Klavierpart. Der Ausgleich durch freiere Melodieführung und virtuosere Klangausbreitung des Violoncello gelang ihm mit den Variationen über Themen aus Mozarts ›Zauberflöte‹ um 1800 und mit den Sonaten op. 69 (1807) und op. 102 (1815); der volle Einsatz des Violoncello vom bedeutenden Kunstwerk her ist auf dem Boden der Wiener Klassik zuerst erreicht worden. In seinen letzten Streichquartetten von op. 127 an (1822–1825) stellte Beethoven für seine Zeit unerhörte Anforderungen an die Griff- und Bogentechnik des Violoncellospielers. Franz Schubert hat die Solo-Gattungen nicht gepflegt, doch kam in seiner Kammermusik die Eignung des Violoncello zur Kantilene im Bariton- und Tenor-Bereich, begünstigt durch ein überragendes Melodietalent, zu klassischer Geltung; sein Streichquintett *C* mit zwei Violoncelli bildet bis heute einen Gipfel cellistischer Kammerkunst. In Frédéric Chopins Violoncellosonate op. 65 (1845/46) wirkt sich der Einfluß des ihm befreundeten Violoncellovirtuosen Auguste Franchomme deutlich aus. Die fehlende eigene Spiel-Erfahrung und die Notwendigkeit, sich von Violoncellovirtuosen beraten zu lassen, blieb für die vom Klavier herkommenden Großmeister des 19. Jahrhunderts ein Dauerproblem. Robert Schumann schrieb nur gelegentlich für das kammermusikalische Solo-Cello (›Fünf Stücke im Volkston‹ op. 102, 1849), Felix Mendelssohn konnte in seiner zweiten Sonate op. 58 (1841/42) das Violoncello-Pizzicato zu neuen künstlerischen Wirkungen bringen. In den beiden Sonaten op. 38 (1865) und op. 99 (1886) von Johannes Brahms sind die Violoncellopartien bei ausladendem Klaviersatz weniger auf die eigene Klangentfaltung als auf den Einsatz im musikalischen Gesamtvorgang angelegt. Doch blieb das Vorbild der Schubertschen Violoncello-Kantilene in Schumanns und Brahms' Kammermusik und bis in das 20. Jahrhundert hinein wirksam, auch bei den Komponisten nationaler Richtung im europäischen Norden und vor allem bei ausgezeichneten Melodikern im Osten wie Bedřich Smetana, Antonín Dvořák, Alexander P. Borodin, obschon sie dem kammermusikalischen Solospiel für das Violoncello nur geringe Beachtung geschenkt haben. Hans Pfitzner hat in seinem ersten Opus (Sonate, 1890) ein Muster cellomäßiger, dem Klavier klanglich zugeordneter Führung des Violoncello aufgestellt. Die kammermusikalische Solokomposition blieb auch nach der Mitte des 19. Jahrhunderts weit überwiegend in den Händen der Violoncellovirtuosen, als fleißig produzierte Gebrauchsmusik, unter bleibender, auch von der Öffentlichkeit geteilter Neigung zu Charakterstücken, Romanzen und sonstigen Miniaturen, auch zum Arrangement von Werken anderer Gattungen, beliebter Opernfragmente, Lieder usw. Seit dem Biedermeier entstand eine kaum überschaubare Literatur von Variationen, Transkriptionen, Potpourris, die auf technische oder gefühlsmäßige Effekte angelegte, im Wert unterschiedliche sogenannte Salonmusik. Bis in die jüngste Zeit ist die anspruchsvollere kammermusikalische Sololiteratur trotz der Werke von Leoš Janáček (›Pohádka‹, 1910), Claude Debussy (Sonate, 1915), Richard Strauss (Sonate op. 6, 1881), Max Reger (Sonaten op. 5, 28, 78, 116,

1892–1911), Pablo Casals, Maurice Ravel, Nikolaj K. Medtner, Nikolaj J. Mjaskowski, Alfredo Casella (Sonaten op. 8, 1907, und op. 45, 1927), Carlfriedrich Pistor, Alexander (Sándor) Jemnitz, Sergej Prokofjew (Sonate op. 119, 1951), Arthur Honegger (Sonate, 1920), Max Dehnert, Paul Hindemith (Sonate, 1948), Hanns Eisler, Paul Tortelier u. a. immer noch verhältnismäßig beschränkt geblieben.

II. Konzertmusik

Die Komposition für Violoncello mit Orchester entwickelte sich am Rande des europäischen Instrumentalkonzerts bis etwa 1800, verbreiterte sich zur Virtuosenmusik bis etwa 1850 und wurde seitdem auch in das Schaffen der Großmeister anderer Gattungen einbezogen. Vorbilder aus der Violinmusik wirkten sich zwangsläufig aus, von den Anfängen bis weit in das 19. Jahrhundert hinein. Bedeutende Erstlinge Jacchinis (›Concerti per camera‹ op. 4, 1701) weisen mit freien solistischen Führungen des Violoncello auf Muster des Bologneser Geigerkollegen Giuseppe Torelli. Das italienische und deutsche Concerto grosso förderte in den Concertino-Episoden weiterhin den Violoncello-Einsatz durch den unmittelbaren Wettbewerb mit der Violine und anderen Instrumenten. Antonio Vivaldi und, im Übergang zur melodisch beweglicheren, empfindsamen Vorklassik, Giuseppe Tartini haben nach dem Formvorbild des Violinkonzerts ausnahmsweise auch das Violoncello mit (undatierten) Solowerken bedacht, ohne zur Entwicklung der Gattung beitragen zu können. Dagegen konnte der neapolitanische Opernkomponist Leonardo Leo, der das Instrument mit Fertigkeit spielte, frühe Muster klanggerechter und gesanglicher Behandlung aufstellen (sechs Konzerte, 1737/38). Um die Mitte des 18. Jahrhunderts scheint das Violoncellokonzert in Italien fast erloschen zu sein. Auch Boccherini hat sich ihm, gemessen an seiner überreichen Kammermusik-Produktion, seit etwa 1770 nur in bescheidenem Umfange zugewandt. Mit seinen melodisch-zierfreudigen Konzerten wurde für Italien ein vorläufiger Abschluß erreicht. In Deutschland nahmen Ignaz Jakob Holzbauer, Filtz (vier Konzerte, seit etwa 1745), C. Stamitz, Joseph Reicha Anregungen aus dem vom Geiger J. Stamitz geschaffenen Mannheimer Konzertstil auf. Unter formaler Verbindung mit italienischen Mustern schrieb in Berlin um 1750 Carl Philipp Emanuel Bach eigenständige Violoncello-Konzertmusik (Wotquenne 170–172). In London veröffentlichte John Garth noch 1768 Violoncellokonzerte im Barockstil. Aus der Wiener vorklassischen Zeit ist u. a. ein technisch wie musikalisch überragendes Konzert von Georg Matthias Monn (*g*, um 1740) erhalten. Von Haydns angeblich fünf Beiträgen ist der in *D* (Hob. VIIb: 2, komponiert 1783) im Konzertsaal auf die Dauer heimisch geworden, wohl wegen seiner ansprechend-glatten Melodik, derentwegen andererseits die Echtheit des Werkes lange angezweifelt worden ist; sein Konzert *C* (Hob. VIIb: 1, wohl vor 1780) wurde nach langer Verschollenheit 1961 in Prag im Autograph wiederentdeckt. Haydns Schüler Anton Kraft (op. 4, 1792) und Ignaz Pleyel sind unter den Süddeutschen zu nennen. Krafts Sohn Nikolaus (op. 3 und 4, um 1800), bedeutender Violoncellist, fand den Anschluß an Geist und Streichtechnik des französischen Violinkonzerts. Der Vorsprung der Violinkompositionen, besonders die Vorbilder Jacques Pierre Joseph Rodes und Rodolphe Kreutzers, haben ihre Faszination noch lange ausgeübt, J.-L. Duport folgte ihr auf der Höhe seiner Virtuosität, zunehmend auch Romberg mit zehn Konzerten seit 1802. Seine für den eigenen Gebrauch geschriebene Konzertmusik kam dem Unterhaltungsbedürfnis der Zeitgenossen durch den Einbezug nationaler Melodien und Tänze entgegen: Souvenirs aus vielen internationalen Kunstfahrten. Eigenart und Klangbegrenzung des Violoncello begünstigten seit Justus Johann Friedrich Dotzauer die Neigung zu kantabler Thematik, zu rezitativisch-deklamatorischen Einschüben und zu Raffungen der Konzertform bis zur Einsätzigkeit (noch Pfitzner). Der elegante Stil der französischen Geigerkomponisten wirkte weiter über Daniel François Esprit Auber, über Adrien-François Servais (unter dem Einfluß Charles-Auguste de Bériots), Edouard Lalo (Konzert *d*, 1877), Camille Saint-Saëns (op. 33, 1873, op. 119, 1902) bis zu Wilhelm Fitzenhagen, dieser in Anlehnung an Henri Vieuxtemps. Den Gedanken der Spohrschen ›Gesangsscene‹ (1816) übernahmen für das Violoncello zuerst Kaspar Jakob Bischoff und noch Hugo Kaun (op. 35, 1902). Bernhard Molique (op. 45, 1853) inspirierte sich an Mendelssohns Violinkonzert. Die ständige Verbreiterung der europäischen Konzertübung im 19. und 20. Jahrhundert bot Raum für viele epigonale und originale, personal- und nationalstilistisch eingefärbte konzertierende Violoncellokompositionen, an denen sich neben tüchtigen Meistern vom Fach wie David Popper, Hugo Becker (op. 10, 1890), Julius Klengel (op. 4, 20, 31, 37, 1882–1901) auch viele andere beteiligten: Friedrich Robert Volkmann (op. 33, 1858), Anton G. Rubinstein, Emil Hartmann, Friedrich Gernsheim (op. 78, 1907), Max Bruch, Johan Svendsen (op. 7, 1870), Peter I. Tschaikowsky (›Variationen über ein Rokokothema‹ op. 33, 1876), Edward Elgar (op. 85, 1919), Eugen d'Albert (op. 26, 1900), Richard Strauss (Romanze *F,* 1883), Ernst von Dohnányi (Konzertstück *D,* 1906), Felix von Weingartner (op. 60, 1917), Hermann Zilcher (op. 21, 1925), dazu viele weitere Komponisten, die das Violoncello ebenfalls nur gelegentlich bedacht haben. Die hier gegebene Auswahl kann einen Anspruch auf allgemeine Gültigkeit nicht erheben. Die künstlerische Höhenlinie verlief jedoch in den wenigen Werken von Schumann (op. 129, 1850), Brahms (Doppelkonzert op. 102, 1887), Dvořák (op. 104, 1895), Pfitzner (op. 42, 1935, op. 52, 1943). Im Übergang zur neuen Tonkunst stehen in den 1920er Jahren unter bedingter Rückwendung zum barocken Konzertstil die Werke von Ernst Toch (op. 35, 1924), Paul Höffer (op. 20, 1928), Hindemith (op. 36, 2, 1925), daneben und danach sind Fritz Reuter, Gaspar Cassadó, Aram I. Chatschaturian, Ottmar Gerster, nochmals Hindemith (Konzert, 1940), Tortelier mit einschlägigen Kompositionen hervorgetreten.

Die im 18. Jahrhundert und darüber hinaus beliebte Mischgattung der Symphonie concertante förderte seit Holzbauer auch die künstlerische Einfügung des Violoncello in das Symphonie- und Bühnen-Orchester, das seit Beethoven und Gioacchino Rossini steigende und schließlich virtuose Ansprüche erhob. In der verfeinerten orchestralen Ausdruckskunst des 19. Jahrhunderts wurden Höhepunkte durch Richard Wagner und Richard Strauss (›Don Quixote‹, 1898) erreicht, im weiteren vor allem durch Béla Bartók mit subtilen rhythmischen und klanglichen Führungen des Violoncello in konzertierenden Instrumentengruppen.

KURT STEPHENSON
Violoncellospiel

I. Bis um 1700. – II. Das 18. Jahrhundert. – III. Seit etwa 1800

I. Bis um 1700

Nach Bauweise und musikalischer Bestimmung den Violinen entsprechend, war das Violoncello von Anfang an vom Violenconsort getrennt, in der Spieltechnik jedoch angenähert, weil es wegen der größeren Mensur senkrecht gehalten werden mußte. Die von den Violinen übernommene Quintenstimmung $F c g$ (Martin Agricola, Musica instrumentalis deudsch, Wittenberg 1529 und [4]1545) wurde schon im 16. Jahrhundert in mehreren Modellen zum Viersaitenbezug erweitert: $C G d a$ (Hans Gerle, Musica Teusch, Nürnberg 1532), mit einem Versuch zur Quintergänzung nach unten $F_1 C G d a$ (Groß-Quint-Baß bei Michael Praetorius); $B_1 F c g$ (Philibert Jambe de Fer, Epitome musical, Lyon 1556), bis um 1700 in Frankreich und England vorwiegend im Gebrauch; daneben auch der größere Baß $Es_1 B_1 F c$ (noch Marin Mersenne, Harmonie universelle, Paris 1636). Die Stimmung $C G d a$ hat sich zuerst in Deutschland und Italien durchgesetzt. Auf dem Griffbrett ohne Bünde nahm die Applikatur ihren Ausgang von der diatonischen Übung der Violingruppe, mensurbedingt zunächst mit dem 1., 2., 4. Finger. Auch die Schrägstellung der Finger wurde von den Armgeigen übernommen und beibehalten, solange die linke Hand das Instrument, das der Spieler stehend (auch angehängt) oder sitzend von sich abstreckte, festhalten mußte, bis die Stütze in der Knie-Waden-Haltung um 1650 gefunden war, individuell auch darüber hinaus (noch Bernhard Romberg). Der flache Bogen wurde nach Art der Violen im Untergriff geführt. Aus der gegenüber dem hochentwickelten mehrstimmigen Spiel der Violen untergeordneten Bestimmung der Violininstrumente für die Tanz- und Freiluftmusik im 16. Jahrhundert gewann diese wachsende musikalische Bedeutung mit der Stilwende zur Basso continuo-Praxis, Monodie und zum konzertierenden Einsatz. Doch blieb das Violoncello in Frankreich als tiefster Streichbaß noch lange mit einfachen Aufgaben betraut, während es in Italien als Stimme über dem Kontrabaß-Fundament erhöhte Beweglichkeit gewann. Im Ausgleich der durch die Violinbauart und Stimmlage gegebenen Mensurverhältnisse mit den Möglichkeiten der Greifhand konnten im 17. Jahrhundert erste Schritte zur Ausbildung einer violoncellgemäßen Spieltechnik getan werden: der Übergang zur freien Haltung der linken Hand, bis zur Vertikalstellung bei Doppelgriffen und Lagenwechsel bis zur 4. Lage; die Nutzung der ganzen Bogenlänge im Obergriff zum Melodiespiel und schließlich in der Verwendung als Soloinstrument. Eine genauere

Chronologie dieser Fortschritte läßt sich aus der musikalischen Literatur nicht erschließen. Unterrichtswerke fehlen bis um 1740 ganz, in Italien bis um 1800. Noch wurden größere und kleinere Modelle, selbst innerhalb gleicher Stimmlagen, gebaut; Versuche mit Instrumenten in Armhaltung wurden ohne bleibendes Ergebnis angestellt, besonders in der hochentwickelten Instrumentenbaukunst der Italiener, bei denen das Violenspiel am frühesten außer Übung kam. In Bologna traten noch vor 1700 erste Meister des Violoncello-Solospiels hervor: Domenico Gabrielli, Petronio Franceschini, Giuseppe Jacchini; letzterer wurde auch schon als Meister des freien, improvisatorisch belebten Akkordspiels in einer dem Generalbaß angenäherten Funktion gerühmt. Einer ähnlichen Entwicklung stand in Frankreich die anhaltende Hochkultur der Baßviole im Wege, in England faßte die Violinenfamilie erst seit der Mitte des 17. Jahrhunderts unter dem Einfluß der französischen Hofmusik (»24 Violons du Roy«) festen Fuß.

II. Das 18. Jahrhundert

Den weiten Vorsprung der Violinisten konnten die Violoncellospieler erst im 18. Jahrhundert aufholen. Mit den Meisterinstrumenten des Antonio Stradivari (seit 1710) wurden die bleibend gültigen Corpusmaße erreicht, die tieferen Stimmungen in Frankreich und England wurden allmählich aufgegeben, die gelegentliche Anfügung einer 5. Saite im Quartabstand über der obersten wurde mit der wachsenden Sicherheit im Lagenspiel, seit etwa 1720 über die fünfte und sechste Lage hinaus, unnötig. Die Verlängerung des Halses und Griffbretts bei Verwendung dünnerer und stärker gespannter Saiten ermöglichte eine leichtere Ansprache und die Stufung der Tongebung zwischen klingendem Piano und strahlendem Forte. Die linke Hand befreite sich zu voller Beweglichkeit auch bei Doppel- und Mehrgriffen und erhielt mit rundem, hammerähnlichem Aufsatz der Finger die Möglichkeit zum störungsfreien Daumenaufsatz (beschrieben von Michel Corrette, Méthode théorique et pratique, Paris und Lyon 1741) und damit zur Eroberung des ganzen, durch die Saitenlänge gegebenen Spielfeldes. Zur virtuosen Beherrschung der Daumenlagen gelangten zuerst Luigi Boccherini und Jean Louis Duport (Essai sur le doigté du violoncelle et la conduite de l'archet, Paris um 1810). Mit der Einführung des Konkavbogens aus Pernambukholz mit einer Metallzwinge am Frosch für die Violingruppe wurden auch die Stricharten auf dem Violoncello biegsamer und zu härterem Staccato und brillantem Spiccato im heutigen Sinne erweitert. Von den Violinen wurde auch die Neigung des Bogens zum Sattel hin übernommen. Die Notation vereinfachte sich aus einer Vielzahl von Schlüsseln auf die Verwendung des Baß-, Tenor- und Violin-Schlüssels.

154

Italienische Violoncellisten behaupteten die europäische Führung bis um 1750, unter maßgebendem Einfluß in den deutschen Residenzen. England folgte mehr der Entwicklung in Frankreich. Namhafte Italiener vor und neben dem ersten Großmeister Boccherini (Paris, Madrid) waren Jean-Baptiste Stuck (genannt Batistin), Giacomo Bassevi (genannt Cervetto), Quirino Gasparini, Antonio Vandini, Joseph Dall'Abaco, Carlo Ferrari, Salvatore Lanzetti (Principes ou l'application de violoncelle par tous les tons, Amsterdam um 1760), Bernardo Aliprandi, Giovanni Battista Cirri. In Deutschland entstand mit dem Aufblühen der instrumentalen Kunst starker Bedarf in den Hofmusiken, vor allem in den süd- und mitteldeutschen. Er wurde zunehmend durch einheimische Kräfte gedeckt. Aus tüchtigem Durchschnitt traten hervor Wenzel Himmelbauer, Joseph Franz Weigl und Philipp Schindlöcker in Wien, Innocenz Danzi, Anton Filtz, Paul Winneberger, Peter Ritter in Mannheim, Johann Rudolf Zumsteeg in Stuttgart, Christoph Schetky in Darmstadt, Joseph Reicha und Bernhard Romberg in Bonn, Johann Konrad Schlick in Gotha. Manchem gelang der Sprung aus dem Fürstendienst in das freie Virtuosentum, wenige wagten ihn von Anfang an, wie Johann Baptist Baumgartner (Instructions de musique, théorique et pratique, à l'usage du violoncello, Den Haag um 1774) und Johann Gottfried Arnold. Die Verdichtung des französischen Musiklebens auf Paris in der Hofkapelle, den »Concerts spirituels«, in den Musikbühnen und Theaterkonzerten begünstigte die Weitergabe technischer Fortschritte im Lehrer-Schüler-Verhältnis am Ort. Von den Schülern des Martin Berteau kamen zu hohem Ansehen François Cupis (Méthode nouvelle et raisonnée pour apprendre à jouer du violoncelle, Paris 1772), Jean Baptiste Janson, Joseph-Bonaventure Tillière (Méthode pour le violoncelle, Paris um 1775) und Jean Pierre Duport, als dessen Schüler sein Bruder Jean Louis. Beide haben ihre Kunst in der preußischen Residenz zur Geltung gebracht, Jean Balthasar Tricklir und Dominique Bideau (Grande et nouvelle méthode raisonnée pour le violoncelle, Paris 1802) in Dresden, Nicolas Joseph Platel in Brüssel. Zum systematischen Aufbau der französischen Spielkunst trugen Pierre François Aubert (Méthode ou Nouvelles Etudes pour le Violoncelle, Paris 1813), die Brüder Pierre François und Jean Henri Levasseur (Méthode de Violoncelle et de Basse d'Accompagnement, für das Pariser Konservatorium, Paris 1804), Jacques Michel Hurel de Lamare und Jean Baptiste Sébastien Bréval (Traité du Violoncelle op. 42, Paris 1804) bei. Seit Corrette bis zu J. L. Duport führte Frankreich in der Veröffentlichung von Lehrwerken.

III. Seit etwa 1800

In den gedruckten Violoncelloschulen von J. L. Duport (um 1810) und Romberg (Méthode de Violoncelle, Berlin 1840) sind die Grundlagen der heutigen Technik niedergelegt. Ausbaumöglichkeiten blieben für die Haltung, seit etwa 1860 mit Stachel, durch Ergänzungen des Applikatursystems für die höchsten Griffbrettregionen, auch in der Führung des Bogens unter Einbezug des rechten Oberarms zur Förderung der virtuosen Stricharten, und in der Ausbildung der Dynamik, des Farbwechsels und Flageolettspiels u. a., alles dies im Dienst zunehmend verfeinerter Ausdruckskunst. Für das Violoncello besonders wichtig wurden seit etwa 1850 Versuche mit der umsponnenen Stahlsaite (um 1920 Thomastik-Saite). Das Vibrato blieb sowohl in der technischen Ausführung vom Finger, Handgelenk oder gar Bogen her wie in der künstlerischen Anwendung lange umstritten zwischen weitgehender Ablehnung (Romberg), gelegentlicher Zulassung als Bebung oder Tremolo oder sogenanntem Pochen (Fingertupfen) bei Justus Johann Friedrich Dotzauer (Violoncellschule, Mainz 1832), Friedrich August Kummer (Violoncellschule, Leipzig 1839) bis zur Freistellung an den individuellen Geschmack (Carl Schröder, Alfredo Piatti) oder unter Maßgabe des jeweiligen Affekts (Hugo Becker, Mechanik und Aesthetik des Violoncellspiels, Wien und Leipzig 1929, mit Dago Rynar).

Piatti hat, wie Boccherini, zumeist außerhalb Italiens gewirkt. Schwerpunkte der Entwicklung wurden neben Paris mit J. H. Levasseur, Charles Nicolas Baudiot (Grand méthode de violoncelle op. 25, 2 Bände, Paris 1820? und 1826), Louis Pierre Martin Norblin, Auguste Franchomme nun Brüssel mit Adrien François Servais, Jules de Swert und in Deutschland Dresden. Von hier gingen seit Dotzauer und seinen Meisterschülern die stärksten Anregungen auf die deutsche und europäische Virtuosität aus. Sie reichen über Enkelschüler bis in die Gegenwart hinein: Fr. A. Kummer, Karl Drechsler, Karl Schuberth, Bernhard Cossmann, Julius Goltermann, Friedrich Grützmacher, Karl Davidow, David Popper, Emil Hegar, Wilhelm Fitzenhagen, Julius Klengel, H. Becker, Paul Grümmer, Enrico Mainardi, Emanuel Feuermann, Gregor Piatigorski, Ludwig Hoelscher, Rudolf Metzmacher u. v. a. In anderen Musikzentren zeichneten sich aus Joseph Merk (Wien), Joseph Menter (München), Robert Hausmann (Berlin), Leo Stern (London). Von einer Schule Rombergs (Sebastian Lee, Georg Goltermann) ist nur unter Vorbehalten zu sprechen.

Bedeutende Spieler schlossen sich dauernd führenden Kammermusikgruppen an, wirkten maßgebend in den großen Orchestern und widmeten sich neben Konzertreisen zuweilen ausgedehnter Lehrtätigkeit. Für das Solospiel wurden die Grenzen des Violoncello unter dem betonten Ausdrucksbedürfnis des 19. Jahrhunderts als Mangel empfunden, besonders im Vergleich mit der Violine. Noch Eduard

Hanslick meinte, daß das Instrument den Hörer schnell ermüde, und noch in den 1920er Jahren galt es für den spanischen Großmeister Pablo Casals als höchstes Lob, daß er das Violoncello »wie eine Violine« spiele. Er war der berühmteste Vertreter des modernen, weltumspannenden Violoncello-Virtuosentums, dem u. a. auch sein Schüler und Landsmann Gaspar Cassadó, Henri Honegger, Siegfried Palm, Pierre Fournier, Paul Tortelier, Maurice Gendron, Antonio Janigro, Mstislaw Rostropowitsch, Janos Starker angehören.

Kontrabaß

Allgemein bedeutet der Zusatz »Kontrabaß« vor einem Instrumentennamen die 16-Fuß-Lage. Derartige tiefe und entsprechend große Ableger besitzen (in alphabetischer Reihenfolge, Einzelheiten bei Curt Sachs, Real-Lexikon der Musikinstrumente, Berlin 1913): Balalaika, Bassetthorn, Flöte, Gitarre, Klarinette, Konzertina, Kornophon, Krummhorn, Oboe, Ophikleide, Pommer, Posaune, Rackett, Sarrusophon, Saxhorn, Saxophon, Saxotromba, Serpent, Sordun, Tanbura, Tuba.

Im speziellen Sinne bedeutet Kontrabaß das größte Streichinstrument des heutigen Orchesters. Der Kontrabaß unterscheidet sich aber von den übrigen Gliedern der Streichergruppe meistens durch seine Form und immer durch die Stimmweise. Beide sind bedingt durch seine Herkunft von der Viola da gamba. Auf diese weisen hin der kurze Hals, die spitz zulaufenden Oberbügel, der flache und abgedachte Boden, die hohen Zargen, die nicht immer ausgezogenen Ecken sowie nicht überstehende Decke und Boden. Die Form der Violine hat der Kontrabaß besonders häufig im 17. und 18. Jahrhundert angenommen. Diese Form wird auch heute noch gebaut, aber die Form der Viola da gamba überwiegt. Von der Viola da braccio-Familie sind durchgehend nur die Schnecke anstelle des Zierkopfes und die F-Löcher anstelle der C-Löcher übernommen. Die Gründe für diese formale Abweichung von den übrigen Instrumenten der Streichergruppe sind z.T. spieltechnischer Natur, weil die abfallenden Schultern und der abgedachte Boden ein leichteres Regieren des ungefügen Instruments erlauben. Diese Gründe sind aber sicher nicht die allein ausschlaggebenden, ebenso sehr dürfte die Viola da gamba-Form durch die Stimmung motiviert sein. Die heutige Stimmung des Kontrabasses ist *E-A-D-G* mit dem Klang eine Oktave tiefer als notiert; der Kontrabaß ist also das einzige transponierende Streichinstrument der heutigen Praxis. Die Quartenstimmung (mit dazwischen liegender großer Terz) ist bezeichnend für die Viola da gamba-Familie, die Quintenstimmung für die Viola da braccio-Familie. Dieser Unterschied erklärt sich daraus, daß das Mutter-Instrument der Gambenfamilie die Baß-Viola da gamba war, das Mutter-Instrument der da braccio-Familie aber die (Alt-)Viola da braccio. Für die erste war Quarten-, für die zweite Quintenstimmung die natürliche Lösung, denn die ideale Stimmweise für ein Streichinstrument ist immer derart, daß mit dem 4. (dem kleinen) Finger der Ton der nächst höheren leeren Saite in der 1. Lage zu erreichen ist. Auf diese Weise sind Transpositionen ohne mehrfachen Lagenwechsel spielbar. (Das ist einer der Gründe, weshalb sich die Baß-Viola da gamba so lange und erfolgreich gegenüber dem Violoncello behauptete, als sich die Viola da braccio und besonders die Violine bereits endgültig durchgesetzt hatten. Das erklärt auch, weshalb die kleinen da gamba-Instrumente den kleinen da braccio-Instrumenten schnell weichen mußten. Denn da bei Instrumenten der Diskant- und Alt-Lage der 4. Finger die Quinte der leeren Saite erreicht, waren die kleinen da braccio-Instrumente in Quintenstimmung beweglicher als die kleinen da gamba-Instrumente mit ihrer von der Baß-Viola da gamba übernommenen [und hier nicht notwendigen] Quartenstimmung.) Die Stimmweise ist also durch die Größe der Mutter-Instrumente bedingt und wurde als mit dem Typ entstandenes und für ihn bezeichnendes Merkmal auf die übrigen Glieder der jeweiligen Familie übertragen. Dieser organische Zusammenhang von Instrumententyp und Stimmweise wirkte sich ohne Frage so stark aus, daß beim Kontrabaß die Form der Viola da gamba weitgehend erhalten blieb. Bei der Größe des Kontrabasses ist überdies auch die Quarte über der leeren Saite ohne Lagenwechsel nicht erreichbar, so daß der Übergang zur Quintenstimmung eine weitere Erschwerung des Spiels bedeutete. Es kommt deshalb auch die Großterz im Bezug vor. Der Zusammenhang des Kontrabasses mit der da gamba-Familie, seine Aufnahme in die da braccio-Familie und die große Mensur erklären die bei keinem anderen Streichinstrument in derartigem Umfang zu beobachtende Verschiedenheit in Besaitung und Größe.

Die Zahl der Saiten schwankte zwischen drei und sechs. An Stimmungen finden sich (in 16-Fuß-Lage):

dreisaitig: *G-D-A* (häufig in England; Jean Benjamin de Laborde, Essai sur la musique ancienne et moderne, Band 1, Paris 1780), *A-D-G* (häufig in Italien; Gustav Schilling, Encyclopädie der gesammten musikalischen Wissenschaften oder Universal-Lexikon der Tonkunst, Band 2, Stuttgart 1840, S. 304f.);

viersaitig: *E-A-D-G* (heute allgemein), *Fis-H-E-A* (heute gebräuchliche Solostimmung), *F-A-D-G* (Johann Joseph Anton Bernhard Kobrich, Praktisches Geig-Fundament, Augsburg 1787; Schilling), *D-A-D-G* (Schilling), *F-G-D-A* und *G-D-G-C* (Laborde), *E-C-F-A* und *A-D-G-C* (Kobrich), *C-G-D-A* (Leopold Mozart, Versuch einer gründlichen Violinschule, Augsburg 1756);

fünfsaitig: *C-E-A-D-G* (heute vertreten), *F-C-G-D-A* (Michael Praetorius, Syntagma musicum, Band 2: De organographia, Wolfenbüttel 1619), *F-A-D-Fis-A* (Laborde; Johann Georg Albrechtsberger, Gründliche Anweisung zur Komposition, Leipzig 1790; Schilling), *Es-A-D-G-C* (Laborde), *F-A-D-G-C* (Kobrich);

sechssaitig: *G-C-F(E)-A-D-G* (Daniel Speer, Grund-richtiger, kurtz, leicht und nöthiger Unterricht der musicalischen Kunst, Ulm 1687; Johann Gottfried Walther, Musicalisches Lexicon, Leipzig 1732; Johann Philipp Eisel, Musicus autodidactus, Erfurt 1738).

Quartenstimmung ist spieltechnisch günstiger als Quintenstimmung, verringert aber bei gleicher Saitenzahl den Umfang. Vermehrung der Saitenzahl wirkt sich ungünstig auf die Tonschönheit aus, falls sie nicht durch größere Ausmaße des Instruments wettgemacht wird, die ihrerseits wieder spieltechnische Erschwerungen mit sich bringen. Einen guten Kompromiß bedeuten deshalb die sogenannten C-Maschinen von Karl Pittrich (Dresden, gegen 1880) oder Max Poike (Berlin) und Ludwig Glaesel (Markneukirchen). Durch Ausnutzung der gesamten Instrumentenlänge kann die E-Saite so weit verlängert werden, daß sie das Contra C ergibt, wobei die unterhalb von E liegenden Töne mit Hilfe eines Systems von Druckhebeln oder Klappen gegriffen werden. Um dem starken Saitenzug zu begegnen, wurden im 17. Jahrhundert statt der Holzwirbel auch Eisenwirbel mit Zahnrädern verwendet, die durch eine Sperrklinke den Wirbel hielten. Praetorius beklagt aber, daß bei zu groben Zahnrädern eine genaue Stimmung nicht möglich sei. Karl Ludwig Bachmann (Berlin) wiederholte diese Erfindung und veröffentlichte sie 1792. Sie hat sich seitdem allgemein eingeführt, und durch die Kombination des Zahnrades mit einer Schnecke kann jede gewünschte Tonhöhe genau eingestimmt werden. Bünde wurden beim Kontrabaß noch im 18. Jahrhundert verwendet. Johann Joachim Quantz (Versuch einer Anweisung, die Flöte traversiere zu spielen, Berlin 1752) tritt entgegen Andersdenkenden entschieden für sie ein, weil sie das Aufschlagen der Saiten auf das Griffbrett verhindern. Er räumt ein, daß Bünde die enharmonische Verwechslung nicht erlauben, aber diese sei in der Tiefe ohnehin nicht so deutlich hörbar.

Man unterscheidet heute noch Halb-, Dreiviertel- und Ganzbässe. Kleine (dreisaitige) Bässe waren in Süddeutschland und Österreich unter den Namen »Bassels«, »Baßls« oder »Bassets« in Gebrauch. Auch Riesenbässe wurden gebaut. Jean-Baptiste Vuillaume konstruierte 1849–1851 den vier Meter hohen »Octobaß« (Paris, Musée Instrumental du Conservatoire National Supérieur de Musique). Das Instrument wurde mit oberhalb des Griffbrettes angebrachten Klappen gegriffen, wobei der Spieler auf einem Podium stand. B. Dubois baute einen Pedalbaß, und John Geyer erfand für das Musikfest in Cincinnati 1889 einen Baß, dessen Höhe 4,80 m, dessen Breite 2,80 m betrug. Der Spieler mußte sich einer Stehleiter bedienen und auf ihr auf- und absteigen. Derartige Übertreibungen gab es schon im 17. Jahrhundert. Das älteste bekannte Exemplar ist der sogenannte »Giant« italienischer Herkunft von 2,47 m Höhe in London, Victoria and Albert Museum; für den Virtuosen Joseph Kämpfer entstand 1787 in Paris der »Goliath«. Die früheste bekannte Abbildung eines Kontrabasses befindet sich in Jost Ammans ›Turnirbuch‹ (1566), weitere Belege in Ammans ›Beschreibung aller Stände‹ (1568). Ins Sinfonieorchester eingeführt wurde der Kontrabaß wahrscheinlich durch Baltazarini (Baldassaro da Belgiojoso oder Baltasar de Beaujoyeulx;

zweite Hälfte des 16. Jahrhunderts); seit 1663 ist er bei den »24 Violons du Roy« vertreten. 1701 findet er sich in der kaiserlichen Kapelle in Wien, seit 1706 oder 1707 im Pariser Opernorchester. Der Kontrabaß wurde im 17. und 18. Jahrhundert, wie auch die Viola da gamba in 16-Fuß-Lage, allgemein »Violone« genannt. So heißt er heute noch in Italien, dort sonst »Contrabasso«. Französische Namen sind »Contrabasse«, »Basse double«, »Basse de Violon«. Die englische Bezeichnung ist »double bass«.

Hans-Heinz Dräger
Bogen

I. Die Entstehung des Streichbogens

»Die Streichbogenfrage ist kein chronologisch-technisches Problem, sondern ein völkerpsychologisches« (Curt Sachs, Die Streichbogenfrage, in: Archiv für Musikwissenschaft 1, 1919). Vorhanden ist der Bogen bereits in der Steinzeit, hier als Musikinstrument, als sogenannter Musikbogen: ein Holzspan, den eine Darmsaite biegt und spannt. Zum Spiel wird die Sehne mit den Fingern gezupft oder mit einem Stäbchen geschlagen. Der sehr feine Ton, der schon dem Nächstsitzenden kaum mehr hörbar ist, sowie andere Kultbeziehungen sichern ihm die Zugehörigkeit zu mutterrechtlichen Kulturanschauungen. Beim Verschwinden oder Verdecktwerden der weiblich betonten Vorstellungsweise wurde eine Verstärkung des intimen Tones notwendig, sollte nicht das ganze Instrument aufgegeben werden. Die Klangverstärkung wurde erreicht durch das Reiben mit einem angefeuchteten bzw. aufgerauhten Stab oder durch das Streichen mit einem zweiten, meist kleineren Bogen. Der Bogen als Streichgerät bildet also den Abschluß der Entwicklungsreihe Schlagstab – Reibstab – Streichbogen. Ein interessantes Zwischenglied in diesem Entwicklungsprozeß findet sich in Ostafrika; dort wird eine Röhrengeige (deren Zusammenhang mit dem Musikbogen Sachs nachgewiesen hat), mit einem angefeuchteten starren Schilfblatt gestrichen. Es wird also ein Streichgerät benutzt, das in seiner Form unmittelbar an den beim Musikbogen von jeher gegebenen Stab anschließt und in seiner Oberflächenbeschaffenheit mit dem späteren Bogenbezug fast identisch ist. Eine weitere Stütze für die Entwicklungsreihe Schlagstab – Reibstab – Streichbogen bietet das indische Instrumentarium; dessen Halslauten teilen sich ihrer Spielart nach in zwei Gruppen: die erste wird mit den Fingern oder mit einem Stahldrahtplektron gezupft, die zweite wird mit einem langen Holzplektron geschlagen oder mit einem Bogen gestrichen. Stahldraht- und Holzplektron schließen sich gegenseitig grundsätzlich aus. Die spieltechnische Verwandtschaft endlich von Schlagen und Streichen ist leicht einzusehen: beim Schlag wird die Hinundherbewegung gleich null, der kontinuierliche Druck wird zum ruckartig einsetzenden und nachlassenden Impuls. Die enge Beziehung zwischen Schlagen und Streichen ist bei Stricharten wie Staccato und Spiccato besonders deutlich.

II. Die Entwicklung bis zum Violenbogen

Nach der Entstehung des Bogens in Asien, vielleicht in Indien, fällt das nächstwichtige Ereignis seiner Geschichte nach Europa: die Normierung der Bogenform im 16. Jahrhundert mit der Schaffung des Violenbogens. Bis dahin sind die verschiedensten Bogenformen nebeneinander in Gebrauch, wie es in Außereuropa heute noch die Regel ist, in Europa aber nur als Ausnahme besteht (Kastilien, Skandinavien, Rußland, Karpathen, Iglau). Drei Grundformen von Bögen sind zu unterscheiden: der gleichmäßig gekrümmte, der an der Spitze gekrümmte und der an beiden Enden gekrümmte. Abarten dieser Grundformen entstehen durch Griffbildung und durch Froschbildung. Griffbildung heißt jeder Fall, in dem die Bogenstange nicht mit dem Befestigungspunkt des Bezuges ihr Ende findet, sondern über diesen Punkt hinausragt. Froschbildung heißt jeder Fall, in dem am Griffende die Haare abgespreizt werden. Die Froschbildung kann auf natürlichem Wege, durch eine Astgabel geschehen oder durch eine künstlich angebrachte Vorrichtung, sei diese nun lose zwischen Stange und Bezug eingeklemmt oder fest in der Stange verankert. Der an beiden Enden gekrümmte Bogen kennt keine Abarten, da sowohl Griffbildung wie Froschbildung überflüssig sind. Die Grenze zwischen dem Violenbogen und den letzten Vorformen ist nicht scharf. Als Violenbogen sollten aber nur solche Bögen bezeichnet werden, deren Länge in einem bestimmten Verhältnis zur Größe des zugehörigen Instruments steht. So ist bei Michael Praetorius (Syntagma musicum, Band 2: De organographia, Theatrum Instrumentorum, Wolfenbüttel 1620) die Länge des Bogens gleich der Mensur des entsprechenden Instruments. Die Erhöhung des Violenbogens zur Norm ist musikalisch motiviert durch seine Verwendung beim Violenchor, um die Logik der imitierenden Satztechnik auch durch gleiche Tongebung in allen Stimmen eines Streicherensembles zu gewährleisten (verschiedene Bogentypen siehe den Artikel ›Streichinstrumentenbau‹ Abbildung 3).

III. Die Entwicklung bis zum Tourte-Bogen einschließlich

Die Spannung des Violenbogens wurde zunächst mit den Fingern reguliert. Noch im 17. Jahrhundert wurde unter der französischen Bezeichnung »crémaillère« am Bogen selbst eine Spannvorrichtung angebracht: Der Frosch war mit der Bogenstange nicht mehr fest verbunden, eine in den Frosch eingehängte kräftige Drahtöse griff über die Bogenstange in eine metallene Zahnreihe ein und spannte durch Versetzen innerhalb der Zahnreihe den Bogen auf die gewünschte Weise (siehe den Artikel ›Streichinstrumentenbau‹ Abbildung 4). Die Ersetzung der »crémaillère« durch die bis heute gebräuchliche Spannschraube wird dem französischen Bogenmacher Tourte (Vater) zugeschrieben, der am Beginn des 18. Jahrhunderts in Paris wirkte. Ihm und seinem ältesten Sohn Xavier, in Frankreich bekannt als Tourte l'aîné, ist auch die elegantere Formgebung der Stange zu danken. Die Schaffung des modernen Bogens ist das Werk von François Tourte (um 1747–1835), dem jüngeren Bruder von Xavier. François Tourte wird der »Stradivari des Bogens« genannt, seine Erzeugnisse sind bis heute nicht übertroffen. Nach vielen Versuchen erkannte er Pernambukholz als das geeignetste Material. Sein größtes Verdienst ist die endgültige Gestaltung der Stange. Die konkave Krümmung, die er durch Biegen über offenem Feuer erreichte, war zu seiner Zeit schon vorbereitet. Tourte aber brachte Stärke und Krümmung der Stange in ein festes Verhältnis zueinander. Jean-Baptiste Vuillaume gelang es, die Gesetzmäßigkeit dieses Verhältnisses wie folgt festzulegen: beim Violinbogen beträgt die Stangenlänge ohne Kopf 70 cm; die ersten 11 cm am Froschende haben einen gleichbleibenden Durchmesser von 8,6 mm; dann verjüngt sich die Stange bis zum Kopf auf 5,3 mm Durchmesser, der Unterschied beträgt also 3,3 mm. An zehn dazwischenliegenden Punkten der Stange muß somit der Durchmesser jeweils um ein Zehntel des Gesamtunterschiedes, das ist jeweils um 0,3 mm, abgenommen haben. Diese Punkte liegen so, daß der Abstand zwischen ihnen zur Bogenspitze hin immer kleiner wird, er nimmt im logarithmischen Maßstab ab. Der Violabogen verjüngt sich auf gleiche Weise von 9 mm auf 5,7 mm Durchmesser. Beim Cellobogen ist, eine Stangenlänge von 67 cm (ohne Kopf) vorausgesetzt, der zylindrische Stangenteil 10,5 cm lang, der Durchmesser nimmt von 10,6 mm auf 7,3 mm ab. Sowohl beim Violinbogen als auch beim Viola- und Cellobogen verringert sich also der Stangendurchmesser vom Frosch zum Kopf im logarithmischen Maßstabe um 3,3 mm. Die Seitenansicht der Stange bietet ebenfalls eine logarithmische Kurve. Abgesehen vom Kopfansatz gilt die Abhängigkeit: je dünner die Stange, desto stärker die Krümmung. Für den Bezug benutzte Tourte französische Pferdehaare, die er von seiner Tochter auf möglichst genaue zylindrische Form aussuchen ließ. Dem bis dahin mehr bündelförmigen Bezug gab er eine gleichmäßig breite Bandform, indem er die Haare am Frosch in einen Ring klemmte (siehe den Artikel ›Streichinstrumentenbau‹ Abbildung 6). Über dem Froscheinschnitt, in den die Haare eingebettet sind, brachte Tourte einen Schieber aus Perlmutt an. Die ersten so ausgestatteten Bögen hießen deshalb »archets à recouvrement«. Die Zahl der Haare, die Louis Spohr mit 110–120 angibt, beträgt heute je nach Stärke 150–250. Die Metallverzierungen am Frosch, die Tourte einführte, näherten den Schwerpunkt des Bogens mehr der Hand des Spielers, er liegt seitdem etwa 20 cm vom unteren Stangenende entfernt. Die heute gültigen Daten sind im einzelnen beim Violinbogen: ganze Länge mit Schraube 75 cm, Länge der Stange 73,5 cm, Spiellänge

65 cm, Breite des Bezuges 8–9 mm, Gewicht zwischen 51 und 60 g, durchschnittlich 55–57 g, beim Violabogen: gleiche Länge wie Violinbogen, nur stärkere Stange (siehe oben), Gewicht 63–65 g, beim Cellobogen: ganze Länge 70 cm, Spiellänge 61 cm, Breite des Bezuges 11–12 mm, Gewicht 70–75 g. Der Baßbogen existiert in zwei verschiedenen Ausführungen: der französische oder Leipziger, auch Bausch-Bogen genannt, der nur eine Vergrößerung des Cellobogens ist, und der deutsche oder Dresdener, bei dem der Frosch eine erheblich tiefere Ausbuchtung hat. Die verschiedenen Formen erklären sich aus der verschiedenen Spieltechnik: der französische Bogen wird wie ein Cellobogen regiert, der deutsche wird schräg von unten gefaßt. Die Stange wird aus Buchen- oder Kirschbaumholz gefertigt, auch aus Pferdefleisch- oder Pernambukholz, wenn auch die Elastizität des Pernambukholzes beim Baßspiel nicht voll zur Geltung kommt. Der Bezug besteht aus schwarzen Hengsthaaren, das Baß-Kolophonium ist mit Wachs vermischt. Die Durchschnittsdaten für Baßbögen sind bei der deutschen oder Dresdener Form: untere, mittlere und Halsstärke der Stange = 20, 15 und 10 mm, Gesamtlänge 68,5 cm, Stangenlänge 61 cm, Spiellänge 53 cm, Breite des Bezuges 1,8 cm, Höhe von Kopf und Frosch 5 cm, geringster Haarabstand 3,5 cm; bei der französischen oder Leipziger Form: untere, mittlere und Halsstärke der Stange = 15, 12 und 9 mm, Gesamtlänge 70 cm, Stangenlänge 61,5 cm, Spiellänge 53 cm, Breite des Bezuges 1,7 cm, Höhe des Kopfes 4 cm, Höhe des Frosches 4,5 cm, Haarabstand 2,5 cm.

Die wichtigste Charakteristik des von Tourte geschaffenen konkav gekrümmten Bogens gegenüber dem alten konvex gekrümmten besteht in folgendem: Verstärkte der Spieler beim konvexen Bogen den Druck auf die Saite, dann wurden die Befestigungspunkte für den Bezug einander genähert und der Bogenbezug erfuhr eine scharfe Knickung. Je stärker der Druck, desto lastender also der Strich. Beim konkaven Bogen wirken Frosch und Kopf wie senkrecht an die Stange angesetzte Hebel. Mit wachsendem Druck werden daher die Befestigungspunkte für den Bezug voneinander entfernt, d. h. jede Zunahme des Bogendruckes begegnet einer im gleichen Ausmaß erhöhten Elastizität. Hierdurch sind einmal alle dem Schlag angenäherten Stricharten möglich, weiter ein dynamisches Ausgestalten des Einzeltones, wie es der auswärts gekrümmte Bogen nicht gestattete.

IV. Veränderungen des Bogens nach Tourte

Unter den vielen Versuchen den Tourte-Bogen zu verbessern, sind zunächst die von Vuillaume zu nennen. Um die Gewichtsverlagerungen zu vermeiden, die sich beim Spannen des Bogens zwangsläufig durch Verschieben des Frosches ergeben, verband Vuillaume den

Frosch fest mit der Stange. Ein im Innern des (hohlen) Frosches beweglicher Messingkörper spannte die Haare mit Hilfe der üblichen Schraube. Erfolgreicher war Vuillaume mit Bogenstangen aus Stahlblech, die von Charles-Auguste de Bériot und Alexandre-Joseph Artôt vorzugsweise benutzt wurden. Seit 1834 verließen jährlich etwa 500 Stahlbögen Vuillaumes Werkstatt. Nachteilig war weniger ihr Gewicht von ca. 60 g als die Verschiebung des Schwerpunktes vom unteren Drittel nach der Bogenmitte hin.

1929 erhielt der Berliner Violinpädagoge Jon Woiku ein Patent auf einen abgeschrägten Frosch. Diese Konstruktion nutzt bei der physiologisch ganz natürlichen Kantung des Bogens die volle Breite des Bezuges aus. Der Kopf des Bogens bleibt unverändert, und auch dies entspricht den physiologischen Gegebenheiten, da beim Abstrich das Handgelenk automatisch einsinkt und die volle Breite des Bezuges auf die Saite kommt. Der abgeschrägte Frosch und die durch ihn verursachte Torsion des Bogenbezuges entspricht also den Bedingungen der Geigenhaltung – bei Cellohaltung müßte auch der Kopf abgeschrägt sein – und sollte Beachtung finden.

Der Kasseler Konzertmeister Rolph Schroeder trat 1937 mit einem »Bach-Bogen« an die Öffentlichkeit. Die Stange ist stark konvex gekrümmt, die Spannung der Haare wird durch einen Scherenmechanismus mit dem Daumen nach Belieben reguliert, so daß sich der Bezug einmal über alle Saiten legt und einmal nur eine Saite greift. Der Bogen erlaubt auf der modernen Violine, bei welcher Steg und Griffbrett viel stärker gewölbt sind als bei der Violine der Bach-Zeit, eine stilechte Interpretation der barocken polyphonen Violinmusik.

Einige der bekanntesten europäischen Bogenbauer sind in Frankreich: Joseph Fonclauze, genannt »le Mayeux« (1800–1864), Jacques Lafleur (1757–1832), Alfred-Joseph Lamy (1850–1919), François (II) Lupot (1774–1837), Dominique Peccate (1810–1874), François Tourte (um 1747–1835), François-Nicolas Voirin (1833–1885), J.-B. Vuillaume (1798–1875); in Deutschland: Ludwig Christian August Bausch (1805–1871) und Söhne Ludwig Bausch (1829–1871) und Otto Bausch (1841–1875), Christian Wilhelm Knopf (1767–1837) und Sohn Karl Wilhelm Knopf (1803–1860), Christian Friedrich Wilhelm Knopf (1815–1897) und Neffe Heinrich Knopf (1839–1875), Johann Wilhelm Knopf (1835–?), Wilhelm Ernst Martin (1862–1907), Franz Albert (II) Nürnberger (1854–?), Johann Christoph Nürnberger (1839–1899), Hermann Richard Pfretzschner (1856–1921), Johann Christian Süss (1829–1900).

WALTER SENN
Streichinstrumentenbau

I. Allgemeines. Zur Literatur. – II. Zur Frühgeschichte der europäischen Streichinstrumente. – III. Viola da gamba und Viola da braccio, die Gamben- und Violinenfamilien. – IV. Material und Bearbeitung. – V. Historischer Überblick. Lauten- und Geigenmacher. – 1. Von den ältesten Nachrichten bis zum 16. Jahrhundert. – 2. Die klassische Zeit des Geigenbaues. – 3. Niedergang der Geigenbaukunst. Das 19. und 20. Jahrhundert. – VI. Die Geigensignatur. – VII. Der Streichbogen

I. Allgemeines. Zur Literatur

In Literatur und Sprachgebrauch ist für Streichinstrumentenbau die zwar nicht völlig synonyme Bezeichnung Geigenbau üblich. Da Geigenbauer, z. T. bis zur Gegenwart, Zupfinstrumente, vor allem Gitarren, herstellen, werden auch diese in den nicht klar umgrenzten Begriff »Geigenbau« mit einbezogen (Denis Diderot und Jean-Baptiste d'Alembert, ›Encyclopédie ou Dictionnaire raisonné des sciences, des arts et des métiers‹, Band 17, Livourne ³1775, behandeln unter ›Lutherie‹ sogar auch Tasten-, Blas- und Schlaginstrumente); eine Spezialisierung setzte zunächst bei der Harfe ein.

Die Geschichte der Streichinstrumente kann bis zum ausgehenden Mittelalter ausschließlich durch Bildzeugnisse und Erwähnungen in der Literatur verfolgt werden, die noch im 16. Jahrhundert die Hauptquelle darstellen; insbesondere aus der ersten Hälfte dieses Jahrhunderts blieben nur wenige Instrumente erhalten. Seit etwa 1550 steht zwar die Bauform der beiden Haupttypen, der Violin- und Gambenfamilien, im wesentlichen fest. Ein Kontinuum des Klanges ist damit aber nicht verbunden; dem Wandel des Klangideals konnte durch kaum auffallende Änderungen, an Baßbalken, Stimmstock, Steg, Hals u. a., Rechnung getragen werden, die auch an den bis zur Gegenwart bevorzugten alten Instrumenten, insbesondere aus der klassischen Epoche des 17./18. Jahrhunderts, vorgenommen wurden. Diese Entwicklung fand in der Literatur kaum Beachtung, da die Violinen einerseits vorwiegend nach ihrer Bewertung in der Gegenwart betrachtet werden; andererseits zählen Instrumente im Originalzustand zu den größten Seltenheiten, die neben ikonographischen und literarischen Quellen einer systematischen Untersuchung harren.

Die Literatur über Theorie und Praxis des Geigenbaues, Lehrbücher sowie Abhandlungen über Teilgebiete, u. a. Maße, Holz, Lack, setzte in der zweiten Hälfte des 18. Jahrhunderts ein; im 19./20. Jahrhundert erschienen vor allem in Deutschland grundlegende, z. T. aufeinander aufbauende Werke, die von Jakob August Otto (Ueber den Bau und die Erhaltung der Geige und aller Bogeninstrumente, Halle und Leipzig 1817; Ueber den Bau der Bogeninstrumente und über die Arbeiten der vorzüglichsten Instrumentenmacher, Jena 1828) bis zu Otto Möckel (Die Kunst des Geigenbaues, Leipzig 1930, neubearbeitet und ergänzt von Fritz Winckel, Berlin [2]1954) reichen. Fachleute boten hier die Erfahrung ihrer Praxis dar, wenngleich man mitunter den Eindruck gewinnt, daß ein Autor »Werkstattgeheimnisse«, z. B. über die Lackzubereitung und über das Verfahren der akustischen Holzabstimmung, nicht preisgeben will. Von ungleichem Wert sind hingegen die Veröffentlichungen, die den historischen Sektor behandeln, die Entwicklung des Geigenbaues, Stilkunde, Bauweise einzelner Meister und vor allem deren Lebensgeschichte. Die Autoren setzen sich aus Experten, Geigenhändlern, Sammlern und nur zu einem geringen Teil aus Historikern zusammen, die sich um die Erforschung archivalischer Quellen verdient machten; auf dem historischen Gebiet bestehen jedoch noch große Lücken; selbst Zentren des Geigenbaues, wie Venedig, Florenz, Neapel, Rom u. a., sind nach archivalischen Quellen nicht erschlossen, und die Lebensdaten zahlreicher, auch bedeutender Meister sind unbekannt. Bis zur Mitte des 19. Jahrhunderts diente für die Lebensgeschichte der älteren Geigenbauer, neben den Angaben der Etiketten, mehr oder weniger glaubwürdige mündliche Überlieferung, die mit Legenden verbrämt wurde; z. B. gehören zu diesen die »Kerker-Geigen« Giuseppe Guarneris genannt del Gesù und die »Elektor-Geigen« Jakob Stainers. Auch in der Folgezeit trug unkritische Literatur zur Verbreitung von Unklarheiten und Irrtümern bei. Geburts- und Todesjahre von Geigenbauern wurden nach den Datierungen der dem Autor jeweils bekannten Arbeiten errechnet, mit der Annahme, das »erste« Instrument sei im Alter von etwa zwanzig Jahren gebaut worden, während das »letzte« in das Todesjahr falle; mitunter fehlt sogar der Vermerk, daß es sich nur um ungefähre Angaben handelt. Entdeckten andere Verfasser ältere bzw. jüngere Instrumente, erfolgten entsprechende Korrekturen. Erstreckten sich die Arbeiten über einen größeren Zeitraum und glaubte man, in diesen nicht dieselbe Hand zu erkennen, so teilte man sie zwei Geigenbauern gleichen Namens zu, z. B. Giovanni Battista Guadagnini, Gianfrancesco Pressenda, Matthias Alban u. a. Vermutete Verwandtschaften und Geburtsorte wurden als Tatsachen hingestellt; z. B. wäre Markus Stainer ein Bruder des Jakob und in Absam geboren. Aus einer auch nur annähernden Ähnlichkeit in der Bauart der Instrumente schloß man auf eine Verbindung Lehrer-Schüler; z. B. hätte der, wie später ermittelt wurde, 1689 geborene Domenico Montagnana in der Werkstatt des 1684 gestorbenen Nicola Amati gearbeitet. Von etwa zehn Geigenbauern wurde behauptet, sie seien Schüler Antonio Stradivaris gewesen, ohne daß dafür ein urkundlicher Nachweis vorliegt, und der zwischen 1500 und 1505 geborene Andrea Amati sollte bei dem 1540 geborenen Gasparo da Salò in die Lehre gegangen sein. Eine Fülle von Fehlerquellen verursachten gefälschte Geigenzettel, daneben irrtümliche Lesungen unklarer Signierungen; mangelnde Kenntnis von Schrift und Druck verhalf selbst plumpen Fälschungen Eingang in die Literatur. Nach Hermann August Drögemeyer (Die Geige, Berlin [3]1903) waren es vorwiegend vogtländische Geigenbauer, die Instrumente mit Phantasienamen signierten oder Herstellungsorte auf Etiketten fälschten; zu diesen gehören Taronimus Amati in Absam, Ignatius Locatelli, Andreas Stainer, Louis Steiner u. a. Decke und Boden einer Violine fand man mit »Sapino« bzw. »Acero« beschriftet, die für zwei piemontesische Geigenbauer des 17. Jahrhunderts in Anspruch genommen wurden; tatsächlich handelt es sich um italienische Holzbezeichnungen (sapino = Tannenholz, acero = Ahorn). Namen älterer Geigenbauer, die nicht durch archivalische Quellen, sondern nur durch Etiketten bekannt sind, erwecken daher insbesondere bei einer geringen Anzahl nachgewiesener Instrumente mit der gleichen Bezeichnung den Verdacht einer Mystifikation.

Nur wenige Meister des Streichinstrumentenbaues fanden eine Würdigung durch Monographien, z. B. A. Stradivari (François Joseph Fétis, Antonio Stradivari, Paris 1856; William Henry, Arthur Frederick und Alfred Ebsworth Hill, Antonio Stradivari. His Life and Work [1644–1737], London 1902, [2]1909), J. Stainer (Sebastian Ruf, Der Geigenmacher Jakob Stainer. Eine Lebensskizze nach Urkunden bearbeitet, in: Jakob Stainer, der Geigenmacher von Absam, in Geschichte und Dichtung, Innsbruck [2]1892; Ferdinand Lentner, Jacob Stainers Lebenslauf im Lichte archivalischer Forschung, in: Zeitschrift für Instrumentenbau, Leipzig 1898, Nr. 33; W. Senn, Jakob Stainer, der Geigenmacher zu Absam. Die Lebensgeschichte nach urkundlichen Quellen, Innsbruck 1951), die Familien Guarneri (W. H., A. F. und A. E. Hill, The Violin Makers of the Guarneri Family, 1626–1762, London 1931) und Guadagnini (Ernest E. Doring, The Guadagnini Family of Violin Makers, Chicago 1949). Seit der Mitte des 19. Jahrhunderts einsetzende Gesamtdarstellungen, in denen das Schaffen der Geigenbauer nach der Gegenwartsbewertung klassifiziert wird, entsprechen praktischen Interessen, für Sammler und Händler; z. B. verzeichnete Friedrich Niederheitmann (Cremona, Leipzig 1877, 1.–7. Auflage) zahlreiche Kleinmeister; nachdem aber Instrumente mit deren Etiketten aus dem Handel nahezu verschwunden sind (offenbar wurden die Etiketten durch Falsifikate mit bekannter klingenden Namen ersetzt), begründet Albert Berr (Niederheitmann, [8]1956, S. 10) Eliminierungen aus dieser Kategorie: »Was nützt mir ein unübersehbar langes Namensregister, deren [sic!] Namen und Instrumente in der freien Wildbahn des Händlers niemals gesichtet werden?« Wurden Stil und Bauweise nach den den Autoren jeweils bekannten Instrumenten beschrieben, so übernahmen diese die Angaben zur Lebensgeschichte der Geigenbauer der bereits vorliegenden Literatur ungleichen Wertes. Fachleute des Instruments und Dilettanten (z.B. Giuseppe Strocchi, Liuteria – Storia ed Arte, Lugo [3]1937; A. Berr, Geigen, Originale, Kopien, Fälschungen, Verfälschungen, Frankfurt/Main 1962; Franz Farga, Geigen und Geiger, Zürich [3]1950) behandelten das ·historische Gebiet häufig oberflächlich und unkritisch und trugen damit zur Verbreitung neuer Irrtümer bei. Zählten George Hart (The Violin: its famous Makers and their Imitators, London 1875 u. ö.) und Mitglieder der Familie Hill (siehe oben) zu den bedeutendsten Experten, deren Darstellung auf reichen Erfahrungen begründet ist, so bleibt Willibald Leo von Lütgendorff (Die Geigen- und Lautenmacher, Frankfurt/Main 1904, [5+6] 1922) in historischen Belangen, trotz Lücken und Mängel, insbesondere wenn dem Verfasser nur ältere, nicht überprüfbare Veröffentlichungen zur Verfügung standen (von neu hinzugekommenen Forschungsergebnissen abgesehen), immer noch am zuverlässigsten. Die Lexika von René Vannes (Essai d'un Dictionnaire Universel des Luthiers, Paris [2]1951, 1959) und William Henley (Universal Dictionary of Violin and Bow Makers, Brighton, Sussex 1959/60) vermehrten zwar die Zahl der Namen von Geigenbauern; ihre Autoren standen aber der Literatur nicht mit der erforderlichen Kritik gegenüber und griffen (abgesehen von Flüchtigkeiten und Fehlern) bereits berichtigte Legenden wieder auf. Die Unsicherheit, insbesondere in Gesamtdarstellungen, wird dadurch erhöht, daß ein Quellenapparat fehlt, der die Nachprüfung der Zuverlässigkeit ermöglichen würde. Vordringliche Aufgaben sind eine Revision der Literatur, die Schaffung historisch gesicherter Grundlagen und eine Inventarisierung zumindest des Altbestandes an Streichinstrumenten.

II. Zur Frühgeschichte der europäischen Streichinstrumente

Die Hypothesen, die den Ursprung der Streichinstrumente von bereits ausgebildeten Zupfinstrumenten ableiten (Julius und Richard Rühlmann, Die Geschichte der Bogeninstrumente, Braunschweig 1882; Kathleen Schlesinger, The Instruments of the Modern Orchestra and Early Records of the Precursors of the Violin Family, London 1910; Edmund van der Straeten, History of the Violin, London 1933, u. a.), sind nicht überzeugend. »Man muß sich von dem Vorurteil freimachen, daß durchgehend das Streichen eine entwickeltere, jüngere Stufe darstelle als das Zupfen der Saite. (...) Aber an allen Orten sehen wir heute gerade die urwüchsigsten Lauteninstrumente ausnahmslos gestrichen, dagegen gezupft nur reifere, spätere Typen« (Curt Sachs, Handbuch der Musikinstrumentenkunde, Leipzig [2]1930, S. 126). Die Urform der Saiteninstrumente führt auf den Musikbogen zurück, der noch heute in außereuropäischen Ländern verbreitet ist; über einem elastischen, zum Bogen gekrümmten Stab ist eine Saite gespannt, die eine Stimmschlinge oder ein Steg abteilt. Zur Verstärkung der Resonanz hält der primitive Spieler den Musikbogen vor die Mundhöhle; in der weiteren Entwicklung wird ein Schallkörper, Kokosnuß, Kürbis, Schildkröten- oder Holzschale, Schweinsblase (der spätere europäische »Bumbaß«) u. a., zwischen Saite und Bogen eingeklemmt. Die Tonerzeugung erfolgt durch Zupfen mit einem Finger, durch einen Schlag- oder Friktionsstab oder durch den Streichbogen. Der doppelte bzw. gleichzeitige Gebrauch eines Instruments, zum Streichen und zum Zupfen, war u. a. bei mittelalterlichen Fideln und auch bei späteren Instrumenten mit Bordunsaiten üblich und reicht schließlich im pizzicato der Streicher bis in die Gegenwart. Auch etymologisch kommt der enge Zusammenhang zwischen Zupf- und Streichinstrumenten zum Ausdruck; z. B. wurde »χέλυς«, d. h. Lyra, und »πανδοῦρα«, d. h. Tanbûr, in das mittelalterliche und späte Latein als Bezeichnung für Geige übernommen (»chelysta« bzw. »pandurista«, d. h. Geiger); ebenso bedeutet das walisische »crwth«, das alte Bardeninstrument, im weiteren Sinn »Geige«. Die Laute, die in ihrer ersten künstlerischen Ausbildung dem arabischen Kulturkreis verpflichtet ist, soll durch die Mauren und Sarazenen nach Spanien bzw. Sizilien gelangt und von hier über das weitere Europa verbreitet worden sein. Von der Vermittlung des Bogens wird angenommen, sie sei im 10. Jahrhundert über Spanien erfolgt. Aus dem klassischen Altertum fehlt eine Kunde von Streichinstrumenten. Der Musikbogen ist jedenfalls auch europäischen Frühkulturen bekannt gewesen und durch Friktion zum Erklingen gebracht worden. Der gekrümmte Rücken der südslawischen »gusle«, der durch einen ovalen Schallkörper erweitert ist, erinnert an deren Vorfahren. Auf eine autochthone Herkunft deutet das mittelhochdeutsche »gige« (von »geign«, d. h. hin- und herschwenken, zimbrisch »knarren«); althochdeutsch »fidula«, mittelhochdeutsch »vidl«, für das zwar eine nicht überzeugende asiatische Wurzel angenommen wird (»fedilo«-»fendir«), ging aus dem Germanischen in romanische Sprachen über (»vialla«, »vielle«, »viola« u. ä.). Europäischen Ursprungs ist die »λύρα«, ein heute noch in der griechischen Volksmusik gespieltes Streichinstrument, dessen Bogen mit Untergriff, d. h. mit nach unten gekehrtem Handrücken, gehalten wird; als »kemânge rumi«, d. h. Griechische Geige, trat sie im arabischen Kulturkreis auf. In diesem Zusammenhang ist die Bemerkung des Johannes Tinctoris (1484) beachtenswert, die Viola sei »a grecis (ut ajunt) comperta«. Juan Ruiz de Hita (14. Jahrhundert) unterscheidet in Spanien zwei Gattungen von Rebecs, von denen er eine als » el rabé morisco« bezeichnet (Libro de buen amor o Libro de cantares), während die andere offenbar bodenständig war (Sachs, Real-Lexikon der Musikinstrumente, Berlin 1913, S. 318, schließt aus der übereinstimmenden Form auf griechisches Importgut). Streichinstrumente dürften jedenfalls schon vor dem Eindringen der Araber in Europa bekannt gewesen sein; arabischen Vorbildern, wie dem Rebab, verdankten sie aber Anregungen zu ihrer Weiterbildung.

Während sie bis ins 14./15. Jahrhundert gegenüber der Laute im Hintergrund gestanden hatten, machte sich mit dem ausgehenden Mittelalter ein rasches Vordringen bemerkbar. Spätestens seit dem 9./10. Jahrhundert standen in Europa zwei Haupttypen von Streichinstrumenten in Verwendung, die sich in ihrem Bau wesentlich voneinander unterscheiden: 1. mit birnenförmigem, lautenartigem Resonanzkörper, ohne abgesetzten Hals, den eine gerade Decke unmittelbar abschließt, und Seitenwirbeln, benannt als Rebec, Rubebe, Lyra, Gigue, Geige u. a.; 2. mit flachem, ovalem, später länglich-elliptischem und in der Mitte eingezogenem Corpus, dessen wenig gewölbte Decke und flacher Boden durch Zargen miteinander verbunden sind, mit abgesetztem Hals, der in einen Wirbelklotz oder ein Wirbelblatt mit Sagittalwirbeln ausläuft; wird auch das Wort Fidel im weiteren Sinn für Streichinstrumente angewandt, so bezieht es sich im besonderen auf diesen Typus. Während die Fidel in den mittelalterlichen Bildzeugnissen ein durchaus uneinheitliches Gepräge zeigt (Spaten-, Gitarrenform, in der Mitte gekerbter Körperumriß u. ä.), beginnen sich von ihr seit der Wende vom 15. zum 16. Jahrhundert zwei Sondertypen abzuheben, die eine systematische Weiterentwicklung erfahren, die Lira da braccio, die zur Viola da braccio überleitet und deren Form des Corpus (bis auf den beim Saitenhalter eingebuchteten Unterbügel) vorbildet, und die Viola da gamba, die ihre seitenständigen Wirbel wohl eher von der Geigenfidel als vom Rebec entlehnt. Während die Fidel allmählich verschwindet und das Wort schon bald einen pejorativen Sinn annimmt, erlebt der Rebec eine Nachblüte als Instrument für die Tanzmusik, geht dann, ebenso wie die griechische Lira und der russische Gudok, in den volkstümlichen Bereich über; das Endstadium seiner Entwicklung erreicht er als Pochette.

III. Viola da gamba und Viola da braccio, die Gamben- und Violinenfamilien

Seit dem 16. Jahrhundert orientiert sich der Geigenbau nach zwei Typen, die sich, obwohl beide als Viola bezeichnet, vor allem durch ihre Umrißformen voneinander unterscheiden. Während die Gamba in ihrem Stil der Gotik nahesteht, zeigt die Violine, ebenso die Lira, barockes Gepräge. Gemeinsam sind ihnen der unterständige Saitenhalter, das Zargencorpus, die gewölbte Decke und die in einem offenen Kasten angebrachten seitenständigen Wirbel. Die Gamba, deren älteste ikonographische Belege vom Ende des 15. Jahrhunderts stammen, ist im Anfangsstadium ihrer Entwicklung von unterschiedlicher Gestalt; sie kann gitarrenförmig sein, spitze, stark hervortretende Ekken, bis zum Griffbrett eingezogene Mittelbügel und einen gewölbten Boden haben. Den Typus bestimmt der sechssaitige Bezug, in Anlehnung an die Laute in Quart-Terz-Stimmung, ebenfalls von der Laute übernommene Bünde am Griffbrett und Flankenwirbel. Die Versuchsformen reichen bis in die 2. Hälfte des 16. Jahrhunderts; dann beginnt das für die Folgezeit charakteristische Modell seine führende Rolle zu übernehmen. Durch herabfallende Schultern wirkt sein ovales Corpus schlank. Die wenig eingebuchteten Mittelbügel laufen in stumpfe Ecken aus. Der flache, gegen den Hals im oberen Viertel abgedachte Boden, dessen Innenseite späterhin Querbalken verstärken, und die gewölbte Decke schließen ohne Randüberstand mit den verhältnismäßig hohen Zargen ab (ohne Hohlkehle und mitunter ohne Randeinlagen). Anstelle der insbesondere bei Instrumenten des 16. Jahrhunderts fehlenden Gegenzargen wurden außen, an beiden Zargenrändern, Holzstreifen, Karniese, angebracht (bei Kontrabässen z. T. bis ins 20. Jahrhundert). Der bisweilen an der Rückseite offene Wirbelkasten geht in eine Skulptur oder in eine breite ionische Schnecke über. Die Schallöcher haben gegeneinander- oder zueinandergekehrte C-Form, können aber auch als ∫ oder ƒ (bei Viola d'amore flammenförmig) geschnitten sein. Ein weiteres, rundliches Schallloch, eine Rosette, ist wie bei der Laute in der Mitte des Corpus, unterhalb des Griffbretts, angebracht. Die als Baß der Fidel entstandene Gamba wurde, mit den ersten Jahrzehnten des 16. Jahrhunderts beginnend, chorisch in Diskant-, Alt-, Tenor-, Klein-, Groß- und Sub-Baß-Lage gebaut; der Typus ist ferner vertreten bei: Viola bastarda, die sich später der Viola da braccio-Form nähert, Viola d'amore, Englisch Violet, Baryton und z. T. auch beim Kontrabaß.

Nach Bildzeugnissen zu schließen, war die Viola da braccio, der Violintypus, bereits im ersten Drittel des 16. Jahrhunderts in den wesentlichen Zügen ausgebildet (siehe Abbildung 1). Dem Corpus verleihen die runden Schultern ein harmonischeres Aussehen als dem der Gamba. Ober- und Unterbügel verlaufen über kleine Einbuchtungen in die vier hervorspringenden Ecken, an die sich die stärker ausgeprägten Mittelbügel anschließen. Boden und Decke sind gewölbt und ragen über die im Vergleich zu den Gamben niedrigen Zargen hinaus (Randüberstand). Die höchste Erhebung, die Brust, liegt zwischen den Schallöchern. Als Ober- und Unterbacken bezeichnet man die zwar nicht abgesetzten rechten und linken Teile der Decke und des Bodens. Die Wölbung leitet in eine kleine Vertiefung über, die Hohlkehle, die Otto Dreyer (Gedanken zur Geschichte der Musikinstrumente, in: Glareana 8, 1959, Nr. 4, S. 5) als eine Verzierung ansieht, deren Vorbild die Kartusche gewesen sei (das sind hohlkehlenartig eingezogene Flächen), die ihrerseits, wie angenommen wird, auf die »Tartsche«, das mittelalterliche Schild, zurückgeht und in plastischen Wappendarstellungen weiterlebt. Jedenfalls hat die Hohlkehle auch eine akustische Funktion; sie bewirkt eine stärkere Ausbreitung der Schwingungen und einen modulationsfähigeren Ton

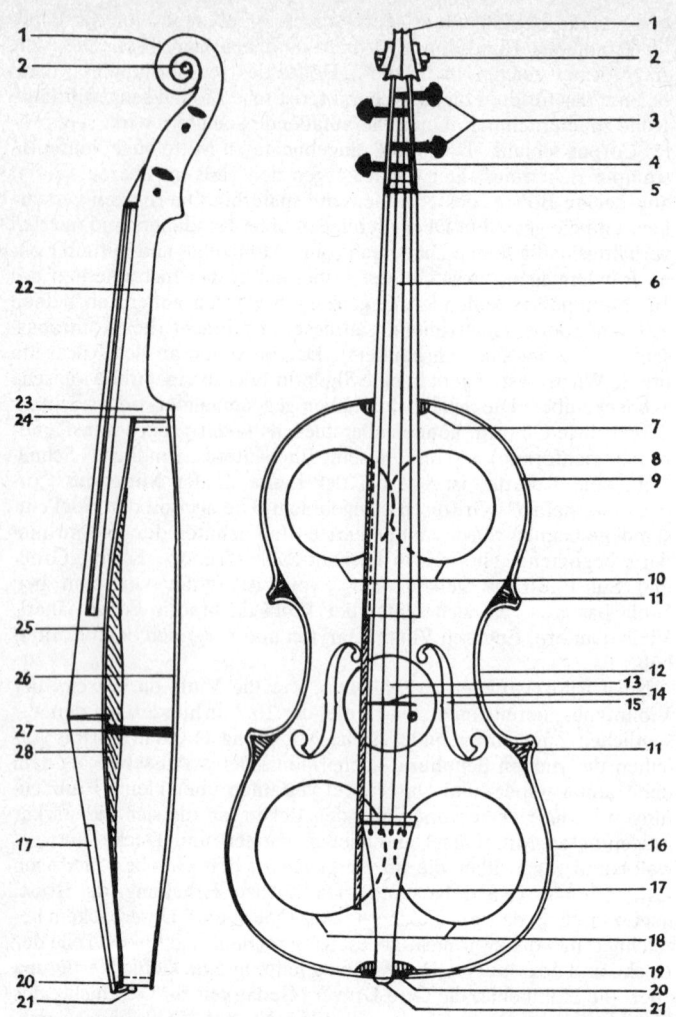

1: Violine, Vorderansicht und Längsschnitt. 1. Schnecke, 2. Zapfen der Schnecke (»Ohr«), 3. Wirbel, 4. Wirbelkasten, 5. Obersattel, 6. Griffbrett, 7. Oberer Klotz, 8. Oberbügel (Oberzarge), 9. Randeinlage, 10. Obere Backen, 11. Ecklötze, 12. Mittelbügel (Mittelzarge), 13. Brust, 14. Steg, 15. Schallöcher, 16. Unterbügel (Unterzarge), 17. Saitenhalter, 18. Untere Backen, 19. Unterer Klotz, 20. Untersattel, 21. Knopf, 22. Hals, 23. Halsstock, 24. Blättchen, 25. Decke, 26. Boden, 27. Stimmstock, 28. Baßbalken.

als den der Gamben, die keine Hohlkehle besitzen. An die Hohlkehle schließen sich die das Corpus umrahmenden Randeinlagen (auch Ader oder Span genannt) an, die aus drei Streifen bestehen, von denen die äußeren schwarz und der innere weiß oder umgekehrt sein können. Die Einlagen besitzen auch eine mechanische Funktion (Auflockerung der Schwingungen in den Randzonen und Verhinderung der vor allem durch Klimaeinflüsse entstehenden Luftrisse). Die Schallöcher hatten in der Frühzeit des 16. Jahrhunderts die Form eines ∫, an dem dann eine Mittelkerbe angebracht wurde, die den Standort des Steges markiert und zur Bezeichnung f-Loch führte; sie vermitteln insbesondere den Ausgleich der Luft zwischen dem Corpus und dessen Umgebung. Ihre Gestalt war nicht akustisch, sondern stilistisch bedingt; zwei Gegenspiralen, durch s-förmigen Schwung miteinander verbunden, begegnen schon in der Frührenaissance als ein beliebtes Motiv der Schlingverzierungen von Mauresken, ebenso in der Malerei wie an Bauwerken (Dreyer, S. 7). Wie bei den Instrumenten der Gambenfamilie läuft der Boden in ein vorspringendes kreisförmiges »Blättchen« aus, das den Rücken des Halsansatzes (»Stock«) bedeckt und als Stütze dient. Der Hals stand ursprünglich senkrecht auf den Zargen, war kürzer und stärker. Das über dem Hals keilförmige Griffbrett, im Gegensatz zur Gamba ohne Bünde, schloß direkt an den oberen Deckenrand an und reichte bis etwa zur Mitte der Oberbügel. Mit der Erweiterung des Tonumfanges der Kompositionen für Streichinstrumente ergab sich die Notwendigkeit einer allmählichen Verlängerung des Griffbrettes und des Halses (bei alten Instrumenten durch Anschäften des Wirbelkastens an einen neuen, längeren Hals samt Stock). Seit etwa 1800 ging man dazu über, den Hals aus der Vertikale zurückzusetzen, zu neigen und über den Deckenrand zu erheben; zugleich erwies sich eine Erhöhung des Steges als erforderlich. Bis etwa 1800 war es in Süddeutschland und Italien üblich, den Hals auf das Corpus aufzuleimen und mit Nägeln zu befestigen, während ihn böhmische und sächsische Geigenbauer in das Corpus einsetzten (Hals und oberer Klotz [siehe unten] sind aus einem Stück gearbeitet); in der Folgezeit wurde der Hals in den oberen Klotz eingelassen (Schwalbenschwanz). Diese Änderungen gingen angeblich von Paris aus (Ignazio Alessandro Cozio di Salabue, Carteggio, herausgegeben von Renzo Bacchetta, Mailand 1950, S. 42, spricht vom »uso di Pariggi«; daß Nicolas Lupot die Verlängerung des Halses »erfunden« habe, ist eine unbestätigte Vermutung von Auguste Tolbecque, L'Art du Luthier, Niort 1903) und führten schließlich um 1800 zu der bis heute gültigen Mensur, die von Kleinmeistern in der ersten Hälfte des 19. Jahrhunderts aber nur allmählich übernommen wurde. Den Wirbelkasten schließt die Schnecke ab, eigentlich eine Rolle (englisch »scroll« ist zutreffender), die aus zwei Windungen besteht, in deren Mitte der Zapfen (»Ohr«) liegt; insbesondere bei alten deutschen Meistern kann sie eine Plastik, z. B. ein Löwenkopf, ersetzen. Auch das Rollwerk ist eine seit Jahrhunderten bekannte Ornamentierung. Es ist bemerkenswert, daß ein späterer Stilwandel im Geigenbau nicht in Erscheinung tritt; die ideale Geigenform, das formale Optimum, war an der Wende vom 16. zum 17. Jahrhundert bereits erreicht und erfuhr, von individuellen, stilistischen Eigenheiten sowie ephemeren Versuchen abgesehen (siehe unten), keine Änderungen mehr. Der Steg ist in der Mitte des Schwingungsfeldes, in der Geraden zwischen den Einkerbungen der f-Löcher, aufgesetzt. Der Saitenhalter, dessen Darmschlinge (früher auch Draht) über den den Deckenrand verstärkenden Untersattel führt, hängt an einem in die Zargen und den unteren Klotz eingelassenen »Knopf«. Die schwingende Saitenlänge, die Mensur, begrenzen der Steg und der Obersattel, eine Erhebung am oberen Ende des Griffbretts. Zur Verstärkung und zur Herstellung von Reflexionswinkeln dienen sechs im Innern des Corpus angebrachte Klötze; der Ober- und Unterklotz (großer und kleiner Stock) stützen den Hals bzw. die Befestigung des Saitenhalters; weitere Klötze sind in die vier Ecken eingelassen. Zwischen diesen laufen, parallel zu den Zargen, an Decke und Boden anschließend, zwei schmale Holzstreifen, die Gegenzargen oder Reifchen, die bei weniger sorgfältig ausgeführten Instrumenten fehlen. Zwischen Decke und Boden ist hinter dem rechten Stegfuß der Stimmstock, auch Stimme oder Seele genannt, eingeklemmt; er hat die statische Funktion einer Stütze für die rechte Seite der Geige und stellt die in Wechselwirkung erfolgende Verbindung der Schwingungsfunktion zwischen Boden und Decke her. Tonvolumen und -qualität beeinflussen Standort und Schnitt an den Stützflächen, die mit Decke und Boden völlig abschließen; früher wurden etwas abgerundete Formen verwendet, die einen subtileren Klang bewirken. Die Vergrößerung seines Durchmessers, seit dem 18. Jahrhundert auf etwa das Doppelte, erzeugt eine Verschärfung des Klanges. Unterhalb der tiefsten Saite, mit dieser ungefähr parallel gehend, liegt der Baßbalken; er verleiht der linken Seite der Decke eine größere Widerstandskraft und vergrößert die Tonstärke, insbesondere der tieferen Saiten. Hatten Instrumente des 16. Jahrhunderts mitunter noch keinen Baßbalken (Alexander Hajdecki, Die italienische Lira da braccio, Mostar 1892, S. 47), so wurde er dann bei der Bearbeitung der Decke zunächst ausgespart (eine noch im 19. Jahrhundert vereinzelt anzutreffende Technik) und nahm schließlich eine selbständige Form an. Von der Mitte des 17. Jahrhunderts bis um 1900 erhielt dieser Teil mehr als den doppelten Rauminhalt; dadurch erhöht sich das Tonvolumen, verändert sich aber die Klangfarbe (W. Senn, Der Wandel des Geigenklanges seit dem 18. Jahrhundert, in: Kongreßbericht der Gesellschaft für Musikforschung Hamburg 1956, Kassel 1957, S. 215). Der auf den Baßbalken wirkende Druck vermindert die Spannkraft des Holzes, dessen Funktionsfähigkeit bei einer mit Darm- oder flexiblen Seilkernstahlsaiten bezogenen Violine nach zwanzig, mit Vollkernstahlsaiten nach etwa zehn Jahren erschöpft sein soll.

Die seit langem tradierte, u. a. auch von Sachs (Handbuch der Musikinstrumentenkunde, S. 194) vertretene Ansicht, die Alt-Lage sei der Ausgangspunkt für die Entwicklung der Familie der »da braccio« gespielten Instrumente gewesen, ist durch die Tatsache widerlegt, daß bereits im 16. Jahrhundert eine mehrgliedrige Gattung mit der Bezeichnung »violino« bestanden hat. Dem Typus gehören an: Violine, Alt- und Tenor-Viola, Violoncello, Halb-Baß (Bassettl), Kontrabaß, der aber vorwiegend nach dem Gambenmodell bzw. in einem Mischstil gebaut ist, z. T. kurzlebige Nebenformen, Quartgeige (Violino piccolo), Quinton, Violino pomposo, Viola pomposa, Viola da spalla, Viola alta, Oktavgeige, Violalin, Violoncello piccolo, Violoncello pomposo, Cellone u. a.

IV. Material und Bearbeitung

Mit Ausnahme der Saiten, der bis ins 19. Jahrhundert vorwiegend aus Bein geschnittenen Ober- und Untersättel und der Schraubenmechanik zur Saitenspannung des Kontrabasses sind alle übrigen Teile der Streichinstrumente aus Holz hergestellt. Für die Decke wird »nach dem Spiegel«, d. h. nach der Richtung, die zum Kern des Stammes führt (siehe Abbildung 2 a), gespaltene Fichte verwendet; das an sich weiche Holz hat in dieser Lage eine große Festigkeit, leitet die Schwingungen am stärksten weiter und erweist sich für den Teil des Corpus, der den Klang maßgeblich beeinflußt (daher auch Resonanz- oder Sangboden bzw. Klang- oder Tonholz genannt), ebenso für Baßbalken und Stimmstock, als besonders geeignet. Von entscheidender Bedeutung für die Resonanzfähigkeit sind der Standort des Baumes und die Jahreszeit der Fällung. Die mineralische Beschaffenheit und der Feuchtigkeitsgrad des Bodens, ebenso die klimatischen Verhältnisse beeinflussen Wachstum und Struktur des Holzes. Leichtes, elastisches und harzarmes Holz, das im Winter gefällt wurde, wenn der Saft des Baumes auf ein Minimum zurückgeht, erfüllt die optimalen Bedingungen, die sich auch im geringen spezifischen Gewicht zeigen. Die Druckfestigkeit des Holzes nimmt im gleichen Maße zu wie dessen Feuchtigkeitsgehalt abnimmt. Vor allem Geigenbauer der klassischen Zeit bevorzugten die seltene und wegen ihres mit der Fichte nahezu übereinstimmenden Wuchses nur schwer auffindbare Haselfichte, deren leichtes, zartes und weiches Holz kleine Wellenlinien, Flammen oder Krähenfußbildungen aufweist. Boden, Zargen, Hals, Schnecke und Steg sind meist aus Ahorn gearbeitet; andere Laubholzarten zählen zu den Ausnahmen, z. B. Buche, Pappel, Birke, Esche, Kastanie, Apfel-, Birn- und Pflaumenbaum. Besonders geschätzt ist Ahorn mit gleichmäßig kontrastierender Zeichnung des

177

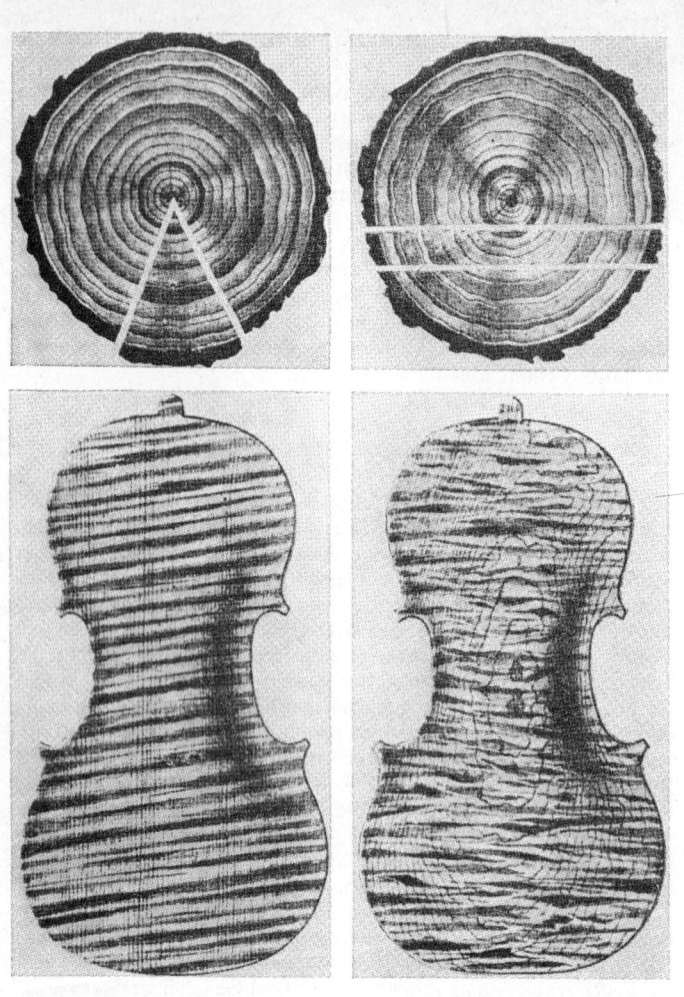

2: Schnitte eines Ahornstammes und ausgearbeitete Böden; a. nach dem Spiegel, b. nach der Schwarte.

Holzes, die sich je nach der Spaltung in verschiedenem Aussehen darbietet. Beim Schnitt »nach dem Spiegel« (Radialschnitt, siehe Abbildung 2a) treten »Flammen« hervor, Querstreifen (Markstrahlen), die durch den wellenförmigen Wuchs des Baumes entstehen. Der Schnitt »nach der Schwarte«, d. h. tangential zum Stamm (siehe Abbildung 2b), zeigt unregelmäßige Windungen, durchkreuzt von Teilen der Markstrahlen, die ein unruhiges Bild hervorrufen. Nach der Schwarte gearbeitete Böden sind nur selten, im neueren Geigenbau kaum mehr anzutreffen. Bis um 1800 wurde der Hals nach der Schwarte, dann, ebenso wie die erneuerten, verlängerten Hälse alter Instrumente, nach dem Spiegel geschnitten. Für Griffbrett, Saitenhalter, Wirbel und Knopf gebrauchte man zunächst meist Buchsbaum, seit dem 19. Jahrhundert vorwiegend Ebenholz (auch für die früher aus Elfenbein oder Knochen hergestellten Sättel).

Das für den Geigenbau verwendbare Holz muß völlig trocken sein; eine mehrjährige Lagerung ist erforderlich, um auch den Harz- und Stärkegehalt durch Sauerstoffeinwirkung der Luft und durch Oxydation zu vermindern. Daher haben künstliche Verfahren, das Holz schneller zu trocknen und ihm zugleich ein altes Aussehen zu verleihen, wie Räuchern, das u. a. in Mittenwald üblich war und das bereits Leopold Mozart (Versuch einer gründlichen Violinschule, Augsburg 1756, S. 8) erwähnt, oder Erhitzung, »Backen«, das schon vor 1800 und nicht erst seit Jean-Baptiste Vuillaume angewendet wurde, zu keinen befriedigenden Ergebnissen geführt; der Ton »gebackener« Geigen ist anfangs voller, verliert aber bald an Güte.

Violinen aus Silber, Kupfer, Messing, Eisen, Marmor, Schildpatt, Ton, Porzellan, Fayence, Plexiglas u. a. Stoffen sind Kuriositäten ohne praktische Bedeutung.

Zeitgenössische Nachrichten, woher die klassischen Geigenmacher das Holz bezogen, sind bisher nicht bekannt; auch die Holzforschung konnte darüber noch keine gesicherten Ergebnisse vorlegen. Träfe die wiederholt ausgesprochene Vermutung zu, daß die nicht mehr erreichte Tonqualität italienischer Meisterinstrumente einer heute ausgestorbenen Fichtenart zu verdanken wäre, so hätte Cozio di Salabue (1755–1840), der u. a. mit einem der bedeutendsten Meister seiner Zeit, G. B. Guadagnini, in Verbindung gestanden hat, davon Kenntnis gehabt; in den 1804–1816 verfaßten ›Memorie per la Costruzione ed Adatamento degli Strumenti da Corda‹, in denen er seine reichen Erfahrungen niederlegte, schrieb er über das Deckenholz (Carteggio, S. 102): »Il buono si fa negozio a Brescia (…) e viene da Mittenwald, già tirato ad assetti di due spessori per li violini, viole e violoncelli e di uno per le guitarre, mandolini e simili.« Auch über den Ahorn gibt Cozio Auskunft (S. 103): »Li legni buoni sono i forastieri che sian vecchi«; »il buon legno ordinariamente si accompera a Venezia che vengano dall' Istria.« 1804 schrieb Cozio ferner (S. 419): »li primari autori cremonesi si sono per lo più serviti di legni scelti di

Istria e Germania«; er selbst habe die Erfahrung gemacht, daß Instrumente, »costrutti con legno delle montagne del Piemonte, per essere troppo duro, riuscirono assai inferiori di quelli costrutti con legni scelti forastieri«. Mikroskopische Untersuchungen alten italienischen Geigenholzes haben nach O. Möckel (S. 125) »den Beweis erbracht«, daß es noch heute Hölzer gleicher Struktur gibt, »wie sie italienische Instrumente zeigen«. Die im 18. Jahrhundert einsetzenden waldwirtschaftlichen Maßnahmen und die damit verbundene Änderung der ökologischen Voraussetzungen haben aber zu einer Verminderung der für Klangholz tauglichen Bestände geführt. Seit dem 19. Jahrhundert werden in der Literatur Gebiete genannt, von denen für den Geigenbau geeignetes Holz bezogen wurde: Fichte aus Oberbayern, Tirol und dem Böhmerwald, Ahorn aus Ungarn, Bosnien, Dalmatien, Tirol, aus der Türkei, vereinzelt auch aus der Schweiz.

Decke und Boden, die beiden Platten, bestehen aus einem Stück oder aus zwei in der Holzzeichnung korrespondierenden, in der Mitte zusammengefügten Teilen; da die verbindende Fuge deren Widerstandskraft stärkt, wird insbesondere zweiteiligen Decken der Vorzug gegeben. Nachdem das Holz dachförmig vorgearbeitet und nach den Umrissen geschnitten ist, folgt die Ausarbeitung der Wölbung, das »Abstechen« mit Hohleisen, Wölbungshobeln u. a. Bei der Bearbeitung der Innenseite dient ein Tasterzirkel zur Bestimmung der Holzstärke. (Die vorübergehend in Mirecourt hergestellten »Violons pressés ou moulés«, deren Platten unter Hitzeeinwirkung gewölbt wurden, haben sich nicht bewährt.) Die für ein Instrument optimale Holzstärke, die beim Boden größer als bei der Decke ist und zwischen 1,7 bis 6,5 mm schwankt, und deren Verteilung auf die Flächen hängt von der jeweiligen Dichte und Elastizität des Materials ab; nur Fabrikgeigen, bei denen diese Faktoren unberücksichtigt bleiben, werden nach vorbestimmten Maßen hergestellt. Hochgewölbte Instrumente, die zarter, flötenartig klingen, erfordern weniger Holz als flacher gebaute, denen ein größeres Tonvolumen eigen ist. Im allgemeinen nimmt die Holzstärke von der Mitte gegen die Hohlkehle ab und steigt gegen den Rand wieder etwas an; bei Decken kann sie gleichbleibend sein, wenn die engeren Jahresringe unter dem Steg und die breiten an den Rändern liegen, da die Dichte einen Ausgleich herstellt. Eine Decke gleichen Durchmessers verleiht dem Instrument einen »breiten, gleichmäßigen und kräftigen Klang; der ungleichmäßig dicke Boden bereichert und verschönert den Klang, indem er ihn farbig mit Nebenschwingungen und harmonischen Obertönen versieht« (Sourène Arakélian, Die Geige, Frankfurt/Main 1962, S. 23). »Die Klangqualität der Geige hängt von der Qualität des Holzes ab, von den Stärken der Decke und des Bodens, von der Verteilung dieser Stärken und von den Beziehungen zwischen den Eigentönen von Decke und Boden« (S. 19). Nach Arakélian (S. 21) ergaben Untersuchungen an alten italienischen Violinen, »bis auf einige Ausnahmen«, daß der Eigenton von Decke und Boden nie tiefer als e' und nie höher als g' ist. Jewgenij Vitaček (O. Möckel, S. 180f.) verweist hingegen auf Abstimmungen in der Quint (a'–d' bzw. b'–es'), in der Sekund (as–b bzw. c'–b) u. a. Weitere unterschiedliche Eigentöne teilt O. Möckel (S. 170ff.) mit. Diese divergierenden Ergebnisse sind einerseits auf die nicht einheitliche Tonerregung bei der Prüfung (Klopfen oder Streichen des Holzes mit einem Bogen) zurückzuführen, andererseits wohl auch durch die für die Untersuchung jeweils zur Verfügung stehenden Instrumente bedingt. Wenn es Geheimnisse im klassischen Geigenbau gegeben hat, so gehörten zu diesen jedenfalls die Methoden für die Festlegung der Holzstärken von Decke und Boden; neben der akustischen Abstimmung kommen dafür auch die mechanische Prüfung der Elastizität (Durchbiegsamkeit) und die optisch wahrnehmbare Dichte in Frage. Bei einem von Konrad Leonhardt, Mittenwald, entwickelten Verfahren wird die Lichtdurchlässigkeit zur Ermittlung der Holzstärke angewandt.

Der flache, im oberen Teil abgedachte Boden der Gamben weist einen gleichbleibenden Durchmesser auf.

Die Herstellung des Corpus beginnt mit den Zargen, die der Geigenbauer über einem erhitzten Biegeeisen, unter Druck, in ihre gekrümmte Gestalt bringt. Sie werden, mit den Mittelzargen beginnend, über eine Form gelegt, in der die sechs Klötze bereits angebracht sind, und verleimt. Auch eine Außenform kann für die Zusammenfügung der Zargen dienen. Dementsprechend unterscheidet man »nach der Form« oder »in der Form« gearbeitete Instrumente. (Wie es auch bei älteren Geigenbauern, insbesondere Kleinmeistern, üblich war, verzichtet man in Fabriken auf die zeitraubende Verwendung einer Form und setzt die Zargen ohne Ecklötze freihändig auf den Boden auf, ein Vorgang, der keine exakte Ausführung, insbesondere nicht genau übereinstimmende Decken- und Bodenumrisse, gewährleistet.) An den Zargenkranz werden Gegenzargen (»Reifchen«), Boden sowie Decke geleimt und dann der Hals angefügt. Schablonen dienen zur Herstellung von f-Löchern, Schnecke, Hals und Griffbrett. Nachdem das Instrument einige Zeit Luft und Sonne ausgesetzt war, beginnt die Grundierung; ihr Zweck ist, die Holzporen gegen das Eindringen erhärtender Stoffe des Lackes abzuschließen. Als »Porenfüller« finden Harz (der ältere und neuere Geigenbau bevorzugt Propolis, d. h. Kittharz der Bienen), Öl, Balsam, Leim u. a., selbst Beizen, die zugleich dem Holz ein älteres Aussehen verleihen sollen, Verwendung. Das durch Oxydation des Porenfüllers oder durch das Alter dunkel gewordene Holz bietet dem Farblack einen vorteilhaften Untergrund; dagegen verursacht künstliche Oxydation, insbesondere durch Säuren, ein stumpfes Aussehen. Der Lack, der wiederholt, in mehreren Schichten, von Trocknungspausen unterbrochen, aufgetragen wird, dient vor allem dazu, das Instrument zu konservieren, vor Einflüssen der Feuchtigkeit u. a. zu schützen, und wird im übrigen nach seiner

Schönheit, der Transparenz und dem Feuer bewertet. Der Klang eines Instruments ändert sich zwar, sobald es lackiert ist; der Einfluß des Lacks auf das Timbre wurde aber vielfach überschätzt. Ein geschmeidiger, holzorganischer Überzug macht den Ton voller und wärmer, da die offenbar die Schwingungen behindernde ungleiche Dichte bzw. Ungleichheit der Struktur des Holzes, »die örtliche Verschiedenheit des Elastizitätsmoduls«, ausgeglichen wird. Der Lack besteht aus einem oder mehreren Harzen (Bernstein, Kopal, Schellack, Sandarak, Mastix, Benzoe, Elemi [d. h. Ölbaumharz], Propolis u. a.) und Farbstoffen (Aloe, Drachenblut, Gummigutti, Sandelholz, Orleans u. a.), die in Öl, Alkohol oder Benzin gelöst sind; wesentlich ist, daß das Harz nach dem Auftrocknen des Lösungsmittels seine Weichheit behält. »Das Geheimnis der Farbenpracht«, insbesondere alter italienischer Meisterinstrumente, »liegt in der Reinheit der aufgetragenen Stoffe; sie allein schuf in Verbindung mit gewähltem Holzmaterial die Leuchtkraft; die feine Patina jedoch, die sich an verletzten Stellen festsetzte, brachte die Farbenkontraste hervor, die der Kenner schätzt« (O. Möckel, S. 216). Authentische Rezepte über Zusammensetzung und Zubereitung der von den klassischen Meistern gebrauchten Lacke sind bisher nicht bekannt. Seit dem Anfang des 19. Jahrhunderts wurden Versuche unternommen, das Geheimnis zu ergründen. Harze, Farbstoffe und Lösungsmittel sind aber Verbindungen eingegangen, deren Trennung sich bei einer chemischen Analyse um so schwieriger gestaltet, als mehrere Schichten übereinander liegen (Lackprofil); dazu kommt ein durch Einwirkung der Luft fortlaufender Oxydationsprozeß. Erst neuere Untersuchungsmethoden, bei denen u. a. auch Fluoreszenzanalysen herangezogen wurden, ermöglichten es, die verschiedenartigen Lackschichten und alten Rezeptgrundlagen zu ermitteln (Max Frei, Naturwissenschaftliche Methoden zur Aufdeckung von Geigenfälschungen, in: Archiv für Kriminologie 116, 1955, S. 125–138, und: Der Geigenschwindel, Zürich 1960). Cozio di Salabue (Carteggio, S. 117) teilt die Zusammensetzung des angeblich von Stradivari verwendeten Spirituslackes mit; die praktische Erprobung brachte jedoch kein befriedigendes Ergebnis, vielleicht wegen fehlender Kenntnis der Grundierung und anderer für die Zubereitung wesentlicher Selbstverständlichkeiten, z. B. des Hitzegrades beim Kochen bzw. Schmelzen und der Reihenfolge, in der die einzelnen Harze gemischt wurden. Verschiedenartig sind die Angaben der Lehrbücher über Substanzen für die Zubereitung des Lacks. Auch in der klassischen Zeit galt kein einheitlich feststehendes Rezept; insbesondere weisen die Farbtönungen, auch beim selben Geigenbauer, Unterschiede auf. Als Charakteristikum einer Schule bzw. Stadt kann u. a. die relative Weichheit oder Härte des Materials angesehen werden. Zum Beispiel sind die leuchtend schönen Cremoneser oder Brescianer Lacke weich, geschmeidig und fühlen sich noch heute samtartig an. Das meist dick aufgetragene und härtere Material der Venezianer Instrumente zeigt nicht selten die Tendenz, kleine Klumpen zu bilden oder feinrissig zu werden (»Craquelée«). Von weniger guter Qualität sind die spröden Lacke der Mailänder und der jüngeren Neapolitaner Geigenbauer. Französische und holländische Instrumente tragen vorwiegend einen harten Überzug.

Das Wort Saite geht auf die indogermanisch-germanische Wurzel »sai: sī«, d. h. binden, zurück. Die Saite kann band-, faden-, schnur- oder drahtförmig sein und aus Pflanzenfasern, zusammengedrehten Tierdärmen, Haaren, Seide oder aus Metall bestehen. Ihre Tonhöhe ist mit der Quadratwurzel aus der spannenden Kraft direkt, mit dem Durchmesser, der Länge und der Quadratwurzel aus der Dichte umgekehrt proportional. Sachs (Real-Lexikon der Musikinstrumente) unterscheidet eine heute nur mehr bei außereuropäischen Völkern verbreitete »stammeigene« Gattung; d. h. vom Resonanzkörper wird ein Streifen abgelöst, den in der Nähe der Enden zwei Stäbchen heben und spannen. Unter dem »stammfremden« Material überwiegt der Darm, insbesondere von Schafen, das diesen im Bereich der Kunstmusik der Chromstahl im 20. Jahrhundert ablöste. Die mittlere Membran des aus drei Schichten bestehenden Darms, die zähfaserige Muskelhaut, dient zur Herstellung von Saiten. Nach verschiedenen Arbeitsgängen (Beschreibung u. a. bei Gustav Adolph Wettengel, Vollständiges theoretisch-praktisches Lehrbuch der Anfertigung und Reparatur aller noch jetzt gebrauchten Gattungen von italienischen und deutschen Geigen, Ilmenau 1828, herausgegeben von Heinrich Gretschel als Lehrbuch der Geigen- und Bogenmacherkunst, Weimar [2]1869, Band 1, S. 214 ff.) werden mehrere Fäden der nach der Länge in die Hälfte geschnittenen Därme zusammengedreht, z. B. für eine Violin-*E*-Saite drei bis fünf und für eine Kontrabaß-*D*-Saite bis zu 85 Fäden. Wenngleich sich noch an der Wende vom 18. zum 19. Jahrhundert einzelne Geigenbauer mit der Erzeugung von Saiten befaßten, so war dieser Zweig schon früh an andere Gewerbe, z. B. der Seiler, übergegangen und dann selbständig geworden. Italien lieferte durch über drei Jahrhunderte die unübertroffen beste Qualität (»romanische« Saiten); an der Spitze stand Neapel mit weichem, biegsamem Material von heller Farbe; hier begründete angeblich Angelo Angelucci Mitte des 18. Jahrhunderts die erste Fabrik. Rom, Padua und Verona waren weitere Stätten, die schließlich zur Massenfabrikation übergingen, in deren Folge eine Verschlechterung der Qualität eintrat. In der 2. Hälfte des 19. Jahrhunderts begann Frankreich und bald darauf Deutschland den ersten Platz in der Saitenherstellung einzunehmen; dies kommt auch mengenmäßig zum Ausdruck, z. B. wurden 1862 allein in Markneukirchen zehnmal so viel Saiten erzeugt als in ganz Italien.

Eine Darmsaite muß in ihrer gesamten Länge zylindrisch, von gleichem Durchmesser, elastisch, gleichmäßig biegsam und von durchscheinender Farbe sein. Verdickungen oder unregelmäßige Dichte der Materialstruktur verursachen, daß sie nicht quintenrein ist. Sebastian Virdung (Musica getutscht und auszgezogen, Basel 1511) und Martin Agricola (Musica instrumentalis deudsch, Wittenberg 1529) gaben noch heute gültige Anweisungen für die Prüfung der Reinheit einer Saite. Hätten alle Saiten eines Instruments den gleichen Durchmesser, müßte die Spannung gegen die Tiefe hin abnehmen; dadurch wäre ihre Verteilung über die Decke ungleichmäßig, und der Klang der tieferen Saiten wirkt wegen der dem Corpus übermittelten geringeren Schwingungsimpulse unbefriedigend. Daher ist der Bezug von unterschiedlichem Durchmesser, aber von ungefähr gleicher Spannung (Maße bei O. Möckel, S. 133, 135, die u. a. mit den Angaben bei Paul Otto Apian-Bennewitz, Die Geige, der Geigenbau und die Bogenverfertigung, Weimar 1892, herausgegeben von O. Möckel, Leipzig ²1920, S. 124 f., nicht übereinstimmen), die den vom jeweiligen Klangideal der Zeit abhängigen optimalen Ton hervorbringt. Die über dem rechten Stegfuß liegende Saite ist stärker gespannt, um ihr ein größeres Tonvolumen und größeren Glanz zu verleihen. »Erst wenn die Saiten im richtigen Spannungsverhältnis zueinander stehen, wird das Instrument in allen Teilen richtig schwingen. Je nach der Widerstandskraft der verschiedenen Teile des Geigenkörpers findet eine indirekte Rückwirkung auf die Saiten statt, denn die Saite spannt nicht nur sich, sondern auch alle schwingenden Holzteile mehr oder weniger durch den Druck, der auf dem Steg lastet und durch den Zug am Wirbelkasten und am Knopf des Saitenhalters« (O. Möckel, S. 133). Insbesondere die ältere Literatur (z. B. Allgemeine musikalische Zeitung 10, 1807, S. 803) handelt eingehend davon, daß jede Geige die ihr gemäße Besaitung haben müsse; höher gewölbte Instrumente erfordern einen dünneren Bezug als flachere. Die Beeinträchtigung der Homogenität des Klanges, auf die Hermann Kock (in: Die Musikforschung 9, 1956, S. 462) hinweist, dürfte im wesentlichen von den die Bauform der Instrumente nicht berücksichtigenden Saitenstärken bedingt sein. Um die Masse zu verringern, wurden tiefere Saiten mit Metalldraht übersponnen. Jean Rousseau (Traité de la Viole, Paris 1687) schreibt diese Erfindung Sainte-Colombe zu, der um 1675 bei der Viola eine fünfte, mit Silberdraht übersponnene Saite eingeführt habe. Der Gebrauch scheint aber älter zu sein. Nach Daniel Speer (Grund-richtiger, kurtz, leicht und nöthiger Unterricht, Ulm 1687) haben Violen mitunter Saiten, die mit Silber- oder Kupferdraht übersponnen sind; in der 2. Auflage (Ulm 1697, S. 207) heißt es: »Es werden auch theils Brazen-Saiten mit silber- oder küpfernem zarten Draht von den Knöpfmachern übersponnen / welche Saiten hernach im Streichen gleichsam schnurren / und werden solche Violen / um dieser schnurrenden Saiten halben / Violae di Fagotto titulirt.« Wenn Joseph Friedrich Bernhard Caspar Majer (Museum musicum, Schwäbisch Hall 1732, S. 75) bemerkt, daß die G-Saite der Violine »meistens mit Silber übersponnen ist«, so war dies selbst im

19. Jahrhundert noch nicht allgemein üblich. Nach Jean-Benjamin de Laborde (Essai sur la Musique ancienne et moderne, Paris 1780, S. 359) gebrauchte man mitunter auch übersponnene D-Saiten. Maße von Durchmessern sind erst seit dem Anfang des 19. Jahrhunderts bekannt. Aus spärlichen Erwähnungen in der älteren Literatur geht nur hervor, daß früher dünnere Saiten üblich waren (Cozio di Salabue, S. 44, berichtet, »si fa uso di corde assai più grosse di quanto si faceva uso pendente che lavorava detto autore«, d. h. A. Stradivari). Durch einen stärkeren Bezug wird das Tonvolumen vergrößert, zugleich aber Klangqualität und Ansprache verändert. Stahlsaiten für Violinen, eine Erfindung des Pasquale Vinaccia in Neapel, um 1850, fanden zunächst in den USA und in Skandinavien größere Verbreitung. Apian-Bennewitz (S. 122) sprach ihnen aber die Eignung insbesondere für den Orchestergebrauch ab, »da sie die Klangfarbe gänzlich verändern«. Mit der Verbesserung der Qualität und zugleich mit der allgemeinen Tendenz nach einer Verschärfung des Tones begann sich um 1915 die E-Saite der Violine aus Stahl allgemein durchzusetzen. Eine umwälzende Erfindung war die übersponnene Chromstahlsaite (Franz Thomastik, Wien vor 1930), deren weitere Entwicklung zur flexiblen »Seilkernstahlsaite« führte. Darm wird aber auch weiterhin als Kern für besponnene Saiten verwendet. Daneben wurden Bezüge mit Nylon (seit 1946), auch Überspinnung mit diesem Stoff, ferner mit Perlon hergestellt. Diese Entwicklung, die nicht als ein technischer Fortschritt in der Herstellung haltbarerer Saiten, die dem Einfluß von Temperatur und Feuchtigkeit kaum unterworfen sind, anzusehen ist, bringt eine wesentliche, geschmacksbedingte Änderung des Streichertons; »die Geige gewinnt an Stärke, aber der Charme des Klanges vermindert sich« (Arakélian, S. 57).

Andere Stoffe spielen für die Herstellung von Saiten eine nur untergeordnete Rolle. Schon frühen asiatischen und europäischen Kulturen bekannt gewesene Saiten aus Roßhaarbüschen sind noch heute, u. a. bei der südslawischen Gusle, üblich. Die Verwendung von Seide breitete sich von Westasien auch nach Europa aus. ›Der Busant‹, eine anonyme mittelhochdeutsche Versnovelle, spricht von einer Fidel »mit sîdînen seiten«, die auch Georg Philipp Harsdörffer (Delitiae mathematicae et physicae, Nürnberg 1651, nach Daniel Schwenter, Nürnberg 1677, Band 2, S. 155, Mailänder Seide, bestrichen mit Weichselharz) ebenso wie Hanfsaiten aus Palmnuß, Jucca und Aloe erwähnt. Seide scheint auch im 18. Jahrhundert verwendet worden zu sein; Johann Friedrich Reichardt (Ueber die Pflichten des Ripien-Violinisten, Berlin und Leipzig 1776, S. 86) schreibt zwar nur von G-Saiten der Violine, bezeichnet es aber als »höchst fehlerhaft«, daß viele Violinisten, »anstatt die reinste Darmsaite dazu zu nehmen, solche auf Seide spinnen lassen«. Offenbar knüpfte Baud in Versailles an eine bestehende Tradition an, als er um 1796 eine Maschine zur Anfertigung von E-Saiten für Violinen aus Seide konstruierte (Observations sur les cordes à instruments de musique, tant de boyau que de soie, Versailles 1803). Seidensaiten, von denen Wilhelm Schneider (Historisch-technische Beschreibung der musikalischen Instrumente, Neisse und Leipzig 1834, S. 69) schreibt, sie wären »stumpfer im Ton« als die von Darm, wurden Ende des 19. Jahrhunderts vor allem in Frankreich, in Böhmen, Sachsen und Dänemark hergestellt und fanden, zwar vereinzelt, noch im 20. Jahrhundert Verwendung.

Geigensaiten, aus Menschenhaar gedreht, die 1855 auf der Industrieausstellung in Paris zu sehen waren, befriedigten zwar im Klang, erwiesen sich aber als zu wenig dauerhaft.

V. Historischer Überblick. Lauten- und Geigenmacher

1. Von den ältesten Nachrichten bis zum 16. Jahrhundert

Der Lautenbau war schon lange als selbständiges Handwerk ausgeübt worden, bis sich die Lautenmacher auch mit der Herstellung von Streichinstrumenten befaßten. Mit ›Der Lautenmacher‹ überschrieb Jost Amman (Eygentliche Beschreibung / Aller Stände ... aller Künsten / Handwerken, 1568) eine Abbildung und Verse (von Hans Sachs), in denen es u. a. heißt: »Auch mach ich Geigen und Quintern«. Noch bis zum Beginn des 19. Jahrhunderts begegnet Lautenmacher mit der Bedeutung Geigenmacher in amtlichen Schriften und als Titel für Angestellte von Hofkapellen, z. B. in Wien und Mannheim. Hatte sich »Geigenbauer« für die Hersteller von Streich- und Zupfinstrumenten (von Harfen abgesehen) eingebürgert, so blieb die alte Bezeichnung im französischen »luthier« und im italienischen »liutaio« lebendig (der Vocabulario ... della Crusca, Band 9, [5]1905, ergänzt zwar zu »liutaio«: »è voce non comune«; das Wort, das u. a. bereits Cozio di Salabue mit »fabbricatore« ersetzte, ist aber in der Fachliteratur wieder gebräuchlich geworden). »Luthier« bzw. »Liutaio« geben daher keine eindeutige Auskunft darüber, ob es sich um Geigen- oder Lautenmacher bzw. um Geigen- und Lautenmacher handelt.

Das Mosaik verstreuter Quellen gewährt bis ins 16. Jahrhundert nur ein lückenhaftes Bild. Nach den ältesten Berichten haben Lautenspieler und Geiger ihre Instrumente, nicht nur für den eigenen Gebrauch, hergestellt; zu diesen gehören der von Dante erwähnte Belacqua, dessen Cistern und Lauten auch wegen ihres Schmuckes durch Schnitzereien berühmt waren, Lodewyk van Vaelbeke in Brüssel, 1294–1312 »roi de ménestrels«, der Viellen, Rubeben und Lyren verfertigte, und viele andere; noch im 16. Jahrhundert gab es bedeutende Lautenspieler, die selbst Instrumente bauten, u. a. Mitglieder der Familien Gerle und Neusiedler. Den ältesten Beleg, daß der Instrumentenbau als ein selbständiges Handwerk ausgeübt wurde, bietet 1292 eine Steuerliste von Paris, die »féseurs de vielles« verzeichnet. Ein »Rottenmaker« Wigandus war 1312–1346 in Lübeck tätig. Lautenmacher sind bis zum 16. Jahrhundert erstmals nachgewiesen: in Florenz (2. Hälfte des 13. Jahrhunderts), Prag (1332), Chioggia (1346), Venedig (1359), Wien (um 1375), Nürnberg (1393), Augsburg (1412), Straßburg (1414), Kempten (1418), Brüssel (1436), Füssen (1436), Ferrara (um 1445), Kalchenbach bei Immenstadt (1451), Freiburg, Schweiz (1456), Nördlingen (1460), Arzl bei Innsbruck (1460), Bologna (1460), Modena (1461), Passau (1465), Pesaro (1471), Mantua (1497) sowie in Brügge, Brescia und Lissabon (2. Hälfte des 15. Jahrhunderts). Lautenmacher des ausgehenden 15. und des 16. Jahrhunderts, die sich besonderer Wertschätzung erfreuten und z. T. noch von Ernst Gottlieb Baron (Historisch-theoretisch und practische Untersuchung des Instruments der Lauten, Nürnberg 1727) gerühmt werden, darunter einige, von denen bekannt ist, daß sie auch Violen herstellten, waren: »Il magnifico« Sigismundo Maler »Thedesco« in Bologna und Venedig, Laux Maler in Bologna, der aus der alten birnenförmigen Füssener Laute das klassische Modell, mit länglichem, flachem und breitspanigem Corpus, entwickelte, Fra Pietro Dardelli in Mantua, Maestro Lorenzo in Pavia, auch Klavier- und Orgelbauer, Hans Frey, Conrad und Hanns Gerle sowie Hans Neusiedler in Nürnberg, Giovanni Cellini, der Vater des Benvenuto, in Florenz, Mitglieder der Familie Tieffenbrucker, u. a. Caspar in Lyon, Magnus in Venedig (1557 »Magnifico Mastro« genannt), Wendelin in Padua, u. a.

Schon vor dem 15. Jahrhundert dürften Traditionen im Lauten- und Geigenbau einzelner Orte oder Gebiete bestanden haben, die als Modelle auch weitere Verbreitung fanden. Länger während Traditionen, »Schulen«, lassen sich erst später verfolgen. Als »Schule« wird in der Literatur, bereits bei Cozio di Salabue, meist verallgemeinernd der Lauten- oder Geigenbau einer Stadt oder eines Gebietes qualifiziert, sofern eine mitunter auch nur kurzlebige Kontinuität bestimmter Eigenarten vorliegt. Der Begriff reicht von ausgeprägten Stilgruppen bis zu untergeordneten Merkmalen, z. B. der Bevorzugung einer Lackfarbe, während die Bauform von anderen Schulen übernommen sein kann.

Seit der 2. Hälfte des 15. Jahrhunderts erlangte das Füssener Land eine führende Stellung. Obwohl abseits von einer Musikstätte gelegen, wurden Füssen und seine Umgebung ein Zentrum. Die weitreichenden, kaum mehr übersehbaren Ausstrahlungen der Füssener Schule sind auch darauf zurückzuführen, daß zahlreiche Meister außerhalb ihrer Heimat eine neue Wirkungsstätte finden konnten; dies spricht zugleich von großem Ansehen ihrer Leistungen. Insbesondere zeigte Italien eine bemerkenswerte Aufnahmebereitschaft, die Lütgendorff (Die Geigen- und Lautenmacher, Band 1, S. 28) zur Behauptung veranlaßte: »Was die Italiener in der Musik den Niederländern verdanken, das verdanken sie auf dem Gebiete des Saiteninstrumentenbaues den Deutschen.« Das Fundament der Quellen, sowohl hinsichtlich der erhaltenen Instrumente als auch der Urkunden, ist aber zu gering, um daraus abzuleiten, Deutsche seien die Lehrmeister der Italiener gewesen oder hätten etwa die Laute nach dem Süden gebracht. Bemerkenswert ist das altitalienische »lautaro«, venezianisch »lauter«, d. h. Lauten-, später Geigenmacher, die wohl vom eingedeutschten Stamm »Laute« abgeleitet sind (der Vocabulario . . . della Crusca verzeichnet kein analoges Etymon). Demnach scheinen deutsche Meister nicht nur das Wort in Italien verbreitet zu haben, sondern hier auch an der Herstellung des Instruments maßgeblich beteiligt gewesen zu sein. Betätigten sich zunächst schwäbische, vorwiegend Füssener Meister u. a. in Padua, Venedig und Bologna als Lautenmacher (sie sollen die Formtypen der Paduaner, Bologneser und der späteren Römer Laute entwickelt haben), so überwiegen während des 17. Jahrhunderts ihre Namen unter den Geigenbauern Roms; vorwiegend Allgäuer Meister ließen sich noch im 18. Jahrhundert u. a. in Neapel, Mailand und Florenz nieder. Frühe Verbindungen bestanden im Geigenbau zwischen Füssen und Brescia (siehe unten). Meister der Füssener Schule waren ferner u. a. tätig in Lyon, Straßburg, Basel, Augsburg, Nürnberg, Leipzig, Erfurt, Lübeck, Prag, Wien und Tirol.

2. Die klassische Zeit des Geigenbaues

Die »klassische« Epoche des Geigenbaues währt vom Ende des 16. bis zum ausgehenden 18. Jahrhundert; Epigonen ragen noch in das 19. Jahrhundert hinein. Drei Schulen schufen die Grundtypen, nach denen sich der Geigenbau orientierte: Brescia, Cremona und Tirol. In Brescia wird 1495 von einem angesehenen »maistro de le viole« berichtet, den Fétis (Stradivari, S. 49) mit dem urkundlich nicht nachgewiesenen Giovanni Kerlino identifizierte (ein kaum authentisches Instrument trägt diesen Namen mit der Jahreszahl 1449). Giovanni Maria Lanfranco (Scintille di musica, Brescia 1533, S. 143) nennt unter den bedeutenden Instrumentenbauern dieser Stadt, die Lauten, Violen, Liren u. a. herstellten, Giovanni Giacomo Dalla Corna und Zanetto Montechiaro, das ist Zanetto de Michelis aus Montechiaro; Nachkommen von ihm übten bis ins 17. Jahrhundert den gleichen Beruf aus. Girolamo de Virchis, aus dessen Werkstatt die kunstvolle Cister in Wien, Kunsthistorisches Museum, hervorging, dürfte der Lehrer des Gasparo Bertolotti, genannt da Salò (1540–1609), gewesen sein, der vorwiegend Gamben, aber auch Violinen baute, die selbst modernen Erfordernissen entsprechen, z. B. die von Ole Bull gespielte Violine, deren früher angezweifelte Echtheit jedoch feststeht (W. Senn, Musik und Theater am Hof zu Innsbruck, Innsbruck 1954, S. 168f.). Mit dessen Schüler Giovanni Paolo Maggini (1580 bis nach 1630) erreichte die Schule Brescias ihren Höhepunkt, deren Blütezeit um 1650 endigt. Giovanni Battista Rogeri, der sich 1670 hier niederließ, führte den Cremoneser Stil ein, ohne daß aber der Einfluß Magginis völlig verschwindet. Die ersten aus dieser Stadt erhalten gebliebenen Instrumente stammen von der Mitte des 16. Jahrhunderts. ». . . da die ältesten Füssener Violen mit denen, die später in Brescia entstanden sind, beinahe vollkommen übereinstimmen, so läßt sich die Annahme nicht von der Hand weisen, daß es aus Füssen gekommene Meister waren, von denen die Brescianer den ersten Unterricht empfingen, wenn dafür auch bisher urkundliche Belege fehlen« (Lütgendorff, Band 1, S. 22). Wer der gebende oder nehmende Teil für die noch bis zur Mitte des 17. Jahrhunderts analogen Bauformen gewesen ist, wird schwer zu ermitteln sein; ebenso wie eine mit G. P. Maggini bezeichnet gewesene Tenor-Viola des Tiroler Landesmuseums, in der ein Originalzettel »Jonas Heringer / in Füssen 16. .« festgestellt wurde, dürften auch andere Instrumente der Füssener Schule mit gefälschten Brescianer Etiketten versehen worden sein. Zur Eigenart Brescias gehören die etwas schwerfällige, altertümliche Form, die noch Reminiszenzen an die ausgehende Gotik bewahrte, wenig hervortretende Ecken, steile und lange f-Löcher, deren obere Punkte weiter offen sind als die unteren, eine etwas plump wirkende Schnecke, häufig doppelte, in Ornamente auslaufende Einlagen und schließlich der Alt-Charakter des Klanges. Der Einfluß der Brescianer Schule (inwieweit Füssen daran Anteil hat, ist noch ungeklärt) reicht in seinen Ausläufern bis in die 1. Hälfte des 18. Jahrhunderts und ist festzustellen u. a. in Verona, Florenz, Pesaro, Mirecourt, in den Niederlanden, in England und Ungarn. Cremoneser Meister, selbst Stradivari und Guarneri del Gesù, übernahmen Anregungen von Violinen des Gasparo da Salò und Maggini.

Für die Schule Cremonas fehlen bisher Nachweise aus dem 15. Jahrhundert. Wenn im 16. Jahrhundert nur wenige Namen von Lauten- und Geigenmachern bekannt sind, so scheinen entweder die Quellen zu fehlen oder noch nicht erschöpfend erforscht zu sein. Schon in den ältesten überlieferten Werken, z. B. einer Gamba des Stephanus de Fantis von 1558, offenbart sich der hohe Stand des Geigenbaues dieser Stadt. Andrea Amati (* zwischen 1500 und 1505, † um 1576, nicht »Geb. um 1535, † nach 1611« [Lütgendorff, Band 2, S. 15]), dessen Vorfahren nach Vincenzo Lanzetti (Biografia Cremonese, Mailand 1819–1822), Giovanni de Piccolellis (Liutai antichi e moderni. Note critico-biografiche, Florenz 1885) u. a. deutscher Herkunft gewesen sein sollen, ist der Stammvater der berühmten Geigenbauerfamilie, die den Cremoneser Stil prägte. Wenn Frühwerke Andrea Amatis an Instrumente des der nächsten Generation angehörenden Gasparo da Salò erinnern (Niederheitmann, [7]1928, S. 25), so kann daraus allein nicht abgeleitet werden, daß dieser seine Ausbildung einem Brescianer Meister verdankte; eine gemeinsame Wurzel (Füssener Geigenbau?) käme ebenso in Frage. Während Brescia traditionsgebunden blieb, vollzog sich in Cremona eine stilistische Wendung. Andrea Amati und insbesondere seine Söhne Antonio und Girolamo gaben der Violine ihr barockes Aussehen, für das die Rundung charakteristisch ist: geschwungene Bügel, hervortretende Ekken, stärkere Vertiefung der Hohlkehle, kürzere, gerundete f-Löcher und die zierlich gewundene Schnecke. Damit wurde die moderne Geigenform geschaffen. Wenn auch spätere Meister, die ein neues Klangideal zu verwirklichen suchten, Änderungen in der Bauform vornahmen, die sich in persönlichen Zügen offenbaren, bleibt der Violintypus bis zur Gegenwart dem Barock verpflichtet. Aus der Schule Nicola Amatis, des berühmtesten Mitgliedes der Familie, gingen Meister hervor wie Andrea Guarneri, G. B. Rogeri, Francesco Ruggieri u.a. Mit A. Stradivari, dessen Schaffen so formenreich wie kaum das eines anderen Geigenbauers war, und Guarneri del Gesù, der einen eigenen Formtypus entwickelte, erreichte die Cremoneser Schule ihren Höhepunkt, als deren letzte große Vertreter Lorenzo Storioni (vor 1751 bis nach 1801) und sein Schüler Giambattista Cerutti (um 1750 bis nach 1817) gelten. Weitere klassische Meister, die hier wirkten oder ausgebildet wurden bzw. entscheidende Anregungen empfingen, waren u.a. die beiden Pietro Guarneri, Giuseppe Guarneri, Carlo und Michel Angelo Bergonzi (um 1683–1747 bzw. um 1715 bis um 1765), Lorenzo und Giovanni Battista Guadagnini, Alessandro Gagliano in Neapel, Goffredo Cappa (um 1644–1717) in Saluzzo, Camillo Camilli (um 1704 bis um 1760) und Tommaso Balestrieri (1. Hälfte des 18. Jahrhunderts) in Mantua, Paolo und Giovanni Battista (I) Grancino (17./18. Jahrhundert), Carlo Giuseppe Testore (um 1660 bis um 1717) sowie Pietro Antonio Landolfi (um 1750 bis um 1800) in Mailand, Giovanni und Carlo Tononi (17./18. Jahrhundert) in Bologna, Antonio Gragnani (tätig 1741–1800) in Livorno u.v.a.

Stand Cremona zunächst im Schatten Brescias, dann Jakob Stainers und breitete sich sein Stil, wenn auch durch namhafte Künstler, nur langsam aus, so gelangten die großen Geigenbauer dieser Stadt und diejenigen, die ihrem Vorbild folgten, erst posthum zu ihrer weltweiten Bedeutung, seitdem sich im 19. Jahrhundert das Klangideal vom hellen flötenartigen Ton des Stainer-Typus zu pastoserer Tonfülle und dunklerem Timbre verschob. Diesen Anforderungen entsprachen in hervorragendem Maße die flacher gebauten Instrumente der Cremoneser Schule, aber erst, nachdem an ihnen Änderungen vorgenommen worden waren, die sie zugleich von der originalen Klangfarbe entfernten; Baßbalken, Stimmstock und Hals wurden erneuert, mitunter auch die Holzstärken vermindert oder vermehrt (Ausschaben, »Ausnehmen« bzw. »Füttern«).

Die Tiroler Schule ist durch Jakob Stainer repräsentiert, dem sie ihren Ruf verdankt. Mit den Frühwerken dieses Meisters, um 1640, beginnend, reicht ihre Blütezeit bis in die Mitte des 18. Jahrhunderts. Ihre Wurzeln, vielleicht Werkstätten Füssener Meister, liegen im Dunkel. In den wenig hervortretenden Ecken und barocken Rundungen der Instrumente scheinen sich Elemente von Brescia bzw. Füssen und Cremona zu vereinen; eigenständig sind die zierliche Gestalt der Schnecke, der ƒ-Löcher und die von einer betonten Hohlkehle aufsteigende Wölbung. Von einem ähnlichen Modell ging auch der 1634 (nicht 1621) in Kaltern geborene Matthias Alban (gestorben 1712 in Bozen) aus. Zur Tiroler Schule, der u. a. Mitglieder der Familien Alban in Bozen, Rief und Petz in Vils angehören, wurde bis ins 19. Jahrhundert der Geigenbau im bayerischen Mittenwald mit einbezogen, der sich nach Stainer orientierte, dann aber auch italienische Modelle zum Vorbild nahm. Lokal gebundene Eigenheiten, die durch Generationen fortlebten, berechtigten aber, von einer Mittenwalder Schule zu sprechen, deren Ausstrahlungen sich insbesondere über Oberbayern erstreckten. Im Gegensatz zu Füssen ließen sich nur wenige Mittenwalder Geigenbauer auswärts nieder. Als bedeutendste Vertreter gelten Matthias, Sebastian und Georg Klotz. Instrumente Stainers wurden bis zum Beginn des 19. Jahrhunderts am höchsten bewertet; da sie den Inbegriff des barocken Klangideals verkörpern, konnte der Absamer Meister nicht schulebildend im eigentlichen Sinne wirken, sondern nur Nachahmer finden. Wenn Geigenbauer, z. B. in Wien, durch eine größere, übertriebene Wölbung dem Ton einen noch weicheren Glanz zu verleihen suchten, so büßten die Instrumente an Tragfähigkeit ein. Stainer bzw. die Tiroler Schule beeinflußte bis ins 19. Jahrhundert den Geigenbau nicht nur im deutschen Sprachgebiet, in den nordischen Staaten, am Balkan, sondern z. T. selbst in Italien; nur Cremona und Brescia hielten an ihrer Tradition fest. Für den Ruf des Tiroler Geigenbaues spricht es, daß man um 1800, als hier kaum mehr Nennenswertes geleistet wurde, auf Etiketten von Mittenwald und Füssen »in Tirol« hinzugefügt findet.

Im wesentlichen ist die Formgebung im Geigenbau (von wenigen Individualisten und Formexperimenten abgesehen) auf die in Brescia bzw. Füssen, Cremona und von Stainer entwickelten Grundtypen zurückzuführen, die rein, in Überschneidungen oder Weiterbildungen auftreten können. Wie jedes Meisterwerk, auch wenn es sich um eine Kopie oder nur um die Anlehnung an ein Vorbild handelt, den Stempel persönlichen Schaffens trägt, so bildeten sich in Städten oder Ländern graduell verschiedene typische Eigenheiten aus, die, mehr oder weniger berechtigt, als Schule gekennzeichnet werden.

Venedig war bis ins 17. Jahrhundert vor allem ein Zentrum des Lautenbaues, an dem deutsche Meister einen führenden Anteil hatten. Die ältesten Gamben sind von Antonio Ciciliano erhalten, der um 1500 (nicht im 17. Jahrhundert) lebte. Silvestro Ganassi dal Fontego (Regola Rubertina, 2. Buch, Venedig 1543, 20. Kapitel) rühmte dessen Sohn Giovanni Baptista als »peritissimo ... del violon«. Brescianer und Füssener Züge lassen Instrumente des Francesco und Ventura Linarolo erkennen. Im 17./18. Jahrhundert sind Tiroler und Cremoneser Stil nebeneinander vertreten. Von den Hauptmeistern lehnten sich Francesco Gobetti (tätig zwischen 1690 und 1732) und Domenico Montagnana (1689–1750) an Vorbilder Cremonas, während der aus dieser Stadt stammende Pietro (II) Guarneri venezianische Anregungen aufnahm. Der aus Südtirol stammende Matteo Gofriller (um 1670 bis nach 1742) arbeitete zuerst nach Stainer, dann nach C. Bergonzi u. a.; Santo Seraphin (1699 bis nach 1744), ein Eklektiker, vereinigte in seinem Modell Elemente von N. Amati, F. Ruggieri und Stainer. In die letzte Blütezeit fällt das Schaffen von Michael Deconet. In Treviso wirkte der der venezianischen Schule zugehörende Pietro Antonio Dalla Costa (um 1700 bis um 1768).

Als der Geigenbau in Florenz um die Mitte des 18. Jahrhunderts in höchster Blüte stand, herrschte der Einfluß Stainers vor; Giovanni Gabrielli und die Brüder Carcassi stellten auch formgetreue Kopien von Instrumenten des Absamer Meisters her.

In Rom beherrschten seit der Mitte des 16. Jahrhunderts Lautenmacher aus dem Lechgau das gesamte Gewerbe. Hier sind bis zur Mitte des 18. Jahrhunderts über achtzig Geigen- und Lautenmacher aus der Füssener Gegend nachgewiesen, zu denen Mitglieder der Familien Endres, Pfanzelt, Albert, Hindelang und Buchenberg gehören. Zunächst arbeiteten sie nach der Bauform Füssens und übernahmen dann das Modell von Stainer; später begegnen Stilüberschneidungen mit Formelementen Cremonas. Der größte in Rom tätig gewesene Geigenbauer, der aus dem Gebiet der Diözese Augsburg (wahrscheinlich aus dem Lechgau) stammende David Techler († 1747), folgte dem Vorbild Stainers und prägte seinem späteren Modell auch Züge Nicola Amatis auf.

In Neapel hatten bis um 1750 Deutsche neben Italienern Geigenbau betrieben; ein vorzüglicher Meister, Michael Barhofer (17./18. Jahrhundert), arbeitete ausschließlich nach Stainer, »den er manchmal täuschend kopiert« (Niederheitmann, [8]1956). Der Begründer der eigentlichen Neapolitaner Schule war Alessandro Gagliano, der sich, wie sein Sohn Gennaro, auf Etiketten als Schüler Stradivaris bezeichnete (ob dies tatsächlich zutrifft, ist nicht gesichert) und der dessen Stil angeblich 1695 nach Neapel verpflanzte. Durch vier Generationen, bis in die Verfallszeit des 19. Jahrhunderts, gaben die Gaglianos dem Geigenbau der Stadt das typische Gepräge.

Deutschland und Österreich schlossen sich vor allem Stainer an, z. B. Paul Alletsee (17./18. Jahrhundert) in München, Andreas Ferdinand Mayr († um 1764) in Salzburg, Matthias Fux (Ende des 17. Jahrhunderts), Daniel Achatius und Johann Joseph Stadlmann (um 1680–1744 bzw. 1720–1781) sowie Johann Christoph Leidolff (um 1690–1758) in Wien, Leonhard Maussiell (1685 bis nach 1765), Leopold und Martin Widhalm (1722–1776 bzw. 1747–1806) in

Nürnberg, Johann Heinrich Ruppert (1. Hälfte des 18. Jahrhunderts) in Erfurt und viele andere. Einer der hervorragendsten deutschen Meister des späteren Lauten- und Gambenbaues war Joachim Tielke (1641–1719) in Hamburg. Auch Cremoneser Instrumente waren hier verbreitet und geschätzt. »Zu Cremona, wie man dafür hält / werden gemainiglich die besten Violons gemacht« (Johann Mattheson, Das Neu-Eröffnete Orchestre, Hamburg 1713, § 18). Italienischer Einfluß machte sich vereinzelt schon im 17. Jahrhundert geltend, z. B. bei Thomas (I) Edlinger († 1690) in Augsburg, Georg Schonger (um 1665 bis um 1740) in Erfurt, und verstärkte sich seit der Mitte des 18. Jahrhunderts, u. a. bei Johannes Hassert (1. Hälfte des 18. Jahrhunderts) in Eisenach, Franz Ostler (†1729) in Wien; zu den ersten, die nach dem Modell Stradivaris arbeiteten, gehörten Gabriel David Buchstetter (Mitte des 18. Jahrhunderts) in Regensburg, Franz Anton Ernst (1745–1805) in Gotha, Jakob August Otto (1760–1829) u. a. in Weimar, Franz Geißenhof (1753–1821) und Michael Ignaz Stadlmann (um 1756–1813) in Wien.

In Prag waren während des 17. und 18. Jahrhunderts vor allem auswärtige Geigenbauer tätig, die sich der Tiroler Schule anschlossen, u. a. Leonhard Pradter († vor 1692), wahrscheinlich aus der Umgebung von Brixen, Thomas (II) Edlinger (1662–1729) aus Augsburg, dessen Sohn Josef Joachim (1693–1748), ein vorzüglicher Kopist von Instrumenten Stainers, und Johann Georg Hellmer (um 1700–1770) aus Horn bei Füssen; Johann Ulrich Eberle (1699–1768) aus Vils, zu seiner Zeit als einer der besten Geigenbauer geschätzt, begann sich Cremoneser Modelle zum Vorbild zu nehmen (1757 bereits von Stradivari); aus seiner Werkstatt ging der bedeutende Tomáš Ondřej Hulinzky (1731–1788) hervor.

Unter den Altmeistern Frankreichs ragt der aus dem Allgäu stammende Kaspar Tieffenbrucker (um 1514–1571) in Lyon mit seinen auch durch Einlegearbeiten und Schnitzereien verzierten Lauten und Gamben hervor; ein nachhaltiger Einfluß scheint von ihm aber nicht ausgegangen zu sein. Als Lautenmacher war um 1612 Paolo Belami in Paris berühmt. Der französische Geigenbau orientierte sich nach Brescianer, Tiroler und später nach Cremoneser Vorbildern, nahm aber dann in einer modifizierten Form, bei der u. a. stärker ausgearbeitete Ränder, die Bevorzugung weitjährigen Deckenholzes und intensiv roter Lack auffallen, ein nationales Gepräge an, das insbesondere die Schule von Lothringen, mit dem Zentrum in Mirecourt (wie in Mittenwald war hier der Geigenbau Familientradition), repräsentiert. Von den zahlreichen Geigenmachern, deren Namen seit dem Anfang des 17. Jahrhunderts überliefert sind, zeichneten sich nur wenige mit über dem Durchschnitt stehenden oder hervorragenden Leistungen aus, wie in Paris Gian Paolo Castagneri, François (III) Médard, im 18. Jahrhundert Claude Pierray, Jacques Boquay, François Gaviniès, Louis Guersan und der aus Füssen (nicht aus Tirol) stammende François Fendt (1733–1796); die hohe Kunst leitete Vincenzo Panormo (1734–1813) ein.

In Holland und Belgien befaßten sich während des 16. Jahrhunderts vielfach Klaviermacher mit der Herstellung von Lauten und Gamben, z. B. Jan van Eesbroeck in Antwerpen. Im Geigenbau der Folgezeit überwiegt italienischer Einfluß, vor allem der N. Amatis, gegenüber dem des Stainer-Modells. Bedeutende Meister waren Jan Boumeester (1629–1681), Hendrik Jacobs (um 1629–1699), Willem Van der Syde (1664 bis um 1700) und Pieter Rombouts (1667–1740) in Amsterdam, Jan (I) und Jan (II) Cuypers (1. Hälfte des 18. Jahrhunderts) in Den Haag, Jan Hyacinth Joseph Rottenburgh († 1783) in Brüssel, Ambroise de Comble (um 1720 bis um 1760) in Tournai, der zu den ersten Nachahmern Stradivaris zählte, und Matthys Hofmans (17./18. Jahrhundert) in Antwerpen.

England bewahrte den Stil Brescias bzw. Füssens am längsten, bis etwa 1730. In hohem Ansehen standen englische Gambenbauer, deren Instrumente bereits um 1580 als die besten Europas galten, u. a. Bolles (um 1610), John Ross (2. Hälfte des 16. Jahrhunderts), Henry Jay (bis nach 1676), Thomas Urquhart (17. Jahrhundert), Edward Lewis (17./18. Jahrhundert), Barak Norman († angeblich 1740). Violinen, die bis in die 2. Hälfte des 17. Jahrhunderts völlig im Hintergrund gestanden hatten, wurden nach Stainer und seit etwa 1730 (von Joseph Hare und Daniel Parker), zunächst vereinzelt, nach dem flacheren Cremoneser Modell gebaut, das an der Wende zum 19. Jahrhundert führend wurde. Der Zeit des Übergangs gehören vorzügliche Meister an, wie Peter Wamsley (1. Hälfte des 18. Jahrhunderts), Benjamin (I) Banks (1727–1795), Richard Duke (2. Hälfte des 18. Jahrhunderts), William Forster d. Ä. und d. J. (1739–1808 bzw. 1764–1824), Bernhard Fendt († 1832) u. a.

Zu den bedeutendsten vom italienischen Geigenbau beeinflußten spanischen Meistern zählt José Contreras (Mitte des 18. Jahrhunderts) in Madrid.

3. Niedergang der Geigenbaukunst. Das 19. und 20. Jahrhundert

»Das bedaurlichste ist, daß unsere heutigen Instrumentmacher sich bey Verfertigung ihrer Arbeit so gar wenig Mühe geben« (L. Mozart, Violinschule, S. 6). Seit der Mitte des 18. Jahrhunderts beginnt sich, von wenigen Epigonen abgesehen, ein Niedergang des Geigenbaues sowohl in der technischen Ausführung als auch in stilistischer Hinsicht abzuzeichnen, der insbesondere in Italien, Deutschland und Österreich auffällt. Werkstatttraditionen hörten auf. Die großen Meister, wie Stradivari und Guarneri del Gesù, hinterließen keine Schüler, die ihre Kunst fortpflanzen konnten; ihr Schaffen galt nicht mehr als vorbildlich; z. B. vergingen über vier Jahrzehnte, bis etwa hundert Instrumente aus Stradivaris Nachlaß von dessen Erben verkauft werden konnten, darunter selbst mit Intarsien verzierte Violinen zu einem geringen Preis. Cremoneser Geigenbauer begannen sich an fremde Modelle anzulehnen und verwandten seit etwa 1760 nicht mehr den klassischen Lack, sondern einen geringwertigeren, der an den der neapolitanischen Schule erinnert, offenbar weil dessen Zubereitung bzw. Auftragung weniger Mühe verursachte; selbst das alte Rezept, das Carlo Ferdinando Landolfi in Mailand noch bis um 1787 anwandte, geriet in Vergessenheit. In Städten, in denen der Geigenbau in hoher Blüte gestanden hatte, trat, mitunter plötzlich, ein Verfall oder ein völliger Stillstand ein, z. B. in Brescia, Venedig, Neapel, Bologna, oder die Kunst sank zum Handwerk herab, wie in Rom; selbst in Familien, in denen sich der Geigenbau durch Generationen vererbte, z. B. Gagliano und Guadagnini, machten sich Verfallserscheinungen bemerkbar. Für die verschiedenartigen, miteinander verknüpften Ursachen dieses Niederganges, über den sich nur wenige Meister erhoben, fehlt noch eine nähere Untersuchung. Bemerkenswert ist, daß der Geigenbau früher als Kunst angesehen und nunmehr als Gewerbe oder Handwerk qualifiziert wurde; z. B. ist in Urkunden von Markneukirchen nach 1724 nur mehr selten von der »löblichen Kunst«, sondern, später überhaupt, vom »Handwerk« des Geigenbaues die Rede. L. Mozart (S. 7f.) beantwortete die Frage: »Woher kömmt es denn, daß die Violinen so ungleich [im Ton] sind?«, dieser Mangel könne »durch ein richtiges System, wie eigentlich die Theile einer Geige sich gegen einander regelmäßig verhalten sollen«, »durch Hülfe der Mathematik und mit Beyziehung eines guten Geigenmachers« behoben werden. Daraus spricht der Geist des Rationalismus: Maß und Zahl werden als wesentlich für die Herstellung eines Streichinstruments angesehen. Zu einer Zeit, als noch alte Überlieferung zu ergründen und festzuhalten gewesen wäre, legte Antonio Bagatella nach dreißigjährigen Studien (die bei Lütgendorff, Band 2, S. 26, angeführten Lebensdaten Bagatellas, 1755–1829, treffen nicht zu) die ›Regole per la costruzione de' violini, viole, violoncelli e violoni. Memoria presentata all'Accademia di scienze, lettere ed arti di Padova al concorso del premio dell'arti dell'anno 1782‹ (Padua 1786; deutsche Übersetzung Leipzig 1806, [4]1922) vor, die sich nur auf Abmessungen beschränken, nicht aber die Imponderabilien der Holzwahl und -abstimmung berücksichtigen. Von der Akademie in Padua zwar preisgekrönt, trugen die ›Regole‹, die in Lehrbüchern des Geigenbaues bis ins späte 19. Jahrhundert Berücksichtigung fanden, aber nur zur Schablonisierung bei. Eine materielle Beeinträchtigung bedeutete für den selbständigen Geigenbauer die »Arbeitsteilung«, die Manufaktur; die einzelnen Teile des Instruments werden serienweise von mehreren Personen angefertigt und zusammengebaut; die Mechanisierung verkürzt die Arbeitszeit und verringert die Herstellungskosten. Die Arbeitsteilung, bei der auf die Klangqualität geringe Rücksicht genommen werden kann, begann in Markneukirchen,

Klingenthal, Schönbach und Mirecourt bereits vor 1720 und in Mittenwald um 1750. 1800 wurden in Klingenthal 36000 und in Markneukirchen über 18000 Streichinstrumente erzeugt; als Absatzgebiete sind genannt: Schweiz, Tirol, Frankreich, Holland, England, Deutschland, Dänemark, Norwegen, Schweden, Rußland, Polen, Spanien, Portugal, Türkei und (seit etwa 1750) Amerika (Allgemeine musikalische Zeitung 3, 1800/01, S. 21 ff.). Mittenwald lieferte bereits im 18. Jahrhundert Instrumente nach Italien, England, Holland, Spanien und Portugal. Aus diesem Verfahren, an dem sich z. T. bis ins 20. Jahrhundert Heimarbeiter beteiligten, entwickelte sich der Fabrikbetrieb. Die erste Geigenfabrik begründete Didier Nicolas um 1790 in Mirecourt, in der um 1830 über 600 Arbeiter beschäftigt waren. In der Folgezeit teilten sich Mirecourt, das Vogtland, mit Abstand gefolgt von Schönbach und Mittenwald (eine Fabrik in Lissabon erlangte nur geringere Bedeutung) in die Versorgung des Weltmarktes mit Massenerzeugnissen von Streichinstrumenten; um 1890 nahmen Japan (die Firma Suzuki in Nagoya) und im 20. Jahrhundert die USA diesen Industriezweig auf. Auch Einzelteile (ein Unternehmen in Markneukirchen befaßte sich ausschließlich mit deren Herstellung) und halbfertige Instrumente (»Schachteln«) wurden von Fabriken geliefert, die dann Geigenbauer minderen Ranges verarbeiteten.

In England wurde die Arbeitsteilung ebenfalls seit der 2. Hälfte des 18. Jahrhunderts eingeführt, beschränkte sich aber nur auf größere Werkstätten, die keine Massenware erzeugten.

Eine weitere Konkurrenz erwuchs den selbständigen Meistern durch die Bevorzugung alter Instrumente, insbesondere für den solistischen Gebrauch; waren es zunächst die J. Stainers, so folgten dann die italienischen, vor allem der Cremoneser Meister. Da die alten Instrumente seit den letzten Jahrzehnten des 18. Jahrhunderts den Anforderungen der Spieltechnik und schließlich dem geänderten Klangideal entsprechend adaptiert werden mußten (siehe oben), ergab es sich, daß Geigenbauer zugleich auch Altgeigenhandel betrieben, eine in anderen Sparten des Kunsthandels nicht anzutreffende Verbindung (über Gewinnspannen siehe u. a. Farga, S. 162). Daß in Italien, selbst in abgelegenen Ortschaften, im 19. und noch im 20. Jahrhundert von Händlern, wie Luigi Tarisio, Albert Hamma und vielen anderen, eine so große Anzahl Geigen entdeckt und erworben werden konnte, erklärt sich daraus, daß Violinen, auch klassischer Meister, für die Volksmusik gebraucht worden waren, bis im 19. Jahrhundert Zupfinstrumente sie ablösten. A. Berr (Geigengeschichten, Zürich und Freiburg i. Br. 1949, S. 9) schildert nach Albert Hamma: »Der Einkauf alter Meistergeigen vollzog sich in Italien in der allerersten Zeit [d. h. um die Mitte des 19. Jahrhunderts] so, daß man noch ohne Rücksicht auf den Namen des Meisters die Geigen sackweise erwarb. Man nahm in einer Ortschaft mit, was sich gerade bot – gut oder schlecht – und bezahlte für den Sack, der stets zehn Stück enthielt, einen festen Preis. Natürlich konnte man dabei Glück oder auch Pech haben, denn die Tiroler Geigen waren schon stark vertreten, und auch die sächsischen Geigen hatten längst Eingang in Italien gefunden gehabt.«

Die Bevorzugung alter Instrumente, die zu einem Namenkultus führte, bestimmte auch den Neubau. Es gibt keine Tradition, die in den alten Schulen bestanden hatte; die Nachahmung klassischer Modelle brachte einen Stillstand der Entwicklung; nur vereinzelt sind Ansätze zu finden, z. B. bei N. Lupot, der die Form Stradivaris weiterbildete. Zielte das Streben der klassischen Meister neben künstlerischer Vollendung auf Originalität, so suchten die Nachfolger das Äußere der Form zu reproduzieren, das zur Norm und zur Schablone wird. Mit großem handwerklichen Können wurden auch neue Meisterwerke geschaffen, die aber nur Kopien oder freiere Nachbildungen sind; lediglich in der Art der Kopierung offenbart sich die Persönlichkeit. Schon in der 2. Hälfte des 18. Jahrhunderts »herrschte ein Vorurteil gegen neue Geigen, deshalb wollte man neue Arbeiten für alte ausgeben, das Reifen des Holzes nicht abwarten, und viele italienische Meister«, z. B. G. B. Guadagnini, »begannen damals« bereits mit dem Imitieren« (O. Möckel, Die Kunst des Geigenbaues, S. 247 f.), in dem bis ins 20. Jahrhundert die Diskrepanz in der Bewertung zum Ausdruck kommt. »Der Geschmack hat im Laufe der Jahre eine Wandlung erfahren; durch die malerisch abgetragenen Lacke auf alten Geigen will man heute diese Abnutzungen auch auf neuen sehen. Deshalb werden sie durch Waschungen mit Alkohol künstlich hervorgerufen, oft schon bei der Arbeit des Auftragens ausgeführt. Die Lackfabrikanten liefern sogar sogenannte ›Sprunglacke‹, deren Vorzug (?) darin besteht, nur leicht zu haften und sich beim geringsten Druck zu lösen, so daß man das Lackbild mit Hilfe des Fingernagels herstellen kann« (S. 230). Imitationen wurden so täuschend hergestellt, daß sie als »Originale« in den Handel gelangten, z. B. die »Balfour«-Stradivari, die als eine Arbeit J.-B. Vuillaumes entlarvt werden konnte. A. Berr (Geigengeschichten, S. 15 ff.) unterschied: Realkopie, die Imitation eines Originals samt seinen Beschädigungen in Holz und Lack (»Double«), Idealkopie, die freiere Nachbildung, und Fiktivkopie, die kein bestimmtes Vorbild reproduziert, sondern als Ausdruck einer Epoche anzusprechen ist (im immateriellen Sinn ein schöpferisches Original) und ein hohes Maß an Einfühlungskraft des Erbauers voraussetzt. Der Neubau bevorzugte seit der 2. Hälfte des 19. Jahrhunderts Modelle Stradivaris, vor allem das der Goldenen Periode; an zweiter Stelle steht das große Modell Guarneris del Gesù, im weiteren Abstand folgen N. Amati, G. P. Maggini, C. Bergonzi, G. B. Guadagnini u. a. Modelle können kopiert werden; durch Maß und Zahl sind aber die für die Tonqualität wesentlichen Eigenschaften des Werkstoffes nicht bestimmbar. Das Geheimnis der Klangschönheit alter Meisterinstrumente zu enthüllen, war Gegenstand umfangreicher, nicht erschöpfter Experimente. Die akustische Forschung (Félix Savart, Friedrich Zamminer, Alfred Jonquière, Karl Fuhr u. a.) brachte zunächst völlig divergierende Ergebnisse. Seit Generationen versuchte Analysen des Lacks führten zwar um 1950 zu bemerkenswerten Erfolgen (Rekonstruktion alter Lackrezepte), bestätigten aber auch die bereits früher ausgesprochene Vermutung, daß der von den klassischen Meistern verwendete Lack die angenommene wesentliche Bedeutung nicht besitzt. Vermeintlichen Ideallösungen für die Konstruktion des Geigencorpus, wie die Berechnung nach dem Goldenen Schnitt (Max Möckel, Fridolin Hamma, Karl Steiner u. a.), nach Teillängen der Saiten (Friedrich Kleverkaus), nach einem System von Kreisbögen und Linien (Albert Schwenk) u. a., mußte ein Erfolg versagt bleiben, da hierbei die individuellen Eigenschaften des Holzes völlig außer acht geblieben sind. Auch die Elektroakustik ist »noch nicht bis zu dem letzten Feinheitsgrad der Klanganalyse vorgedrungen, als daß sie den Unterschied zwischen einer Stradivari und einer Amati mit absoluter Sicherheit festzustellen vermöchte«. »Die Praxis der letzten Jahre hat jedoch erwiesen, daß der Instrumentenbauer von den neueren Erkenntnissen der musikalischen Akustik sehr vorteilhaft Gebrauch machen kann, und es ist vorauszusehen, daß die physikalische Forschung dem Instrumentenbau und der Klangkultur zu weiterem Aufschwung verhelfen wird« (O. Möckel, S. 13). Die bisherigen Ergebnisse der Elektroakustik (Hermann Backhaus, Hermann Meinel, Gioacchino Pasqualini, Frederick A. Saunders u. a.) erbrachten wohl interessante Einblicke zur Theorie der Geige, ihre Eignung für die Praxis bleibt aber noch abzuwarten.

Seit der 2. Hälfte des 19. Jahrhunderts setzte im allgemeinen ein Wiederaufstieg des Geigenbaues ein, der neben dem Wirken von Berufsvereinigungen, Prämiierungen von Instrumenten bei Ausstellungen und anderen Konkurrenzen in Deutschland den »Wanderlehrern« und der Errichtung von Geigenbaufachschulen zu verdanken ist, z. B. in Mittenwald (1858), Schwerin (1887, Deutsche Geigenmacher-Schule, gegründet von Otto Schünemann), Klingenthal (Ende des 19. Jahrhunderts) und die mit einer »Schnitzlerschule« verbundene Geigenbauwerkstatt in Brienz (Schweiz). An der Instrumentenmacherschule in Markneukirchen, 1834 als »Sonntagsschule« errichtet, 1877/78 ausgebaut, beschränkte sich der Unterricht bis 1923 nur auf eine musikalische Ausbildung der Lehrlinge. Eine »Musterschule« für Geigenbau wurde 1937 in Cremona gegründet.

Die unberechtigte Minderbewertung neuer Geigen geht z. T. auf die Massenproduktion, z. T. auch darauf zurück, daß die Formgebung der Instrumente einer Originalität entbehrt. »Dieses Vorurteil wurde [im 19. Jahrhundert] allmählich zur festen allgemeinen Anschauung, so daß selbst die besten und leistungsfähigsten Geigenbauer der späteren Zeit sich kaum oder nur sehr schwer mit ihren Werken durchsetzen konnten« (Fridolin Hamma, Meister deutscher Geigenbaukunst, Stuttgart 1948, S. 19).

Das Erbe Cremonas übernahmen in der 2. Hälfte des 18. Jahrhunderts einige Pariser Meister, die den französischen Geigenbau zu einer bisher nicht erreichten Blüte und Vollendung führten, wie François Louis Pique (um 1758–1822), N. Lupot (1758–1824), Jacques Pierre Thibout (1779–1856), Charles François und Guillaume Gand (1787–1845 bzw. 1792–1858), Jean-François Aldric (1765–1843), J.-B. Vuillaume (1798–1875), Auguste Sébastien Bernardel (1798–1870), Pierre und Hippolyte Silvestre (1801–1859 bzw. 1808–1879), Claude Victor Rambaux (1806–1871), Charles Adolphe Maucotel (1820–1858), Claude Augustin Miremont (1827–1887) u. a. In England machte sich der Niedergang des Geigenbaues, insbesondere hinsichtlich der handwerklichen Ausführung, nicht so bemerkbar wie in Italien und Deutschland; durch technische Meisterschaft ragten vor allem hervor: die in London tätig gewesenen Vincenzo Trusiano Panormo (1734–1813), Edward Betts († 1817), Samuel Gilkes (1787–1827), Charles (I) Harris (18./19. Jahrhundert), Mitglieder der Familie Lott (1. Hälfte des 19. Jahrhunderts), Richard Tobin (um 1775 bis um 1841), Bernhard Simon und Martin Fendt (1800–1852 bzw. 1812–1845), William, Charles und Arthur Voller (19./20. Jahrhundert), die vielseitigsten Kopisten alter italienischer Meister. Auch in Italien und Deutschland gab es Geigenbauer, die sich durch höhere oder hervorragende Leistungen auszeichneten, u. a. G. Pressenda (1777–1854), Giuseppe Antonio Rocca (1807–1865) und Annibale Fagnola (1890–1939) in Turin, Vincenzo Jorio (um 1780 bis um 1849), Vincenzo Postiglione (1831–1916) und Riccardo Bellarosa (1871–1941) in Neapel, Andrea Postacchini (1786–1862) in Fermo, Pierre Pacherel (1803–1871) in Genua, Turin und Nizza, Antonio Gibertini (um 1780–1866) in Parma und Genua, Giuseppe Scarampella (1838–1902) in Florenz, Eugenio Degani (1840–1915) in Venedig und Celeste Farotti (1864–1928) in Mailand; Jean Vauchel (1782–1856) u. a. in Würzburg, Johann Friedrich Wilhelm Schlick (1801–1874) in Dresden, Ludwig Christian August Bausch (1805–1871) in Leipzig, Peter Schulz (1808–1871) in Regensburg, August Riechers (1836–1893) und Michael Dötsch (1874–1940) in Berlin, Georg Winterling (1859–1929) in Hamburg, Giuseppe Fiorini (1861–1934) in München und Zürich sowie Eugen Gärtner (1864–1944) in Stuttgart; Nicolaus Sawicki (1792–1850), Johann Baptist Schweitzer (um 1798 bis um 1865) und Wilhelm Thomas Jaura (1863–1922) in Wien; ferner Jan Kulík (1800–1872) sowie Mitglieder der Familie Homolka in Prag, Mihaly Reményi (1867–1939) in Budapest und Max Moeller (1875–1948) in Amsterdam.

Die Versuche, für Streichinstrumente neue Formen zu finden, sie durch Veränderung, Einfügung von Einzelteilen oder durch neue Methoden der Holzkonservierung und der Lackzubereitung zu verbessern, reichen ins 18. Jahrhundert; von der Verstärkung des Baßbalkens, des Stimmstockes u. a. (siehe oben) abgesehen, konnten sie jedoch dem Streichinstrumentenbau keine neuen Wege weisen und sind daher nur von historischem Interesse. Z. B. erfand Jean Baptist Domenjoud (1757) eine neue Form des Halses und eine Vorrichtung für die Saitenspannung; Johann Anton Gedler in Füssen baute um 1775 Violinen mit Umrißformen in Wellenlinien; ƒ-Löcher wurden in die Zargen oder in den Boden geschnitten (Allgemeine musikalische Zeitung 7, 1804, S. 51); Georg Barton in London griff um 1775 auf den Gitarrentypus der mittelalterlichen Fidel zurück, für den sich insbesondere Francis Chanot (1817) einsetzte, der auch Nachfolger fand, wie Johann Georg Staufer, Wien, und Carlo Antonio Galbusera, Mailand. Als Erfinder neuer Modelle traten auf: F. Savart (1819), trapezförmiges Corpus mit schmalen rechteckigen Schallöchern; Thomas Howell (1835), unsymmetrischer Umriß; Andreas Engleder, München (um 1850), birnenförmige Violinen; Gustav Henri Hulskamp, New York (1862), eckenlose Instrumente mit rundem Schallloch; Fürst Gregor Stourdza, »violino-arpa« und »violino-chitarra«, mit unregelmäßigen Konturen, gebaut 1873 nach seinen Angaben von Thomas Zach in Wien; William Sinclair, New-Pitsligo (2. Hälfte des 19. Jahrhunderts), dreieckige Violinen mit mitschwingenden Saiten u. a.; Demetrio Consili (um 1870), »poggia-violino« mit modifizierten Konturen; Oskar Hagspiel, Dresden (2. Hälfte des 19. Jahrhunderts), Corpus in Gitarrenform mit gepreßter Decke, ohne ƒ-Löcher, dafür zehn Öffnungen in den Zargen; William Henry Collins, London, »echolin« (1879), mit seitlich angebrachten Schallöchern; Alfred Stelzner, Dresden (1891), Umrißlinien und Wölbungen sind auf die Kegelschnitte der Ellipse und Parabel u. a. zurückgeführt; Hidalgo Moya, Aylestone, Leicester (um 1891), Instrumente ohne Schallöcher; längerer Verbreitung erfreute sich die »philomele«, eine Stahlgeige (Erfinder?), in der Form der Diskant-Viola da gamba mit vier Stahlsaiten und Violinstimmung, die seit der Mitte des 19. bis zum Anfang des 20. Jahrhunderts gebaut wurde; Ferruccio Zanier (um 1937), »violino razionale«, ebene Decke und ebener Boden, unsymmetrische Umrißform (ein ähnliches Versuchsinstrument aus der 2. Hälfte des 19. Jahrhunderts bei Georg Kinsky, Musikhistorisches Museum von Wilhelm Heyer, Katalog, Band 2, Zupf- und Streichinstrumente, Köln 1912, Nr. 893); Julius Zoller, Karlsruhe (vor 1948), eckenloses Corpus, Schallöcher in den Zargen, je zwei Stimmstöcke und Baßbalken sowie eine Bordunsaite, und viele andere. Zahllose Versuche wurden seit der 1. Hälfte des 19. Jahrhunderts unternommen, durch Veränderung bzw. Einfügung neuer Einzelteile in das Geigencorpus eine »Tonveredlung« zu erzielen, u. a. von Nicolas Sulot, Dijon, wellenförmiger Boden, dreifache Resonanzplatten; Cl. V. Rambaux, am Boden des Instruments befestigter Baßbalken, auf dem der Stimmstock steht; Nicolas Eugène Simoutre, Basel, »harmonische Unterlaghölzer«, d. h. Ausfütterung mit elastischem Holz zwischen den *f*-Löchern, an den Backen und am Boden; Anton (II) Sprenger, Stuttgart, »Tonschraube«, ein vom Hals bis zum unteren Klotz führender Stab, durch den die Spannungsverhältnisse im Corpus geändert werden können; John Kopp, Cincinnati, Violinen mit abnehmbarer Decke, die der Saitendruck festhält; L. Löwenthal (Louis Lowendall), Berlin, »Resonator Violin-Stimmbalken«, d. h. Baßbalken mit fünf Querbohrungen; Hermann Ritter, Würzburg, Steg mit drei Füßen; Tröbs, Berlin, Griffbrett und Saitenhalter aus einem Stück mit einer Vertiefung in der Mitte; Andreas Moser, Berlin, Boden parallel zur Decke gewölbt; Frank-Reiner, Mainz, Fütterung mit Seidengaze; Franz Thomastik, Wien, Stimmstock mit dem rechten Stegfuß durch die Decke verbunden, und viele andere; Sommer & Hönings, Neuß, erfanden einen »Tonresonator« zur Herstellung von Klangholz für »Patentresonanzböden«.

Das Instrumentarium der Streicher wurde seit dem ausgehenden 18. Jahrhundert auch durch andere Stimmlagen, bzw. Vergrößerung des Stimmumfangs, erweitert. Zu den Versuchen, Violine und Viola zu kombinieren, zählen die fünfsaitigen Instrumente, »violino pomposo«, »violon-alto« (Michel Woldemar, Orléans, um 1800), »violalin« (Friedrich Hillmer, Leipzig, 1800 erwähnt und noch 1840 gespielt) und »viola alta« (Hermann Ritter, 1876); um eine Oktav tiefer als die Violine sind gestimmt: »violon-tenor« (B. Dubois, 1. Hälfte des 19. Jahrhunderts), »viola tenore« (Eduard Herrmann, 1877), »Cellino« (Diegelmann, 1877), »Tenor-Geige« (Hermann Lahl und Eugen Sprenger), »Violotta« (Alfred Stelzner, 1891), Oktavgeige (Johann Reiter, Mittenwald). Eine weitere Zwischenstufe vertritt das »Cellone« (A. Stelzner, um 1890, und K. Leonhardt, Mittenwald, um 1960). Eine achtzehnsaitige Geige, die ein Streichorchester ersetzen sollte, erfand M. Vincenti, Florenz (1. Hälfte des 19. Jahrhunderts).

VI. Die Geigensignatur

Unterhalb des linken Schalloches, bei Instrumenten des 16. und vom Anfang des 17. Jahrhunderts mitunter weiter innen, an der Bodenfuge, ist, von seltenen Ausnahmen abgesehen, der Geigenzettel angebracht. Neben dem Namen des Herstellers trägt er in der Regel eine Orts- und Jahresangabe (über den Zettelschwindel siehe unten). Im Text können noch beigefügt sein: der Geburtsort des Geigenbauers, wenn dieser in einer anderen Stadt arbeitete, die Namen von Vorfahren, wenn sie den gleichen Beruf ausgeübt haben, des Lehrers und der Werkstatt (Schild [?], z.B. »al segno della Corona«, »at the Bass Viol«), die Anschrift (seit der 2. Hälfte des 18. Jahrhunderts, insbesondere bei französischen und italienischen Meistern), ferner eine Berufsbezeichnung, z. B. »Lautenmacher« (17./18. Jahrhundert), »Lauten- und Geigenmacher« (17.–19. Jahrhundert) bzw. »Geigen- und Lautenmacher« (18./19. Jahrhundert), »Luthier« (seit dem 18. Jahrhundert). »Lautaro« (17./18. Jahrhundert), »Liutaio« (20. Jahrhundert), »Geigenbauer« bzw. »-baumeister« (19./20. Jahrhundert) u. a.; daneben werden auch Titel und Anstellungen, bei Höfen, Konservatorien u. a., angeführt. Handelt es sich bei einem Instrument um eine Kopie, so kann das Modell ebenfalls auf der Etikette vermerkt sein. Dem Beispiel A. Stradivaris, der neben dem Text einen Rundstempel mit seinen Initialen und darüber stehendem Kreuz anbrachte, folgten zahlreiche Geigenbauer, die sich eines zugleich mit dem Druck hergestellten Monogramms bedienten. Der Gebrauch, den Wortlaut der Zettel zu latinisieren (mitunter auch die Familiennamen, z. B. »Stradivarius«, »Guarnerius«, »Landolphus«), scheint aus Italien zu stammen und wird noch von einigen Geigenbauern der Gegenwart beibehalten. Gedruckte Etiketten, auf denen meist nur die Einer- und Zehnerstelle der Jahreszahl handschriftlich beigefügt stehen, sind wesentlich häufiger anzutreffen als handschriftliche Signierungen. Insbesondere italienische Meister des 17. und 18. Jahrhunderts benutzten Handstempel mit Holzlettern oder -blöcken. Neben gedruckten Zetteln fanden auch gestochene (18./19. Jahrhundert) und lithographierte (seit etwa 1840) Verwendung. Sie können mit Wappen (bei Hofgeigenmachern), Vignetten, Randleisten u. a. verziert sein. Außerhalb der Etiketten ist mitunter im Innern des Instruments ein Brandstempel mit Initialen, Hausmarken oder ähnlichem angebracht.

Geigenzettel sind Urkunden, jedoch nach verschiedenen Kategorien zu bewerten: 1. als Individualsignatur, wenn der Name auf der Etikette des Instruments mit dem des Herstellers übereinstimmt (dabei ist es unerheblich, ob untergeordnete Arbeiten von anderer Hand stammen); 2. als Werkstattbezeichnung, wenn Gehilfen unter Anleitung und Aufsicht eines Meisters arbeiten und dessen Kenntnis und geistiges Eigentum, z. B. bei der Holzwahl und akustischen Abstimmung, verwerten; 3. als Firmenbezeichnung, bei fabrikmäßiger Herstellung oder wenn, wie seit der Verfallszeit üblich, in größeren Werkstätten oder für ein Unternehmen selbständige Geigenbauer beschäftigt wurden. Meister des klassischen Geigenbaues ließen gedruckte Zettel anfertigen, mit denen unter ihrer Anleitung von Schülern und Gehilfen erbaute Instrumente versehen wurden, z. B. »Sub disciplina Nicolai Amati / in eius Officina Cremonae«; ähnliche Etiketten sind von Andrea Guarneri und A. Stradivari bekannt, jedoch in Instrumenten kaum mehr anzutreffen, da sie offenbar mit gefälschten Meisterzetteln vertauscht wurden; auch Barak Norman pflegte auf den Etiketten zu vermerken, wenn Teile eines Instruments nicht von seiner Hand verfertigt waren. Jedenfalls kann nicht verallgemeinernd behauptet werden (Otto von Schulmann, Echt oder falsch?,

Siegburg 1961, S. 24), daß die »individuelle Autorschaft« dem Barock »ganz fremd« gewesen wäre. Zeigt ein Instrument Merkmale einer Arbeitsweise, die sich von der des auf der Etikette genannten Geigenbauers unterscheidet, so wird daraus auf die Hand eines Schülers oder Gehilfen geschlossen. Abgesehen davon, daß die Möglichkeit eines heute nicht mehr überprüfbaren Zettelschwindels besteht und daß der Anteil der Mitarbeit nur schwer bestimmbar ist, können daraus keine »Werkstattgebräuche« abgeleitet werden, wann ein Instrument mit der Signatur des Meisters selbst, mit »sub disciplina« oder mit der des Gehilfen versehen wurde. Der wiederholt zitierte Vergleich (u. a. Schulmann, S. 24), Peter Paul Rubens habe auch Gemälde von Schülern mit seinem Namen gezeichnet, ist auf den Geigenbau nicht anwendbar. Jedenfalls änderte sich seit der zweiten Hälfte des 18. Jahrhunderts die Bewertung fremder Mithilfe. Der Niedergang des Geigenbaues, der diesen auf die Stufe eines gewöhnlichen Handwerks stellte, die fabrikmäßige Erzeugung und das Überhandnehmen des Zettelschwindels qualifizierte den Gehilfen oder Mitarbeiter als Angestellten und grenzte seine Leistung nicht mehr korrekt ab; signiert ein Meister mit seinem Namen, so erkennt er seinen Anteil an der Herstellung an, wenn es sich auch nur um Anleitung, Anwendung eigener Modelle und ähnliches handelt. Eine Urkunde bleibt der Geigenzettel auch dann, wenn er den Namen einer Firma oder den des Eigentümers einer Werkstatt trägt, in der oder für die Geigenbauer selbständige Arbeiten ausführen. Dabei ist als bekannt vorausgesetzt, daß der Name der Etikette mit dem des Herstellers nicht übereinstimmen muß. Daß im 19. und 20. Jahrhundert eigene und fremde Arbeit auseinandergehalten wird, zählt zu den Ausnahmen; z. B. gehört dazu die Etikette »fait sous la discipline d'Emile Français«; auch Beifügungen zum Namen, z. B. »Atelier für Geigenbau« und ähnliches, zeigen an, daß hier erzeugte« Instrumente nicht von der gleichen Hand stammen. Prager Geigenbauer gebrauchten insbesondere im 19. Jahrhundert Meister- und Firmenzettel, mit denen sie eigene und nur teilweise von ihnen verfertigte Arbeiten signierten (Karel Jalovec, Böhmische Geigenbauer, Prag 1959, S. 30). Fabrikgeigen wurden auch unsigniert geliefert und dann mit Zetteln der Firma versehen, von der sie bestellt worden waren.

Als »Modellbezeichnung« sind Signaturen anzusehen, die nicht den Namen des Herstellers, sondern den eines alten berühmten Geigenbauers, dessen Bauform in ihren Maßen kopiert wurde, tragen: Druck bzw. Schrift sind als neu kenntlich, können aber auch faksimilierte Nachbildungen sein. Die Abgrenzung zu der bereits in der Nähe liegenden Fälschung besteht darin, daß dem Instrument nicht künstlich ein altes Aussehen, z. B. Abnützungsstellen des Lackes, verliehen ist und daß es als neu zu erkennen ist. Die Signierung mit dem Namen eines zeitgenössischen oder der jüngsten Vergangenheit angehörenden Geigenbauers, auch bei divergierender Zettelform, muß als Betrug gewertet werden, da die wesentliche Voraussetzung, die verbreitete Kenntis des Modells, fehlt. Ein auf Suggestivwirkung zielender Mißbrauch ist es, wenn Meisterzettel in Fabrikgeigen, selbst minderwertiger Ausführung, geklebt wurden, deren Form kaum, etwa bei den Schallöchern, oder überhaupt nicht an das angebliche Modell erinnern. Bereits Georg Simon Löhlein (Anweisung zum Violinspielen, Leipzig und Züllichau 1774, S. 134) berichtet davon, daß selbst Schachtelgeigen »mit einem Stainer- oder Amati-Zettel bekleckt« sind. Im 19. Jahrhundert ging man dazu über, »Copy of« oder ähnliches dem Text voranzustellen. Für nach einem Modell gearbeitete Instrumente gebrauchten z.B. Neuner & Hornsteiner, Mittenwald, Etiketten, auf denen der Wortlaut eines alten Meisterzettels in großen Buchstaben gedruckt oder gestochen ist, während unter der Umrahmung, in kleinen Lettern, die Firmenbezeichnung steht. Hier offenbart sich deutlich die Diskrepanz in der Bewertung: selbst der Name eines alten Geigenbauers, dessen Modell als ungefähre Vorlage diente, gilt mehr als der des Herstellers bzw. der Firma.

Während das Gesetz Nachahmungen von Urkunden und kursierendem Geld verfolgt, sind Kunstwerke, Instrumente u. a. vor Kopierung nicht geschützt. Eine Fälschung im kriminellen Sinn liegt erst dann vor, wenn ein Betrug beabsichtigt bzw. ausgeführt wird; dazu gehört die Nachahmung der Signatur. Die Entfernung eines Originalzettels aus einem Instrument und die Anbringung eines anderen Herstellervermerks, ebenso die häufig anzutreffenden Korrekturen von Jahreszahlen sind Urkundenfälschungen. Der Zettelschwindel reicht weit zurück; z.B. glaubte Tomaso Antonio Vitali, ein Hofmusiker in Modena, 1685 eine Violine N. Amatis erworben zu haben, entdeckte aber eine zweite, überklebte Etikette mit dem Namen F. Ruggieri, dessen Instrumente wesentlich geringer bewertet wurden. Cozio di Salabue berichtet (Carteggio, S. 47, 260, 316) von gefälschten Zetteln mit dem Namen A. Stradivari, ferner hätten Girolamo (II) Amati und Francesco Stradivari auch Etiketten ihrer Väter verwendet; der Geigenbauer Mantegazza, wahrscheinlich Carlo (nicht Pietro Giovanni, wie Vannes schreibt), habe Zettel mit dem Namen N. Amati gedruckt u. a. Auch in Deutschland waren diese Praktiken bekannt; Ernst Ludwig Gerber (Neues historisch-biographisches Lexikon der Tonkünstler, Leipzig 1812, Band 1, Spalte 46) erhebt bei zwei Violinen, signiert mit »Mattia Albani, Roma«, die Frage, ob sich dieser Meister »in Rom niedergelassen, oder ob Hr. Albinoni«, ein Mailänder Händler, der die Instrumente in der ›Musikalischen Korrespondenz‹ 1791 (S. 286) zum Verkauf angeboten hatte, »neue Zeichen in die Violinen geklebt hat? Dies ist schwer zu entscheiden.« Der Zettelaustausch verfolgt den Zweck, die Arbeit eines weniger bewerteten Meisters durch einen berühmten Namen zu »promovieren«. So sind zahlreiche Geigenbauer nur durch Urkunden nachgewiesen, während Werke fehlen, die aber kaum zur Gänze der Vernichtung anheimgefallen sein können, sondern eine andere Signatur erhalten haben. Ebenso verzeichnet die Literatur Kleinmeister nach heute nicht mehr nachweisbaren Instrumenten, deren Etiketten inzwischen ausgetauscht wurden, z. B. den Stainerkopisten Michael Barhofer (»Geigen mit originalen Zetteln liegen nicht mehr auf dem Markt« [!], Niederheitmann, [8]1956, S. 91). An diesem Mißbrauch beteiligten sich auch angesehene Händler, z. B. fanden sich im Nachlaß von Giuseppe Fiorini († 1934) mehrere hundert Faksimile-Drucke von Etiketten italienischer Geigenbauer. Eine weitere nicht selten ausgeübte Manipulation ist, mit Falsifikaten Originale zu ersetzen, die teils in Sammlungen von Geigenhändlern (vgl. Hamma, Meister deutscher Geigenbaukunst, S. 30) verschwanden, teils in Arbeiten anderer Hersteller geklebt wurden. Die Schätzung A. Berrs (Niederheitmann, S. 39), nur etwa 15 bis 20% der Instrumente trügen ihre authentische Signatur, ist offenbar zu niedrig und kann vielleicht für Violinen der klassischen Epoche zutreffen.

Zum Zettelschwindel kommt die Imitation, die zugleich ein altes Aussehen der Instrumente vortäuscht (Methoden beschreibt u. a. Drögemeyer, S. 188ff.). Fälschungen erfolgen häufig von anderer Hand auch an neuen Instrumenten; z. B. wird bereits vom Ende des 18. Jahrhunderts berichtet, in Venedig würden »alljährlich eine Menge Geigen aus Tirol«, d. h. aus Mittenwald, bezogen, »ein bißchen eingerichtet, dann für Cremoneser verkauft« (Johann Christoph Maier, Beschreibung von Venedig, Band 2, Leipzig [2]1795/96, S. 340f., zitiert nach Lütgendorff, Band 1, S. 60). »Die Kunst der Imitation oder ... der Fälschung findet man nun wohl auf allen Gebieten der Kunsterzeugnisse, aber wohl in keiner Branche derselben wird die Fälschung schamloser betrieben als in der des Geigenbaues im weiteren Sinn und ebenso wird in keiner Branche des Kunsthandels mehr Schwindel getrieben als auf dem Gebiete des Handels mit alten Bogeninstrumenten« (Drögemeyer, S. 187). Geradezu ein Chaos, ein »unglaubliches Durcheinander« und zugleich eine Entwertung des Zettels an sich sind die Folgen dieser betrügerischen Handlungen, »die dem Kenner längst bekannt waren, aber erst durch den großen Berner Geigenprozeß [1958] zur allgemeinen Kenntnis gelangten« (von Schulmann, S. 23).

Den Tiefstand des Geigenbaues kennzeichnet es, wenn Instrumentenmacher z. B. in Rom in der 2. Hälfte des 19. Jahrhunderts roh zugerichtete Violinen aus französischen und deutschen Fabriken bezogen, die sie ausarbeiteten und mit eigenen Zetteln versahen.

Während der Kunsthistoriker im allgemeinen auch als Fachmann für die Echtheitsbestimmung zuständig ist, haben sich die Musikwissenschaft bzw. die Vertreter der Instrumentenkunde mit diesem Sektor kaum befaßt. Expertisen über Streichinstrumente werden, von wenigen unparteiischen Gremien (z. B. der Expertenkammer des Schweizerischen Geigenbauerverbandes) abgesehen, durch Geigenhändler erstellt, die zugleich die Echtheit der von ihnen verkauften Instrumente garantieren.

In Expertisen wird ein Instrument als »echt« deklariert, wenn die wesentlichen Teile, d. h. Corpus und Schnecke, original sind; zu den unwesentlichen Teilen zählen Hals, Griffbrett, Ober- und Untersattel, Saitenhalter, Stimmstock, Baßbalken, Steg, Wirbel und Knopf.

Zettelaustausch und Geigenschwindel sind eine seit etwa zweihundert Jahren bestehende »Tradition« (»branchenüblich«). Eine Neuorientierung und Säuberung, die in erster Linie vom Geigenhandel ausgehen muß, wurde zwar wiederholt gefordert, ohne daß aber bisher ein grundsätzliches Konzept vorgelegt worden wäre (über den Versuch, in Cremona ein Geigenregister anzulegen, siehe u. a. Giovanni Iviglia, Cremona, wie es nicht sein soll, Bellinzona-Lugano 1957, S. 47ff.; Gegenäußerungen von A. Berr in: Niederheitmann, Cremona, [8] 1956, S. 73ff.). Das »Chaos« kann nicht durch stilistische Zuweisungen, durch Stilkritik, allein gelichtet werden; der Zettelschwindel hat die gesicherte Vergleichsbasis für Analogieschlüsse auf ein nur schmales Fundament gestellt; z. B. berichtet von Schulmann (S. 29) von einer Violine, »die von vier völlig abweichenden Zuschreibungen bekannter Sachverständiger begleitet war«, und die bei Lütgendorff (Band 1), Tafel 9a, abgebildete Violine wurde 1908 in einem Katalog der Firma Hamma als »Gaetano Guadagnini«, später als »Lorenzo Storioni« bezeichnet. Der Unsicherheitskoeffizient wird ferner durch »Verfälschungen«, sogenannte »frisierte Geigen«, deren Originalzustand verändert wurde oder die aus Teilen verschiedener Instrumente zusammengebaut sind, noch erhöht; auch Änderungen der Konturen, insbesondere bei Bratschen, sind vorgenommen worden. Daher ist die Miteinbeziehung naturwissenschaftlicher Untersuchungsmethoden (z. B. Lackanalysen, Holzbestimmung u. a.), über deren Entwicklung M. Frei (1955 und 1960; vgl. dazu Alfred Berner, in: Kongreßbericht der Internationalen Gesellschaft für Musikwissenschaft Köln 1958, Kassel 1959, S. 67) berichtet, ferner der historischen Forschung, die u. a. noch Lücken in Biographien von Geigenbauern auszufüllen hat, insbesondere weil auf Etiketten Jahreszahlen verändert wurden, sowie von Fachleuten der Typographie und Paläographie eine unabdingbare Notwendigkeit.

VII. Der Streichbogen

»Für den Streichbogen gilt als erste und einzige Konstruktionsnotwendigkeit zur Spannung des Bezuges die Wölbung der Stange« (Hans-Heinz Dräger, Die Entwicklung des Streichbogens und seine Anwendung in Europa, Kassel 1937, S. 13). Die im europäischen Mittelalter ikonographisch nachgewiesenen Bogentypen bewahrte der Orient bis zur Gegenwart. Dräger (S. 14) unterscheidet drei

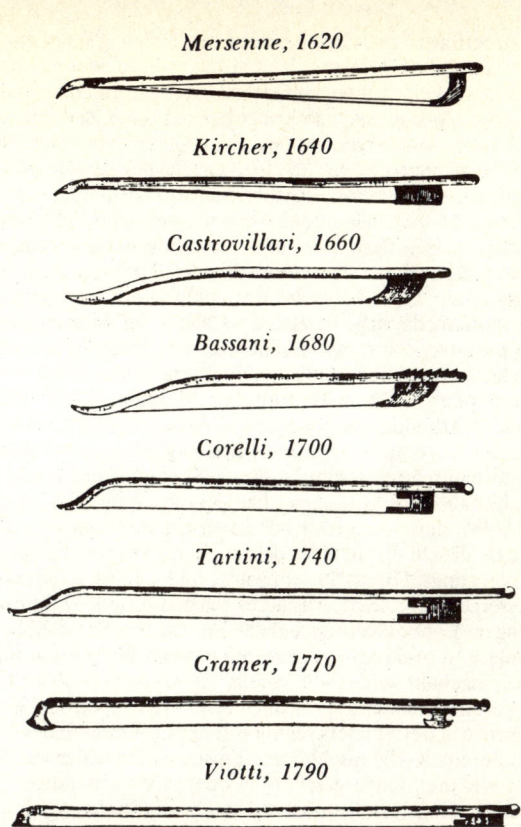

Mersenne, 1620

Kircher, 1640

Castrovillari, 1660

Bassani, 1680

Corelli, 1700

Tartini, 1740

Cramer, 1770

Viotti, 1790

3: Bogenformen des 17. und 18. Jahrhunderts.

Hauptgruppen, deren Stangenenden mit dem Bezug direkt verbunden sind: den gleichmäßig gekrümmten oder einfachen Rundbogen sowie den gerade verlaufenden, entweder an der Spitze oder an beiden Enden scharf abfallenden Stab. Entwickeltere Typen besitzen »Griffbildungen« (der Bezug wird vom Stangenende vorverlegt) und »Froschbildungen« (am Griffende mit einer Vorrichtung zum Abspreizen der Bogenhaare, entweder durch Verwendung einer Astgabel oder durch ein eingeklemmtes Holz). Die Instrumentenhaltung bestimmt die Bogenlänge; Instrumente, die der Spieler an die linke Körperseite lehnt, erfordern einen längeren Bogen; bei einer Haltung

207

in der Körpermitte, zwischen oder auf den Knien, genügt ein kurzer Bogen (Dräger, S. 42). Waren bis um 1500 verschiedene uneinheitliche Modelle nebeneinander im Gebrauch (Frühformen bewahrt z.T. weiterhin die Volksmusik), so bringt der um diese Zeit entstandene Gambenbogen »zum ersten Male in der Geschichte« eine Normierung »in Form und Größe« (S. 14). Die leicht gekrümmte, etwas abgeflachte Stange hat eine Froschbildung am Griffende, verläuft gerade oder senkt sich, nach oben schmaler werdend, zu einem spitz zulaufenden Kopf, dessen sogenannte Schwanenhalsform bis ins 18. Jahrhundert beibehalten wurde. Bis zur Ausbildung des modernen Bogens, um 1780, kann die Entwicklung nur in großen Zügen verfolgt werden, da sich die Kenntnis allein auf Bildzeugnisse und seltene Exemplare selbst beschränkt; eine systematische Sichtung und Untersuchung des Altbestandes (z.B. verwahrt die Sammlung alter Musikinstrumente im Kunsthistorischen Museum, Wien, noch dem 16. und 17. Jahrhundert angehörende Bogen, Nr. 79–91, 114) wurde bisher nicht vorgenommen (einzelne Bogentypen siehe Abbildung 3).

Eine mechanische Einrichtung für die Spannung der Haare ist seit dem 14./15. Jahrhundert nachweisbar (Kinsky, Band 2, S. 588; Rühlmann, S. 148); deren unteres Ende ist an einem Knopf befestigt, der mit einer Drahtschlinge in einer der am Stangenrücken eingeschnittenen Kerben hängt. Dieses System wurde im 17. Jahrhundert entscheidend weitergebildet; seine Ausläufer reichen bis ins 19. Jahrhundert (»Sägebogen«). Die Kerben ersetzt ein ausgezahntes Metallstück (»crémaillère«), in das eine durch den beweglichen Frosch führende Drahtöse eingehakt wird (siehe Abbildung 4). Aber noch im 18. Jahrhundert gebrauchte man Bogen mit starrem Bezug, dessen Spannung der Fingerdruck des Spielers regulierte; der im Verlaufe des 16. Jahrhunderts bereits fertig ausgebildete Frosch ist entweder aus demselben Holz wie die Stange geschnitten oder, als selbständiger Teil, in einen Schlitz eingelassen und hier durch die Spannung der Haare fixiert (siehe Abbildung 5). Die einfachste und endgültige Regulierung der Spannung brachte die Erfindung der Stellschraube (vor 1700), die in eine in den Frosch eingelassene Mutter führt und diesen beweglich macht. In der Bogenform zeichnen sich zu Beginn des 18. Jahrhunderts drei Grundtypen ab: für Italien charakteristisch ist der längere, wenig gewölbte »Sonatenbogen«, für Frankreich der leichtere und kürzere »Tanzbogen« und für Deutschland die stärkere Krümmung, der »Rundbogen«. Auch die Bogenhaltung war unterschiedlich, »französisch«, nahe dem Griffende, mit dem Daumen unter der Bespannung, und »italienisch«, je nach Länge und Gewicht des Bogens entfernter vom Frosch und mit dem Daumen zwischen Bezug und Stange. »Verbesserungen« in der Konstruktion des Bogens werden in der Literatur einigen Violinvirtuosen zugeschrieben; fehlende Quellenangaben lassen aber Vermutungen annehmen. Im allgemeinen steht jede Änderung der Form mit der Entwicklung einer

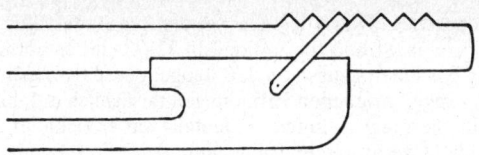

4: »Crémaillère«-Bogengriff (17. Jahrhundert).

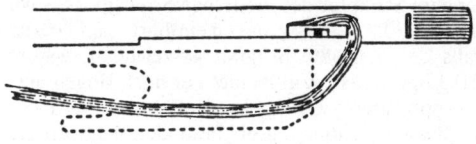

5: Starre Befestigung des Bezuges mit abgesetztem Frosch.

neuen Bogentechnik und Strichart, die schließlich durch einen anderen Vortragsstil bedingt sind, in Verbindung. Arcangelo Corelli soll eine Senkung der Bogenspitze veranlaßt haben, so daß die Haare in gleicher Entfernung parallel zur Stange verlaufen. Giuseppe Tartini habe um 1730 die Anregung gegeben, für die Stange leichteres Holz zu verwenden, den Abfall zum Kopf zu verkürzen und Rillen, Kannelüren, am unteren Ende anzubringen. Weitere Änderungen sollen durch Wilhelm Cramer um 1770 (gerade Stange, die in einen nahezu viereckigen Kopf mündet, und ein an beiden Enden hohl ausgearbeiteter Frosch) und Giovanni Battista Viotti um 1780 (verlängerte, leichtere Form) eingeführt worden sein.

Das gleiche Bogenmodell hatte bis um die Mitte des 18. Jahrhunderts ebenso für Gamben wie für Violinen gedient; erst dann beginnt die Ausbildung eines eigenen Violinbogens mit konvexer oder bereits gerader Stange und dem typischen rechtwinkligen Ansatz des nunmehr verbreiterten und höheren Kopfes, der verhindert, daß der Bezug die Bogenstange an der Spitze berührt.

Die alten Geigenbauer (vereinzelt noch im 19. Jahrhundert) hatten auch die Bogen für ihre Instrumente hergestellt. Während bis in die zweite Hälfte des 18. Jahrhunderts nur wenige selbständige Bogenmacher, z. B. in Mirecourt und Markneukirchen, tätig waren, setzt dann eine zunehmende Spezialisierung ein. Einer der bedeutendsten Bogenmacher, François Tourte (um 1747–1835), entwickelte auf empirischem Wege die bis auf geringe Änderungen noch heute verbindliche allmähliche Verminderung des Volumens und die einheitliche Biegung der Stange, deren Theorie später J.-B. Vuillaume wissenschaftlich nachwies. Tourte legte ferner die Längen fest, für Violinen 74–75, für Violen 74 und für Violoncelli 72–73 cm; er normierte die Entfernung des Haarbezugs von der Stange, deren Schwerpunkt u. a. Ob alle ihm zugeschriebenen Erfindungen tatsächlich auf ihn zurückgehen, steht allerdings nicht fest. Jedenfalls war er nicht der erste, der Pernambukholz verarbeitete (siehe unten), er bewies aber dessen hervorragende Eignung. Die umwälzende Neuerung, die konkave Stange, die eine wesentliche Erhöhung der Elastizität bewirkt, war ebenso schon vorher bekannt wie das Biegen über dem Feuer. Tourte ist das grundsätzliche System des Krümmungsverlaufs zu verdanken, durch das er zum Schöpfer des modernen Streichbogens wurde. Weitere Meister, die z. T. Verbesserungen einführten und deren Arbeiten sich ebenfalls durch größte Sorgfalt auszeichnen, waren in Paris: François (II) Lupot, J.-B. Vuillaume, der auch Bogen aus Stahlrohr herstellte, Joseph René Lafleur, Nicolas François Voirin, in London: John Dodd, dessen Cellobogen als besonders hervorragend gelten, Georges Louis Panormo und James Tubbs, in Deutschland: Ludwig Christian August Bausch, Johann Christian Süß, August Rau, Mitglieder der Familien Knopf und Nürnberger u. a.

Im 17. Jahrhundert ist bereits von Bogen aus »indianischem« Holz berichtet; vielleicht handelt es sich um Blau- oder Kampecheholz. Nach Peter Nathan Sprengel (Künste und Handwerke, Band 11, Berlin 1773, S. 285) wurden gewöhnlich Pernambuk-, Schlangen- oder Pflaumenbaumholz, aber auch andere harte und biegsame Hölzer verarbeitet. Seit der Verbreitung des Systems von Tourte gilt das Pernambukholz, das ebenso elastisch wie leicht und hart ist, als das bevorzugte Material. Die brasilianische Provinz Pernambucco gab ihm den Namen; Abarten wachsen auch in anderen Gebieten Amerikas, im Orient, in Ostindien, Burma, China, Japan. Für einfache Bogen finden weniger wertvolle Sorten, z. B. Brasil-, Pferde- und Buchenholz, Verwendung. Das Holz wird mit dem Profil in strahlenförmiger Richtung vom Kern des Stammes, nach der Schwarte, übereinstimmend mit dem Verlauf der Jahre geschnitten; sich kreuzende Jahre beeinträchtigen Elastizität und Haltbarkeit. Die Stärke der runden oder ovalen, bisweilen am unteren Ende oder in ihrem ganzen Verlauf achteckigen, mitunter kannelürten Stange ist beim modernen Bogen im ersten Drittel nahezu gleichbleibend und nimmt dann in der Richtung der Krümmung ab; die als »Hals« bezeichnete größte Einbuchtung liegt nicht in der Mitte, sondern im oberen Drittel. Dichte und Struktur des Materials bestimmen den Querschnitt, der bei leichtem Holz größer als bei schwerem ist; für Violinbogen beträgt er im unteren Drittel 7,8–8,2 mm und am Kopf 4,9–5,1 mm (Friedrich Wunderlich, Der Geigenbogen, Wiesbaden [2]1952, S. 23). Nach der Bearbeitung der Stange, deren Durchmesser zwar noch nicht endgültig feststeht, folgt abschnittweise das »Vorbiegen« des über einem Feuer erhitzten Holzes. Erst wenn Frosch und Bezug angebracht sind, können die letzten Korrekturen in Holzstärke und Biegung vorgenommen werden, die sich für die Abstimmung der Gewichtsverteilung als erforderlich erweisen; für Violinbogen gilt z. Z. der Schwerpunkt, etwa 25 cm vom Anfang der Stange entfernt, als verbindlich. Der Cellobogen, der beim Spielen in der Regel nach links gekantet wird, erhält eine leichte Ausbiegung nach rechts, damit seine Spannkraft während des Spielens senkrecht zu den Saiten wirkt. Der erst nach dem »Vorbiegen« geschnittene Kopf trägt an der Unterseite (»Platte«) meist einen Belag von Elfenbein; der durch einen Schlitz geführte Bezug ist im Bogenkopf mit einem Keil verankert. Die bis zum letzten Biegen noch rohe Stange wird dann gebeizt, mit Ölfirnis imprägniert, mitunter lackiert oder poliert. Die Griffstelle schützt meist ein Metalldraht, und ein Überzug, z. B. aus Leder, dient als Daumenstütze. Der Frosch, dessen Name vielleicht mit dem Profil des Einsatzstückes in einem frühen Entwicklungsstadium und mit dem eines sitzenden Frosches in Verbindung steht (der gleiche Name bezeichnet zwar auch die hervorstehenden Enden der Faßdauben), ist meist aus tiefschwarzem Ebenholz gearbeitet (im 18. und 19. Jahrhundert auch aus Elfenbein, Schildpatt, Kirschen-, Buchsbaum-, Buchenholz u. a.) und mit Neusilber-, Silber- oder Goldbeschlägen verziert. Der Schraubenknopf aus Elfenbein (früher aus Bein, daher »Beinchen« genannt) erhält ganz oder teilweise einen Überzug aus den gleichen Metallen. Perlmutter dient meist als Auflage für den Schieber am Frosch, für die Augen oder andere Verzierungen in den Backen und als Überzug für die Stirnseite des Schraubenkopfes. Die in ein Kästchen mit einem Keil eingeklemmten Bogenhaare verlaufen dann unterhalb des in Rillen versenkten und mit dem Froschring, einer Zwinge, gesicherten Schiebers, der eine gleichmäßige Verteilung und Lage des Bezugs ermöglicht (siehe Abbildung 6). Eine kon-

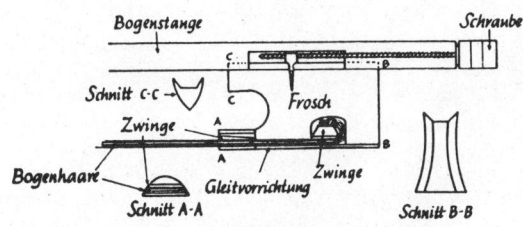

6: Griff und Frosch eines Violinbogens (19. Jahrhundert).

kave Metallschiene schließt die gegen die Stange gerichtete Fläche des Frosches ab und gewährleistet eine genaue Gleitbahn beim An- und Abspannen. Die Schraube liegt in einem Hohlraum der Stange; durch Drehen bewegt sich die in einer Führung gehende, mit dem

211

Frosch verbundene Mutter auf der Spindel (Beschreibung anderer Konstruktionen bei G. A. Wettengel, [2]1869, S. 229).

Seit dem 13. Jahrhundert ist Pferdehaar als Bezug bekannt. Naturweiße oder gebleichte schwarze Haare von Hengsten finden für Violin-, Viola-, Cello-, Gamben-, mitunter auch Kontrabaßbogen Verwendung. Der Bezug muß über die ganze Breite dieselbe Spannung besitzen; nur runde, glatte Haare von möglichst gleichmäßigem Querschnitt entsprechen den Erfordernissen. Je nach Stärke schwankt deren Zahl, z.B. bei einem Violinbogen zwischen 120 und 150. Die beste Qualität kommt von Steppenpferden Innerasiens.

Der nur gering gekrümmte Kontrabaßbogen ist 68–70 cm lang, aus Buchen-, Kirschbaum-, Brasil- oder Pernambukholz verfertigt und von unterschiedlicher Gestalt; am verbreitetsten sind das »Deutsche« Modell, dessen Stange sich vom Frosch zum Kopf senkt, und das »Französische«, mit hohem Kopf und flacherem Frosch. Die alte »Deutsche Form« (mit hohem Kopf) ist im oberen Drittel zwar etwas konkav eingebuchtet, aber nicht gebogen, sondern in dieser Gestalt aus dem Holz herausgeschnitten (»krummer Schnitt«). Für den Bezug findet vorwiegend schwarzes Roßhaar Verwendung, das größere Widerstandskraft besitzt.

LITERATUR
zusammengestellt von Marianne Bröcker

Die im nachfolgenden Verzeichnis aufgeführte Literatur ist nur eine
kleine Auswahl aus der großen Anzahl von Veröffentlichungen zu
Streichinstrumenten. Aufgenommen wurden neben wichtigen Neuer-
scheinungen auch viele bedeutende ältere, in wesentlichen Teilen
nicht überholte Werke, die in neuerer Zeit zum großen Teil durch
Nachdrucke oder Neuausgaben wieder zugänglich geworden sind.
Viele Publikationen hätten in den Literaturangaben zu mehreren
Artikeln aufgenommen werden müssen, weshalb eine Gliederung angestrebt wurde, die diese Werke – so weit möglich – im Teil A (Allgemeines) jeweils unter einem Gesichtspunkt zusammenfaßt. Da sich
nicht alle entsprechenden Arbeiten unter einem einzigen Oberbegriff
aufnehmen lassen, sollte der Leser die Literatur benachbarter Artikel
immer mitberücksichtigen. Zeitschriftenaufsätze wurden nur in Aus-
nahmefällen aufgenommen.

A. ALLGEMEINES

I. NACHSCHLAGEWERKE

BLOCH, O., und WALTHER VON WARTBURG, Dictionnaire étymologique
de la langue française, Paris [4]1964, Presses Universitaires de
France.

WARTBURG, WALTHER VON, Französisches Etymologisches Wörterbuch, Band 14, Basel 1961.

DIDEROT, DENIS, und JEAN LE ROND D'ALEMBERT, Encyclopédie ou
Dictionnaire raisonné des Sciences, des Arts et des Métiers, Band
17, Paris 1765, Briasson, Livourne [3]1775.

Enciclopedia della Musica, herausgegeben von Claudio Sartori,
4 Bände, Mailand 1963/64, Ricordi.

Encyclopédie de la Musique, herausgegeben von François Michel,
3 Bände, Paris 1958, 1959 und 1961, Fasquelle.

Encyclopédie de la Musique et Dictionnaire du Conservatoire, herausgegeben von Albert Lavignac und Lionel de La Laurencie,
11 Bände, Paris 1913–1931, Delagrave, Teil II, Band 3.

Encyclopédie Méthodique. Arts et Métiers Mécanique IV, Art du
Faiseur d'Instruments de Musique et Lutherie, Paris und Lüttich
1785, Faksimile-Nachdruck Genf 1972, Minkoff.

JACQUOT, ALBERT, Dictionnaire pratique et raisonné des Instruments
de Musique, Paris [2]1886.

MARCUSE, SIBYL, Musical Instruments. A Comprehensive Dictionary,

Garden City (New York) 1964, London 1966, Country Life, 2. korrigierte Auflage New York 1975, Norton.

Sachs, Curt, Real-Lexikon der Musikinstrumente, zugleich ein Polyglossar für das gesamte Instrumentengebiet, Berlin 1913, Julius Bard, Nachdruck Hildesheim 1964 und 1979, Olms.

II. KATALOGE VON MUSIKINSTRUMENTENSAMMLUNGEN (AUSWAHL)

Baines, Anthony, Victoria and Albert Museum. Catalogue of Musical Instruments, Band 2: Non-Keyboard Instruments, London 1968, Her Majesty's Stationery Office.

Bessaraboff, Nicolas, Ancient European Musical Instruments. An Organological Study of the Musical Instruments in the Leslie Lindsey Mason Collection at the Museum of Fine Arts, Boston 1941, Harvard University Press.

Chouquet, Gustave, Le Musée du Conservatoire National de Musique. Catalogue raisonné des instruments de cette collection, Paris 1875, Firmin-Didot Frères, erweiterte Ausgabe Paris 1884, dazu 3 Supplementbände von Léon Pillaut Paris 1894, 1899 und 1903, Nachdruck in einem Band Genf 1980, Minkoff.

Epstein, Peter, Katalog der Musikinstrumente im Historischen Museum der Stadt Frankfurt am Main, Frankfurt 1927.

Gallini, Natale und Franco, Comune di Milano. Museo degli strumenti musicali. Catalogo, Mailand 1963, Castello Sforzesco.

Hammerich, Angul, Das Musikhistorische Museum zu Kopenhagen. Beschreibender Katalog der Instrumentensammlung, Kopenhagen 1911.

Kinsky, Georg, Musikhistorisches Museum von Wilhelm Heyer in Cöln. Katalog, Band 2: Zupf- und Streichinstrumente, Köln 1912, Kommissionsverlag von Breitkopf & Härtel, Leipzig.

Leeuwen Boomkamp, Carel van, und John Henry van der Meer, The Carel van Leeuwen Boomkamp Collection of Musical Instruments. Descriptive Catalogue, Amsterdam 1971, Knuf.

Mahillon, Victor-Charles, Catalogue descriptif et analytique du Musée Instrumental du Conservatoire Royal de Musique de Bruxelles, 5 Bände, Gent 1880–1922, Librairie Générale de A. Hoste, Nachdruck Brüssel 1978, Les Amis de la Musique.

Otto, Irmgard, und Olga Adelmann, Staatliches Institut für Musikforschung, Preußischer Kulturbesitz, Musikinstrumenten-Museum Berlin. Katalog der Streichinstrumente, Berlin 1975, Staatliches Institut für Musikforschung.

Sasse, Konrad (Herausgeber), Katalog zu den Sammlungen des Händel-Hauses in Halle, 6. Teil: Musikinstrumentensammlung, Streich- und Zupfinstrumente, Halle a. d. Saale 1972.

SCHLOSSER, JULIUS, Die Sammlung alter Musikinstrumente. Beschreibendes Verzeichnis (= Publikationen aus den Sammlungen für Plastik und Kunstgewerbe des Kunsthistorischen Museums in Wien Band 3), Wien 1920, A. Schroll, Nachdruck Hildesheim 1974, Olms.

SCHRÖDER, HANS, Verzeichnis der Sammlung alter Musikinstrumente im Städtischen Museum Braunschweig, Braunschweig 1928, E. Appelhans & Co.

III. STANDARDWERKE ZUR MUSIKINSTRUMENTEN-KUNDE

AGRICOLA, MARTIN, Musica instrumentalis deudsch, Wittenberg 1529, [4]1545, Georg Rhau, Faksimile-Nachdruck der 1. und 4. Auflage Leipzig 1896, Breitkopf & Härtel, Nachdruck Hildesheim 1969, Olms.

LABORDE, JEAN-BENJAMIN DE, Essai sur la musique ancienne et moderne, 4 Bände, Paris 1780, Eugène Onfroy (Philippe Denys Pierres), Nachdruck New York 1978, AMS Press Inc. (= Music and Theatre in France in the 17th and 18th Centuries).

MACE, THOMAS, Musick's Monument, London 1676, Autor und John Carr, Faksimile-Nachdruck Paris 1958, Centre National de la Recherche Scientifique.

MAJER, JOSEPH FRIEDRICH BERNHARD CASPAR, Museum Musicum, Schwäbisch Hall 1732, G. M. Majer, Faksimile-Nachdruck Kassel 1954, Bärenreiter Verlag.

MERSENNE, MARIN, Harmonie Universelle, 2 Bände, Paris 1636 und 1637, Sébastien Cramoisy, Faksimile-Nachdruck in 3 Bänden Paris 1965 und öfter, Centre National de la Recherche Scientifique, Band 3.

PRAETORIUS, MICHAEL, Syntagma musicum, Band 2, Teil 1: De Organographia, und Teil 2: Theatrum Instrumentorum seu Sciagraphia, Wolfenbüttel 1618–1620, Elias Holwein, Faksimile-Nachdruck Kassel 1958, Bärenreiter Verlag.

TRICHET, PIERRE, Traité des Instruments de Musique (um 1640), herausgegeben von François Lesure, Neuilly-sur-Seine 1957, Société de musique d'autrefois.

VIRDUNG, SEBASTIAN, Musica getutscht und auszgezogen, Basel 1511, M. Furter, Faksimile-Nachdruck Kassel 1931, Bärenreiter Verlag, 2. Nachdruck herausgegeben von Klaus Wolfgang Niemöller, ebenda 1970.

IV. EINFÜHRUNGEN, GESAMTDARSTELLUNGEN

1. Zu Musikinstrumenten allgemein

BAINES, ANTHONY (Herausgeber), Musikinstrumente. Die Geschichte ihrer Entwicklung und ihrer Formen. Aus dem Englischen übersetzt von E. Maschat, München 1962, Prestel-Verlag.

–, European and American Musical Instruments, London 1966, Batsford.

BRAGARD, ROGER, und FERDINAND DE HEN, Musikinstrumente aus zwei Jahrtausenden. Aus dem Französischen übersetzt und mit Einleitungen versehen von Dieter Krickeberg, Stuttgart 1968, Chr. Belser Verlag.

GALPIN, FRANCIS WILLIAM, Old English Instruments of Music. Their History and Character, London 1910, [4]1965, Methuen, von G. Oldham überarbeiteter Nachdruck ebenda 1978.

–, A Textbook of European Musical Instruments, their Origin, History and Character, London 1937, Williams & Norgate, London [4]1956, Benn.

GEIRINGER, KARL, Musical Instruments. Their History from the Stone Age to the Present Day, London 1943 und [2]1945, G. Allen & Unwin, 3. durchgesehene und erweiterte Auflage als Instruments in the History of Western Music, ebenda 1978.

HARRISON, FRANK, und JOAN RIMMER, European Musical Instruments, London 1964, Studio Vista.

SACHS, CURT, Geist und Werden der Musikinstrumente, Berlin 1929, D. Reimer, Nachdruck Buren 1975, Knuf.

–, The History of Musical Instruments, New York 1940, Norton & Co, London 1942, Dent & Sons, Nachdruck ebenda 1968.

WINTERNITZ, EMANUEL, Die schönsten Musikinstrumente des Abendlandes. Ins Deutsche übertragen von Werner Bachmann, München 1966, Keysersche Verlagsbuchhandlung.

2. Zu Streichinstrumenten und Streichinstrumentenspiel

BACHMANN, WERNER, Die Anfänge des Streichinstrumentenspiels (= Musikwissenschaftliche Einzeldarstellungen Band 3), Leipzig 1964, [2]1966, VEB Breitkopf & Härtel Musikverlag.

DONINGTON, ROBERT, String Playing in Baroque Music, London 1977, Faber & Faber.

ENGEL, KARL, Researches into the Early History of the Violin Family, London 1883, Nachdruck Amsterdam 1965, Antiqua.

GRILLET, LAURENT, Les ancêtres du violon et du violoncelle. Les luthiers et les fabricants d'archet, 2 Bände, Paris 1901, Ch. Schmid, Nachdruck New York 1969, Broude Brothers.

HAYES, GERALD R., Musical Instruments and their Music 1500–1750,

Band 1: The Treatment of Instrumental Music, und Band 2: The Viols and Other Bowed Instruments, London 1928 und 1930, Oxford University Press, Nachdruck New York 1969, Broude Brothers.

MENUHIN, YEHUDI, und WILLIAM PRIMROSE, Violine und Viola. Aus dem Englischen von Karl-Albrecht Herrmann, Zug 1978, Edition Sven Erik Bergh.

PANUM, HORTENSE, The Stringed Instruments of the Middle Ages. Their Evolution and Development. Aus dem Dänischen übersetzt und herausgegeben von Jeffrey Pulver, London 1940, W. Reeves, Nachdruck ebenda 1971.

RÜHLMANN, JULIUS, Die Geschichte der Bogeninstrumente, herausgegeben von Richard Rühlmann, 2 Bände, Braunschweig 1882, Vieweg, Nachdruck Walluf bei Wiesbaden 1974, Sändig.

SCHLESINGER, KATHLEEN, The Instruments of the Modern Orchestra and Early Precursors of the Violin Family, 2 Bände, London 1910, W. Reeves, Nachdruck ebenda 1969.

VIDAL, ANTOINE, Les instruments à archet, 3 Bände, Paris 1876–1878, J. Claye, Nachdruck London 1961, The Holland Press.

V. ZEITSCHRIFTEN, JAHRBÜCHER

Bulletin of the Viola da Gamba Society of Great Britain, 1949–1968, als Chelys. The Journal of the Viola da Gamba Society, 1969 ff.

Early Music, London 1973 ff.

The Galpin Society Journal, London 1948 ff.

Die Geige und verwandte Instrumente. Monatsschrift für Geiger und Geigenbauer, Berlin 1925–1927.

Der Geigenbauer, Berlin 1912–1916.

Glareana. Nachrichten der Gesellschaft der Freunde alter Musikinstrumente, Zürich 1951 ff.

Das Musikinstrument, Neu-Isenburg 1952–1955, Frankfurt a. M. 1956 ff.

Musik-Instrumenten-Zeitung, Berlin 1890/91–1941.

Musique et Instruments. Revue du commerce et de l'industrie de la musique, Paris 1911–1964, seit 1939 als Musique et Radio. Organe officiel de la musique.

The Strad. A monthly journal for professionals and amateurs of all stringed instruments, London 1890 ff.

Die Viola. Jahrbuch der Internationalen Viola-Forschungsgesellschaft, Kassel 1979 ff.

The Violin. Monthly magazine, London 1889–1894.

Violins and Violinists, Evanston (Illinois) und Chicago 1938–1960, seit 1942 als Violins' and Violinists' Magazine.

Zeitschrift für Instrumentenbau, Leipzig 1880/81–1942/43, als Instrumentenbau-Zeitschrift. Zentralorgan für den gesamten Musikinstrumentenbau, musiktechnische Industrie, Fachhandel, Export und Forschung, Konstanz 1946/47–1956, Siegburg 1957 ff. (seit 1975 als Instrumentenbau).

B. EINZELDARSTELLUNGEN

I. VIOLINE

1. Akustik

ARNS, ULRICH, Untersuchungen an Geigen, Dissertation Technische Hochschule Karlsruhe 1954.

–, Eine neue Art objektiver Qualitätsbestimmung von Geigen, in: Gravesaner Blätter 2, 1957, Heft 7/8, S. 92–116.

BACKHAUS, H., Über Resonanzeigenschaften von Streichinstrumenten, in: Akustische Zeitschrift 1, 1936, S. 179.

BACKHAUS, H., und G. WEYMANN, Neuere Ergebnisse der Geigenforschung, in: Akustische Zeitschrift 4, 1939, S. 302.

BLADIER, B., Les phénomènes transitoires des cordes vibrantes, in: Acustica 14, 1964.

DACOS, FERNAND, Essai sur la Lutherie électro-acoustique du violon, Lüttich 1961, Neuausgabe Brüssel 1979, Les Amis de la Musique.

HUTCHINS, CARLEEN M. (Herausgeber), Musical Acoustics, Teil 1: Violin Family Components, Teil 2: Violin Family Functions (= Benchmark Papers in Acoustics 5 und 6), Stroudsburg (Pennsylvania) 1975 und 1976, Dowden, Hutchinson & Ross.

HUTCHINS, CARLEEN M., A. S. HOPPING und FREDERICK ALBERT SAUNDERS, Subharmonics and Plate Top Tones in Violin Acoustics, in: Journal of the Acoustical Society of America 32, 1960, S. 1443–1449.

JANSSON, ERIK, NILS-ERIK MOLIN und HARRY SUNDIN, Resonances of the Violin Body studied by hologram interferometry and acoustical methods, in: Physica scripta 2, 1970.

KURZ, H., Die nichtlinearen Verzerrungen von Geigenresonanzböden, in: Akustische Beihefte 3, 1953, S. 148.

LARK-HOROWITZ, K., und W. I. CALDWELL, Röntgen-Untersuchungen von Geigenhölzern, in: Naturwissenschaften 22, 1934, S. 450.

LEIPP, EMILE, Essai sur la lutherie, Paris 1946, Selbstverlag.

–, Les paramètres sensibles des instruments à cordes, Philosophische Dissertation Paris 1960.

LEIPP, EMILE, und ABRAHAM A. MOLES, Aktuelle Probleme des Experimentellen Geigenbaus, in: Gravesaner Blätter 5, 1960, Heft 19/ 29, S. 85–96.

Lottermoser, Werner, Die akustische Prüfung von Violinen, in: Bericht über den Internationalen Musikwissenschaftlichen Kongreß Wien 1956, Graz und Köln 1958, H. Böhlau Nachf., S. 384–386.

Lottermoser, Werner, und Jürgen Meyer, Akustische Prüfung der Klangqualität von Geigen, in: Instrumentenbau-Zeitschrift 12, 1957/58, S. 42 ff.

–, Resonanzen von Geigendecken und -Böden, in: Instrumentenbau-Zeitschrift 13, 1958/59, S. 185–189.

–, Über das Anstrichgeräusch bei Geigen, in: Instrumentenbau-Zeitschrift 15, 1960/61, S. 382–386.

–, Akustische Untersuchungen an einigen neuen Geigen von H. Edler, in: Instrumentenbau-Zeitschrift 18, 1964, S. 160–164.

Lottermoser, Werner, und Ernst Jenker, Vergleichsuntersuchungen an Violinen in den USA und der BRD, in: Instrumentenbau-Zeitschrift 25, 1971, S. 144–147.

Luke, Jon C., Measurement and Analysis of Body Vibration of a Violin, in: Journal of the Acoustical Society of America 43, 1971.

Meinel, Hermann, Sound Quality of Violins. Scientific Basis for Violin Construction, in: Journal of the Acoustical Society of America 29, 1957, S. 817–822.

Möckel, Max, Die Kunst der Messung im Geigenbau, Berlin 1935, Metzner.

Rohloff, Ernst, Der Klangcharakter altitalienischer Meistergeigen, in: Zeitschrift für angewandte Physik 2, 1950, S. 145.

–, Verbesserung der Ansprache der Geigenklänge, in: Zeitschrift für angewandte Physik 17/18, 1964.

Saunders, Frederick Albert, The Mechanical Action of Instruments of the Violin Family, in: Journal of the Acoustical Society of America 17, 1945/46, S. 169.

Suominen, L., Schwingungseigenschaften des Geigenkörpers, in: Acustica 8, 1958, S. 363.

Trendelenburg, Wilhelm, Die natürlichen Grundlagen der Kunst des Streichinstrumenten-Spiels, Berlin 1925, Springer, Nachdruck Kassel 1974, H. Hamecher.

Winckel, Fritz, Die Akustik der Geige, Hamburg [2]1967, Voigt.

2. Historische Darstellungen und Einzeluntersuchungen

Abele, Hyacinth, Erinnerungen an einen großen Münchener Tonmeister aus alter Zeit (i. e. Carl Paumann) und Versuch einer Darlegung des historischen Entwicklungsganges des Streichinstrumentenbaues, München 1910, L. Finsterlin.

Boyden, David D., Monteverdi's Violini Piccoli alla Francese and Viole da Brazzo, in: Annales Musicologiques 6, Neuilly-sur-Seine 1958–1963, S. 387–401.

CHAPIN, VICTOR, The Violin and its Makers, New York 1969, Lippincott.

DEUTSCH, WALTER, und GERLINDE HAID (Herausgeber), Die Geige in der europäischen Volksmusik. Bericht über das 1. Seminar für europäische Musikethnologie St. Pölten 1971 (= Schriften zur Volksmusik Band 3), Wien 1975, Schendl.

FOFFA, ORESTE, Pellegrino da Montichiari Inventore del Violino, Brescia 1937, ²1940, Appollonio.

FOLEGATTI, ERCOLE, Storia del violino e dell'archetto, 2 Bände, Bologna 1873 und 1874, Favia e Gragnani.

FRIEBE, FREIMUT, Zur Frage der Entstehung des Wortes »violon«, in: Die Musikforschung 24, 1971, S. 164 f.

GEISER, BRIGITTE, Studien zur Frühgeschichte der Violine (= Publikationen der Schweizerischen Musikforschenden Gesellschaft, Serie II, Band 25), Bern und Stuttgart (1974), P. Haupt.

HÄUSERMANN, GUSTAV, Intonation und Naturstimmung auf der Violine, München 1972, Oertel.

HAUBENSAK, OTTO, Ursprung und Geschichte der Geige, Marburg 1930, J. Grüneberg.

HERON-ALLEN, EDWARD, Opuscula fidicularum, Band 1: The Ancestry of the Violin, London 1882, Selbstverlag.

–, De Fidiculis Bibliographia, 2 Bände, London 1890 und 1894, Farran, Nachdruck London 1961, Holland Press.

KOLNEDER, WALTER, Die musikalisch-soziologischen Voraussetzungen der Violinenentwicklung, in: Colloquium Amicorum. Joseph Schmidt-Görg zum 70. Geburtstag, Bonn 1967, Beethovenhaus, S. 179–196.

–, Das Buch der Violine. Bau, Geschichte, Spiel, Pädagogik, Komposition, Zürich und Freiburg 1972, Atlantis.

LEIPP, EMILE, Le violon. Histoire, esthétique, facture et acoustique, Paris 1965, Hermann, ins Englische übertragen von H. W. Parry als: The Violin, Toronto 1969, University of Toronto.

MELKUS, EDUARD, Die Violine. Eine Einführung in die Geschichte der Violine und des Violinspiels, Bern 1973, Hallwag.

NELSON, SHEILA M., The Violin Family, London 1964, Dobson.

PELUZZI, E., Chi fu l'Inventore del Violino, in: Rivista Musicale Italiana 45, 1941, S. 25–39.

PINCHERLE, MARC, Feuillets d'histoire du violon, Paris 1972, Legouix.

SACCHI, FEDERICO, La prima Comparsa della Parola Violino, in: Gazzetta Musicale di Milano 46, 1891, S. 655–657.

SANDYS, WILLIAM, und SIMON ANDREW FORSTER, The History of the Violin, and Other Instruments Played on with the Bow from the Remotest Times to the Present. Also an Account of the Principal Makers, London 1864, Nachdruck St. Clair Shores (Michigan) 1976, Scholarly Press.

SENN, WALTER, Der Wandel des Geigenklanges seit dem 18. Jahrhundert, in: Bericht über den Internationalen Musikwissenschaftlichen Kongreß Hamburg 1956, Kassel 1957, Bärenreiter Verlag, S. 213–216.

SKEAPING, KENNETH, Some Speculations on a Crisis in the History of the Violin, in: The Galpin Society Journal 8, 1955, S. 3–12.

STOEVING, PAUL, The Story of the Violin, London 1904, Schott.

STRAETEN, EDMUND VAN DER, The History of the Violin. Its Ancestors and Collateral Instruments from Earliest Times to the Present Day, 2 Bände, London 1933, Cassell, Nachdruck New York 1968, Da Capo Press.

UNTERSTEINER, ALFREDO, L'invenzione del violino, in: Rivista Musicale Italiana 11, 1904, S. 55–63.

WECHSBERG, JOSEPH, Zauber der Geige. Aus dem Englischen übersetzt von I. Ohlendorf, Frankfurt a. M. 1974, Fischer.

WINTERNITZ, EMANUEL, Gaudenzio Ferrari, his School and the Early History of the Violin, Varallo 1967.

II. VIOLINMUSIK

Ausgaben von Violinmusik wurden hier nicht aufgenommen, da durch die rege Editionstätigkeit der letzten Jahre und durch die zahlreichen Nachdrucke älterer Ausgaben die Literatur so umfangreich geworden ist, daß selbst eine Auswahl-Bibliographie nur eine ganz geringe Anzahl von den zur Zeit erhältlichen Ausgaben berücksichtigen könnte. Dagegen wurden ältere und neuere Untersuchungen zur Violinmusik verzeichnet ebenso neuere bibliographische Arbeiten.

APEL, WILLI, Studien über die frühe Violinmusik, Teil 1–7, in: Archiv für Musikwissenschaft 30–36, 1973–1979.

AUER, LEOPOLD, Violin Master Works and Their Interpretation, New York 1925, C. Fischer.

BECKMANN, GISELA, Die französische Violinsonate mit Basso continuo von Jean-Marie Leclair bis Pierre Gaviniès (= Hamburger Beiträge zur Musikwissenschaft Band 15), Hamburg 1975, Wagner.

BECKMANN, GUSTAV, Das Violinspiel in Deutschland vor 1700, Philosophische Dissertation Berlin 1916, Leipzig 1918, Simrock.

BONAVENTURA, ARNALDO, Storia del violino, dei violinisti e della musica per violino, Mailand 1925, Hoepli.

DOLMETSCH, ARNOLD, The Interpretation of the Music of the Seventeenth and Eighteenth Centuries, London 1915, Novello & Co.

DONINGTON, ROBERT, The Interpretation of Early Music, London 1963, ³1977, Faber & Faber.

EMERY, FREDERIC BARCLAY, The Violin Concerto through a period of nearly 300 years, Chicago 1928, The Violin Literature Publishing Co., Nachdruck New York 1973, Da Capo Press.

EPPELSHEIM, JÜRGEN, Das Orchester in den Werken J.-B. Lullys (= Münchner Veröffentlichungen zur Musikgeschichte Band 7), Tutzing 1961, Schneider.

FUHRMANN, RODERICH, Mannheimer Klavier-Kammermusik, 2 Bände, Philosophische Dissertation Marburg 1963.

GATES, WILLIS C., The Literature for Unaccompanied Solo Violin, Philosophische Dissertation University of North Carolina, Chapel Hill 1950.

GEESAMAN, VIRGINIA HAROLD, Twentieth-Century Literature for Unaccompanied Violin: 1900–1970, Philosophische Dissertation University of Iowa, Iowa City 1973.

GELRUD, PAUL GEOFFREY, A Critical Study of the French Violin School (1782–1882), Philosophische Dissertation Cornell University, Ithaca (New York) 1941.

GIEGLING, FRANZ, Torelli. Ein Beitrag zur Entwicklungsgeschichte des italienischen Konzerts, Kassel 1949, Bärenreiter Verlag.

–, Die Solosonate (= Das Musikwerk Band 15), Köln 1959, A. Volk.

GREULICH, MARTIN, Beiträge zur Geschichte des Streichinstrumentenspiels im 16. Jahrhundert, Philosophische Dissertation Berlin 1934.

GRUENBERG, MAX, Führer durch die Literatur der Streichinstrumente, Leipzig 1913, Breitkopf & Härtel, Nachdruck Niederwalluf bei Wiesbaden 1971, Sändig.

–, Meister der Violine, Stuttgart und Berlin 1925, Deutsche Verlagsanstalt.

HART, GEORGE, The Violin and its Music, London 1885, Novello, Nachdruck Boston 1973, Milford House.

HELDT, GERHARD, Das deutsche nachromantische Violinkonzert von Brahms bis Pfitzner (Entstehung und Form) (= Kölner Beiträge zur Musikforschung Band 76), Regensburg 1973, G. Bosse.

HUTCHINGS, ARTHUR, The Baroque Concerto, London 1961, Faber & Faber.

JAMPOLSKIJ, ISRAIL, Russkoje skripitschnoje iskusstwo (Russische Violinkunst), Moskau 1951, Musgis.

KOLNEDER, WALTER, Aufführungspraxis bei Vivaldi, Leipzig 1955, Breitkopf & Härtel.

KUNZE, STEFAN, Die Instrumentalmusik Giovanni Gabrielis (= Münchner Veröffentlichungen zur Musikgeschichte Band 8), Tutzing 1963, Schneider.

LA LAURENCIE, LIONEL DE, L'Ecole française de Violon de Lully à Viotti, 3 Teile, Paris 1922–1924, Delagrave, Nachdruck Genf 1971, Minkoff.

LETZ, HANS, Music for the Violin and Viola, New York 1948, Rinehart.

LOFT, ABRAM, Violin and Keyboard: the Duo Repertoire, 2 Bände, New York 1973, Grossman.

MEYER, ERNST HERMANN, Die mehrstimmige Spielmusik des 17. Jahrhunderts in Nord- und Mitteleuropa (= Heidelberger Studien zur Musikwissenschaft Band 2), Kassel 1934, Bärenreiter Verlag.

–, English Chamber Music, London 1946, Lawrence & Wishart.

MISHKIN, H., The Solo Violin Sonata of the Bologna School, in: The Musical Quarterly 29, 1943, S. 92–112.

MOSER, ANDREAS, Zur Frage der Ornamentik in ihrer Anwendung auf Corellis Op. 5, in: Zeitschrift für Musikwissenschaft 1, 1918/19, S. 287–293.

–, Zu Joh. Seb. Bachs Sonaten und Partiten für Violine allein, in: Bach-Jahrbuch 17, 1920, S. 30–65.

–, Geschichte des Violinspiels, Berlin 1923, M. Hesse, 2. erweiterte Auflage herausgegeben von Hans-Joachim Nösselt, Tutzing 1966/67, Schneider.

NEURATH, HERBERT, Das Violinkonzert der Wiener klassischen Schule (= Studien zur Musikwissenschaft 14, Beihefte der Denkmäler der Tonkunst in Österreich), Wien 1927, Universal Edition.

NEWMAN, WILLIAM S., Concerning the Accompanied Clavier Sonata, in: The Musical Quarterly 33, 1947, S. 327–349.

–, The Sonata in the Baroque Era, Chapel Hill (North Carolina) 1958/59, University of North Carolina Press, nachgeprüfte Auflage ebenda 1966, auch London 1968, 3. Auflage New York (1972), Norton.

–, The Sonata in the Classic Era, Chapel Hill (North Carolina) 1963, University of North Carolina Press.

NUNAMAKER, NORMAN KIRT, The Virtuoso Violin Concerto before Paganini: The Concertos of Lolli, Giornovichi, and Woldemar (1750–1815), Philosophische Dissertation Indiana University, Bloomington 1968.

PEDIGO, ALAN, International Encyclopedia of Violin-Keyboard Sonatas and Composer Biographies, Booneville (Arkansas) 1979, Arriaga Publications.

PETROVITSCH, BRIGITTE, Studien zur Musik für Violine solo 1945–1970 (= Kölner Beiträge zur Musikforschung Band 68), Regensburg 1972, G. Bosse.

PICCOLI, GEORGES, Trois siècles de l'histoire du violon 1617–1917, Nizza 1954, Delrieu.

PINCHERLE, MARC, La technique du violon chez les premiers sonatistes français (1695–1723), Paris 1911, Nachdruck Genf 1974, Minkoff.

–, Les Violonistes, compositeurs et virtuoses, Paris 1922, Laurens.

POUGIN, ARTHUR, Le violon, les violonistes et la musique de violon du XVIe au XVIIIe siècle, Paris 1924, Fischbacher.

REESER, EDUARD, De klaviersonate met vioolbegeleiding, Rotterdam 1939, Brusse.

REUCHSEL, LÉON, L'école classique du violon, Paris ^{3}1906, Fischbacher.

REUTER, FLORIZEL VON, Führer durch die Solo-Violin-Musik, Berlin (um 1925), Hesse.

ROSTAL, MAX, Zur Interpretation der Violinsonaten J. S. Bachs, in: Bach-Jahrbuch 59, 1973, S. 72–78.

ROWEN, RUTH HALLE, Early Chamber Music, New York 1949, Kings Crown Press.

SACHS, CURT, Musik und Oper am Kurbrandenburgischen Hofe, Berlin 1910, J. Bard, Nachdruck Hildesheim 1976, Olms.

SCHERING, ARNOLD, Zur Geschichte der Solosonate in der ersten Hälfte des 17. Jahrhunderts, in: Riemann-Festschrift. Gesammelte Studien. Hugo Riemann zum 60. Geburtstage, Leipzig 1909, Hesse, S. 309–325.

–, Geschichte des Instrumental-Konzerts, Leipzig ²1927, Breitkopf & Härtel, 2. Nachdruck Hildesheim 1972, Olms.

SCHLOSSBERG, ARTUR, Die italienische Sonata für mehrere Instrumente im 17. Jahrhundert, Heidelberg 1932, Universitäts-Studien.

SCHWARZ, BORIS, French Instrumental Music between the Revolutions 1789–1830, Ann Arbor (Michigan) 1950.

–, Beethoven and the French Violin School, in: The Musical Quarterly 44, 1958, S. 431–447.

SCHWARZ, VERA (Herausgeber), Violinspiel und Violinmusik in Geschichte und Gegenwart (= Beiträge zur Aufführungspraxis Band 3), Wien 1975, Universal Edition.

STUDENY, BRUNO, Beiträge zur Geschichte der Violinsonate im 18. Jahrhundert, München 1911, Wunderhorn.

SWALIN, BENJAMIN F., The Violin Concerto. A Study in German Romanticism, Chapel Hill (North Carolina) 1941, University of North Carolina Press, Nachdruck New York 1973, Da Capo Press.

SZIGETI, JOSEPH, Beethovens Violinwerke, Zürich 1965, Atlantis.

TORCHI, LUIGI, La musica strumentale in Italia nei secoli XVI, XVII e XVIII, Turin 1901, Bocca.

UNVERRICHT, HUBERT, Geschichte des Streichtrios (= Mainzer Studien zur Musikwissenschaft Band 2), Tutzing 1969, Schneider.

VEINUS, ABRAHAM, The Concerto, New York 1945, Doubleday, Doran & Co, und London 1948, Cassell.

VERCHEVAL, HENRY, Dictionnaire du violoniste, Paris 1923, Fischbacher.

WAGNER, MANFRED, Das Violinkonzert im 20. Jahrhundert, in: Österreichische Musikzeitschrift 27, 1972, S. 343–349.

WASIELEWSKI, WILHELM JOSEPH VON, Die Violine und ihre Meister, Leipzig 1869, Breitkopf & Härtel, 4. Auflage bearbeitet von Waldemar von Wasielewski ebenda 1904, ⁸1927, Nachdruck Niederwalluf bei Wiesbaden 1968, Sändig.

–, Die Violine im 17. Jahrhundert und die Anfänge der Instrumentalcomposition, Bonn 1874, Cohen, 2. Auflage mit Beispielband Berlin 1905, Liepmannssohn, Nachdruck Bologna 1969, Forni (= Bibliotheca musica Bononiensis, Sezione II, 104).

III. VIOLINSPIEL

1. Unterrichtswerke

Aus der sehr großen Anzahl von Lehrwerken des 18. und 19. Jahrhunderts ist hier nur eine kleine Auswahl wiedergegeben. Es wurden vor allem diejenigen Werke aufgeführt, die durch Faksimile-Nachdrucke oder durch Neuausgaben in jüngerer Zeit wieder zugänglich geworden sind.

L'Abbé le Fils (Joseph-Barnabé Saint Sévin), Principes du violon, Paris 1761, Autor und Le Clerc, Faksimile-Nachdruck mit einer Einführung von Aristide Wirsta Paris 1961, Publications de l'Institut de Musicologie de l'Université de Paris Nr. 1.

Auer, Leopold, Violin Playing as I teach it, London 1921, ²1961, Duckworth.

Bailleux, Antoine, Méthode raisonnée pour apprendre à jouer du violon, Paris 1798, Selbstverlag, Faksimile-Nachdruck Genf 1971, Minkoff.

Baillot, Pierre Marie françois de Sales, Jacques Pierre Joseph Rode und Rodolphe Kreutzer, Méthode de violon, Paris 1803, Faksimile-Nachdruck Genf 1973, Minkoff.

Cambini, Giovanni Giuseppe, Nouvelle méthode théorique et pratique pour le violon, Paris (um 1800), Naderman, Faksimile-Nachdruck Genf 1971, Minkoff.

Campagnoli, Bartolomeo, Nouvelle méthode de la mécanique progressive du jeu de violon op. 21, Leipzig o. J. (um 1800), Breitkopf & Härtel. Ins Englische übersetzt von J. Bishop als: A New and Progressive Method of the mechanism of violin playing, London (1856).

Capet, Lucien, La technique supérieure de l'archet, Paris 1925, Senart.

Cartier, Jean-Baptiste, L'art du violon, Paris 1798, ³1803, Decombe, Faksimile-Nachdruck New York 1973, Broude Brothers (= Monuments of Music and Music Literature in Facsimile I, 14).

Corrette, Michel, L'Ecole d'Orphée. Méthode pour apprendre facilement à jouer du violon. Paris 1738, Autor und Boivin et Le Clerc.

–, L'Art de se perfectionner dans le violon, Paris 1782, Mlle Castagnery, Faksimile-Nachdruck beider Werke von Corrette in einem Band Genf 1973, Minkoff.

David, Ferdinand Victor, Die hohe Schule des Violinspiels, Leipzig 1869, 1879, 1903, Breitkopf & Härtel, Leipzig 1904, Peters.

Fiorillo, Federigo, Etude pour le Violon formant 36 Caprices, Paris o. J., Sieber, zahlreiche weitere Ausgaben.

Flesch, Carl, Die Kunst des Violinspiels, 2 Bände, Berlin 1923 und

1928, Ries & Erler, englische Übersetzung als: The Art of Violin Playing, New York 1924 und 1930, [2](1939), C. Fischer.

–, Die Hohe Schule des Violin-Fingersatzes, Manuskript, italienische Übersetzung von Alberto Curci als: Alta Scuola di Diteggiatura Violinistica, Mailand (1960), englische Übersetzung und Bearbeitung von Boris Schwarz als: Violin Fingering, its Theory and Practice, mit einem Vorwort von Yehudi Menuhin, New York 1966, Dover.

GALAMIAN, IVAN, Principles of Violin Playing and Teaching, Englewood Cliffs (New Jersey) 1962, Prentice-Hall.

GEMINIANI, FRANCESCO, The Art of Playing on the Violin, London 1751, Faksimile-Nachdruck London 1952, Oxford University Press.

GORBATOV, JOSEF, Methodik im Geigenanfangsunterricht (= Musikpädagogische Bibliothek Band 17), Wilhelmshaven 1978, Heinrichshofen.

JOACHIM, JOSEPH, und ANDREAS MOSER, Violin-Schule, 3 Bände, Berlin 1902–1905, Simrock.

KIRKENDALE, WARREN, »Segreto Comunicato da Paganini«, in: Journal of the American Musicological Society 18, 1965, S. 394–407.

KLINGLER, KARL, Über die Grundlagen des Violinspiels, Leipzig 1921, Breitkopf & Härtel.

KOCH-REBLING, KATHINKA (Herausgeber), Violinspiel und Violinpädagogik. Beiträge sowjetischer Autoren zum Instrumentalunterricht, Leipzig 1979, VEB Deutscher Verlag für Musik.

KREUTZER, RODOLPHE, 40 Etudes ou caprices pour le violon, Paris o. J. (um 1807), Magazin de Musique, zahlreiche Neuausgaben.

MENUHIN, YEHUDI, Violin: Six Lessons, London 1974, Faber & Faber.

MOZART, LEOPOLD, Versuch einer gründlichen Violinschule, Augsburg 1756, [3]1787, J. J. Lotter, Faksimile-Nachdruck der 3. Auflage Leipzig 1969, [2]1978, Deutscher Verlag für Musik.

MUFFAT, GEORG, Florilegium secundum, Passau 1698, G. A. Höller, Nachdruck in: Denkmäler der Tonkunst in Österreich, Band 4, Wien 1895, Artaria & Co., und Graz 1959, Akademische Druck- und Verlagsanstalt.

NEUMANN, FREDERICK, Violin left hand technique. A Survey of related Literature, Urbana (Illinois) 1969, American String Teachers Association.

PAGANINI, NICCOLÒ, 24 Capricci, Mailand 1820, Ricordi, zahlreiche Neuausgaben.

ŠEVČÍK, OTAKAR, Schule der Violintechnik op. 1, 4 Hefte, Prag 1881, Hoffmann.

–, Schule der Bogentechnik op. 2, 6 Hefte, Leipzig 1895, Hug.

–, Violin-Schule für Anfänger op. 6, 7 Hefte, Leipzig 1904–1908, Bosworth.

Spohr, Louis, Violinschule, Wien 1833, Haslinger, englische Übersetzung London 1843.

Szigeti, Joseph, A Violinist's Notebook, London 1964, Duckworth.

Tartini, Giuseppe, Traité des agrémens de la musique, Paris 1771, Faksimile-Nachdruck Celle 1961, Moeck.

–, L'arte del arco, in: Cartier, L'art du violon, Paris 1798 (siehe oben).

Viotti, Giovanni Battista, Méthode de violon, in: Marc Pincherle, Feuillets d'histoire du violon, Paris 1927, Legouix.

Wieniawski, Henryk, L'école moderne. Études-caprices pour le violon seul op. 10, Leipzig o. J., B. Senff.

Woldemar, Michel, Grande Méthode ou Étude élémentaire pour le violon, Paris (um 1800), Cochet.

2. Sekundärliteratur zum Violinspiel

Aschmann, Rudolf, Das deutsche polyphone Violinspiel im 17. Jahrhundert. Ein Beitrag zur Entwicklungsgeschichte des Violinspiels, Philosophische Dissertation Zürich 1961, Zürich 1962, L. Speich.

Babitz, Sol, Principles of Extensions in Violin Fingering, Philadelphia (1947), Delkas Music Pub. Co.

–, The Violin. Views and Reviews, American String Teachers Association, Urbana (Illinois) [2]1959, University of Illinois.

Bachmann, Alberto Abraham, Les grands violonistes du passé, Paris 1913, Fischbacher.

Barbour, James Murray, Violin Intonation in the 18th Century, in: Journal of the American Musicological Society 5, 1952, S. 224–234.

Boyce, Mary Frances, The French School of Violin Playing in the Sphere of Viotti: Technique and Style, Philosophische Dissertation University of North Carolina, Chapel Hill 1973.

Boyden, David D., The Violin and Its Technique in the 18th Century, in: The Musical Quarterly 36, 1950, S. 9–38.

–, The History of Violin Playing from its Origins to 1761, London 1965, Oxford University Press, revidierte Ausgabe 1967, deutsch als: Die Geschichte des Violinspiels von seinen Anfängen bis 1761, Mainz 1971, Schott.

Brijon, C. R., Réflexions sur la musique et la vraie manière de l'exécuter sur le violon, Paris 1763, Faksimile-Nachdruck Genf 1971, Minkoff.

Clarke, A. Mason, Biographical Dictionary of Fiddlers, including performers on the Violoncello and Double Bass, past and present, London (1895), W. Reeves.

Doflein, Erich, Das Geigenschulwerk. Idee, Entstehung, Entwicklung, in: Festschrift für einen Verleger. Ludwig Strecker zum 90. Geburtstag, Mainz 1973, Schott, S. 89–110.

FARGA, FRANZ, Geigen und Geiger, Zürich [6]1965, A. Mueller.

FLESCH, CARL, Das Klangproblem im Geigenspiel, Berlin 1931, Ries & Erler, Nachdruck ebenda 1954.

–, The Memoirs, London 1957, deutsch als: Erinnerungen eines Geigers, Freiburg und Zürich 1960, Atlantis.

GERHARTZ, KARL, Die Violinschule in ihrer musikgeschichtlichen Entwicklung bis Leopold Mozart, in: Zeitschrift für Musikwissenschaft 7, 1924/25, S. 553–569.

GÖTHEL, FOLKER, Das Violinspiel Louis Spohrs. Unter Berücksichtigung geigentechnischer Probleme seiner Zeit, Philosophische Dissertation Berlin 1935. Großschönau a. d. Saale (1935), Engelhardt.

–, Zur Praxis des älteren Violinspiels, in: Festschrift Arnold Schering zum 60. Geburtstag, Berlin 1937, A. Glas, S. 96–105.

GUHR, CARL WILHELM FERDINAND, Über Paganinis Kunst die Violine zu spielen, Mainz 1829, Schott.

HAUCK, WERNER, Das Vibrato auf der Violine, Köln 1971, Bosworth.

HEMANN, CHRISTINE, Intonation auf Streichinstrumenten. Melodisches und harmonisches Hören, Basel 1964, Bärenreiter Verlag.

HENNIG, MAXIMILIAN, Leitfaden zur Technik und Methodik des Violinspiels (= Musikpädagogische Bibliothek Band 12), Wilhelmshaven 1976, Heinrichshofen.

JAMPOLSKIJ, ISRAIL, Osnowy skripitschnoj applikatury (Grundlagen des Violin-Fingersatzes), Moskau [3]1955, Musgis, englische Übersetzung von Alan Lumsden als: The Principles of Violin Fingering, London 1967, Oxford University Press.

LOCHNER, LOUIS PAUL, Fritz Kreisler, London 1951, Macmillan.

MARTENS, FREDERICK HERMAN, Violin Mastery: talks with master violinists and teachers, New York 1919, F. Stokes.

MEYER, JÜRGEN, Physikalische Aspekte des Geigenspiels. Ein Beitrag zur modernen Spieltechnik und Klanggestaltung, Siegburg 1978, Verlag der Zeitschrift Instrumentenbau.

MOSTRASS, KONSTANTIN GEORGIJEWITSCH, Intonazija na skripke, Moskau und Leningrad 1947, [2]1962, deutsche Übersetzung als: Die Intonation auf der Violine, Leipzig 1961, Hofmeister.

PINCHERLE, MARC, Le monde des virtuoses, Paris 1961, Flammarion.

POLNAUER, FREDERICK F., Senso-Motor Study and its Application to Violin Playing, Urbana (Illinois) 1964, American String Teachers Association.

POUGIN, ARTHUR, Viotti et l'école moderne de violon, Paris 1888, Schott.

RIGHTER, CHARLES BOARDMAN, The musical comma, Iowa City 1972, University of Iowa.

SEAGRAVE, BARBARA ANNE GARVEY, The French Style of Violin

Bowing and Phrasing from Lully to Jacques Aubert (1650–1730), Philosophische Dissertation Stanford University (California) 1958.

STOLBA, K. MARIE, A History of the Violin Etude to about 1800, Philosophische Dissertation University of Iowa, Iowa City 1965 (= Fort Hays Kansas Studies, Music Series 3, 4, 1968).

STRAETEN, EDMUND VAN DER, The Romance of the Fiddle: the origin of the modern virtuoso and the adventures of his ancestors, London 1911, Rebman.

SZENDE, OTTO, Handbuch des Geigenunterrichts, herausgegeben vom Institute of Stringed Instruments, Düsseldorf 1977, Fr. K. Sandfoß.

SZIGETI, JOSEPH, With Strings Attached, New York 1947, A. A. Knopf.

TARADE, THÉODORE-JEAN, Traité de violon ou règles de cet instrument, Paris (um 1774), Mlle Girard, Nachdruck Genf 1971, Minkoff.

THEMELIS, DIMITRIOS, Étude ou Caprice. Die Entstehungsgeschichte der Violinetude, München 1967, Fink.

WHONE, HERBERT, The integrated violinist, London 1976, Gollancz.

WIRSTA, ARISTIDE, L'enseignement du violon au XIXe siècle, Paris 1971 (vervielfältigte Maschinenschrift).

WITTING, C., Geschichte des Violinspiels, Köln 1900, H. vom Ende.

IV. VIOLA

ARCIDIACONO, AURELIO, La viola, Ancona und Mailand 1973, Bèrben.

BACHER, JOSEF, Die Viola da gamba, Kassel 1932, Bärenreiter Verlag.

BESSELER, HEINRICH, Zum Problem der Tenorgeige (= Musikalische Gegenwartsfragen Heft 1), Heidelberg 1949, Müller-Thiergarten.

BOL, HANS, La basse de viole du temps de Marin Marais et d'Antoine Forqueray (= Utrechts Bijdragen tot de Muziekwetenschap Band 7), Bilthoven 1973, Creyghton.

BOYDEN, DAVID D., The Tenor Violin: Myth, Mystery, or Misnomer?, in: Festschrift Otto Erich Deutsch zum 80. Geburtstag, Kassel 1963, Bärenreiter Verlag, S. 273–279.

BRICQUEVILLE, EUGENE DE, La viole d'amour, Paris 1908, Fischbacher.

BROWN, HOWARD MEYER, Notes on the viol in the 20th century, in Early Music 6, 1978, S. 47–55.

DANKS, HARRY, The Viola d'amore, Bois de Boulogne 1976, Halesowen.

DANOVILLE, L'art de toucher le dessus et basse de violle, Paris 1687, Ballard, Faksimile-Nachdruck Genf 1972, Minkoff.

DÖBEREINER, CHRISTIAN, Über die Viola da Gamba und ihre Verwendung bei Joh. Seb. Bach, in: Bach-Jahrbuch 8, 1911, S. 75–85.

DOLEJŠÍ, ROBERT, Modern Viola Technique, Chicago 1939, Nachdruck New York 1973, Da Capo Press.

DOLMETSCH, NATHALIE, The Viola da gamba. Its Origin and History, its Technique and Musical Resources, London und New York 1962, ²1968, Hinrichsen.

DOUNIS, DEMETRIUS CONSTANTINE, Specific technical exercises for viola (left hand-bow arm) op. 23, New York (um 1941), C. Fischer.

EDMUNDS, MARTIN, Venetian Viols of the Sixteenth-century, in: The Galpin Society Journal 33, 1980, S. 74–91.

EINSTEIN, ALFRED, Zur deutschen Literatur für Viola da gamba im 16. und 17. Jahrhundert, in: Publikationen der Internationalen Musikgesellschaft, Beihefte II, 1, Leipzig 1905, Breitkopf & Härtel, Nachdruck Niederwalluf bei Wiesbaden 1972, Sändig.

ERHARD, ALBERT, Zur Lyra-Viol-Musik, in: Die Musikforschung 27, 1974, S. 80–86.

–, Jean Rousseaus »Traité de la Viole«. Mit Einführung, Übersetzung und ausführlichem Kommentar sowie Faksimile-Nachdruck der Ausgabe Paris 1687, Chr. Ballard, München und Salzburg 1980, Katzbichler.

FRUCHTMAN, EFRIM, The Baryton: Its History and Its Music Re-examined, in: Acta musicologica 34, 1962, S. 2–17.

FRYKLUND, DANIEL, Bidrag till kännedomen om Viola d'amore, in: Svensk Tidskrift för Musikforskning 3, 1921, S. 1 ff.

–, Viola di Bardone, in: Svensk Tidskrift för Musikforskning 4, 1922, S. 129 ff.

GANASSI DAL FONTEGO, SYLVESTRO, Regola Rubertina, 2 Bände, Venedig 1542 und 1543, Faksimile-Nachdruck herausgegeben von Max Schneider, Leipzig 1924, Kistner & Siegel. Ins Deutsche übersetzt von Hildemarie Peter als: Lehrbuch des Spiels auf der Viola da gamba und der Laute, Berlin-Lichterfelde 1972, R. Lienau.

GREILSAMER, LUCIEN, Le Baryton du Prince Esterhazy, in: Bulletin de la Société Internationale de Musique 6, 1910, Heft 1.

GUTMANN, VERONIKA, Viola bastarda – Instrument oder Diminutionspraxis?, in: Archiv für Musikwissenschaft 35, 1978, S. 178–209.

HAJDECKI, ALEXANDER, Die italienische Lira da braccio, Mostar 1892, Radovič, Nachdruck Amsterdam 1965, Antiqua.

HARDERS, NIKOLAUS, Die Viola da Gamba und Besonderheiten ihrer Bauweise (= Schriftenreihe Das Musikinstrument Band 17), Frankfurt a. M. 1977, Verlag Das Musikinstrument.

HARWOOD, IAN, An introduction to renaissance viols, in: Early Music 2, 1974, S. 235–246.

HELLWIG, GÜNTHER, Joachim Tielke. Ein Hamburger Lauten- und Violenmacher der Barockzeit (= Fachbuchreihe Das Musikinstrument Band 38), Frankfurt a. M. 1979, Verlag Das Musikinstrument.

HINDEMITH, PAUL, Über die Viola d'amore, in: Hindemith-Jahrbuch, Band 4, Mainz 1974/75, B. Schott's Söhne, S. 158–165.

KÖHLER, WERNER EGINHARD, Beiträge zur Geschichte und Literatur der Viola d'amore, Philosophische Dissertation Berlin 1938.

LE BLANC, HUBERT, Défense de la Basse de Viole contre les entreprises du violon et les prétentions du violoncel, Amsterdam 1740, P. Mortier, Faksimile-Nachdruck Genf 1975, Minkoff, auszugsweise deutsche Übersetzung von Albert Erhard, Kassel 1951, Bärenreiter Verlag.

LESURE, FRANÇOIS, L'Epitome Musical de Philibert Jambe de Fer, (Lyon 1556, Michel Du Bois), Faksimile-Nachdruck in: Annales Musicologiques 6, Neuilly-sur-Seine 1958–1963, S. 341 ff.

MEER, JOHN HENRY VAN DER, Zur Frühgeschichte der Viola d'amore, in: International Musicological Society. Report of the 11th Congress Copenhagen 1972, Band 2 Kopenhagen 1972, W. Hansen, S. 547–555.

MONSON, CRAIG ALAN, Voices and Viols in England 1600–1650: the Sources and the Music, Philosophische Dissertation University of California, Berkeley 1974.

NELSON, SHEILA M., The violin and viola, 1972, London, Benne, und New York, W. W. Norton & Co.

ORTIZ, DIEGO, Trattado de Glosas sobre Cláusulas y otros géneros depuntos en la Musica de Violones, Rom 1553, Nachdruck herausgegeben von Max Schneider, Kassel ²1936, ⁴1967, Bärenreiter Verlag.

PLAYFORD, JOHN, Musick's Recreation on the Viol, Lyra-Way, London ²1682, A. Godbid and J. Playford, Faksimile-Nachdruck mit einer Einführung in Englisch und Deutsch von Nathalie Dolmetsch, London 1965, Hinrichsen.

RITTER, HERMANN, Die Geschichte der Viola Alta und die Grundsätze ihres Baues, 2. vermehrte Auflage Leipzig 1877, J. J. Weber, Nachdruck Niederwalluf bei Wiesbaden 1969, Sändig.

–, Die fünfsaitige Altgeige (Viola alta), Bamberg (1898), Handels-Druckerei.

ROSENBLUM, MYRON, Contributions to the history and literature of the Viola d'amore: a translation and expansion of Werner Eginhard Köhler's »Beiträge zur Geschichte und Literatur der Viola d'amore«, Philosophische Dissertation New York University 1976.

ROUSSEAU, JEAN, Traité de la viole, Paris 1687, Chr. Ballard, Faksimile-Nachdruck Amsterdam 1965, Antiqua, und Genf 1975, Minkoff.

RUTLEDGE, JOHN, How did the viola da gamba sound?, in: Early Music 7, 1979, S. 59–69.

SACHS, CURT, Die Viola bastarda, in: Zeitschrift der Internationalen Musikgesellschaft 15, 1913/14, S. 123–125.

SCHWENDOWIUS, BARBARA, Die solistische Gambenmusik in Frankreich von 1650 bis 1740 (= Kölner Beiträge zur Musikforschung Band 59), Regensburg 1970, G. Bosse.

SENN, WALTER, Eine »Viola da gamba« von Stephanus de Fantis 1558, in: Collectanea Historiae, Band 2, Florenz 1957, Olschki, S. 391–399.

SICARD, MICHEL, Etude historique sur la pédagogie de la basse de viole. Ecole pratique des Hautes-Etudes (= IVe section, Sciences historique et philologique. Annuaire 1970/71), Paris 1971.

SIMPSON, CHRISTOPHER, The Division-Violist, London 1659, W. Godbid, Faksimile-Nachdruck London 1978, Faber & Faber, 2. Auflage als: Chelys, minuritionum artificio exornata, London 1665, W. Godbid, Faksimile-Nachdruck herausgegeben von Nathalie Dolmetsch, London 1955, J. Curwen & Sons.

SMET, ROBIN DE, Published music for the viola da gamba and other viols (= Detroit Studies in Music Bibliography Band 18), Detroit (Michigan) 1971, Information Coordinators.

TOURS, BERTHOLD, The Viola, revidiert von Bernard Shore, London 1946, Novello.

TRAFICANTE, FRANK, Lyra Viol Tunings: »All Ways have been Tryed to do It«, in: Acta musicologica 42, 1970, S. 183–205.

WILLIAMS, MICHAEL D., Music for Viola (= Detroit Studies in Music Bibliography Band 42), Detroit 1979, Information Coordinators.

WOODFIELD, JAN, The Early History of the Viol, in: Proceedings of the Royal Musical Association 103, 1976/77, S. 141–157.

ZEYRINGER, FRANZ, Literatur für Viola, Hartberg (Österreich) 1976, J. Schönwetter.

V. VIOLONCELLO

BIBA, OTTO, Ein bemerkenswertes Violoncello von Johann Albrecht (1767–1828), in: Mitteilungen des Kremser Stadtarchivs 11, 1972.

BROADLEY, ARTHUR, The Violoncello: its History, Selection and Adjustment (= The Strad Library Nr. 21), London und New York 1921, L. U. Gill.

COWLING, ELIZABETH, The Cello, 1975, London, Batsford, und New York, Scribner.

FORINO, LUIGI, Il violoncello, il violoncellista ed i violoncellisti, Mailand 1905, ²1930, Hoepli.

GALPIN, FRANCIS WILLIAM, Viola pomposa, in: Music and Letters 12, 1931, S. 354ff.

HUSMANN, HEINRICH, Die Viola pomposa, in: Bach-Jahrbuch 33, 1936, S. 90–100.

LIÉGEOIS, CORNELIS, und ÉDOUARD NOGUÉ, Le violoncelle. Son histoire, ses virtuoses, Bordeaux 1913, Feret & Fils.

MARX, KLAUS, Die Entwicklung des Violoncello und seiner Spieltechnik bis J. L. Duport (1520–1820) (= Forschungsbeiträge zur Musikwissenschaft Band 13), Regensburg 1963, ²1975, G. Bosse.

MIRANDOLLE, WILLEM, De Violoncel. Haar bouw, geschiedenis en ontwikkelingsgang, Den Haag (um 1947), Ph. Krusemann.

NOGUÉ, ÉDOUARD, Le Violoncelle, jadis et aujourd'hui, Paris 1937, Ploix.

STRAETEN, EDMUND VAN DER, The History of the Violoncello, the Viol da Gamba, their Precursors and Collated Instruments, London 1914, W. Reeves, Nachdruck ebenda 1971.

VADDING, M., und MAX MERSEBURGER, Das Violoncello und seine Literatur, Teil 1: M. VADDING, Entwicklung, Form und Bauart des Violoncello, mit Konstruktionstafeln, Leipzig 1920, C. Merseburger.

VOLLMER, WALTER, Über die Erscheinung des Wolftons bei Streichinstrumenten, insbesondere beim Cello, Dissertation Technische Hochschule Karlsruhe 1936.

WASIELEWSKI, WILHELM JOSEPH VON, Das Violoncello und seine Geschichte, Leipzig 1889, 3. Auflage herausgegeben von Waldemar von Wasielewski Leipzig 1925, Breitkopf & Härtel, Nachdruck Niederwalluf bei Wiesbaden 1968, Sändig.

VI. VIOLONCELLOMUSIK

BLEES, GISELA, Das Cellokonzert um 1800. Eine Untersuchung der Cello-Konzerte zwischen Haydns op. 101 und Schumanns op. 129 (= Kölner Beiträge zur Musikforschung Band 78), Regensburg 1973, G. Bosse.

ENGEL, HANS, Das Solokonzert (= Das Musikwerk Band 25), Köln 1964, A. Volk.

GINSBURG, LEW, Istorija wiolontschelnogo iskusstwa (Geschichte der Violoncellkunst), Band 1: Wiolontschelnaja klassika (Die Klassik des Violoncellos), Band 2: Russkoje wiolontschelnoje iskusstwo do 60-h godow XIX weka (Russische Cellokunst bis zu den sechziger Jahren des 19. Jahrhunderts), Moskau und Leningrad 1950 und 1957, Musgis.

GRUENBERG, MAX, Führer durch die Literatur der Streichinstrumente, Leipzig 1913, Breitkopf & Härtel, Nachdruck Niederwalluf bei Wiesbaden 1971, Sändig.

HASSLWANTER, KLAUS, Paul Hindemiths Cellowerke, Philosophische Dissertation Innsbruck 1958.

IOTTI, OSCAR RAOUL, Violin and Violoncello in Duo without accompaniment (= Detroit Studies in Music Bibliography Band 25), Detroit 1972, Information Coordinators.

KINNEY, GORDON JAMES, The Musical Literature for Unaccompanied Violoncello (mit kritischen Ausgaben von Werken aus dem

17. Jahrhundert), 3 Bände, Philosophische Dissertation Florida State University, Tallahassee 1962.

NOGUÉ, ÉDOUARD, La Littérature du Violoncelle, Paris 1925, Delagrave.

PAPE, WINFRIED, Das Violoncello in Solokonzerten, Kammermusik- und Orchesterwerken unter besonderer Berücksichtigung des 19. Jahrhunderts, in: Schweizerische Musikzeitung 109, 1969, S. 208–213.

RAPP, EUGEN, Beiträge zur Frühgeschichte des Violoncellkonzerts, Philosophische Dissertation Würzburg 1932, Würzburg 1934, Graßer.

RIEMANN, HUGO, Die Anfänge der Violoncello-Literatur, in: Blätter für Haus- und Kirchenmusik 7, Langensalza 1903.

ROTH, PHILIPP, Führer durch die Violoncello-Literatur (Anhang zur Violoncello-Schule op. 14), Leipzig ²1898, Breitkopf & Härtel.

SCHERTEL, FRITZ, Das Violoncello, in: Hohe Schule der Musik, Band 3, Potsdam 1935, Athenaion.

VADDING, M., und MAX MERSEBURGER, Das Violoncello und seine Literatur, Teil 2: MAX MERSEBURGER, Die Violoncello-Literatur, Leipzig 1920, C. Merseburger.

VALDO COMBA, P., Le Sonate per Violoncello dalle Origini a Beethoven, in: Il Convegno Musicale 1, Turin 1964.

VATIELLI, FRANCESCO, Primordi dell'arte del Violoncello, in: Arte e vita musicale a Bologna 1, Bologna 1927, Zanicelli.

WEBER, HANS, Das Violoncellkonzert des 18. und beginnenden 19. Jahrhunderts, Philosophische Dissertation Tübingen 1932.

WEBSTER, JAMES, Violoncello and Double Bass in the Chamber Music of Haydn and his Viennese Contemporaries, 1750–1780, in: Journal of the American Musicological Society 19, 1976, S. 413–438.

WEIGL, BRUNO, Handbuch der Violoncello-Literatur, Wien ³1929, Universal Edition.

ZINGLER, UTE, Studien zur Entwicklung der italienischen Violoncello-Sonate von den Anfängen bis zur Mitte des 18. Jahrhunderts, Philosophische Dissertation Frankfurt a. M. 1966.

VII. VIOLONCELLOSPIEL

1. Unterrichtswerke

ALEXANDER, JOSEPH, Anleitung zum Violoncellspiel, Leipzig (1801), Breitkopf & Härtel, Neuausgabe ebenda 1854.

AUBERT, PIERRE FRANÇOIS OLIVIER, Méthode ou nouvelles études pour le violoncelle op. 11, Paris o. J. (1813), Janet, deutsch als: Kurze Anweisung zum Violoncelle-Spiel, Wien o. J., Artaria, auch als: Kurzgefaßte Anweisung für das Violoncelle-Spiel, Bonn o. J., Simrock.

Azaïs, Hyacinthe, Méthode de Basse contenant des leçons élémentaires suivie de 18 sonates ou duo pour le violoncelle, Sorèze um 1776, Selbstverlag.

Baillot, Pierre Marie François (Herausgeber), Méthode de violoncelle et de basse d'accompagnement, Paris (1804), Conservatoire, Nachdruck Genf 1973, Minkoff.

Baudiot, Charles, Méthode complète de violoncelle op. 25, Paris (1826–1828), Pleyel.

Baumgartner, Jean, Instructions de Musique, théorique et pratique à l'usage du violoncello, Den Haag (1774), Monnier.

Bazelaire, Paul, Quelques notes sur différents points importants de la technique générale du Violoncelle, Paris 1920, Senart.

Becker, Hugo, und Dago Rynar, Mechanik und Aesthetik des Violoncellspiels, Wien und Leipzig 1929, Universal Edition.

Bideau, Dominique, Grande et nouvelle Méthode raisonnée pour le Violoncelle, Paris (1802), Naderman.

Bréval, Jean Baptiste, Traité du Violoncelle op. 42, Paris o. J., Imbault.

Corrette, Michel, Méthode théorique et pratique pour apprendre en peu de tems le violoncelle dans sa perfection op. 24, Paris und Lyon 1741, Selbstverlag und De Brotonne, Faksimile-Nachdruck Genf 1971, Minkoff.

Cupis, François, Méthode nouvelle et raisonnée pour apprendre à jouer du violoncelle, Paris (1772), Le Menu.

Davidoff, Carl, Violoncell-Schule, Leipzig o. J., Peters.

Dotzauer, Justus Johann Friedrich, Violonzell-Schule [op. 165], Mainz (1832), Schott, ergänzt von J. Klingenberg Braunschweig (um 1891), H. Litolff.

–, Violoncell-Flageolettschule op. 147, Leipzig (1836), Hofmeister.

–, Violoncellschule für den ersten Unterricht op. 126, Wien (1836), Haslinger.

–, Große praktische Violoncellschule, Opus 155, Leipzig o. J., J. Schubert.

Duport, Jean Louis, Essai sur le doigté du Violoncelle et sur la conduite de l'archet, Paris (um 1806), Imbault, Offenbach (1809), André.

Eisenberg, Maurice, und Millie B. Stanfield, Cello Playing of Today, mit einem Vorwort von Pablo Casals, London 1957, The Strad.

Forino, Luigi, La tecnica razionale e progressiva del violoncellista, 3 Bände, Mailand 1919–1921, Ricordi.

Fuchs, Carl, Violoncello-Methode, Mainz 1906, Schott.

Grützmacher, Friedrich (d. J.), Kammermusik-Studien für das Violoncello, Leipzig (um 1906), Breitkopf & Härtel.

Gunn, John, The theory and practice of fingering the violoncello, London (1793), Selbstverlag.

HIRZEL, SUSANNE, Violoncello-Schule, Kassel 1960–1965, Bärenreiter Verlag.

KAUER, FERDINAND, Kurzgefaßte Anweisung das Violoncell zu spielen, Wien (1789), Artaria.

KUMMER, FRIEDRICH AUGUST, Violoncelloschule für den ersten Unterricht op. 60, Leipzig (1839), Hofmeister, 2. Auflage herausgegeben von Hugo Becker, Leipzig 1916, Peters, Nachdruck ebenda 1952.

LANZETTI (LANZETTA), SALVATORE, Principes ou l'application de violoncelle, Amsterdam (um 1760), Hummel.

MUNTZ-BERGER, JOSEPH, Nouvelle méthode pour le violoncelle op. 30, Paris (1800), Sieber.

PIATTI, ALFREDO, Méthode de violoncelle tiré des œuvres instructives de Dotzauer, Duport, Kummer, Lee, Romberg etc., London 1878, Augener & Co, deutsche und englische Übersetzung überarbeitet und erweitert von William Edward Whitehouse und R. V. Tabb, London 1911, Augener.

RAOUL, JEAN-MARIE, Méthode de violoncelle contenant une nouvelle exposition des principes de cet instrument, Paris (1797), Pleyel, Faksimile-Nachdruck Genf 1971, Minkoff.

ROMBERG, BERNHARD, Violoncell-Schule, herausgegeben von Heinrich Grünfeld und Jules de Swert, neue Ausgabe Berlin (1924), Bote & Bock.

ROOIJEN, N. F. VON, Celloschule, Leipzig 1925, Eulenburg.

ROTH, PHILIPP, Violoncello-Schule op. 14, Leipzig 1887, Breitkopf & Härtel.

SCHRÖDER, CARL, Neue große theoretisch-praktische Violoncello-Schule op. 34, Leipzig 1876, Schuberth.

–, Praktischer Lehrgang (nach den Schulen von Romberg, Duport u. a.), Berlin 1878, Braunschweig [3]1920, Litolff.

–, Führer durch den Violoncello-Unterricht, Leipzig 1889, Schuberth.

–, Handbuch des Violoncellspiels, Berlin [3]1920, M. Hesse.

STUTSCHEWSKY, JOACHIM, Studien zu einer neuen Spieltechnik, Mainz 1927, Schott.

–, Das Violoncellspiel. Neue systematische Schule vom Anfang bis zur Vollendung, Band 1, Mainz 1932, Schott.

TILLIÈRE, JOSEPH BONAVENTURE, Méthode pour le violoncelle, Paris (1764), Bailleux.

WITTENBECHER, OTTO, Violoncello-Schule, Leipzig 1926, Bosworth.

2. Sekundärliteratur zum Violoncellospiel

BÄCHI, JULIUS, Von Boccherini bis Casals. Essais über 17 Meistercellisten und die Entwicklung des Cellospiels mit einem Anhang zur Geschichte des Violoncellos, Zürich 1961, Panton.

ECKHARDT, JOSEF, Die Violoncelloschulen von J. J. F. Dotzauer, F. A.
Kummer und B. Romberg (= Kölner Beiträge zur Musikforschung
Band 57), Regensburg 1968, G. Bosse.

ERAS, RUDOLF, Über das Verhältnis zwischen Stimmung und Spieltechnik bei Streichinstrumenten in Da gamba-Haltung, Philosophische Dissertation Leipzig 1958.

GRAVES, CHARLES DOUGLAS, The Theoretical and Practical Method
for Cello by Michel Corrette: Translation, Commentary, and Com-
parison with Seven Other Eighteenth-Century Cello Methods, Philosophische Dissertation Michigan State University, East Lansing
1972.

KOHLMORGEN, FRITZ, Die Brüder Duport und die Entwicklung der
Violoncelltechnik von ihren Anfängen bis zur Zeit Bernhard Rombergs, Philosophische Dissertation Berlin 1922.

LÜTZEN, LUDOLF, Die Violoncell-Transkriptionen Friedrich Grütz-
machers (= Kölner Beiträge zur Musikforschung Band 79), Regensburg 1974, G. Bosse.

MANTEL, GERHARD, Cellotechnik. Bewegungsprinzipien und Bewe-
gungsformen, Köln 1972, Gerig.

PAPE, WINFRIED, Die Entwicklung des Violoncellspiels im 19. Jahrhundert, Philosophische Dissertation Saarbrücken 1962.

STANFIELD, MILLIE B., The intermediate cellist, London 1973, Oxford
University Press.

STRAETEN, EDMUND VAN DER, The Technics of Violoncello-Playing, in:
The Strad Library 5, London [4]1923.

VIII. KONTRABASS

BAINES, FRANCIS, What exactly is a violone? A note towards a solu-
tion, in: Early Music 5, 1977, S. 173–183.

BENFIELD, WARREN, and JAMES SEAY DEAN, The Art of Double Bass
Playing, Evanston (Illinois) 1973, Summy Birchard.

CARLIN, SALVATORE, Il contrabasso, Ancona und Mailand 1974,
Bèrben.

CORRETTE, MICHEL, Méthode pour apprendre à jouer de la contre-
basse à 3, à 4 et à 5 cordes, de la quinte ou alto et de la viole
d'Orphée, Paris 1781, Faksimile-Nachdruck Genf 1977, Minkoff.

ELGAR, RAYMOND, Looking at the Double Bass, St. Leonards-on-Sea
1967, [3]1971, Selbstverlag.

–, More about the Double Bass, St. Leonards-on-Sea 1969, Selbstverlag.

–, Introduction to the Double Bass, St. Leonards-on-Sea 1971,
Selbstverlag.

FINK, BERNHARD M., Die Geschichte des Kontrabasses und seine
Trennung vom Violoncello in der orchestralen Instrumentation (=

Forschungsbeiträge zur Musikwissenschaft Band 24), Regensburg 1974, G. Bosse.

FINSON, JON W., The Violone in Bach's Brandenburg Concerti, in: The Galpin Society Journal 29, 1976, S. 105–111.

FLECHSIG, MAX, Spielkultur auf dem Kontrabaß, Leipzig 1934, Hofmeister.

HALFPENNY, ERIC, A Note on the Genealogy of the Double Bass, in: The Galpin Society Journal 1, 1948, S. 41 ff.

JERGER, WILHELM, Der Kontrabaß, in: Hohe Schule der Musik, Band 3, Potsdam 1935, Athenaion.

KÜMMERLING, HARALD, Entdeckung und Verwendung der Subbaßlage, in: Bericht über den Internationalen Musikwissenschaftlichen Kongreß Leipzig 1966, Kassel und Leipzig 1970, Bärenreiter Verlag und VEB Deutscher Verlag für Musik, S. 227–229.

MEIER, ADOLF, Konzertante Musik für Kontrabaß in der Wiener Klassik. Mit Beiträgen zur Geschichte des Kontrabasses in Österreich (= Schriften zur Musik Band 4), Giebing 1969, Katzbichler, München [2]1979, Katzbichler.

PELCZAR, TADEUSZ, Kontrabas od A do Z (Der Kontrabaß von A bis Z), Krakau 1974, Polskie Wydawnictwo Muzyczne.

PLANYAVSKY, ALFRED, Der Kontrabaß in der Kammermusik, in: Österreichische Musikzeitschrift 13, 1958, S. 57–63.

–, Geschichte des Kontrabasses, Tutzing 1970, Schneider.

STANTON, DAVID H., The String (Double) Bass, Evanston (Illinois) (1965), The Instrumentalist.

TURETZKY, BERTRAM, Notes on the Double Bass, in: Source. Music of the avant-garde 1, 1967, S. 114 ff.

WARNECKE, FRIEDRICH, Ad infinitum. Der Kontrabaß, seine Geschichte und seine Zukunft, Hamburg 1909.

IX. BOGEN

BABITZ, SOL, Differences between 18th Century and Modern Violin Bowing. With Appendix on the Reconstruction of Renaissance, Baroque and Transition Violin (= Early Music Laboratory Bulletin 2), Los Angeles 1970, Early Music Laboratory.

BALFOUR, HENRY, The Natural History of the Musical Bow, Oxford 1899, Nachdruck Boston 1973, Milford House, Portland (Maine) 1976, Longwood.

BOYDEN, DAVID D., The violin bow in the 18th century, in: Early Music 8, 1980, S. 199–212.

CURRY, PAT BRYAN, The François Tourte Violin Bow. Its Development and its Effect on Selected Solo Violin Literature of the late 18th and early 19th Centuries, Philosophische Dissertation Provo (Utah), Brigham Young University 1968.

Doring, Ernest N., Jean-Baptiste Vuillaume of Paris, Chicago o. J., W. Lewis.

Dräger, Hans-Heinz, Die Entwicklung des Streichbogens und seine Anwendung in Europa, Philosophische Dissertation Berlin 1937, Kassel 1937, Bärenreiter Verlag.

Halfpenny, Eric, An Unusual English 18th-Century Violin Bow, in: The Galpin Society Journal 29, 1976, S. 128f.

Hamma, Fridolin, Der Bogen zum Streichinstrument, in: Instrumentenbau-Zeitschrift 8, 1953/54, S. 25.

Henderson, Frank V., How to make a Violin Bow, Seattle (Washington) 1977, Murray Publishing Co.

Melkus, Eduard, Zur Frage des Bach-Bogens, in: Österreichische Musikzeitschrift 11, 1956, S. 99–105.

Millant, Roger, Jean-Baptiste Vuillaume, sa vie et son œuvre, London 1972, W. E. Hill.

Möller, Max, Italiaansche Vioolbouw, Amsterdam 1938, Selbstverlag.

Planta, Balthasar, Der Geigenbogen und seine Elemente (= Schriftenreihe Das Musikinstrument, Heft 25), Frankfurt a. M. 1980, Verlag Das Musikinstrument.

Rare Bows for Violin, Viola and Violoncello: Wurlitzer Collection, herausgegeben von der Rudolph Wurlitzer Company, Cincinnati (Ohio) 1931.

Retford, William Charles, Bows and Bow Makers, London 1964, Strad.

Roda, Joseph, Bows for Musical Instruments of the Violin Family, Chicago (Illinois) 1959, Lewis.

Sachs, Curt, Die Streichbogenfrage, in: Archiv für Musikwissenschaft 1, 1918/19, S. 3–9.

Saint-George, Henry, The Bow. Its History, Manufacture, and Use, London 1896, Nachdruck New York 1969, Broude Brothers.

Schweitzer, Albert, Der für Bachs Werke für Violine solo erforderliche Geigenbogen, in: Bach-Gedenkschrift, Zürich 1950, S. 75–83.

Seagrave, Barbara Anne Garvey, The French Style of Violin Bowing and Phrasing from Lully to Jacques Aubert (1650–1730), Philosophische Dissertation Stanford University (California) 1958.

Seagrave, B. A. G., und Joel Berman, The A. S. T. A. Dictionary of Bowing Terms for String Instruments, Urbana (Illinois) 1968, American String Teachers Association.

Steinhausen, F. Adolf, Die Physiologie der Bogenführung auf den Streichinstrumenten, Leipzig 1903, 5. Auflage herausgegeben von Florizel von Reuter, Leipzig 1928, Breitkopf & Härtel.

Stoeving, Paul, The Art of Violin Bowing, London (1904), Vincent Music Co., deutsch von Johannes (Hans) Bernhoff als: Die Kunst der Bogenführung, Leipzig (1922), C. F. Kahnt.

–, The Mastery of the Bow and Bowing Subtleties, New York 1920, C. Fischer, deutsch von Johannes (Hans) Bernhoff als: Die Meisterschaft über den Geigenbogen, Leipzig 1922, C. F. Kahnt.

TELMANYI, EMIL, Problemer omkring Bachbuen, in: Dansk Musiktidsskrift 29, 1954, S. 106–111.

VATELOT, ETIENNE, Les archets français, Paris 1976, Sernor.

WUNDERLICH, FRIEDRICH, Der Geigenbogen, seine Geschichte, Herstellung und Behandlung, Leipzig 1936, Schuberth & Co., 2. verbesserte Auflage Wiesbaden 1952, Schuberth & Co.

X. STREICHINSTRUMENTENBAU

1. Abhandlungen und Lehrbücher über den Streichinstrumentenbau

APIAN-BENNEWITZ, PAUL OTTO, Die Geige, der Geigenbau und die Bogenverfertigung, Weimar 1892, Voigt, 2. Auflage herausgegeben von Otto Möckel, Leipzig 1920, Voigt, Faksimile-Nachdruck der 1. Auflage Innsbruck 1976, J. Lefor.

ARAKÉLIAN, SOURÈNE, Die Geige. Ratschläge und Anmerkungen eines Geigenbauers (= Fachbuchreihe Das Musikinstrument Band 1), Frankfurt a.M. 1962, ²1977, Verlag Das Musikinstrument.

BABITZ, SOL, How to Restore the Viols and Violins of the Renaissance and Baroque Eras. First Correct Guide (= Early Music Laboratory Bulletin 14), Los Angeles 1979, Early Music Laboratory.

BACHMANN, OTTO, Theoretisch-praktisches Handbuch des Geigenbaues, Quedlinburg und Leipzig 1835, G. Basse.

BAGATELLA, ANTONIO, Regeln zur Verfertigung von Violinen, Violen, Violoncelli und Violonen, Berlin ⁴1922, F. Wunder.

BECK, ADOLF, Die proportionale Konstruktion der Geige, Leipzig 1923, Merseburger.

BERR, ALFRED, Geigen. Originale, Kopien, Fälschungen, Verfälschungen (= Fachbuchreihe Das Musikinstrument Band 10), Frankfurt a.M. 1962, ²1975, Verlag Das Musikinstrument.

BUCHNER, ALEXANDER, Geigenverbesserer. Versuche zur Verbesserung von Violine, Viola und Bogen (= Schriftenreihe Das Musikinstrument Band 14), Frankfurt a.M. 1973, Verlag Das Musikinstrument.

COZIO DI SALABUE (Conte Alessandro Ignazio), Carteggio, herausgegeben von Renzo Bacchetta, Einführung und Erläuterungen von Giovanni Iviglia, Mailand 1950, A. Cordani.

DUPNICK, R., Traité de Lutherie ancienne, la Cote du Violon ancien, Paris 1894, ²1900, Fissore.

ERAS, RUDOLF, Die ursprüngliche Bauweise und Mensurierung

von Streichinstrumenten, in: Die Musikforschung 13, 1960, S. 336–339.

FREI, M., Naturwissenschaftliche Methoden zur Aufdeckung von Geigenfälschungen, in: Archiv für Kriminologie 116, 1955.

GREILSAMER, LUCIEN, L'anatomie et la physiologie du Violon, de l'Alto et du Violoncelle, Paris 1924, Delagrave.

HERON-ALLEN, EDWARD, Violin making, London 1884, [2]1885, Ward, Lock & Co, Faksimile-Nachdruck der 2. Auflage London 1973, Ward, Lock, Neuausgabe London 1961, The Holland Press.

KURFÜRST, PAVEL, Die Kurzhalsgeige. Eine instrumentenkundliche und bautechnische Studie (= Schriftenreihe Das Musikinstrument Band 24), Frankfurt a. M. 1980, Verlag Das Musikinstrument.

LEONHARDT, KONRAD, Geigenbau und Klangfarbe. Versuche, Praktiken und Grundsätzliches zur Erreichung des idealen Geigenklanges (= Fachbuchreihe Das Musikinstrument Band 21), Frankfurt a. M. 1969, [2]1981, Verlag Das Musikinstrument.

Il Liutaio, Cremona 1973, [2]1978, Libreria del Convegno.

MATZKE, HERMANN, Unser technisches Wissen von der Musik, Wien 1949, Perneder.

MILLANT, ROBERT und MAX, Praktisches Handbuch des Geigenbauers. Aus dem Französischen übersetzt von Walter Kolneder (= Schriften zur Musik Band 5), Giebing 1970, Katzbichler.

MÖCKEL, MAX, Das Konstruktionsgeheimnis der alten italienischen Meister, 2 Bände, Berlin 1925 und 1927, Warschauer.

MÖCKEL, OTTO, Die Kunst des Geigenbaues, Leipzig 1930, Voigt, 5. Auflage bearbeitet von Fritz Winckel Hamburg (1979), B. Fr. Voigt/Verlag Handwerk und Technik.

MORDRET, LÉON, La lutherie artistique, Paris 1885, A. Quantin.

OTTO, JACOB AUGUSTUS, Über den Bau und die Erhaltung der Geige und aller Bogeninstrumente, Halle und Leipzig 1817, Ruff.

–, Über den Bau der Bogeninstrumente und über die Arbeiten der vorzüglichsten Instrumentenmacher, Jena 1828, Braun.

PETERLONGO, PAOLO, Die Streichinstrumente und die physikalischen Grundprinzipien ihres Funktionierens, herausgegeben von M. Siei. Aus dem Italienischen übersetzt von S. Kinzel (= Fachbuchreihe Das Musikinstrument Band 32), Frankfurt a. M. 1976, Verlag Das Musikinstrument.

PONTICELLI, A., Der Geigenkrieg, Konstanz 1953, E. Stader.

RIECHERS, AUGUST, Die Geige und ihr Bau, Göttingen 1893, Wunder, Neuausgabe von Otto Bahlmann, Leipzig 1940, Schuberth & Co.

RÖDIG, HANS (JOHANN), Geigenbau in neuer Sicht. Neue Erkenntnisse über das Wesen der Resonanz in Streichinstrumenten (= Fachbuchreihe Das Musikinstrument Band 8), Frankfurt a. M. 1962, [2]1976, Verlag Das Musikinstrument.

–, Der neue Weg. Naturwissenschaft im Geigenbau, 2 Teile (= Fachbuchreihe Das Musikinstrument Band 26), Frankfurt a. M. 1974, Verlag Das Musikinstrument.

–, Zurück nach Cremona (= Schriftenreihe Das Musikinstrument Band 20), Frankfurt a. M. 1978, Verlag Das Musikinstrument.

ROUSSEL, ANDRÉ, Grundlagen der Geige und des Geigenbaues. Aus dem Französischen übersetzt von Adolf König (= Fachbuchreihe Das Musikinstrument Band 13), Frankfurt a. M. 1965, Verlag Das Musikinstrument.

–, Traité de lutherie (= Fachbuchreihe Das Musikinstrument Band 28), Frankfurt a. M. 1974, Verlag Das Musikinstrument.

SAVART, FÉLIX, Mémoire sur la construction des instruments à cordes et à archet, Paris 1819, Deterville, deutsche Übersetzung Leipzig 1844, Kistner & Siegel.

SCHNEIDER, WILHELM, Historisch-technische Beschreibung der musikalischen Instrumente, Neisse und Leipzig 1834, Th. Hennings.

SCHULMANN, OTTO VON, Echt oder falsch?, Siegburg 1961, Schmitt.

SPRENGER, EUGEN, Die Streichinstrumente und ihre Behandlung, Kassel 1951, Bärenreiter Verlag.

TOLBECQUE, AUGUSTE, L'art du luthier, Niort 1903, Selbstverlag, Faksimile-Nachdruck New York 1969, Broude Brothers, Marseille 1978, Laffitte.

WETTENGEL, GUSTAV ADOLF, Lehrbuch der Geigen- und Bogenmacherkunst oder theoretisch-praktische Anweisung zur Anfertigung und Reparatur der verschiedenen Arten Geigen und Bogen, 2. Auflage, umgearbeitet von Heinrich Gretschel, Weimar 1869, Voigt.

2. Untersuchungen zum Geigenlack

CHRIST-ISELIN, WILHELM, Zur Frage des Cremonenser Geigenlackes, Leipzig [2]1920, Breitkopf & Härtel.

FRY, GEORGE, The Varnishes of the Italian Violin-makers of the Sixteenth, Seventeenth and Eighteenth Centuries and Their Influence on Tone, London 1904, Stevens & Sons.

GREILSAMER, LUCIEN, Le Vernis de Cremone, Paris 1908, Société Française d'Imprimerie et de Librairie.

GRIVEL, VICTOR, Vernis des anciens luthiers d'Italie, perdu depuis le milieu du XVIIIe siècle, Grenoble 1886, Allier.

KNOPF, ERICH, Der Cremonenser Lack. Eine Studie über Geigenlackuntersuchungen (= Schriftenreihe Das Musikinstrument Band 13), Frankfurt a. M. 1979, Verlag Das Musikinstrument.

MAILAND, EUGÈNE, Das wiederentdeckte Geheimnis des altitalienischen Geigenlackes, Leipzig 1903, de Wit, Nachdruck München und Salzburg 1975, Katzbichler.

MICHELMANN, JOSEPH, Violin Varnish, a plausible re-creation of the varnish used by the Italian violin makers between the years 1550 and 1750, Cincinnati (Ohio) 1946, Selbstverlag.

MIGGE, OTTO, Das Geheimnis der berühmten italienischen Geigenbauer, Frankfurt a. M. 1894, Staudt.

PHILIPP, PAUL W., Der alte italienische Geigenlack, Dresden (1938), Selbstverlag.

3. Nachschlagewerke

BACHMANN, ALBERTO, An Encyclopedia of the Violin, New York und London 1925, Appleton.

EMERY, FREDERIC BARCLAY, The Violinist's Encyclopedic Dictionary, 1912, New York, Ch. Scribners Sons, und London, Reeves, London [2] 1925, Reeves, Chicago [3]1928, The Violin Literature Publications.

FUCHS, ALBERT, Taxe der Streichinstrumente, Leipzig 1907, Merseburger, neubearbeitet von Hans Edler Frankfurt [5]1955, Hofmeister.

HENLEY, WILLIAM, Universal Dictionary of Violin and Bow Makers, herausgegeben von Cyril Woodcock, 5 Bände, Brighton (Sussex) 1959/60, Amati Publishing.

JALOVEC, KAREL, Enzyklopädie des Geigenbaues, deutsch von Charlotte und Ferdinand Kirschner, 2 Bände, Hanau 1965, Dausien.

LÜTGENDORFF, WILLIBALD LEO Freiherr von, Die Geigen- und Lautenmacher vom Mittelalter bis zur Gegenwart, 2 Bände, Frankfurt a. M. 1904, H. Keller, Frankfurt a. M. [5+6]1922, Frankfurter Verlagsanstalt.

POIDRAS, HENRI, Dictionnaire des Luthiers, 2 Bände, Rouen [2]1930, Imprimerie de la Vicomte, Supplement: Cote actuelle des instruments, ebenda 1932.

STAINER, CECIE, A Dictionary of Violin Makers, London und New York (1896), Novello, Ewer & Co., Nachdruck Boston 1973, Milford House.

VALDRIGHI, LUIGI FRANCESCO, Nomocheliurgografia antica e moderna, Modena 1884–1894, Società Tipografica.

VANNES, RENÉ, Dictionnaire Universel des Luthiers, 2 Bände, Brüssel 1951 und 1959, Les Amis de la Musique, Nachdruck ebenda 1972.

WIT, PAUL DE (Herausgeber), Geigenzettel alter Meister vom 16. bis zur Mitte des 19. Jahrhunderts, 2 Bände, Leipzig 1910, Selbstverlag, Faksimile-Nachdruck Fachbuchreihe Das Musikinstrument Band 29, Frankfurt a. M. 1976, Verlag Das Musikinstrument.

4. Der Streichinstrumentenbau allgemein, in einzelnen Ländern, Gebieten und Orten

ALBURGER, MARY ANNE, The Violin Makers. A Portrait of a Living Craft, London 1978, V. Gollancz.

Alte Meistergeigen. Beschreibungen und Expertisen, herausgegeben vom Verband Schweizerischer Geigenbaumeister, 8 Bände, Frankfurt a. M. 1978ff., Verlag Das Musikinstrument.

BALFOORT, DIRK J., De Hollandsche Vioolmakers, Amsterdam 1931, H. J. Paris.

BLANDIN, EMILE M., Les Luthiers en Normandie, Le Havre (1951), Imprimerie de la Presse.

BLETSCHACHER, RICHARD, Die Lauten- und Geigenmacher des Füssener Landes, Hofheim (Taunus) 1978, Fr. Hofmeister.

BOLTSHAUSER, HANS, Geschichte der Geigenbaukunst in der Schweiz, Leipzig 1923, Merseburger.

BORSÒ, PIETRO, La Liuteria e la Scuola del Violino in Toscana, Pisa 1931, Pacini Mariotti.

CABOS, FRANCINE, Le violon et la lutherie, Paris 1948, Grund.

CLARKE, A. MASON, The Violin and Old Violin Makers, London 1910, W. Reeves, Nachdruck St. Clair Shores (Michigan) 1979, Scholarly Press.

COSSÀR, R., Vecchia Liuteria Goriziana, Görz (Gorizia) 1939, Tipografia Sociale.

DORING, ERNEST N., The Guadagnini Family of Violin Makers, Chicago 1949, W. Lewis.

DUPNICK, R., Traité de lutherie ancienne, la cote du violon ancien, Paris 1894, ²1900, Fissore.

ENGL, RAFAEL, Österreichs Cremona, Schönbach bei Eger 1897, Schönbach.

FAIRFIELD, JOHN HOUGHTON, Known Violin Makers, New York 1942, Bradford Press, Nachdruck Athens (Georgia) 1973, Guest Printing.

FÉTIS, FRANÇOIS-JOSEPH, Antoine Stradivari, Paris 1856, Vuillaume, Nachdruck Osnabrück 1973, Zeller.

HAMMA, FRIDOLIN, Meisterwerke italienischer Geigenbaukunst, Stuttgart 1931, Hamma & Co.

–, Meister deutscher Geigenbaukunst, Stuttgart 1948, ²1961, Schuler.

HAMMA, WALTER, Meister italienischer Geigenbaukunst, Herrsching ⁵1978, Schuler.

HART, GEORGE, The Violin: its famous makers and their Imitators, London 1875, London ²1909, Dulau & Co., Nachdruck New York 1978, AMS Press.

HENLEY, WILLIAM, Antonio Stradivari. His Life and Instruments, herausgegeben von Cyril Woodcock, Brighton 1961, Amati Publishing.

HERON-ALLEN, EDWARD, The Arts and Crafts Book of the Worshipful Guild of Violin Makers of Markneukirchen, London 1894, Selbstverlag.

HILL, WILLIAM HENRY, ARTHUR FREDERICK und ALFRED EBSWORTH,

Antonio Stradivari. His life and work, London 1902, Hill & Sons, Nachdruck New York 1963, Dover.

–, The Violin-Makers of the Guarneri Family (1626–1762). Their Life and Works, London 1931, Hill & Sons, Nachdruck London 1965, Holland Press.

JACQUOT, ALBERT, La Lutherie Lorraine et Française, Paris 1912, Fischbacher.

JALOVEC, KAREL, Italienische Geigenbauer, Prag 1957, Artia.

–, Böhmische Geigenbauer, Prag 1959, Artia.

–, Deutsche und österreichische Geigenbauer, Prag 1967, Artia.

KÜPPERS, PAUL, Ein Beitrag zur Geschichte des Musikinstrumenten-macher-Gewerbes mit besonderer Rücksicht auf Leipzig, Philosophische Dissertation Leipzig 1886.

LAYER, ADOLF, Matthias Klotz von Mittenwald. Ein berühmter Geigenbauer der Barockzeit, Feldafing 1959, Brehm.

–, Die Allgäuer Lauten- und Geigenmacher (= Veröffentlichung der Schwäbischen Forschungsgemeinschaft bei der Kommission für Bayerische Landesgeschichte, Reihe 1, Studien zur Geschichte des bayerischen Schwabens Band 15), Augsburg 1978.

MAÇON, JULIUS, Die Entwicklung der Geigenbauindustrie in Mittenwald, Philosophische Dissertation Erlangen 1913, Erlangen 1913, Junge.

MEREDITH, WILLIAM MORRIS, British Violin Makers. A Biographical Dictionary, London [2]1920, R. Scott.

MILLIOT, SYLVETTE, Documents inédits sur les luthiers parisiens du XVIIIe siècle (= Publications de la Société française de musicologie 2/13), Paris 1970, Société française de musicologie.

MÖLLER, MAX, The Violin-Makers of the Low Countries, Amsterdam 1955, Selbstverlag.

NIEDERHEITMANN, FRIEDRICH, Cremona. Eine Charakteristik der italienischen Geigenbauer und ihrer Instrumente, Leipzig 1877, Merseburger, 8. Auflage herausgegeben von Albert Berr, Frankfurt a. M. 1956, Hofmeister.

PEARCE, JOSEPH jun., Violins and Violin-Makers, London 1866, Longmans.

PICCOLELLIS, GIOVANNI DE, Liutai antichi e moderni, Florenz 1885, Nachdruck Bologna 1969, Forni (= Bibliotheca musica Bononiensis, Sezione III, Nr. 22).

PIERRE, CONSTANT, Les facteurs d'instruments de musique. Les luthiers, Paris 1893, Fischbacher, Nachdruck Genf 1971, Minkoff.

REGLI, FRANCESCO, Storia del violino in Piemonte, Turin 1863, Balmazzo.

SACCONI, SIMONE F., I' »Segreti« di Stradivari, Cremona 1972, Libreria del Convegno, deutsche Übersetzung von Olga Adelmann und Jürgen von Stietencron als: Die »Geheimnisse« Stradivaris

(=Fachbuchreihe Das Musikinstrument Band 31), Frankfurt a. M. 1976, Verlag Das Musikinstrument.

SENN, WALTER, Jakob Stainer, der Geigenmacher zu Absam. Die Lebensgeschichte nach urkundlichen Quellen, Innsbruck 1951, Universitätsverlag Wagner.

STOEVING, PAUL, The Violin, its Famous Makers and Players, Boston 1928, Ditson, Nachdruck Westport (Connecticut) 1970, Greenwood.

STROCCHI, GIUSEPPE, Liuteria. Storia ed Arte, Lugo ³1937, M. Cortesi.

VALDRIGHI, LUIGI FRANCESCO, Ricerche sulla liuteria e violineria modenese antica e moderna, Modena 1878, Torchi.

VIDAL, ANTOINE, La lutherie et les luthiers, Paris 1889, Nachdruck New York 1969, Broude Brothers.

BILDNACHWEIS

Violine

Abbildung 1: Aus H. Meinel, Akustische Eigenschaften von Geigen verschiedener Qualität, in: Akustische Zeitschrift 5, 1940, S. 283.

Abbildung 2: Aus W. Lottermoser und J. Meyer, Resonanzen von Geigendecken und -böden, in: Zeitschrift für Instrumentenbau 13, 1959, S. 185.

Abbildung 3: Aus E. Rohloff, Verbesserung der Ansprache der Geigenklänge, in: Zeitschrift für angewandte Physik 17, 1964.

Abbildung 4: Aus E. Leipp, Le Violon, Paris 1965, Hermann.

Abbildung 5: Aus Fr. Winckel, Optimum Acoustic Criteria of Concert Halls for the Performance of Classical Music, in: The Journal of the Acoustical Society of America 34, 1962.

Abbildung 6 und 7: Fr. Winckel und M. Krause, Studio der Technischen Universität, Berlin.

Streichinstrumentenbau

Abbildung 1: Geigenbauschule Mittenwald.

Abbildung 2: Aus W. H., A. F. und A. E. Hill, A. Stradivari, his Life and Work, London 1902, Hill, S. 160f.

Abbildung 3: Aus H. Abele, Die Violine, ihre Geschichte und ihr Bau, Neuburg a. D. 1864, Prechter.

Abbildung 4–6: Aus E. Heron-Allen, Violin-making, London 1884, W. Lock & Co.

Musik im Taschenbuch

**Die Gemeinschaftsproduktion
dtv · Bärenreiter**

Biographisches
Schütz · Bach · Mozart · Brahms · Schönberg · Bartók

Werkbeschreibung
Bach-Kantaten · h-moll-Messe · Wohltemperiertes Klavier ·
Schubert-Lieder

Musikalische Praxis
Opernarbeit · Liedgesang · Stimmbildung

Handbücher
Geschichte der Musik · Oper · dtv-Atlas zur Musik

Musiktheorie
Musikgeschichte · Harmonielehre · Musikästhetik · Musikethnologie

Essays
Pierre Boulez · Ulrich Dibelius · Alfred Einstein · Dietrich
Fischer-Dieskau · Hans Werner Henze

Bärenreiter-Taschenpartituren
Händel · Bach · Haydn · Mozart · Beethoven

Textbücher
Deutsche Liedertexte · Mozart zweisprachig · Wagner-Dramen
Beatles-Repertoire